भारत की अवधारणा

भारत की अवधारणा

उत्तर-गांधीय परिदृश्य पर विचार

शंभुनाथ

वाणी प्रकाशन

वाणी प्रकाशन

4695, 21-ए, दरियागंज, नयी दिल्ली 110 002

फ़ोन : +91 11 23273167 फ़ैक्स : +91 11 23275710

शाखाएँ

अशोक राजपथ, पटना 800 004, बिहार

कॉफ़ी हाउस कैम्पस, महात्मा गांधी मार्ग, इलाहाबाद 211 001, उत्तर प्रदेश

महात्मा गांधी अन्तरराष्ट्रीय हिन्दी विश्वविद्यालय, वर्धा 442 001, महाराष्ट्र

सुल्तानिया रोड, मोतिया पार्क, भोपाल 462 001, मध्य प्रदेश

www.vaniprakashan.com
marketing@vaniprakashan.in
sales@vaniprakashan.in

BHARAT KI AWDHARNA
by Shambhunath

ISBN : 978-93-88684-45-3
Criticism

पेपरबैक प्रथम संस्करण 2020

मूल्य : ₹ 299

सिटी प्रेस, दिल्ली-110 095 में मुद्रित

वाणी प्रकाशन का लोगो मक़बूल फ़िदा हुसेन की कूची से

केदारनाथ सिंह को

दो शब्द

यह पुस्तक उत्तर-गांधीय परिदृश्य पर है, जब हम भारत की अवधारणा के बिलकुल दूसरे छोर पर हैं। इसमें ऐसे दौर का वृत्तांत है जब गांधी के सत्य की जगह उत्तर-सत्य, अहिंसा की जगह हिंसा और स्वराज्य की जगह बाजार राज्य का बोलबाला है। लोकतंत्र के स्वप्न कुचले गए हैं। जन आंदोलन संकट में हैं। यह भी कहना चाहिए, 'तकनीक चुस्त-नैतिकता सुस्त' है। निश्चय ही भारत की अवधारणा पर कुछ सोचना एक महान सभ्यता से रू-ब-रू होना है। साथ ही इस पुस्तक में वर्तमान समय की आकांक्षाओं, पीड़ाओं और त्रासदियों को समझने की कोशिश है।

इस दौर में विचारों के सभी महान संसार खो गए-से लगते हैं, भारत को टुकड़ों में देखा जा रहा है। अब कोई महास्वप्न नहीं है, सिर्फ हिंसक इच्छाएं हैं। भारतीय उदारता के सामने कट्टरता की चुनौतियाँ आ गई हैं। इतिहास और भविष्य-दृष्टि दोनों भग्नावस्था में हैं। इसलिए असहमति भी भग्नावस्था में है। 'सत्यमेव जयते' की जगह 'आत्ममेव जयते' है। हमारे जान से भी प्रिय स्वतंत्रता, भाईचारा, लोकतंत्र, न्याय और धर्मनिरपेक्षता जैसे शब्दों में सेंधमारी हुई है। भारत की आत्मा घायल है। एक निःशब्द भय छाया है। लगता है, हम एंबुलेंस के ही नीचे कुचले गए हैं।

विश्व के नए दौर को देख कर, जब टेक्नोलॉजी अति-उन्नत दशा में है, सवाल उभरता है कि क्या बर्बरता हर युग में अंततः सभ्यता को पराजित कर देती है। क्या ऐसा हो सकता है, क्या यही हुआ है? यह भारतीय नवजागरण के बाद जैसे एक अनोखे विपर्यय का समय है, जब 'भौतिक समृद्धि-बौद्धिक ह्रास' का नजारा है। पहले समाज की बुराइयों को दूर करने के लिए आंदोलन होते थे। इस समय बुराइयों में मिश्रित होते हुए विकास करने को अंतिम सत्य माना गया है, एक विस्तृत आत्मविसर्जन का दृश्य है।

वैश्वीकरण ने विश्व मन नहीं बनाया। इसने सिर्फ एक क्षुद्र होड़ पैदा की। धर्म, इतिहास, साहित्य, संस्कृति और राजनीति ही नहीं, सामाजिक जीवन की बहुत सारी चीजों के अर्थ बदलते गए। भारत का भी अर्थ बदला। इन बदलावों का मूल्यांकन करना और उत्तर-मानवीय स्थितियों में मनुष्यता के पुनर्निर्माण की राह खोजना इस पुस्तक का उद्देश्य है।

यह सही है कि इन दिनों साहित्य की जरूरत महसूस नहीं की जाती, क्योंकि अब जो चाहिए वह धर्म, मनोरंजन-उद्योग और राजनीति से मिल जाता है। कहना न होगा कि साहित्य से विच्छिन्नता ने हर जमाने में बौद्धिक दैन्य बढ़ाया है, जबकि इससे जुड़ कर ही किसी देश और उसकी सभ्यता को समझना संभव है।

भीड़ को विचार नहीं चाहिए, उसे अंधता पसंद है। लेकिन भीड़ के बावजूद समाज कहीं न कहीं होता है। साहित्य भी दबाई गई मानवता की आवाज के रूप में हमेशा लिखा जाता है, पढ़ा जाता है। वह अंधेरे में दरार है। निश्चय ही साहित्य स्वार्थपरता, छीना-झपटी और हिंसा की घटनाओं के बीच मनुष्य को सोचने के लिए स्पेस देता है। वह सैकड़ों साल से कुछ ऐसा कहता आया है जो भीड़-सोच, मतांधता और बाजार का अतिक्रमण है, बल्कि हम साहित्य से ही भग्नावशेषों के बीच भी महास्वप्न देखना सीखते हैं।

इस संकलन के लेख किसी निराशा में असहाय छूट जाने की जगह वस्तुतः आत्मनिरीक्षण और एक राष्ट्रीय महास्वप्न की खोज से जुड़े हैं। इनकी मुख्य प्रेरणा भारत के लोगों के सैकड़ों साल के सपने हैं, उनके त्याग हैं।

निश्चय ही भारत की अवधारणा, ऐसे देश के लिए कोई महास्वप्न, कोई आम असहमति या कोई महा आख्यान न कूपमंडूकता में रचा जा सकता है, न उपभोक्ता संस्कृति में बहकर और न किसी सामुदायिक अलगाव में। उसकी खोज बुद्धिपरक, नवोन्मेषशील और साझा जीवन-साझी संस्कृति पर आधारित होकर ही अर्थपूर्ण हो सकती है और यह तभी उत्तर-मानवीय स्थितियों से मुठभेड़ कर सकती है।

सभी लेख 'वागर्थ' के संपादकीय के रूप में जुलाई 2017 से दिसंबर 2019 के बीच लिखे गए हैं और मामूली फेरबदल के साथ उसी रूप में दिए जा रहे हैं। आशा है, इस पुस्तक से कुछ खिड़कियां खुलेंगी।

शंभुनाथ

अनुक्रम

खंड – 1

खंड – 2

खंड – 3

खंड - 1

गांधी के प्रयोग : सत्य और उत्तर-सत्य

गांधी से एक बार किसी ने पूछा 'क्या भारत में आपके आंदोलन के समर्थक रह जाएंगे?' गांधी ने जवाब दिया, 'मैं व्यापक समर्थन पाने की चिंता नहीं करता। हो सकता है, लंबे समय बाद यह संभव हो। बल्कि मेरा अनुमान यह है कि सैद्धांतिक दृढ़ता के कारण मेरे समर्थक ही मुझे बाहर फेंक देंगे। हो सकता है कि मैं बिलकुल सड़क पर आ जाऊं और दरवाजे-दरवाजे मुझे रोटी के लिए भटकना पड़े!' (इंदुलाल याज्ञिक, मैं गांधी को जैसा जानता हूँ)।

उत्तर-सत्य (पोस्ट-ट्रुथ) के जमाने में जब अस्मिता की राजनीति ने तर्क की जगह ले ली है, सबूत में किसी की दिलचस्पी नहीं है, प्रोपेगंडा ही सत्य बन जाता है और अनगिनत 'वैकल्पिक सत्य' छाए हुए हैं, गांधी की चिंता सही साबित होती दिख रही है।

उत्तर-सत्य इन दिनों विश्व भर में चर्चित है। इसे कई तरह से देखा जाता है। माना जा रहा है कि सत्य का युग बीत गया। अब झूठ के खेल ही चलेंगे। साधारण तौर पर उत्तर-सत्य तथ्यों का सामूहिक दाह-संस्कार है और कृत्रिम आवेगों का ज्वार है। संचार क्रांति ने डिजिटल मशीनों से झूठ और अज्ञानता के प्रचार का इतना बड़ा अवसर दे दिया है कि इसने अब तक के ज्ञान को रौंद कर रख दिया है और राजनीति की तस्वीर बदल दी है। इस समय दुनिया के देशों में हो रहे नए-नए निर्णय बहुत चौंकाते हैं और वे सभ्यता से विश्वासघात की तरह लगते हैं।

आश्चर्य नहीं होना चाहिए, यदि आज कहीं गांधी के सिर्फ निजी जीवन में ज्यादा दिलचस्पी हो, कहीं वे दार्शनिक बहस के विषय भर हों, कहीं चश्मे के रूप में महज विज्ञापन बन चुके हों, कहीं अपने ऊपर हो रहे खर्चीले जलसों के उदास दर्शक हों और कहीं घोषित किया जा रहा हो कि 'फादर ऑफ कांस्टीच्यूशन' अंबेडकर द्वारा 'फादर ऑफ नेशन' गांधी को बाहर कर दिया गया है! (कांचा इलैया)।

सही है, गांधी के नाम पर कोई वोट बैंक कभी नहीं बना। वे चुनावों में काम नहीं आते, क्योंकि उनका नाम लेना खतरनाक है। उत्तर-सत्य के जमाने में सामुदायिक अस्मिता के आधार पर 'भिन्नता' को उकसा कर ही वोट बैंक बन सकता है। इस मामले में इतने विकासों के बावजूद, धार्मिक आवेगों ने अंबेडकर को भी क्यों पीछे छोड़ दिया, यह 'पोस्ट - हिंदू इंडिया' के लेखक कांचा इलैया को समझना है।

गांधी ने कहा था, 'हैरान दुनिया को न जाने कितना असत्य थमाया जा रहा है।' (1931)। उनके जमाने में असत्य थमाए जाने शुरू हो चुके थे, पर उन पर संदेह करने की प्रवृत्ति भी खूब थी।

गांधी के सत्य के बारे में कुछ इस तरह के विचार थे, 'मैं कितना ही तुच्छ होऊं, पर मेरे माध्यम से सत्य बोलता है तो मैं अजेय बन जाता हूँ।... सत्य की खोज में क्रोध, स्वार्थ, घृणा आदि विकार अपने आप छूटते जाते हैं, अन्यथा सत्य की प्राप्ति असंभव ही हो जाए।...सत्य की सर्वव्यापी भावना के प्रत्यक्ष दर्शन वही कर सकता है जो क्षुद्रतम प्राणी से भी उतना ही प्रेम कर सके, जितना खुद से करता है।... सत्य के प्रति आग्रह से जो शक्ति प्राप्त होती है, उसके अतिरिक्त मेरे पास कोई और शक्ति नहीं है। इसी आग्रह से अहिंसा का प्रस्फुटन होता है।... सारी दुनिया झूठ की चपेट में आती प्रतीत हो तो भी आस्थावान व्यक्ति सत्य का परित्याग नहीं करेगा।' (महात्मा गांधी के विचार, प्रभु और राव)। गांधी के सत्य के बारे में ये विचार बताते हैं कि सत्य और अहिंसा का उसी तरह संबंध है, जिस तरह उत्तर-सत्य का हिंसा से संबंध है या घृणा से संबंध है।

गांधी के सभी प्रयोग सत्य की खोज के लिए हैं

गांधी द्वारा सत्य के बारे में कही गई बातों के बीच दो चीजें महत्वपूर्ण हैं-'सत्य की खोज' और 'सत्य के प्रयोग'। सत्य की खोज पर जोर किसी शाश्वत या पूर्वनिर्धारित सत्य से प्रस्थान का चिह्न है। इसका माद्दा जब तक रहता है, प्रयोग जारी रहता है। व्यक्ति अंतिम सत्य घोषित नहीं करता। उत्तर-सत्य हमेशा अंतिम सत्य है, या कुछ भी अंतिम सत्य हुआ नहीं किवह स्वतः उत्तर-सत्य हो जाता है। सत्य की बहुलता संभव है, लेकिन इसके साथ 'साझा सत्य' की खोज की जगह जब बहुलता सिर्फ 'भिन्नता' निर्मित करती है, तब भी उत्तर-सत्य होता है।

गांधी अपनी त्रुटियों और कमियों का उल्लेख बार-बार करते थे, 'मैं मानता हूँ कि अपने अनुमानों और निर्णयों में मुझसे प्रायः गलतियाँ हुई हैं।' (वही) वे ये

दो बातें भी कहते थे, 'मैं स्वयं नौसिखिया हूँ। मुझे कोई स्वार्थ सिद्ध नहीं करना।' (वही) उत्तर-सत्य के महारथी कभी गलती नहीं करते। उनका सत्य 'पूर्ण' और 'स्थिर' होता है। दूसरे, उन्हें जहाँ भी स्वार्थ दिखता है उसका पक्ष लेकर कार्य करने लगते हैं। फिर भी कहा जा सकता है कि दुनिया के ज्यादातर लोग स्वार्थी और बेईमान नहीं हैं। उत्तर-सत्य का घोड़ा सरपट दौड़ जरूर रहा है, लेकिन नए जमाने के लव-कुश उसकी वल्गा पकड़ेंगे!

गांधी के सत्य को लेकर प्रयोग जैसे भी हों, वे बुरे उद्देश्यों से प्रेरित न थे। उन्होंने दक्षिण अफ्रीका से प्रयोग शुरू कर दिया था। भारत लौट कर उन्होंने चंपारण में किसानों का सत्याग्रह छेड़ा। देखा जा सकता है कि सेक्सुअलिटी के साथ उनके प्रयोगों की रस लेकर जितनी चर्चा होती है (जोसेफ लेलिवेल्ड, जाड एडम्स आदि) उतनी चर्चा गांवों, किसानों और गरीबों के संबंध में उनके विचारों की नहीं होती। अर्थव्यवस्था, विज्ञान और टेक्नोलॉजी के संदर्भ में नैतिकता के प्रश्नों की उपेक्षा होती ही है। गांधी समझदारी और ईमानदारी में संबंध चाहते थे, यह भी शिक्षित एलीट को नहीं भाता।

गांधी के सत्य के प्रयोग का सबसे बड़ा संदर्भ ब्रिटिश साम्राज्यवाद से अहिंसक संग्राम है, जो सत्याग्रह द्वारा शुरू हुआ। इसके अलावा खादी की सादगी, अछूतों को सामाजिक अवमानना से बाहर निकालना और धार्मिक सौहार्द – ये तीन अन्य बड़े संदर्भ हैं। कृषकों को लेकर चंपारण के बाद वे कोई नया प्रयोग नहीं कर सके। लेकिन कृषकों के दुख-दर्द, धार्मिक आस्था और निष्कलंकता का दबाव वे अपनी चेतना में हमेशा महसूस करते रहे।

उनका एक प्रयोग अपने निजी जीवन को लेकर था, जहाँ वे शब्द और कर्म की एकता के स्तर पर सर्वाधिक सफल थे। यही वजह है, रवींद्रनाथ ने जब उन्हें 'महात्मा' कहा, आम लोगों को यह उपाधि उन्हें अपने हृदय की आवाज लगी।

मनुवादी व्यवस्था पर प्रहार

गांधी ने अछूत समझे जाने वालों की समस्याएँ उठा कर जो आंदोलनात्मक प्रयोग किए, निश्चय ही उनकी एक सीमा है। पर 'हरिजन' के प्रयोग ने मनुवादी व्यवस्था पर प्रहार किया था और जाति व्यवस्था के पोषक तिलमिलाए थे, इससे इनकार करना मुश्किल है। गांधी ने यह कहा था, 'जातियाँ हिंदू धर्म पर बोझ के समान हैं।' (1927) उन्होंने मदुरई में अ-ब्राह्मणों से एक संवाद में स्पष्ट कहा, 'मनुस्मृति में स्त्रियों और तथाकथित निम्न जातियों के बारे में बहुत अन्यायपूर्ण बातें कही

गई हैं।' (गांधी बांड्मय, खंड 35, परिशिष्ट, पृष्ठ 540–543)। गांधी उपनिवेशवाद-विरोधी राष्ट्रीय सामंजस्यवाद की जमीन पर खड़े थे। इसलिए उनका तरीका अंबेडकर से अलग था। इसका यह अर्थ नहीं है कि वे अंबेडकर के विरोधी थे।

एक समय वामपंथी आंदोलन को जिस तरह खलनायक की जरूरत थी, दलित आंदोलन को भी खलनायक की जरूरत हुई। गांधी बार-बार खलनायक बने। सवाल है, क्या गांधी आज भी खलनायक दिखते हैं? वे जिन-जिन को खलनायक दिखते हैं यदि आज उनकी सूची बनाई जाए तो गोडसे की कतार में उन्हें देख कर उन पर हँसी आ सकती है!

गांधी को शिकायत थी कि उन्हें जाति के मुद्दे पर गलत समझा गया। वे निश्चय ही अपने कई कथनों में वर्ण व्यवस्था का समर्थन करते हैं, लेकिन अपने आचरण में उसको जगह नहीं देते। यह उनसे बेहतर स्थिति है जो अपने कथनों में वर्ण व्यवस्था का खूब विरोध करते हैं, लेकिन आचरण में अपनी जाति को किसी न किसी दूसरी जाति से ऊंचा समझते हैं।

कई अछूत समझे जाने वालों से गांधी के जीवन का रिश्ता था। वस्तुतः उन्होंने जाति के आधार पर भेदभाव, हिंसा और ब्राह्मण-वर्चस्व का खुल कर विरोध किया, भले सामंजस्यवादी दिशा के कारण वर्ण व्यवस्था का जानबूझ कर विरोध नहीं किया। उन पर आरोप लगा है कि वे वर्ण व्यवस्था की रक्षा करने के लिए पश्चिमी सभ्यता का विरोध करते हैं और इसे 'शैतानी सभ्यता' कहते हैं!

वस्तुतः गांधी मदुरई के उसी संवाद में प्रतिवाद करते हैं, 'मैंने खादी, हिंदू-मुस्लिम एकता और अस्पृश्यता निवारण को स्वराज के तीन खंभों के रूप में देखा, पर मैंने कभी वर्णाश्रम धर्म को उसका चौथा खंभा नहीं माना। इसलिए वर्णाश्रम धर्म से संबंधित कथनों के आधार पर आप मुझ पर गलत आरोप नहीं लगा सकते।' (वही)। अरुंधती राय अधपढ़ता के कारण गांधी को जातिवादी करार देती हैं और उनकी कटु आलोचना करती हैं, जबकि गांधी को उनके वैचारिक विकास और वस्तुतः उनके आचरण के आधार पर परखना चाहिए।

पश्चिमी सभ्यता की आलोचना क्यों

गांधी का यंत्रों के विरोधी के रूप में भी काफी प्रचार हुआ। गांधी का कहना था, 'मशीनों के प्रति मेरे विरोध के बारे में बहुत ज्यादा गलतफहमी है। मैं हर मशीन का विरोधी नहीं हूँ। मैं केवल उन्हीं मशीनों का विरोधी हूँ, जो श्रमिकों को विस्थापित करके बेरोजगार बना देती हैं।' (हरिजन, 1944)। गांधी की इस बात

से सिर्फ बहुराष्ट्रीय कंपनियों को आपत्ति हो सकती है, क्योंकि वे टेक्नोलॉजी की ताकत से सामान्य मानव श्रम को महत्वहीन बना देना चाहती हैं।

आज चांद पर जाने की जितनी चिंता है, धरती पर रोजगार को लेकर नहीं। गांधी विज्ञान के विरोधी न थे, लेकिन उन्हें 'इकोनॉमी' को लेकर ज्यादा चिंता थी। वे देश के बेरोजगारों को लेकर चिंतित थे, जो 21वीं सदी में बड़े पैमाने पर बढ़ रहे हैं। वस्तुतः आज सिर्फ आर्थिक वृद्धि देखी जाती है, रोजगार घट रहे हैं कि बढ़ रहे हैं, इससे मतलब नहीं होता।

गांधी ने अपने जीवन में रेलवे, अस्पताल, यंत्रों और आधुनिकीकरण का भरपूर इस्तेमाल किया। वे कहते हैं, 'मुझे जलपोतों और टेलीग्राफ से कोई शिकायत नहीं है।' वे मशीनों के अंध-विरोधी नहीं थे। उनके 'हिंद स्वराज' (1909) के विचारों को उनका सैद्धांतिक चौखटा नहीं मान लेना चाहिए। गांधी को 'हिंद स्वराज' तक सीमित देखना उन्हें नहीं समझना है।

गांधी लंबे समय तक खुद पश्चिमी जीवन शैली में रचे-बसे थे। फिर इससे उनका मोहभंग हुआ। उन्हें यूरोपीय देश शक्ति-मद में चूर और सुखवाद के पीछे भागते दिखे। उन्होंने अपने समय के यूरोप पर टिप्पणी की थी, 'मेरा पक्का विश्वास है कि यूरोप आज ईश्वर या ईसाइयत का प्रतिनिधित्व नहीं करता, बल्कि शैतान की भावना का प्रतिनिधित्व करता है। और, शैतान सबसे ज्यादा कामयाब तब होता है जब वह अपने होंठों पर ईश्वर का नाम लेकर प्रकट होता है' (महात्मा गांधी के विचार)। वे वस्तुतः पश्चिम का नहीं क्षयग्रस्त पूंजीवादी सभ्यता का विरोध करते थे। उपनिवेशवाद की 'पाशविक भूख' ने उन्हें पश्चिमी सभ्यता का आलोचक बनाया।

पश्चिम के अंधानुकरण की वजह से भी गांधी पतनोन्मुख यूरोपीय प्रवृत्तियों के विरोधी थे। दूसरे, आधुनिकीकरण शहरातियों को ग्रामीण जनता से विमुख और खुदगर्ज बना रहा था। आज बुद्धिजीवियों के लिए गांव आंकड़े से ज्यादा महत्व नहीं रखते और गैर-सरकारी संगठनों के लिए ज्यादातर वे कमाई के साधन हैं। गांधी ने कहा था, 'पाश्चात्य सभ्यता का प्रतिरोध मैं इसलिए करता हूँ कि मैं इसके अंधाधुंध और विवेकहीन अनुकरण के विरुद्ध हूँ जो इस धारणा पर आधारित है कि एशिया के लोगों में पश्चिम से आने वाली हर चीज के अनुकरण भर की योग्यता है।' (1927)। इन विचारों को ध्यान में रखने पर ही गांधी की पश्चिमी सभ्यता की आलोचना का अर्थ स्पष्ट होगा।

इसमें संदेह नहीं कि गांधी आधुनिक सभ्यता के सिर्फ लालच और खुदगर्जी

पैदा करने वाले तत्वों के विरोधी थे। दूसरी तरफ, हम पाते हैं कि उन्होंने अतीत की मनुवादी व्यवस्था, धार्मिक पाखंडों और भेदभावों से अलग रास्ता चुना। आधुनिक चीजों का उपभोग करते हुए पश्चिमी सभ्यता की बार-बार आलोचना और ब्राह्मणवादी व्यवस्था और जाति-भेदभाव का विरोध करते हुए धर्म और ईश्वर के प्रति आस्था की बार-बार घोषणा उनकी उपनिवेशवाद -विरोधी राष्ट्रीय चेतना की विलक्षणता है। उनमें मानवीय ईमानदारी ही नहीं, राष्ट्रीय समझदारी भी थी।

गांधी की नजर में धर्म

गांधी ने धर्म को एक नया अर्थ दिया, जो सांप्रदायिक कलह के उस माहौल में अनोखा था। वे इस संदर्भ में राममोहन राय, दयानंद सरस्वती और विवेकानंद के नवजागरण की परियोजना को आगे बढ़ाते हैं, भले 19वीं सदी के उन महापुरुषों की तरह कोई धार्मिक संगठन नहीं बनाते। गांधी के धर्म में संगठन-धर्मिता की जगह वैयक्तिकता, आत्मबोध और तर्क का महत्व है। उनके धर्म ने एक समय हिंदुओं और मुसलमानों दोनों का व्यापक हृदय परिवर्तन किया था। उनकी ईश्वरीय आध्यात्मिकता न सिर्फ हर संकीर्ण घेरे और भेदभाव को तोड़ती थी, बल्कि वह मूल्यबोध-संपन्न थी।

रवींद्रनाथ का अध्यात्म भी अंतरराष्ट्रीयतावादी और समावेशी था। इकबाल भी उस दौर में उच्च आध्यात्मिक जमीन पर सोचते थे, 'तू अभी रह गुजर में है, कैद-ए-मकाम से गुजर', अर्थात- तू अभी क्षेत्र की सीमाओं (पूर्व और पश्चिम) में बंद है, इन बंधनों के पार जा, अपने मन में आध्यात्मिक विस्तार ला! वह जमाना आज से काफी भिन्न कुछ ऐसा था कि जाग रहे लोग रूढ़ियों और संकीर्णताओं को तोड़ कर मुक्ति का आनंद पा रहे थे और आध्यात्मिकता इसमें सहायक हो रही थी।

गांधी की धर्म-संबंधी सोच भारत को वस्तुतः एक नए आधुनिक युग में ला रही थी। उन्होंने अपने लिए 'आधुनिक' शब्द का इस्तेमाल न किया हो, पर उनका बहुत कुछ ऐसा है जो किसी भी आधुनिकता से कम नहीं है। हम उसे जातीय आधुनिकता कह सकते हैं, जो वस्तुतः कट्टरवाद के विरुद्ध खड़ी थी।

गांधी ने कहा, 'मैं हिंदू पहले हूँ और राष्ट्रभक्त बाद में।' लेकिन उनके हिंदू होने का तात्पर्य है- 'मेरे धर्म की कोई भौगोलिक सीमा नहीं है।'... 'धर्म से मेरा आशय औपचारिक धर्म या प्रथागत धर्म से नहीं है, बल्कि उस धर्म से है जो सभी

धर्मों का मूल है।'... 'मेरा धर्म जाति, धर्म तथा नस्ल के गर्व को सहन नहीं करता।'...'मैं चाहूंगा कि विभिन्न धर्मों को मानने वाले लोग - केवल भारत ही नहीं, बल्कि दुनिया भर के लोग एक-दूसरे के संपर्क में आकर बेहतर मनुष्य बनें। मैं अधिकतम सहिष्णुता का हिमायती हूँ।'... 'मैं तो चाहता हूँ कि भारत पूर्णतः सहिष्णु बने जिससे उसके सभी धर्म साथ-साथ चलें।' (महात्मा गांधी के विचार)।

गांधी का मुख्य जोर आस्था और नैतिकता पर था। वे आस्था के संबंध में कहते हैं, 'आस्था ही है जो हमें तूफानी समुद्रों के पार ले जाती है। आस्था पर्वतों को हिला सकती है। ...यह आस्था कुछ और नहीं अपने अंतःकरण में विराजमान ईश्वर का जीवित और सुस्पष्ट बोध है।' (वही)। आज धर्म और नैतिकता के बीच संबंध विच्छेद है। अब धार्मिक होने के लिए नैतिक होना जरूरी नहीं होता, जिस तरह धर्मनिरपेक्ष होने के लिए भी नैतिक होना जरूरी नहीं होता!

गांधी कहते थे, 'सुधारक के रूप में, मैंने हर चीज को नैतिक दृष्टि से देखा है। चाहे मैं किसी राजनीतिक समस्या से जूझ रहा हूँ अथवा सामाजिक या आर्थिक समस्या से, उसका नैतिक पक्ष सदैव प्रबल होकर सामने आ जाता है और मेरे संपूर्ण दृष्टिकोण पर छा जाता है।' (वही)। गांधी का धर्म-संबंधी दृष्टिकोण देवताओं के महज जयकारे की जगह उत्प्रेरक आस्था और नैतिकता से जुड़ा है। वे बहुतों की तरह मानते थे, 'धर्म लोगों को एक-दूसरे से पृथक करने के लिए नहीं हैं। वे एक-दूसरे को जोड़ने के लिए हैं।' (वही)। यही वजह है कि गांधी के धर्म का आधार घृणा नहीं, प्रेम है।

क्या स्वतंत्रता का अर्थ भय, घृणा और अभाव से मुक्ति है

गांधी भी तिलक की तरह 'गीता' की ओर आकर्षित थे। उन्होंने यरवदा जेल में एक पुस्तक लिखी 'गीता माता'। इसमें उन्होंने सरल भाषा में गीता का सार बताते हुए लिखा, 'सच्चा कुरुक्षेत्र हमारा शरीर है। यही कुरुक्षेत्र भी है और धर्मक्षेत्र भी है। इस क्षेत्र में कुछ न कुछ लड़ाई तो नित्य चलती रहती है और ऐसी अधिकांश लड़ाइयाँ 'मेरा-तेरा' को लेकर होती हैं। ये अपने-पराए के भेदभाव से पैदा होती हैं। इसलिए मेरे-तेरे का भेद भूलना चाहिए। या यों कहिए कि राग-द्वेष तजना चाहिए। गीता और सभी धर्मग्रंथ पुकार-पुकार कर यही कहते हैं।' यह 'गीता' की बुद्धिसम्मत व्याख्या है। आज बाहर जितनी 'धाँय-धाँय' है, उससे काफी अधिक व्यक्तियों के बढ़ चले 'इगो' के बीच है। गांधी निःसंकोच कह देते

हैं, 'सारी गीता का सार शुरू के तीन अध्यायों में ही आ जाता है।' उन्होंने 'गीता' के जरिए आलस्य से भरे भारत में अहं-मुक्त कर्म का संदेश देना चाहा।

गांधी जानते थे कि भारत की जनता धर्म की भाषा में चीजों को ज्यादा समझती है। इसलिए उन्होंने 'राम-राज्य' का स्वप्न दिया जो देश के अंतिम आदमी तक बंधुत्व, स्वतंत्रता और बराबरी पहुंचाने से भिन्न मामला नहीं है। राम-राज्य की धारणा से भ्रम होता है, लेकिन यह एक सेकुलर राज्य की धारणा है, जिसका भारतीय संविधान में शामिल होना भारत की महानता है। यह 'पाकिस्तान' की धारणा से भिन्न मामला है।

गांधी की धार्मिक भावना को इस प्रार्थना से भी समझा जा सकता है, 'रघुपति राघव राजा राम पतित पावन तेरा नाम। ईश्वर-अल्ला तेरा नाम सबको सन्मति दे भगवान'! जिन्हें हिंदुत्व का दंभ है, वे उच्च भारतीय परंपराओं से विच्छिन्न होने के कारण यह प्रार्थना पसंद नहीं करेंगे।

गांधी ने विश्व-भाव से कहा है,'एशिया सिर्फ एशियावासियों के लिए न होकर पूरी दुनिया के लिए हो। इसके लिए आवश्यक है कि एशिया बुद्ध के संदेश (अर्थात -अंहिसा और मैत्री) को फिर से समझे।... अगर दुनिया को एक नहीं होना है तो मैं उसमें रहना नहीं चाहूंगा।... संपूर्ण विश्व एक मानव शरीर की भांति है। एक अंग को पीड़ा होने पर पूरे शरीर को होती है।... मैं इस बात को समझता हूँ कि दुनिया के राष्ट्रों के बीच आज जो घोर शैक्षिक और सांस्कृतिक असमानताएं हैं, वे जब तक दूर नहीं होंगी, तब तक सच्ची सुरक्षा और स्थायी शांति सुनिश्चित नहीं की जा सकती।... जिस राष्ट्रभक्त में मानवतावाद के प्रति उत्साह कम है, वह उतना ही कम राष्ट्रभक्त माना जाएगा।... मेरी राष्ट्रभक्ति में सामान्यतया सारी मानव जाति की भलाई समाविष्ट है।... देश सेवा और विश्व सेवा में कोई विरोध नहीं है।' (महात्मा गांधी के विचार)।

अंग्रेजों से स्वाधीनता के लिए लड़ाई के अलावा अन्य मामलों में निश्चय ही गांधी के विचार कुछ न कुछ अमूर्त हैं। उनके लेखन और भाषणों में अंतर्विरोध भरे हुए हैं। उनके कहे हुए हजारों पृष्ठों में एक ही विषय पर कई मत हैं। वे पुस्तकालय में बैठे दार्शनिक लेखक नहीं थे, एक राजनीतिक संग्रामी थे। उनके विचारों को उनके शब्दों में नहीं, लंबी राजनीतिक यात्रा में उनके 'पैरों में जमी धूल' में पढ़ना चाहिए। एक बार उन्होंने कहा था कि कागज पर अंकित उनके शब्दों को उनके शव के साथ ही जला दें और उन्हें सिर्फ उनके कर्मों में देखें। आज कितने नेता और बुद्धिजीवी हैं जो यह कह सकते हैं?

गांधी के विचारों में उनके तपस्वी और संघर्षशील जीवन का तेज बसा है। उनके सत्य के प्रयोग का एक महत्वपूर्ण उदाहरण 1947 में उनका हिंदुओं को बचाने के लिए नोआखाली जाना और मुसलमानों को बचाने के लिए बिहार जाना है। वे प्रेम का संदेश लेकर जिस तरह हिंदुओं के लिए मुस्लिम-बहुल नोआखाली में भयमुक्त होकर घूमे, उसी तरह मुसलमानों के लिए हिंदू-बहुल बिहार में। उन्होंने दंगों को देख कर सितंबर 1947 में कोलकाता में और जनवरी 1948 में दिल्ली में उपवास रखा था। उनकी नजर में अंग्रेजों से लड़ कर ली गई स्वतंत्रता का वास्तविक अर्थ भय, घृणा और अभाव से मुक्त होना है।

आज कथाएँ तथ्यों को पछाड़ रही हैं

गांधी के समय से यह एक भिन्न समय है। सूचनाओं के जाल द्वारा ज्ञान की परंपराओं का विस्थापन हमारे समय की एक महत्वपूर्ण घटना है। फलस्वरूप सत्य को जानने के विविध रास्ते हो सकते हैं और एक साझी भूमि भी हो सकती है, इस धारणा पर वज्रपात हुआ है। हमारे युग में साझा सत्य की खोज दब गई है। सूचना क्रांति ने उपनिवेशवादियों की तरह ही मनुष्यों के बीच भेद बढ़ा दिया है। लोग धर्म, जाति, स्थान या अंध-राष्ट्रीयता के अधिकाधिक कैदी होते जा रहे हैं। यह युग ज्ञान के साथ, संवेदना के भी भीषण संकट से गुजर रहा है। यह आस्था और नैतिकता दोनों का संकट झेल रहा है।

इसके अलावा, 'ज्ञान ही शक्ति है' की धारणा अतीत की चीज हो गई है। इसकी जगह बड़ी पूंजी के बल पर सूचना क्रांति है, सूचनाओं का जाल है। आम लोग अभिमन्यु की तरह इसमें फँसते हैं और सूचना महारथियों से घिर जाते हैं।

राजस्थान में जन्मे संत कवि सुंदरदास (16वीं सदी) के एक दोहे का अर्थ है, 'सोने के पात्र में सिंहनी का दूध हो सकता है, ज्ञान नहीं हो सकता।' उत्तर-सत्य के युग में विदेशी पूंजी और अंध-राष्ट्रवादी वीरता का गठबंधन है। किसी समय, 70-80 साल पहले तक उत्थानशील पूंजीवाद ज्ञान में तर्क और खुलापन ला रहा था। हर तरफ मुक्त बहस थी, एक हद तक उदारवाद था। आज विश्व बाजार की वित्तीय पूंजी को अंध-राष्ट्रवादी वीरता में ही आत्मरक्षा नजर आती है। इसलिए अब ज्ञान संपूर्ण सृष्टि से प्रेम के विस्तार या विश्व भावना में न दिख कर 'सिंहनी के दूध' में नजर आता है!

यह आमतौर पर सूचना का युग कहा जाता है। इस युग में बड़े पैमाने पर कथाओं का निर्माण हो रहा है। सूचना-फैक्टरियों में कथाएँ सत्य और तथ्यों को

पटकनी देने के लिए बनाई जाती हैं। बड़े पैमाने पर झूठ का प्रचार होता है। लोग ऐसी प्रचारित कथाओं को सच मानने लगते हैं। आर्थिक वृद्धि संकट में हो, तब भी मीडिया और बाजार में अच्छे भविष्य के बिंब भरे दिखते हैं। गलत आंकड़े बताए जाते हैं।

उदाहरण के रूप में, जलवायु परिवर्तन के वैज्ञानिक सत्य को अमेरिका ने कैसे झुठलाया है, यह देखा जा सकता है। इंग्लैंड में ब्रेक्जिट के लिए प्रचारित किया गया कि यह देश यूरोपीय संघ को हर सप्ताह 350 मिलियन पाउंड भेजता है, जबकि यह एक झूठ था। हर देश में विदेशी नागरिक प्रमुख मुद्दा है, इनकी संख्या बढ़ा-चढ़ा कर दिखाई जाती है। आज राजनीति ने विज्ञान का भक्षण कर लिया है, यह चंद्रयान-2 से स्पष्ट है।

एक अन्य क्षेत्र से उदाहरण है, 'गीता' में योग की अवधारणा शारीरिक फिटनेस तक सीमित नहीं है, बल्कि अद्वैत के ज्ञान तक इसका विस्तार है। यह ज्ञान सबमें ईश्वर को देखता है। जबकि उत्तर-सत्य के युग में योग सिर्फ शारीरिक फिटनेस का मामला है!

वर्तमान समय में निर्मित कथाएँ सचाइयों और तथ्यों को पछाड़ देती हैं। जब असफलताओं पर भी गर्व व्यक्त किया जाता हो, समाज में फैल रही निराशा पर नकली आशा की टॉपिंग दी जाती हो, अवसाद पर खुशहाली के इंद्रधनुष सजा दिए जाते हों और अहिंसा को हटा कर 'हिंसा बहादुर' ही नायक बने हुए हों, समझना चाहिए, ये एक बुरे मौसम के चिह्न हैं।

गांधी इसलिए याद आते हैं कि युद्ध और हिंसा का एक भयंकर युग आ रहा है।

इस समय प्राचीन साहित्य के ज्ञान से भी सच्चा सरोकार नहीं है, बल्कि ज्ञान की तुलना में अज्ञानता का प्रचार ज्यादा है। वर्तमान समय यदि अशांत, कोलाहलपूर्ण और अहंकार-भरा है तो इसकी बुनियाद में ज्ञान को कुचलती सूचना-फैक्टरियों से निकलीं नई-नई कथाएं हैं जिनमें बहुत ताकत है।

ज्ञान का एक लक्षण है 'दूसरे' को समझना

ज्ञान का एक लक्षण है अपने अज्ञान का बोध। हालत यह है कि आज अनगिनत व्यक्ति अपने को परम ज्ञानी समझते हैं। वे जड़ीभूत ज्ञान से लबालब भरे हैं और कुछ सुनना नहीं चाहते। दरअसल सिद्धावस्था में विमर्श होता है, संवाद नहीं होता। प्रसिद्ध वैज्ञानिक आइजक न्यूटन अपने बारे में बताते हुए विज्ञान का एक

महत्वपूर्ण संदेश देते हैं, 'मैं उस बच्चे की तरह हूँ जो समुद्र तट पर खेल रहा है। वह कभी कोई चिकना पत्थर या चमकीली सीपी पा जाता है और तब उसे सिर्फ यही लगता है कि अभी तो सचाइयों का विराट महासागर मेरे सामने अनदेखा पड़ा है।' ज्ञान का निरंतर विस्तार गुणवत्तापूर्ण जीवन की पहली शर्त है, जबकि आज की टेक्नोलॉजी का इस्तेमाल अज्ञानता के राजनीतिक निर्माण में ज्यादा हो रहा है। आज की टेक्नोलॉजी आभासी संवाद की भी जननी है।

ज्ञान वस्तुतः परंपरा और नवोन्मेष का संगम है। यदि समाज में सचमुच नवोन्मेषशील ज्ञान की संस्कृति पनपे, अतीत हिंसा का हथियार नहीं बनेगा और न भविष्य-कल्पना पर बाजार का कब्जा होगा। फिर न शिक्षा के पाठों में युद्ध के बंकर बनेंगे और न मीडिया झूठ का लाउड स्पीकर होगा। कलाएँ घुटने नहीं टेकेंगी, वे अपनी स्वायत्तता में बोलेंगी।

आज समाज को ज्ञान के औपनिवेशिक कुचक्रों से बाहर निकालना जरूरी है। उसको अज्ञानता की बम वर्षा से बचाना जरूरी है, ताकि सह-अस्तित्व की क्षमता का नाश न हो। गांधी जैसे व्यक्तियों के महत्व को समझना भी कम जरूरी नहीं है। निश्चय ही यह जितना विध्वंस का युग है, उससे अधिक पुनर्निर्माण का समय है। यह सह-उत्पादन और सह-संघर्ष के साथ-साथ सह-रचना का समय भी है, जब ज्ञान का एक अर्थ है 'दूसरे' को समझना!

अक्टूबर 2019

गांधी क्या चाहते थे

गांधी की जन्म सार्ध-शती (1869-2018) का महत्व है। हमलोग गांधी के बाद की उन पीढ़ियों के हैं जिन्होंने उनको देखा नहीं है। यदि आज के भारत पर नजर डालें तो संदेह होगा कि इस देश में सचमुच क्या गांधी कभी थे! सवाल है, उनकी मूर्तियों, स्मारकों और 'चश्मे' के अलावा उनका क्या बचा है? कभी पढ़ा था, 'चल पड़े जिधर दो डगमग पग, चल पड़े कोटि जन उसी ओर।' आज गांधी अकेले हैं और क्रूर वैचारिक आक्रमणों से घिरे हैं।

क्या गांधी नस्लवादी थे

सलमान रुश्दी गांधी को महज एक 'कुशल राजनीतिक कारीगर' कहते हैं, ताकि उनके मानवीय पक्षों को ढका जा सके। इधर कुछ लेखकों द्वारा गांधी को नस्लवादी कहने से लेकर लखनऊ से कुछ किलोमीटर दूर उनकी एक मूर्ति को केसरिया रंग से रंगने तक सैकड़ों घटनाएँ हैं। इससे लगता है कि नहीं, गांधी में अब भी ताकत है और उनके आईने के सामने खड़ा होना कठिन है।

गांधी को नस्लवादी साबित करने का उद्देश्य है पश्चिमी देशों के नस्लवाद को ढकना और गांधी के नेतृत्व में औपनिवेशिक शासन के खिलाफ स्वतंत्रता के लिए चले अहिंसक संग्रामों को महत्वहीन साबित करना। कहना न होगा कि ऐसे वैचारिक आक्रमणों के पीछे अपने उपनिवेशवादी कुकृत्यों के लिए ग्लानिविहीन पश्चिम का सड़ा दिमाग काम करता है।

गांधी 1893 में 23 साल की उम्र में दक्षिण अफ्रीका गए थे। वे उस समय ब्रिटिश ढांचे में शिक्षा पाए पश्चिमी मन के वकील थे। वे जन्म से महात्मा नहीं थे और वस्तुतः संपन्न भारतीय व्यवसायियों का मुकदमा लड़ने के लिए दक्षिण अफ्रीका गए थे। वे निश्चय ही काले अफ्रीकियों के नहीं, बल्कि काले एशियाइयों, विशेषतः आप्रवासी हिंदू-मुसलमान भारतीयों के प्रवक्ता थे और इनके प्रति होने

वाले भेदभाव के मुद्दे पर गोरों से अपमान झेलते हुए भी लड़ रहे थे। हिंदू-मुसलमान के भेदभाव और आर्थिक विषमता देख कर वे तभी से चिंतित थे। उनके मुद्दे सीमित थे, पर इससे वे नस्लवादी नहीं हो जाते। दक्षिण अफ्रीका के अपने जीवन काल को उन्होंने स्पष्ट तौर पर 'वकालत के पेशे का काल' कहा है।

दक्षिण अफ्रीका में नेल्सन मंडेला ने जिस गांधी को अपनी एक प्रेरणा के रूप में देखा था, उन्हें नस्लवादी कहना आभिजात्यवादी शैतानी है। निश्चय ही गांधी काले अफ्रीकियों के प्रति होते रहे नस्लवादी रंगभेद के विरुद्ध तब बोले, जब वे दक्षिण अफ्रीका छोड़ चुके थे। वे वकालत भी छोड़ चुके थे और भारत में स्वाधीनता संग्राम शुरू कर रहे थे।

दक्षिण अफ्रीकियों के संबंध में गांधी 1920 में बोले, 'दक्षिण अफ्रीका की श्वेत नीति में विश्व युद्ध के बीज निहित हैं।' उन्होंने नस्लवाद का विरोध करते हुए आगे चल कर कहा, 'यह नई नस्ल व्यवस्था भारत की प्राचीन जाति व्यवस्था से भी बुरी है। यह बेहयाई से घोषणा करती है कि श्वेत सभ्यता को एशियाइयों और अफ्रीकियों से अपनी रक्षा करने के लिए कानूनी अवरोध खड़े करने जरूरी हैं।' आज अमेरिका सहित प्रायः सभी पश्चिमी देशों में देखा जा सकता है कि नस्लवाद फिर उभरा है और दूसरे देश से आए लोगों पर कानूनी अवरोध बढ़ते जा रहे हैं।

गांधी को सिर्फ दक्षिण अफ्रीका में व्यक्त किए गए विचारों की रोशनी में देखना गलत होगा। फिर भी उनका उपहास करते हुए अनगिनत वीडियो बने हैं। आइंस्टीन ने कहा था, 'आने वाली पीढ़ियां शायद ही विश्वास करें कि रक्त और मांस का शरीर लेकर एक ऐसा आदमी भी कभी धरती पर था!' एक वीडियो में गांधी की प्रशंसा करने वाले आइंस्टीन से व्यंग्यपूर्वक पूछा जाता है, 'आइंस्टीन सर, क्या आपको मालूम है कि गांधी ने दक्षिण अफ्रीका में क्या किया और क्या कहा?'

यदि गांधी के जीवन से कुछ सीमित तथ्यों को चुन कर पूर्ण निष्कर्ष निकाला जा रहा हो तो इसका उद्देश्य नव-उपनिवेशवाद या धार्मिक कट्टरवाद का औचित्य तैयार करना ही हो सकता है।

धर्म की धर्मनिरपेक्ष धारणा

गांधी को सही परिप्रेक्ष्य में देखना जरूरी है, उनके सभी विचारों से सहमत होना नहीं। उनके ब्रह्मचर्य, वर्ण व्यवस्था, बाह्य शासनहीनता और उद्योगीकरण से

संबंधित विचारों को सही नहीं ठहराया जा सकता। उनके गांधी के जीवन का मुख्य योगदान है भारत के स्वाधीनता संग्राम का 1857 से सबक लेकर, अहिंसा के रास्ते से ऐतिहासिक नेतृत्व। उनके सिद्धांत के प्रमुख आधार थे- सत्य, अहिंसा और स्वराज्य। उनके समय में सत्य स्पष्ट था, भले आज सत्य बंटा हुआ है। फिलहाल साझा सत्य के लिए उत्साह नहीं है। सभी के अपने-अपने सत्य और अपने-अपने सत्याग्रह हैं। बल्कि सत्याग्रह महज सत्ता के आग्रह में बदल चुका है!

स्वाधीनता के बाद गांधी ने देखा था, 'विदेशी शासन का अंत हुआ है, लेकिन भारतवासियों के बीच विषमता और हिंसात्मक संघर्ष बढ़ते जा रहे हैं।' उन्होंने विषमताओं और हिंसा के मामलों में कोई समाधान न देते हुए भी भारतीय जनता की अहिंसक नैतिक शक्ति का अहसास दुनिया को करा दिया था। वे धर्म को एक बड़ी समस्या के रूप में देख रहे थे, खास कर उसके दुरुपयोग के संदर्भ में। इसलिए उन्होंने मृत्यु से तीन सप्ताह पहले लिखा था, 'हम बिल्कुल भूल जाएँ कि हिंदू हैं या सिख, मुस्लिम हैं या पारसी। हम अपने घरों में ईश्वर को किस रूप में मानते हैं, इसका घर से बाहर कुछ भी लेना-देना नहीं है।' भारतीय लोगों में गांधी द्वारा पैदा की गई अहिंसक नैतिक शक्ति क्या आज इतनी बरकरार है कि हम उपर्युक्त भावना को पा सकें-धर्म को घर में रखें, सड़कों पर न ले जाएँ?

गांधी ने कहा था, 'मुझे धर्म प्यारा है। इसलिए पहला दुख यही है कि हिंदुस्तान का धर्म नष्ट होता जा रहा है। धर्म से मेरा मतलब हिंदू, मुसलमान और पारसी से नहीं है। वस्तुतः इन सभी धर्मों का ही सार जाता रहा है।' वे उच्च मानवीय गुणों को धर्म का सार मानते थे। वे धर्म की एक धर्मनिरपेक्ष धारणा देना चाहते थे, 'यदि मुझे हिंदू मत की परिभाषा देने को कहा जाए तो मैं यही कहूँगा कि यह अहिंसात्मक साधनों से सत्य की खोज है।' सत्य की खोज की प्रवृत्ति ने ही उन्हें निर्भय बनाया। जहाँ सचमुच ज्ञान है वहाँ भय नहीं हो सकता। आज हर तरफ भय, हिंसा और आतंक है, इसलिए भी महात्मा गांधी अब एक जबर्दस्त जरूरत हैं।

आज हिंदू धर्म को झूठों से रंगा जा रहा है। यह पश्चिम एशियाई इस्लाम के समानांतर हिंसा के आधुनिक अवतार में है। गांधी ने अपनी आस्था बताते हुए कहा था, 'मैं असह्य वेदना से पीड़ित व्यक्ति से कहता हूँ कि राम का नाम लो। अगर नींद नहीं आती है तो कहता हूँ कि राम का नाम लो। किंतु ये राम तो दशरथ के बेटे या सीता के पति राम नहीं हैं। ये तो देहधारी राम ही नहीं हैं। हम किसी देहधारी राम की पूजा नहीं करते हैं। हम तो अपने निरंजन राम को पूजते हैं। हम

सब तुलसीदास के समान सुंदर काव्य नहीं लिख सकते, किंतु जीवन में ईश्वर को उतार कर उसे काव्यमय बना सकते हैं।' (घट घट में राम)। गांधी यह सब कबीर की परंपरा में कह रहे थे। आज राम का नाम लेते हुए भी आदमी अपने जीवन में वस्तुतः राक्षस को उतारता है। कबीर और गांधी दोनों प्रेम को महत्व देते थे। गांधी बहुत मन से गाते थे, 'वैष्णव जन तो तेने कहिए जे पीर पराई जाने रे।' अपनों को तकलीफ में पड़ा देख कर सभी दौड़ते हैं, पर जो अपरिचित है, 'दूसरा' है उसकी पीड़ा में साझेदारी के लिए आगे बढ़ना ही मनुष्यता है।

वह भिन्न समय था, जब गांधी ने धर्म को कर्मकांड नहीं मूल्यों के रूप में देखते हुए कहा था, 'मेरे लिए धर्म से रहित राजनीति की कोई सत्ता नहीं है। धर्म रहित राजनीति मृत्यु का जाल है, क्योंकि उससे आत्मा का हनन होता है।' आज धर्म का अर्थ मूल्यों से विच्छिन्न होकर अत्यंत चालाकी भरा और अधार्मिक हो चुका है।

गांधी को दूसरी तरह से अपमानित वे करते हैं जिनके पास अतीत की कूपमंडूकता से भरा नाथूराम गोडसे जैसों का हिंदू दिमाग है। यह एक भयानक समय है, जब गोडसे को पूजने वाले लोग बड़ी संख्या में हैं। दरअसल गांधी ने सबसे ज्यादा चुनौती 'शैतानी सभ्यता' की ओर बढ़ चुके पश्चिम और रूढ़ियों से जकड़े कूपमंडूक भारतीय अतीत को दी थी। इसलिए वर्चस्व-आकांक्षी पश्चिमी और कट्टर भारतीय दिमागों को गांधी का रास न आना स्वाभाविक है।

क्योंकि कंट्रोवर्सियल ही बिकता है

गांधी का लिखा और बोला गया साहित्य लगभग 50,000 पृष्ठों का है। उसमें असंगति और अंतर्विरोध स्वाभाविक हैं। गांधी दार्शनिक नहीं, कार्यकर्ता थे। उनके सभी विचारों से किसी की सहमति नहीं होगी। लेकिन सभी विचारों से असहमति एक तरह का वैचारिक आत्मघात है, अहंकार है ही। गांधी बार-बार आत्मनिरीक्षण करते थे। उनके विचारों में विकास अंततः हुआ। अपने सत्य को जांचते रहना जरूरी होता है, जो मतांधता के कारण अब नहीं होता। हम जानते हैं कि कई मुद्दों पर गांधी के विचार बदले हैं। इसलिए उनको चुने हुए पसंद के तथ्यों की रोशनी में नहीं, समग्र विकास में देखने की जरूरत है। उनके बुनियादी रुझानों को भी समझना होगा।

जो व्यक्ति कहता हो- 'मेरा जीवन ही मेरा संदेश है', उसे महज लिखे और बोले गए विचारों में खोजना अपर्याप्त है। आज के ज्यादातर बुद्धिजीवी कपड़ों की

तरह सिर्फ अपने विचारों के थान खोल-खोल कर दिखाते हैं। कोई नहीं कह पाता, 'मेरा जीवन मेरा विचार है'। भारत में एक आदमी तो ऐसा था, जो यह कह सकता था!

महान मुनष्यों में भी कुछ कमियाँ और पूर्वग्रह होते हैं। सवाल है, गांधी को किस इरादे से देखा जा रहा है। उन पर उनके जीवन काल और बाद में अंधभक्तिपूर्ण और विद्वेषमूलक बहुत कुछ लिखा गया है। दोनों तरह की चीजें उन्हें ढकती हैं। गांधी एक जटिल और प्रेरक व्यक्तित्व हैं, तथाकथित गांधीवाद को तो उनके विचारों का छिलका समझना चाहिए।

जो बुद्धिजीवी उन्हें 'संत के वेश में एक चालाक आदमी' मानते हैं, वे वस्तुतः अपने दोहरे और मीडियाकर चरित्र में गांधी के त्याग, सादगी और ईमानदारी को झेल नहीं पाते। जार्ज ऑरवेल ने सर्वप्रथम उपर्युक्त रूप में उन्हें देखते हुए यह भी कहा था, 'गांधी के सबसे बड़े दुश्मन भी स्वीकार करेंगे कि वे एक बड़े रोचक और असाधारण व्यक्तित्व हैं जो सिर्फ जिंदा रहते हुए दुनिया को बहुत कुछ देते रहे।' गांधी का अपनी आध्यात्मिकता, चरखे, शाकाहार और उपवास के बल पर क्रूर औपनिवेशिक अंग्रेजी राज से निहत्था बहादुरीपूर्वक लड़ना किसको विस्मित नहीं करता! पश्चिम ने उनको मान्यता दी, लेकिन भिन्न सभ्यतागत पृष्ठभूमि की वजह से वे बार-बार गलत भी समझे गए।

नई पीढ़ी के लोग उन्हें फिल्म 'गांधी' (1982) और गांधीगीरी (2006) की रोशनी में समझते रहे हैं। गांधी के नाम पर सड़कें बनीं जो अक्सर शहर के सबसे बड़े बाजार की तरफ जाती हैं और 'एम.जी.रोड' कहलाती हैं! हम गांधी को भारतीय जीवन और सोच की पटरियों से धीरे-धीरे उतर कर महज भारतीय नोटों की शोभा बढ़ाते पाते हैं।

गांधी के बिना भारत हमें कैसा लगता है? आज ऊंचे भवनों और उच्च टेक्नोलॉजी के बीच भूखे लोगों, बेरोजगार किसानों, यौन उत्पीड़न की शिकार स्त्रियों और संदेह से देखे जा रहे विजातीय लोगों की एक बड़ी आबादी को जब हम निस्सहाय पाते हैं, हमें उनकी चेतावनियाँ याद आ सकती हैं।

रोमां रोलां ने गांधी के बारे में कहा था, 'शताब्दियों में कोई ऐसा महापुरुष आता है। कुछ के लिए तो गांधी मानों ईसा की वापसी थे। कई दूसरों के लिए वे स्वतंत्र बौद्धिक चिंतक थे। वे जैसे हमारी मानव सभ्यता के विभ्रमों और क्रूरताओं को खारिज करने वाले रूसो और टाल्स्टाय के अवतार थे। उन्होंने इन्सानियत को स्वाभाविक और सादगीपूर्ण जीवन का संदेश दिया था।'

पश्चिम में सभी गांधी के प्रति नकारात्मक न थे। अर्नाल्ड ज्विग ने कहा था, 'गांधी ने यह संभव कर दिखाया कि अहिंसा के सिद्धांत से लक्ष्य हासिल हो सकता है।' बिल डुरांत उन्हें बुद्ध के बाद सबसे बड़े महापुरुष के रूप में देखते थे। अमेरिका के विरुद्ध लंबी जंग चलाने वाले देश वियतनाम के हो ची मिन्ह ने कहा था, 'हम क्रांतिकारी हो सकते हैं, लेकिन प्रत्यक्ष या अप्रत्यक्ष दोनों रूपों में हम सभी महात्मा गांधी के शिष्य हैं- इससे ज्यादा नहीं, इससे कम भी नहीं।'

देखा जा सकता है कि गांधी पर पश्चिम के पहले के बौद्धिक चिंतकों और आजकल के सनसनीखेज अनुसंधानकर्ताओं के बीच कितना फर्क है। पुरस्कार संस्कृति, भोग विलास या कट्टरवाद में डूबे आज के पश्चिमवादी बुद्धिजीवी गांधी के कुछ प्रयोगों या कमजोरियों को उनका संपूर्ण जीवन दर्शन बना कर पेश करते हैं। वे अंग्रेजीमय गंधर्वलोक में विचरण करने वाले लेखक हैं। वे सेक्युलर जरूर हैं पर धरती पर कम ही उतरते हैं। वे अपनी पुस्तक को विवादास्पद और बेस्टसेलर बनाने के उद्देश्य से गांधी पर बुरी टिप्पणियाँ करते हैं, क्योंकि कंट्रोवर्सियल ही बिकता है!

गांधी खुद से जद्दोजहद करते थे

गांधी की सीमाओं की आलोचना गांधी का विरोध नहीं है। खुद प्रेमचंद ने बिहार के भूकंप पर गांधी की इस टिप्पणी का विरोध किया था कि यह बिहारवासियों के पापों का फल है, हालांकि गांधी ने अपना संदेश पहुंचाने के उद्देश्य से धार्मिक शब्दावली में भूकंप को 'छुआछूत के पाप का फल' कहा था। प्रेमचंद की गांधी के आर्थिक विचारों से भी असहमति थी। लेकिन उन्होंने गांधी की सीमाओं को समझते हुए भी उन्हें कभी नकारा नहीं, बल्कि अपने भीतर हमेशा मौजूद रखा और अपरिहार्य माना। बाद में अतिरिक्त जोश में 'गांधीवाद की शव परीक्षा' और 'गांधी बेनकाब' जैसी चीजें आईं। उन्हें एकतरफा ढंग से बूर्जुआ और दलित विरोधी भी कहा गया।

गांधी की इच्छा थी कि भारत को आंतरिक भेदभावों और फूट से मुक्त कर देशवासियों को एक भिन्न व्यवस्था में लाया जाए। स्त्रियों को बराबरी के अधिकार मिलें, उन्हें सम्मान हासिल हो। धार्मिक घृणा-द्वेष का अंत हो। हिंदू धर्म को छुआछूत और गैर-बराबरी के कलंक से मुक्त किया जाए। देखा जा सकता है कि स्वतंत्र भारत में सत्ताएँ बदलीं, पर भिन्न व्यवस्था न आ सकी।

हिंदी प्रदेश जब दलित आंदोलन से प्रायः अछूते थे, गांधी हिंदू धर्म पर लगे छुआछूत के धब्बे को मिटाना चाहते थे। इससे काशी के पंडित नाराज हुए थे, पर हवा दूसरी थी। हवा क्या थी, अहिंसा और प्रेम का तूफान था। गांधी स्वाधीनता संग्राम को निम्न और अस्पृश्य समझी जाने वाली जातियों की दुख और अपमान से मुक्ति से जोड़ कर देखते थे। इस पर सोचा जा सकता है कि आज संपन्नता की ओर बढ़ जाने के बाद कितने एलीट दलित हैं जो आम गरीब दलित तो दूर की बात है, अपने गरीब रिश्तेदारों तक से समानता और प्रेम का व्यवहार करते हैं। इधर एलीट दलितों में अपने को 'दलित' की जगह 'अनुसूचित जाति' कहने का फैशन बढ़ा है, क्योंकि उन्हें अब 'दलित' शब्द अपमानजनक लगता है।

गांधी की दलितों की समस्याओं की समझ की एक सीमा थी। वे गोलमेज कांफ्रेंस की पहली मुलाकात में बी.आर. अंबेडकर को दलितों के लिए काम करने वाला एक ब्राह्मण समझ बैठे थे! उन्होंने नारायण गुरु और केरल की स्थितियों को भी समझने में भूल की। हालांकि उन्होंने भिन्न वैचारिक पथ पर चलने वाले महापुरुषों से मिल कर हमेशा संवाद किया। वे रामास्वामी नायकर 'पेरियार' से भी मिलने गए थे और जब उन्हें अपनी बात समझा नहीं पाए तो खाट पर सिर पकड़ कर बैठ गए। महत्वपूर्ण यह है कि वे स्वतंत्रता के लिए 'विरुद्धों में सामंजस्य' चाहते थे। यह उस समय भारत की आवाज थी। निःसंदेह गांधी की सीमाओं का इस्तेमाल उनके गुणों और उपलब्धियों पर पर्दा डालने के लिए नहीं होना चाहिए था। यह काम नव-औपनिवेशिक मिजाज के पश्चिमवादियों और हिंदू कट्टरवादियों को ही करने दिया जाए तो अच्छा है।

गांधी खुद से जद्दोजहद करते थे। वे सच्चा पश्चाताप करते थे। उनके पास एक मजबूत नैतिक रीढ़ थी जिसके बल पर वे अपने समय की बर्बर साम्राज्यवादी सत्ता से निर्भय हो कर टकराते थे और अंग्रेज भय खाते थे। आज चोर ही चोर को चोर बोलते हैं! किसी के मन में किसी बात पर कोई पश्चाताप नहीं है। कैसे देश के हालात बदलेंगे, जब भीतर कोई वास्तविक जद्दोजहद नहीं है और हर तरफ ही ड्रामा ज्यादा है। सत्य नहीं है, सत्याभास है।

कुछ साल पहले करीब एक करोड़ रुपए अग्रिम लेकर बैंगलोर के रामचंद्र गुहा ने गांधी पर दो पुस्तकें (गांधी बिफोर इंडिया, इंडिया आफ्टर गांधी) लिखी हैं। वे मानते रहे हैं कि यदि मैकाले नहीं होता तो भारतीय भाषाओं का आधुनिक विकास नहीं होता। अंग्रेजी नहीं होती तो भारत पिछड़ जाता। गांधी पर ऐसे व्यक्ति अंततः क्या कह पाएंगे? आज बाजार में अपने मतलब का काम किसी

भी पेशेवर बुद्धिजीवी को पकड़ कर कराया जा सकता है। गांधी को समझना हो तो बाजार से थोड़ा बाहर आना होगा। वे कौतूहलवश पढ़ने के लिए बाजार-उत्पाद नहीं हैं।

गांधी कहते थे, 'सिद्धांत के बिना राजनीति, श्रम के बिना धन, विवेक की स्वीकृति के बिना आनंद, चरित्र के बिना ज्ञान, नैतिकता के बिना व्यापार, मनुष्यता के बिना विज्ञान और अहंकार के त्याग के बिना पूजा-पाठ, ये सात पाप हैं।' एक समय भारत के लोग इन सातों मुद्दों पर आंदोलित थे। आज जैसे इन पापों या बुराइयों के बिना जीवन की कल्पना करना मुश्किल है। हर पाखंड तर्क के लिफाफे में है। गांधी 'साहसी नागरिकता' की बात करते थे। अब साहस सिर्फ भ्रष्टाचार, हिंसा और यौन उत्पीड़न के क्षेत्रों में दिखता है।

गांधी अतीत के पुनरुत्थान के बिना पश्चिमीकरण का एक भारतीय विकल्प देना चाहते थे। यह अलग बात है कि उनके पास भारतीय विकल्प का आधा-अधूरा नक्शा था और वह भावना में अधिक था। उनकी एक जबर्दस्त सीमा थी कि वे आर्थिक विषमताओं को कम किए बिना सिर्फ उदारवादी राष्ट्रीय भावना के बल पर समाज का नैतिक रूपांतरण कर देना चाहते थे। लेकिन उनके जीवन संघर्ष से यह चेतावनी निकलती है कि अहिंसा, ईमानदारी, त्याग, सहिष्णुता, भाईचारा, सत्य का आग्रह, न्याय जैसे जीवन के उच्च मूल्यों को त्याग कर जो विकास या परिवर्तन आएगा, वह खोखला होगा। बाहर के संसार को बदलने के लिए भीतर भी सुधार जरूरी है, यह गांधी का संदेश है।

एक महान बौद्धिक सिंथीसिस

गांधी ने अतीत और पश्चिम दोनों से सकारात्मक दूरी रखी थी। आज हमारा एक पैर अतीत में और दूसरा पश्चिम में फँसा है। कैसे समझेंगे गांधी को? गांधी रेलगाड़ी पर चढ़ते थे। वे विज्ञान और आधुनिकता के विरोधी नहीं थे, बल्कि आधुनिकीकरण के नाम पर पनप रहे वंचना, खुदगर्जी और पर्यावरण ह्रास के विरोधी थे। निश्चय ही विश्व में पूंजीवाद और तकनीकी क्रांति की आंधी को रोकना संभव नहीं है और अनैतिकता तथा विषमता ही अंतिम सत्य होते जा रहे हैं। गांधी के साथ दिक्कत यह थी कि वे आधुनिक होने के साथ नैतिक थे।

गांधी पश्चिमी सभ्यता को 'शैतानी सभ्यता' कहते थे। रवींद्रनाथ को कुछ देर से, द्वितीय विश्वयुद्ध के दौरान पश्चिमी सभ्यता की वास्तविकता समझ में आई। उन्होंने इसके संदर्भ में 'सभ्यता का संकट' (1941) शीर्षक से मृत्यु-पूर्व एक

लेख लिखा और पश्चिमी सभ्यता की कटु आलोचना की। यह वह जगह है, जहाँ दो छोरों पर खड़े गांधी और रवींद्रनाथ का मिलन होता है!

आजकल के राजनेता मुख्य रूप से पतंगबाजी करते हैं। उन्होंने लटाई निस्सहाय पब्लिक के हाथ में थमा रखी है! लोक और तंत्र के बीच विभाजन है। स्पष्ट है कि भारत को यदि एक अच्छा देश होना है तो राजनीति का पुनर्मानवीयकरण जरूरी है। गांधी राजनीतिक होने के साथ मानवीय भी थे। वे साधारण जनता का महत्व सही अर्थों में समझते थे। उनके राष्ट्रवाद और मानवतावाद में दूरी नहीं थी। उनका राष्ट्रवाद समावेशी था, बहिष्कारपरक नहीं। उनका धर्म रहस्यहीन और चमत्कारवाद से दूर है। वे हिंदी या हिंदुस्तानी के उत्कर्ष के साथ प्रांतीय भाषाओं के उत्कर्ष और इन भाषाओं के आधार पर राज्यों के जातीय पुनर्गठन के समर्थक थे।

गांधी अपने जमाने के एक महान बौद्धिक सिंथीसिस थे जहाँ पुल के साथ दरारें जरूर थीं, लेकिन इतिहास इन सबके साथ करवट बदल रहा था।

गांधी अपने को न 'महात्मा' (रवींद्रनाथ का दिया नाम) समझते थे और न 'राष्ट्रपिता' (सुभाषचंद्र बोस का दिया नाम)। वे जब 71 वर्ष के हुए थे, 1939 में सर्वपल्ली राधाकृष्णन ने उन पर देशी-विदेशी विद्वानों के लेखों को लेकर एक अभिनंदन ग्रंथ छपवाया था। इसमें गांधी ने आभार में कहा है, 'आजकल भेदभाव और तनाजे काफी हैं। ऐसे अवसर न आने देना ही देश की और मेरी सच्ची सेवा होगी। मूर्ति, चित्र या और ऐसी चीजों का आज दिन नहीं है। जिस एक प्रशंसा को मैं पसंद करूंगा और कीमती समझूंगा वह तो उन प्रवृत्तियों में योग देना है जिनमें मेरी जिंदगी लग गई है। वह हर स्त्री और पुरुष जो सांप्रदायिक मेल पैदा करने, अस्पृश्यता के कलंक को मिटाने और गांव का हित-साधन करने में से कोई एक भी काम करता है, मुझे वह सच्चा सुख और शांति पहुंचाता है।'

गांधी की जन्म सार्ध-शती के अवसर पर खास तौर से देखा जाना चाहिए कि उत्सवों के बीच सच्चे मन से संकल्प क्या लिए जा रहे हैं। उनमें दिखावा कितना है, सच्चाई कितनी है। दरअसल वे लोग गांधी के सुख और शांति को क्या समझेंगे जो मोबाइल के नए-नए ऐप से मिली स्वतंत्रताओं को ही लोकतंत्र का पर्याय मान बैठे हैं।

भारत उन सभी समस्याओं से पुनः गुजर रहा है जिनसे गांधी जीवन भर जूझते रहे। उन्होंने एक जंगल में स्वतंत्रता की जो सड़कें बनाई थीं, वे फिर रक्ताक्त जंगल में बदलती जा रही हैं। स्पष्ट है, कोई लोकतंत्र असहिष्णुता से नहीं चल सकता।

क्या गांधी के बिना भारत बच सकता है? आज धार्मिक कट्टरवाद, अंधराष्ट्रवाद और उपभोक्तावाद ने समाज को सभी तरफ से संकट में डाल दिया है। हर ओर भय, अविश्वास और अनिश्चितता है। हम जानते हैं कि गांधी के बनने में लंबा समय लगा था। देश में उनका काफी पसीना और खून बहा था। निश्चय ही लोगों की स्मृतियों और चेतना पर उनकी अभी भी इतनी छाप जरूर है कि वे कागज के भारतीय नोटों से कभी भी लाठी ठकठकाते हुए बाहर निकल सकते हैं!

अक्टूबर 2018

स्वतंत्रता के राष्ट्रीय स्वप्न

'यदि यह स्वप्न है तो न जागना ही अच्छा होता।' यह भास के चर्चित संस्कृत नाटक 'स्वप्नवासवदत्ता' की पंक्ति है।

कई बार स्वप्नों की जगह यथार्थतः दुःस्वप्न छा जाते हैं। फिर भी क्या इन्सान सपने देखना छोड़ देता है? बर्नाड शॉ ने कहा था, 'तुम चीजों का यथार्थ देखते हो और पूछते हो –क्यों? मैं चीजों का स्वप्न देखता हूँ और पूछता हूँ–क्यों नहीं?' व्यक्ति ही नहीं राष्ट्र भी स्वप्न देखता है। खास कर कोई निर्माणशील राष्ट्र जब स्वप्न देखता है तो वह सबसे पहले औपनिवेशिक कल्पना की सीमाओं को तोड़ रहा होता है।

भारत के लोगों ने लगभग 100 सालों तक अपने देश की स्वतंत्रता के लिए संघर्ष किया, तब जाकर अंग्रेजों से आजादी मिली। उस लंबे संघर्ष ने उनके मन में कुछ सामूहिक स्वप्न जगाए थे। स्वप्न ही हैं जो मुनष्य को भय से मुक्त करते हैं, लड़ने की प्रेरणा देते हैं। महान स्वप्नों के खोते जाने का अर्थ है मनुष्य के साहस में कमी आना।

1947 में गांधी के विचारों का एक संकलन छपा था– 'मेरे सपनों का भारत'। इसमें उनकी आशंका व्यक्त हुई थी, 'भारत के सामने इस समय अपनी आत्मा को खोते जाने का खतरा उपस्थित है।' उन्होंने दो खतरे देखे थे। एक-धर्म, जाति और नस्ल के आधार पर सामुदायिक कट्टरता और दो–पश्चिमी सभ्यता का अंधानुकरण। ये भारत की आत्मा के फिर से खोने के मामले ही नहीं थे, भारत की मानवता और सृजनात्मकता पर उपस्थित संकट थे। इसलिए गांधी ने स्वराज्य का अर्थ बताया, 'मेरे...हमारे सपनों के स्वराज्य में जाति या धर्म के भेदों के लिए कोई स्थान नहीं हो सकता। इस स्वराज्य पर न शिक्षितों का एकाधिपत्य होगा और न धनवानों का। यह सभी के कल्याण के लिए होगा। सभी में कृषक तो शामिल हैं ही, लूले–लंगड़े, अंधे और भूख से मरने वाले लाखों लोग

हैं।... यह जितना हिंदुओं के लिए होगा उतना ही मुसलमानों के लिए होगा। जितना जैन, यहूदी और सिख लोगों के लिए होगा, उतना ही पारसियों और ईसाइयों के लिए। इसमें जाति-पांति, धर्म या वर्ग के भेदभावों के लिए कोई जगह नहीं होगी। मेरे स्वप्नों का स्वराज्य तो गरीबों का स्वराज्य होगा।' स्वप्नों के इस स्वराज्य में आज राजनीति के लिए हिंदुओं और मुसलमानों की लाशों का होना अत्यावश्यक हो चुका है।

एक 'नया भारत' वह था जिसकी 1947 में आजादी और 1950 में गणतंत्र की घोषणा के साथ नींव पड़ी थी। भारत का संविधान अस्तित्व में आया था, जो स्वतंत्रता संग्रामियों के सपनों की मिट्टी से बना था। लेकिन देश में वस्तुतः पिछले 72 सालों में भारतीय संविधान और देश के यथार्थ के बीच फर्क बढ़ता गया। स्वतंत्रता पर बार-बार आक्रमण हुए। राष्ट्र-राज्य पर कुछ वर्गों का आधिपत्य स्थापित होने लगा। स्वराज्य और लोकतंत्र से आम लोग हाशिए पर फेंके जाने लगे। गांवों को उपेक्षित कर महानगर दमकते गए। यह अहसास भी पनपा कि हम ऐसे देश में हैं जहां अब कुछ भी धर्मनिरपेक्ष, जातिनिरपेक्ष और दलनिरपेक्ष नहीं बचा है। जिस देश में भ्रष्टाचार बढ़ा-चढ़ा हो, वहाँ वैसे भी स्वतंत्रता नहीं होती।

आज की वस्तुस्थिति है, भारी-भरकम होने के बावजूद 'सकल घरेलू उत्पाद' और 'विकास' से देश की एक बड़ी आबादी बाहर है। वह न्याय से वंचित है। संविधान जो देता है, उसे समाज छीन लेता है। इसका नतीजा है कि हमारे चारों तरफ दुख, अभाव और अंधविश्वास के फैले समुद्र में कुछ विलासितापूर्ण आलीशान महल बन गए हैं जो सुख के टापुओं की तरह हैं। यहां बड़े आराम से और कई बार नाटकीयता के साथ 'गरीबों' पर चर्चा होती है। इस तरह बाहर रोशनी जितनी ज्यादा है, दिमाग में अंधेरा उतना अधिक है।

आज के 'नए भारत' में विकास का अर्थ है, अपनी उन्नति करते हुए 'स्वार्थ-संबंधों के संकुचित मंडल' में अधिकाधिक कैद होते जाना!

सुख-सुविधाएँ चाहिए या स्वतंत्रता

भारत जब गुलाम था, चाहने के बावजूद उपनिवेशक इस देश के लोगों की नैतिक और बौद्धिक आजादियों को मिटा नहीं पाए थे। आज देश आजाद है, पर लोग गुलाम हैं। वे जो थोड़े भी सुख-सुविधाओं के बीच हैं, उनकी गंभीर मौकों पर अपनी चुनी हुई चुप्पियां होती हैं। वे जानते हुए भी कि यह पक्षपातपूर्ण या अन्यायपूर्ण है, चुप रह जाते हैं। सुख मानवीय स्वाभिमान और मूल्यबोध में दीमक

की तरह घुसता है। अपनी सत्ता या फायदा खोने के डर से लोगों को अपनी स्वतंत्रता गिरवी रखने में दिक्कत नहीं होती। इसका धीरे-धीरे अभ्यास भी हो जाता है। इसलिए सुख के लिए अपनी स्वतंत्रता खोने का अफसोस नहीं रह जाता। अपनी स्वतंत्रता खोने का अफसोस न होना इस सभ्यता में कैंसर का चिह्न है।

संस्कृति और स्वतंत्रता के बीच गहरा संबंध है। संस्कृति स्वतंत्रता के अर्थ को नियंत्रित करती रही है। संस्कृति के अर्थ में काट-छांट स्वतंत्रता के अर्थ को भी सीमित कर देती है और इसे वस्तुतः नकारात्मक बना देती है। संस्कृति में उदारवाद स्वतंत्रता का विस्तार करता है, जबकि उसके अर्थ में काटछांट करने वाली कट्टरता स्वतंत्रता की घेरबंदी करती है।

हम प्राचीन इतिहास से ही देख सकते हैं कि भारतीय आत्मा स्वाधीन रही है। भारतीय संस्कृति के उत्थान का संबंध उदारवाद से रहा है, स्वतंत्रता से रहा है। समाज में जितना अधिक कट्टरवाद बढ़ा है, रूढ़ियां बढ़ी हैं, उसी अनुपात में स्वतंत्रता में गिरावट आई है।

कहा गया है कि मनुष्य स्वाधीन जन्म लेता है, पर उसका जीवन बंधनों में बीतता है। यदि मनुष्य का सामाजिक इतिहास उच्चतर स्वतंत्रता की निरंतर खोज और उसके लिए संघर्ष का इतिहास है तो आज इस खोज और संघर्ष में कई वजहों से ठहराव दिख सकता है। ऐसी स्थिति में सकारात्मक स्वतंत्रता में गिरावट और नकारात्मक स्वतंत्रता में, जिसे स्वेच्छाचारिता भी कहा जा सकता है, उछाल आती है। क्या हमारे समय में स्वतंत्रता एक मिथ है?

इस समय प्रह्लाद के सत्याग्रह की याद आती है। वह अपने पिता हिरण्यकश्यप के आगे नहीं झुका। हिरण्य का अर्थ है सोना। हिरण्यकश्यप, अर्थात- समृद्धि, कृषि फसलों और सुख का अधिपति। वह अपनी समस्त प्रजा को दास बना चुका था। अपने को परम शक्ति घोषित कर उसने प्रह्लाद को भी आदेश दिया- 'हिरण्य नमः' बोलो। प्रह्लाद हिरण्यकश्यप की तरह एकांतिक समृद्धि और सुखवाद की तरफ न जाकर 'नारायण नमः' कहता था। वह ईश्वर को एक व्यक्ति या किसी एक सत्ता में न देख कर हर पेड़ और पौधे, पशु-पक्षी, समुद्र-पहाड़, जड़-चेतन में देखता था।

प्रह्लाद को सांपों और हाथियों के बीच छोड़ा गया, समुद्र में डुबाया गया, आग में जला देने की कोशिश हुई। प्रकृति ने उसका साथ दिया, उसका बाल बांका नहीं हुआ। नृसिंह हिरण्यकश्यप के वध के लिए जड़ खंभे से प्रकट हुए थे।

नृसिंह इसका रूपक है कि मनुष्य की विजय में प्रकृति किस तरह सहायक होती है। प्रह्लाद के शांतिपूर्ण सत्याग्रह ने हिरण्यकश्यप को मिटा दिया। एक तरह से प्रह्लाद पहला सत्याग्रही था। निश्चय ही स्वतंत्रता के लिए किसी न किसी रूप में सत्याग्रह जरूरी है-खंड-खंड नहीं, साझा सत्याग्रह!

क्या आज व्यक्ति स्वतंत्र है?

प्रेमचंद ने एकबार पूछा था, 'सभी दल अपनी-अपनी रक्षा करेंगे, राष्ट्र की रक्षा कौन करेगा?' यह एक बड़ा प्रश्न था। प्रेमचंद के सपनों का राष्ट्र कैसा था? उनका कथन है, जब राष्ट्र की 'प्रवृत्ति प्रबल हो जाती है तो किसी प्रांत या देश के निवासियों में भ्रातृ भाव जागरित हो जाता है। तब उनमें रूढ़ियों से पैदा होने वाले भेद, पुराने संस्कारों से उत्पन्न होने वाली विभिन्नताएं और ऐतिहासिक तथा धार्मिक विषमताएं एक प्रकार से मिट जाती हैं। प्रांत के निवासियों में एक नए जीवन का संचार हो जाता है। एक नगर में बाढ़ आती है तो सारे देश में हाहाकार मच जाता है। एक स्त्री का अपमान होता है तो सारे देश को ताव आ जाता है।' (नवयुग)। वे कहते थे, 'राष्ट्र के साथ रह कर हानि उठाना, कष्ट झेलना भी एक गौरव की बात है। राष्ट्र से परांगमुख होकर आनंद भोग करना भी लज्जास्पद है।' आज जब राष्ट्रवाद पर मुख्यतः भोगवाद सवार है, प्रेमचंद का उपर्युक्त कथन अर्थपूर्ण लग सकता है।

निःसंदेह स्वतंत्रता एक विकासशील अवधारणा है। इसकी कोई अंतिम मंजिल नहीं है। इसका अर्थ कभी सिर्फ अंग्रेजी राज से छुटकारा पाना नहीं था। फिर भी 1947 में जो स्वतंत्रता मिली, वह झूठी नहीं थी। वह अंतर्विरोधों के बावजूद मिलजुल कर हासिल की गई स्वतंत्रता थी। इस संग्राम में कृषकों, दलितों, स्त्रियों, आदिवासियों और युवाओं ने कई सपने देखे थे। आजादी के बाद उनके सपनों की परवाह न करते हुए राजनैतिक और व्यावसायिक नेताओं के सुख-वैभव बढ़ते गए। इसके साथ आर्थिक विषमता, भ्रष्टाचार और सामाजिक भेदभाव भी बढ़े। अंग्रेज चले गए थे, पर अंग्रेजियत और फूट डालने के औपनिवेशिक तौर-तरीके रख गए थे। नागार्जुन ने स्वतंत्र भारत की विरोधाभासी स्थितियों पर लिखा है :

राजघाट पर बापू की वेदी के आगे अश्रु बहाओ
तैरो घी के चहबच्चों में
अमरित की हौदी में बाबू खूब नहाओ
व्यर्थ हुई साधना, त्याग कुछ काम न आया

कुछ ही लोगों ने स्वतंत्रता का फल पाया
इसलिए क्या लाठी-गोली के प्रहार
थे हमने झेले?
इसलिए क्या डंडा-बेड़ी डलवाई हाथों-पैरों में?
इसलिए क्या जेलों में जिंदगी बिताई?
इसलिए क्या खून बहाया?

स्वतंत्रता के मायावी रूप भी होते हैं। कई बार स्वतंत्रता में उतनी ही स्वतंत्रता होती है, जितनी टोमेटो जूस में टमाटर और ऑरेंज ड्रिंक में नारंगी! आज कई जगहों पर, माल-मल्टीप्लेक्स या शहरों में दिख सकता है कि लड़कियों की स्वतंत्रता बढ़ी है। दलित अब सामने खड़े होकर जवाब दे रहे हैं। अब पहले से अधिक घरों में एयर कंडीशन मशीनें हैं, वाशिंग मशीन है। देश साइकिल के युग से मोटरबाइक के जमाने में आ गया है। मोबाइल हर हाथ में है। अब सोशल मीडिया पर खुल कर विचार व्यक्त किए जा रहे हैं, वैचारिक आक्रमण -प्रतिआक्रमण हो रहे हैं। युवाओं का एक वर्ग काफी खुलेपन और मस्ती में है। आज से पहले कभी इतनी अधिक वस्तुएं नहीं थीं, इतने रंग नहीं थे। क्या बाजार में हम स्वतंत्र हैं?

स्वतंत्रता एक ऐसी जगह होती है जहां आदमी खुल कर सांस ले सके और बोल सके। अज्ञेय ने कहा है, 'स्वाधीन होना अपनी चरम संभावनाओं की संपूर्ण उपलब्धि के शिखर तक विकसित होना है।' सवाल हैं- वर्तमान हिंसक और स्पर्धा से भरे परिवेश में क्या भारतवासियों के लिए नैतिक और बौद्धिक संभावनाओं को अंशतः भी उपलब्ध करना संभव है? क्या 'विकास' की ओर बढ़ती स्वतंत्रता मनुष्य की स्वतंत्रता में सचमुच विकास ला रही है? हर तरफ जब झुंड ही झुंड हैं, क्या मनुष्य में थोड़ा-भी व्यक्ति बचा हुआ है? क्या वह स्वतंत्र है?

हमारे लिए यह जानना जरूरी है कि हमारे जीवन के लिए स्वतंत्रता क्यों महत्वपूर्ण है, मानवीय संवेदना क्यों महत्वपूर्ण है और साहित्य क्यों महत्वपूर्ण है।

जनप्रियता बनाम न्यायप्रियता

आज जनप्रिय वही है जिसे बाजार या मीडिया जनप्रिय बना रहा है और जिसके पास पैसे का विराट बल है। स्वतंत्रता आंदोलन के दिनों में वे जनप्रिय होते थे जो न्याय के पक्ष में आवाज उठाते थे। कुछ भी पसंद आना या न आना लोगों का अपना चयन था। आज लोगों की पसंद एक 'निर्मित उत्पाद' है। उनकी बौद्धिक

स्वायत्तता छिन गई है। हमें लगता है कि हम कुछ भी खुद अपनी इच्छा से पसंद करते हैं, जबकि हमारी पसंद पर किसी न किसी बड़ी ताकत और ग्लैमर का असर है। हमारी रुचियां हमारी अपनी नहीं होतीं। वे हमारे भीतर निर्मित कर दी गई होती हैं। आज आम लोगों का बाजार, राजनीतिक सत्ता और ग्लैमर के पार देखना बहुत कठिन हो गया है, स्वतंत्र रहना भी!

फिल्मी अभिनेत्रियाँ और क्रिकेट के खिलाड़ी आज ज्यादा जनप्रिय हैं। रैप और पॉप संगीत ज्यादा जनप्रिय है। आमतौर पर झूठे आश्वासन देने वाले, भ्रष्टाचार में लिप्त या अपराधी नेता ज्यादा पसंद किए जा रहे हैं। वह कवि ज्यादा पसंद किया जाता है जो हास्यास्पद कविता सुनाता है या फूहड़ बातें कहता है। जनप्रियता कायम रखना बड़ी पूंजी, प्रबंधन और मीडिया का मामला हो गया है। जनप्रिय होने के लिए भेदभाव के नए मुद्दे, जनप्रिय घोषणाएं और विवादास्पद बयान जरूरी हैं। अब सब कुछ उत्तेजक, मसालेदार और मजेदार होना चाहिए। हमारे जीवन का हर उच्चतर, मूल्यप्रवण और सुंदर अब मखौल का विषय है। आप कुछ भी तर्क और तथ्यों के आधार पर कहेंगे, तो सुनने वाले बहुत कम होंगे।

जनप्रियता के लिए उच्च भारतीय परंपराओं और संविधान को धता बताते हुए, उकसाने वाली बातें कहते रहना जरूरी है। इसके लिए आग में पानी की नहीं पेट्रोल की जरूरत होती है।

जनप्रियतावाद न्याय का शत्रु है। उसका लक्ष्य है लोकतंत्र से बाहर ले जाकर 'भावावेश से भरी जनता' जैसी कोई चीज निर्मित कर देना। जनप्रियतावाद जन-संगठनों को अप्रासंगिक बना देता है और ऐसे जन-झुंडों का निर्माण करता है जिन्हें अपने सीमित सामुदायिक हित के आगे व्यापक सामाजिक न्याय की परवाह नहीं होती। जनप्रियतावादी सत्ता छोटी-मोटी जन सुविधाएं बढ़ा देती है। वह उत्सवधर्मी होती है। दूसरी तरफ, वह अतीत की 'फाल्ट लाइन' का दुरुपयोग करती है। वह भेदभाव और आंचलिकता को अपना राजनीतिक ईंधन बनाती है। इतना ही नहीं, लोगों को गैर-कानूनी काम करके कमाने की अप्रत्यक्ष छूट भी देती है। यही वजह है कि समाज में अपराधों की भरमार है। आज लड़कियों को इच्छा के अनुसार बाहर टहलने की स्वतंत्रता नहीं रह गई है।

क्या इस परिदृश्य में निष्कर्ष निकाला जा सकता है कि स्वतंत्रता आंदोलन की शहादत व्यर्थ गई, इतना विकास व्यर्थ गया और पढ़-लिख कर भी लोग शिक्षित न हो सके। इस बिंदु पर कहा जाना चाहिए कि स्वतंत्रता के सपने कभी मरते नहीं हैं, उनके साथ विश्वासघात जितने किए जाएँ।

आज के विद्वेष, हिंसा और अभाव स्वतंत्रता के स्वप्नों से हुए विश्वासघात के नतीजे हैं। आजादी के बाद राष्ट्र की सत्ताओं ने लोगों के महान सपनों से विश्वासघात किया। आज वे आत्मरक्षा के लिए जनप्रियतावाद और लोक-लुभावन नारों की शरण में हैं। उन्होंने न्याय, स्वतंत्रता और तर्क की विरासत को कबाड़ में बदल दिया है। हालांकि स्पष्ट है कि वे सत्ताएं शासन व्यवस्था और संस्कृति में कोई वास्तविक बदलाव घटित नहीं कर सकतीं। क्या चटनी से पेट भरता है?

हिंसा की सभ्यता

भारत की जड़ें जितनी प्राचीन सभ्यता में हैं, उतनी ही राष्ट्रीय स्वाधीनता आंदोलनों में भी हैं। इस बात की उपेक्षा होती है। स्वाधीनता आंदोलन के बड़े नेताओं पर वैचारिक हमले होते हैं। उन महापुरुषों को नकारने की प्रवृत्ति शुरू से थी, पर इधर बढ़ी है। ऐसा वे करते हैं जिन्हें भारत की अखंडता और भारतीय स्वतंत्रता संग्राम से मतलब नहीं है। हर किस्म की वैचारिक कट्टरता को ही स्वतंत्रता की धारणा से परेशानी होती है।

राष्ट्रीय स्वाधीनता आंदोलन को बाल गंगाधर तिलक, लाजपत राय, महात्मा गांधी, महर्षि अरविंद, बल्लभ भाई पटेल, भगत सिंह, सुभाषचंद्र बोस, जयप्रकाश नारायण आदि ने प्रेरणाएं और अंतर्दृष्टि प्रदान की थी। स्वाधीनता आंदोलन ने भारत के लोगों को उनकी सभ्यता के प्रति नए सिरे से सचेत किया था और उसका एक ऊँचा लक्ष्य था। समानांतर रूप से दलितों, कृषकों, श्रमजीवियों और हाशिए के लोगों के चले मानीखेज संघर्षों के बावजूद, राष्ट्रीय स्वाधीनता आंदोलन का साम्राज्यवाद-विरोध के संदर्भ में अपना एक विशेष महत्व है। उसे नकारना अंग्रेजी राज के दमन को छिपाना है ही, विविधताओं और विषमताओं से भरे इस देश की उभरी एक नई सच्चाई से आंखें मूंदना भी है।

राष्ट्रीय आंदोलनों के दौर में भारत वस्तुतः नई अंगड़ाइयां लेते हुए एक देश, एक राष्ट्र और एक जनता की उच्चतर सच्चाई की ओर बढ़ रहा था। उसका वस्तुतः राष्ट्रीय नवनिर्माण हो रहा था जो अधूरा रह गया।

देखा गया है कि आजादी पाने के बाद ब्रिटिश औपनिवेशिक व्यवस्था के तत्व ही पुनर्प्रभावी होते गए। फूट और कूपमंडूकता बढ़ती गई। भारत के सत्ताधारियों को अंग्रेजों की आदतें लगती गईं। स्वाधीनता की अंतर्दृष्टि और वे चिंताएं खोती गईं जो राष्ट्रीय आंदोलन के नेताओं की थीं।

भारत के अस्तित्व के लिए इस देश की जीवन शक्ति को समझना जरूरी है। लेकिन अति-राजनीतिकरण में लिप्त होने के कारण कोई तैयार नहीं है कि वह इतिहास से सबक ले, अपनी भूलों को समझे और नई चुनौतियों का सामना करने के लिए भारत की अपार और अखंड जीवनशक्ति को फिर से जाग्रत करे। अति-राजनीतिकरण भारत के इतिहास को ही खंडित करने पर नहीं तुला है, वह भारत की सभ्यता को भी खंडित कर रहा है। एक खंडित इतिहास और सभ्यता लेकर यह देश न अपनी लोकतांत्रिक संस्थाओं की रक्षा कर सकता है और न विश्व व्यापार के वर्तमान संकट का सामना। भारत सिर्फ एक ही दिशा में बढ़ेगा और वह है- 'अधिक आर्थिक वृद्धि- पहले से अधिक बेरोजगार- पहले से अधिक हिंसा'! स्वाधीनता आंदोलन का मुख्य स्वर अहिंसा का था। आज का युग उस समय से प्रस्थान है। हम ऐसी सभ्यता में प्रवेश कर चुके हैं जिसके रेशे-रेशे में हिंसा भरती जा रही है। यह स्थिति कैसे बदलेगी?

आर्थिक वृद्धि बरक्स पर्यावरण

कुछ विशेषज्ञ कहते हैं, पर्यावरण की समस्या गरीब देश ज्यादा पैदा करते हैं। गरीब लोग ही प्रदूषण ज्यादा फैलाते हैं। वास्तविकता यह है कि ज्यादातर गरीब लोग अब भी गांवों, पहाड़ों और वनों में हैं। वे प्रकृति के अधिक नजदीक हैं। वे ही धरती के हरेपन और संपदा के लिए सही मायने में चिंतित होते हैं। वस्तुतः अमीरों द्वारा खनिजों और वनसंपदा का अंधाधुंध दोहन करके व्यापार, उद्योगीकरण और शहरीकरण का अराजक प्रसार ही पर्यावरण संकट पैदा करता है। अमीर देश ही ज्यादा गैस-उत्सर्जन और ताप वृद्धि करते हैं। मुख्यतः वे ही जलवायु परिवर्तन के दोषी हैं।

संयुक्त राष्ट्र की 1 जुलाई 2019 की एक रिपोर्ट के अनुसार 2030 तक अधिक वैश्विक ताप से सहारा-क्षेत्रीय अफ्रीका और दक्षिण एशिया के देशों में सभी कर्मक्षेत्र विशेषतः कृषि बहुत प्रभावित होगी। भारत में आगामी लगभग 10 सालों में उत्पादकता घटने की वजह से 3.4 करोड़ लोग बेराजगार हो जाएंगे। इस तरह कृत्रिम मेधा और अन्य तकनीकी विकासों के कारण ही बेराजगारी नहीं बढ़ेगी, जलवायु परिवर्तन की वजह से भी बढ़ेगी। यह जिन गरीब और विकासशील देशों में ज्यादा घटित होगा, उनमें एक भारत है।

इस समय हर कोई आर्थिक वृद्धि (ग्रोथ) की बात करता है। आर्थिक विकास और आर्थिक वृद्धि में फर्क है। आर्थिक विकास का अर्थ है उत्पादन वृद्धि के साथ

आम लोगों का बहुमुखी विकास, प्रति व्यक्ति आय में वृद्धि और जीवन शैली में उन्नति। जबकि आर्थिक वृद्धि का संबंध सिर्फ मालों और सेवाओं के अधिक से अधिक उत्पादन, व्यापार बढ़ाने और अधिक से अधिक मुनाफे से है। इसमें उद्योग से व्यापार अधिक महत्वपूर्ण है।

अमेरिका जैसे विकसित देशों की सरकारें व्यापारिक वृद्धि के लिए अब कोई भी पर्यावरणीय कीमत चुकाने के लिए तैयार हैं। उन्हें जलवायु परिवर्तन की परवाह नहीं है। उन्हें आम लोगों की परवाह नहीं है। अमेरिकी राष्ट्रपति ट्रंप 2016 में पेरिस समझौते से यह कह कर पीछे हट चुके हैं कि इस समझौते से भारत और चीन को फायदा है। उन्होंने कहा है–अमेरिका फर्स्ट!

पृथ्वी की जितनी क्षति हो, दुनिया की ज्यादातर सरकारें किसी भी प्रकार से व्यापार वृद्धि चाहती हैं। गौर करने की बात है, पर्यावरण के मामले में भारत का 2018 में 180 देशों में 177वें स्थान पर आ जाना एक चेतावनी है। (ईपीआई, 2018)। एक सूचना के अनुसार भारत में सिर्फ वायु प्रदूषण से 20.5 लाख लोगों की समय-पूर्व मृत्यु हुई है। चिंता का एक बड़ा विषय यह है कि आखिरकार कितनी पर्यावरणीय क्षति को सामान्य मान कर आर्थिक वृद्धि की जाए।

भारत में टी.सी.आर.सुब्रह्मण्यम के नेतृत्व में पर्यावरणीय नियमों में सुधार के लिए एक उच्च स्तरीय कमेटी बनी थी। इसने अपनी रिपोर्ट में पर्यावरण में लगातार आ रही गिरावट के तथ्यपरक विवरण के साथ कई सुझाव दिए हैं। आर्थिक वृद्धि के नशे में इस रिपोर्ट की उपेक्षा की गई और आज कहीं भी पर्यावरण की चिंता नहीं की जा रही है।

इस सुजला-सुफला धरती पर जल सूख रहा है, फसलें स्वादहीन हो रही हैं। ऐसी समस्याओं की ओर किसी का ध्यान नहीं जाता। जैसे भी विदेशी पूंजी निवेश हो और इसके लिए बहुराष्ट्रीय कंपनियों को पर्यावरण का प्रश्न उठा कर कोई बाधा न पहुंचाई जाए, बल्कि उन्हें गैर-वाजिब छूटें मिलें, यह अब विशेष तौर से देखा जाता है।

सिर्फ आर्थिक वृद्धि से बेरोजगारी दूर हो जाएगी, यह एक भ्रम है। क्योंकि वर्तमान आर्थिक वृद्धि नई तकनीक और रोबोट का बल लेकर ही नहीं आ रही है, खास व्यापारिक कौशल से भी लैश है और उसका लक्ष्य रोजगार बढ़ाना नहीं है, मुनाफा है।

पर्यावरण संबंधी एक अन्य समस्या है- पर्यावरणीय स्वच्छता और प्रगति के लिए कुछ विशेष क्षेत्रों का चुनाव और बाकी की उपेक्षा। उदाहरण के तौर पर गंगा

सफाई के उद्देश्य से 5 सालों के लिए 20 हजार करोड़ का प्रावधान किया गया, जबकि मध्य और दक्षिण भारत की कई नदियां व्यापक रूप से प्रदूषण की शिकार हैं। वहां भी गंभीरता से दृष्टि जानी चाहिए। कई नदियां मर रही हैं और वहां मिट्टी खोद कर जल निकाला जा रहा है। विकास के दौर में यह शर्मनाक है कि सैकड़ों लोग आज भी बाढ़ और सूखे से परेशान होते हैं, मरते हैं। यह नदियों से ही जुड़ा मामला है।

पर्यावरण की स्वतंत्रता क्या है?

पर्यावरण आंदोलन को चुनौती देते हुए कहा जाता है कि यह आधुनिक दुनिया में स्वतंत्रता और संपन्नता के लिए नुकसानदेह है। यह विकास के मार्ग में रुकावट डालता है। इस धारणा का प्रचार करते हुए पर्यावरण आंदोलन को अर्थव्यवस्था के लिए प्रतिगामी बताया जाता है। इस वैचारिक छाया में यह धारणा आई है कि पर्यावरण संरक्षण स्वतंत्रता का अपहरण करता है।

स्वतंत्रता के बारे में धारणा विकृत हो जाती है, जब वह धनवानों और शक्तिवानों की सत्ता के संदर्भ में आकार पाती है, कमजोर वर्गों और गरीबों के संदर्भ में उसकी परिकल्पना नहीं की जाती। स्वतंत्रता का एक अर्थ वंचितों के संदर्भ में फर्क को समझना और इसे दूर करना है।

इधर पर्यावरण की स्वतंत्रता को एक मुद्दा बनाया गया है। इसके लिए व्यापार और उद्योग के प्रसार की जरूरत बताई जा रही है। प्रस्तावित किया गया है कि पर्यावरण की स्वतंत्रता को श्रमजीवियों के स्वास्थ्य और जीवन दशाओं से जोड़ा जाए। शहरों से गांवों की पृथकता खत्म की जाए। पर्यावरणीय स्वतंत्रता को विशेषतः कृषकों की बुरी दशाओं, स्थानीयता के दमन आदि समस्याओं के संदर्भ में देखा जाए। इस तरह इसका संबंध ऐतिहासिक तौर पर उपेक्षित और वंचित समुदायों की जीवन दशाओं में सुधार से स्थापित किया जाता है।

इस दृष्टि से पर्यावरण की स्वतंत्रता आर्थिक वृद्धि का एक आयाम है। उसका लक्ष्य है- उपेक्षितों और वंचितों को स्वच्छता, स्वास्थ्य, अच्छे स्कूल, सड़कें, बिजली और पौष्टिक भोजन मुहैया कराना। उनके लिए छोटे-छोटे पक्के घर बना देना। पर्यावरणीय स्वतंत्रता का एक पहलू गरीब लोगों को नशे से मुक्त करना है। कहा गया कि मुख्य धारा के पर्यावरणविद इन मुद्दों को नहीं उठाते। उनका संबंध समाज के एलीट वर्गों से है। पर्यावरणीय स्वतंत्रता का अर्थ बताया जा रहा है पर्यावरणीय न्याय।

पर्यावरण की स्वतंत्रता क्या है? जब हम सोचते हैं कि हम खुले में शौच न जाकर टायलेट में जा रहे हैं तो हम स्वतंत्र हैं। हमें पीने का स्वच्छ पानी मिल रहा है तो यह स्वतंत्रता है। हमारी फसलों में रासायनिक नहीं मिले हैं और वे शुद्ध हैं तो हम स्वतंत्र हैं। हमारे इलाके में बिजली आ गई, हम स्वतंत्र हुए। पशुओं की वृद्धि हो रही हो तो हम स्वतंत्र हैं। बाढ़ और आंधी से यदि हमारे घर नष्ट नहीं होते तो हम स्वतंत्र हैं। ग्रामीण घरों में गैस पहुंच जाए तो वहां की स्त्रियां स्वतंत्र हैं। कृषकों को फसल में विविधता लाने के अवसर मिलें तो कृषक स्वतंत्र हो गए। सड़कें हों, चमक-दमक हो और गलियां स्वच्छ हों तो हम स्वतंत्र हैं। अब और क्या चाहिए!

वैश्वीकरण और बहुराष्ट्रीय कंपनियों के युग में लोकतांत्रिक आकांक्षाएं सीमित हो गई हैं और 'असाम्य' एक चिरस्थायी सत्य बन गया है। अब स्वतंत्रता के सपने पर्यावरणीय स्वतंत्रता के रूप में प्रस्तुत किए जा रहे हैं। ये टेक्नोलॉजी का बल लेकर लाई जाने वाली आर्थिक वृद्धि के मानवीय चेहरे के ही विविध रूप हैं।

इस समय स्वतंत्रता आंदोलन के उच्च आदर्शों और बौद्धिक स्वतंत्रता को धता बताया जा रहा है। स्वतंत्रता के जनप्रिय पर्यावरणीय रूपों में मानवीय स्वतंत्रता को सीमित कर दिया गया है। क्या ऐसे दुस्समय में महान स्वतंत्रता संग्राम के वे महास्वप्न हमारे मन में बचे हैं जो शहीदों ने देखे थे?

अगस्त 2019

संदेह मुक्तिद्वार है

कलयुग बीत गया, यह छलयुग है। ऐसे युग में संदेह ही मुक्तिद्वार है। शिक्षा दी जाती रही है कि आस्था ही सब कुछ है, संदेह करना पाप है। संदेह करने वालों को दुष्टात्मा कहा गया है। इस तरह का प्रचार धर्म, व्यापार और राज्य सत्ताओं द्वारा सैकड़ों साल से होता आया है, ताकि अंधविश्वास बने रहें और पाखंड चलते रहें।

संदेह से प्रश्न जन्म लेते हैं, प्रश्न करना स्वतंत्र व्यक्तित्व का आकार लेना है। यह सभी सत्ता केंद्रों को ही चुनौती की तरह दिखता है। इसलिए किसी भी युग के धर्मगुरु, बाजारपति या राजनेता नहीं चाहते कि लोग संदेह करें, प्रश्न करें। ये सिर्फ भक्त, पिछलग्गू और सम्मोहित लोग खोजते हैं।

देकार्त ने कहा था, 'मैं सोचता हूँ, इसलिए हूँ।' सोचने के लिए विश्वास काफी नहीं होते, संदेह भी जरूरी है। आंख मूंद कर विश्वास करना आसान है, पर किसी विषय पर सोचते-विचारते समय संदेह ही सच्चा सहायक होता है। शंकालुता और संदेह में फर्क है। शंकालु आदमी एक निष्कर्ष पर पहले से पहुंचा होता है, जबकि संदेह करना पारदर्शी चिंतन का मुख्य उपकरण है। यह तर्क का स्रोत है, लोकतंत्र की जमीन है। संदेह को बुद्धिमानों का प्रकाशस्तंभ कहा गया है। वस्तुतः किसी सच्चे विश्वास तक प्रश्न करते हुए ही पहुंचा जा सकता है। गंभीरता से संदेह करने वाला मन ही सजीव मन होता है, जबकि किसी स्थिर विश्वास या झूठी आशा से जकड़ा मन निर्जीव मन है।

संदेह को रोकना ज्ञान को रोकना है

आज जीवन में कदम-कदम पर संदेह करने की जरूरत है। इस तरह की चीजों पर संदेह करने की जरूरत है कि मनुष्य की श्रेष्ठता की कसौटी अधिक कमाई है, सुंदर होने के लिए गोरा लगना जरूरी है। इस पर भी संदेह होना चाहिए कि 'दूसरे' को हमेशा संदेह से देखो। विचारधारा के पक्ष में विचारकूपता पर संदेह जरूरी है और

चौगुना-आठ गुना बदन बढ़ाते डिजिटल 'सुरसा' पर भी, जिसके भीतर एक पूरी लंका मौजूद है!

हजारों साल से शास्त्रों ने संदेह करने से रोका है, तब भी लोक ने संदेह व्यक्त किया है। प्राचीन काल में संदेह से ही दर्शन बने, नए धर्म बने। इधर सभ्यता के भौतिक शिखर पर धार्मिक कट्टरताओं के बढ़ने से हर संदेह बर्दाश्त से बाहर है। धर्मगुरुओं की संख्या बढ़ी है, उन पर अंधविश्वास बढ़ा है। कूपमंडूकता बढ़ी है। राजनेताओं को भी अंधे फालोअर चाहिए, भीड़ चाहिए। बाजार व्यवस्था भिन्न नहीं है। उसकी चमक-दमक, प्रलुब्ध करने की ताकत और नए तकनीकी साधनों से उसके शक्तिशाली प्रचार मनुष्य को संदेह करने नहीं देते। पान मसाला हो, च्यवनप्राश हो या शेयर, ऐसी चीजें खरीदते समय उपभोक्ता नागरिक के मन में पर्याप्त प्रश्न पैदा नहीं होते। वह मोहाविष्ट रहता है। सभी विज्ञापन प्रलोभनों से भरे होते हैं, बस कोने में कहीं चुपचाप लिखा होता है- 'स्वास्थ्य के लिए हानिकारक, 'शर्तें लागू' या 'कंडीशंस एप्लाइ'! बाजार की अदृश्य शर्तों में ही छल का सारा रहस्य छिपा है। जाहिर है, आज जो संदेह नहीं करेगा, वह छला जाएगा।

समाज में संदेह के लिए स्पेस पहले से घटा है, क्योंकि लोकतंत्र सिकुड़ा है और झुंड मानसिकता पनपी है। लोग किसी न किसी के वशीभूत हैं, फैन हैं- अभिनेत्री-अभिनेता के, नेता के, खिलाड़ी के। वे वस्तुओं के भूखे हैं या इनके प्रति असीमित पूजाभाव से भरे। संदेह करने की उनकी क्षमता कुंद हुई है। समाज में संदेह घटा है तो भय बढ़ा है। ऐसी स्थितियाँ मनुष्य की अच्छाइयों को खत्म कर देती हैं।

ज्ञान बढ़ता है तो संदेह भी बढ़ता है। इतना ही नहीं, संदेह को रोकना ज्ञान को रोकना है। यदि मन में संदेह न हो तो समझना चाहिए कि हमारा ज्ञान ठहरा हुआ है। बुद्ध ने कहा था, 'किसी ने कहा इसलिए मान लिया, किसी ग्रंथ में लिखा है इसलिए श्रद्धावश मान लिया, ऐसा नहीं करना चाहिए। अपने विवेक से काम लो! विवेक से भी बढ़ कर अनुभव से देखने की जरूरत है कि बात सही है या गलत।' नवजागरण आता ही नहीं, यदि सृष्टि की पुरानी व्याख्याओं और धारणाओं को संदेह से नहीं देखा जाता।

कृष्ण ने अर्जुन को संदेह करने से मना किया हो, लेकिन महाभारत का प्रतिपाद्य वही है जिसका स्रोत अर्जुन की चिंताओं में था। इसके अनुशासन पर्व में कहा गया है, 'अहिंसा परम धर्म है, अहिंसा परम तप है, अहिंसा परम सत्य है, क्योंकि उससे धर्म प्रवर्तित होता है।' भयंकर युद्धों की कथा होने के बावजूद

महाभारत का केंद्रीय प्रतिपाद्य हिंसा नहीं, अहिंसा है। महाभारत के अंतिम दृश्य में युद्धभूमि में शवों के पास स्त्रियों का बिलखना यही बताता है। ऐसा युग बार-बार आता है जब विजय में राज्य मिल जाता है, भौतिक सुख-सुविधाएँ होती हैं, लेकिन पास में कुछ भी 'अर्थपूर्ण' बचा नहीं होता। ऐसे हर युग में मनुष्य को अपनी नई ऐतिहासिक यात्रा संदेह से ही शुरू करनी पड़ी है, क्योंकि हर आस्था, हर आशा तब एक ऐसी अंधेरी जगह होती है जिसमें सिर्फ चमगादड़ उड़ते हैं।

कृष्ण बच्चे थे। यदि उन्होंने जहरीला दूध पिलाने के लिए वेश बदल कर आई पूतना पर संदेह नहीं किया होता तो वह राक्षसी मार ही डालती! गोपिकाएँ उधो को संदेह की नजर से नहीं देखतीं तो प्रेम का पथ छोड़ चुकी होतीं। प्रेम आज भी एक बड़ी चीज है। सुकरात को संदेह करने के कारण जहर का प्याला पीना पड़ा था। कबीर अपने गहरे मन में विश्वासों के साथ-साथ संदेहों से भी भरे थे। बाबाओं-धर्मगुरुओं के इधर फैले जाल, राजनेताओं के दिखाए जाते सब्जबाग और बाजार द्वारा कदम-कदम पर बिछाए गए छल के सुंदर गलीचों से बचने का एक ही रास्ता है- संदेह करो!

गांधी भारतीय अंतरात्मा की आवाज थे

गांधी के महत्व को सीमित करने के उद्देश्य से उन्हें 'राजनीतिक कारीगर' (सलमान रुश्दी) कहा गया, जाति भेदभाव का समर्थक बताया गया (अरुंधती राय), यहाँ तक कि उनके यौन संबंधों या सेक्स के प्रयोगों पर ज्यादा जोर देकर चर्चा हुई (मनुबेन की डायरी)। उनके अफ्रीका प्रवास के समय की कुछ बातों को उठा कर उन्हें समलैंगिक के रूप में भी पेश किया गया। सी. राजगोपालाचारी, बी.आर. अंबेडकर और सुभाष चंद्र बोस से उनकी दूरियों को व्यक्तिगत रूप देकर उपस्थित किया गया और दूरियों पर बढ़-चढ़ कर चर्चा हुई।

यह सवाल भी उठा, नई पीढ़ी गांधी को क्यों पसंद नहीं करती? क्योंकि गांधी 'बोरिंग' थे। वे देश भर में लाठी लेकर प्रेम और अहिंसा का संदेश देते फिरते थे। कई अंग्रेजी बुद्धिजीवियों का गांधी के प्रति आकर्षित न होना या उनके जीवन के एक ही टुकड़े को उठा कर असंगति की चीरफाड़ अस्वाभाविक बात नहीं है, क्योंकि मैकाले और चर्चिल की प्रेतात्माएँ मरी नहीं हैं।

विस्मयजनक नहीं है कि उपभोक्तावाद की प्रचारक कुछ बहुराष्ट्रीय कंपनियों ने मुनाफे के लिए भारतीय भावुकता की दूत बन कर गांधी की तस्वीर कभी चप्पल पर तो कभी शराब की बोतल पर लगा दी। शोर मचने पर क्षमा मांग ली।

2010 में मांट ब्लांक ने अपनी दो लाख कीमत वाली कलम के लिए गांधी का ब्रांड के रूप में इस्तेमाल किया था। गांधी की छड़ी, चश्मा और पादुका एक नीलामी में विदेश से करोड़ों देकर खरीद लाए थे एक शराब कंपनी 'किंगफिशर' के मालिक विजय माल्या, जो अभी भगोड़े हैं! बिड़ला मंदिर में गोली खाने के बाद उनके रक्त से सनी वह घास तक नीलामी पर चढ़ गई जो बड़े श्रद्धा भाव से धरती से उठाई गई होगी। अब गांधी का कुछ बचा दिखता है तो हर भारतीय शहर में भव्य बाजार की तरफ जाने वाली किसी सड़क का नाम- एम जी रोड! 2 अक्टूबर को फूलों की माला चढ़ाने के लिए जगह-जगह उनकी मूर्तियाँ हैं और नोटों पर उनकी तस्वीर है। 'स्वच्छ भारत' लिखे गोल चश्मे, बस गांधी ऐसी ही चीजों तक बचे हुए हैं। भारत बहुत कुछ पाकर भी, दुखद है कि उसे खो चुका है!

पिछले कुछ सालों से गांधी को ज्यादा अपशब्द कहे जाने लगे हैं। उनके राष्ट्रपिता कहे जाने पर आपत्तियाँ बढ़ी हैं। दरअसल गांधी की स्मृतियों, उनके विचारों और चीजों के साथ जितना खिलवाड़ हुआ है, उतना किसी अन्य महान व्यक्तित्व के साथ नहीं।

यह अद्भुत है कि गांधी के महत्व को न समझ कर वामपंथियों और हिंदू कट्टरतावादियों ने उन पर समान रूप से वैचारिक हमले किए, उन्हें देश का नुकसान करने वाला माना। हिंदू कट्टरतावादियों ने उन्हें 'विश्वासघातक' कहा। वामपंथियों ने उन्हें 'बूर्जुआ' कहा तो मुस्लिम लीग के नेताओं ने 'शैतान' घोषित किया। जिन्ना ने उन्हें 'तलवे चाटने वाला' बताया। गांधी को तकलीफ थी, 'मुझे जीवन भर गलत समझा गया।' (यंग इंडिया, 1926)। दरअसल गांधी को टुकड़ों में अलग-अलग देख कर नहीं जाना जा सकता। उन्हें ऐतिहासिक स्थितियों से विच्छिन्न करके नहीं समझा जा सकता। उनकी जिंदगी एक अविभाज्य समष्टि है जिसका आधार संपूर्ण मानवता से प्रेम है। वे देशभक्त थे, लेकिन शांतिप्रिय और विशाल हृदय मानवतावादी भी थे। जे एच होम्स ने उनके बारे में लिखा था, 'गांधी, गौतम बुद्ध के बाद महानतम भारतीय थे और ईसा मसीह के बाद महानतम व्यक्ति थे।' यह सच है कि बौने उनका कद नहीं माप सकते।

गांधी ने कहा था, 'महात्मापन मेरे ऊपर एक बोझ है' और यह भी लिखा था, 'गांधीवाद जैसी कोई चीज नहीं है और मैं अपने बाद कोई संप्रदाय छोड़ कर जाना नहीं चाहता' (हरिजन, 1936)। उन्होंने माना था, 'मुझमें कई असंगतियाँ हैं, लेकिन चूंकि लोग मुझे महात्मा कहते हैं, इसलिए मैं इमर्सन की उक्ति को साधिकार दुहराते हुए कह सकता हूँ कि मूर्खतापूर्ण सुसंगति छोटे दिमागों का हौवा

है।' (यंग इंडिया, 1930)। किसी भी ऐतिहासिक युग में जब नए विचार आते हैं, खास कर जोखिम भरे आंदोलनों के भीतर से, तो वे कई कठोर चौखटे तोड़ते हुए और कई विरोधी तत्वों को शामिल करते हुए आते हैं। इसलिए सब कुछ तार्किक संगति के साथ नहीं होता। ऐसे विचारों की केंद्रीय भावना या मंशा को समझा जाना चाहिए। जड़तापूर्ण सुसंगति की तुलना में कुछ अंतर्विरोधों और असंगतियों से भरे ऐसे विचार ज्यादा महत्वपूर्ण होते हैं, जिनमें मनुष्य जीवन को भय से मुक्त कर नई गति देने की शक्ति होती है।

गांधी ने विरोधाभासों से भरे भारत को गहराई से समझा था, इसलिए उनके विचारों में यदि भारत की सांस्कृतिक अंतरात्मा की रोशनी है तो यह स्वाभाविक है और यदि आज वह रोशनी किसी धुएं में बुझ-सी रही है तो यह चिंताजनक है।

गांधी आस्थाशील थे, पर उनकी हर आस्था गहरे संदेहों से छन कर बनी थी। उसमें कूपमंडूकता नहीं थी। वे अपने खोजे सत्य को 'अंत:करण की आवाज' कहते थे। आज सामंती कट्टरतावाद हो या नव-औपनिवेशिक उपभोक्तावाद, यह मनुष्य का अंत:करण उजाड़ता जा रहा है। बाहरी आजादी के सुंदर दृश्यों के बीच हमारा अंत:करण उपनिवेशित है। हम बहुत-सी उच्च अनुभूतियों और मूल्यों को खोते जा रहे हैं।

गांधी कहते थे, 'मेरी अंतरात्मा की आवाज मुझसे कहती है, तुम्हें सारी दुनिया के विरोध में खड़ा होना है, भले ही तुम अकेले पड़ जाओ। दुनिया तुम्हें आग्नेय दृष्टि से देखे, मगर तुम्हें उनसे आंख मिला कर खड़े रहना है। भय मत करो। अपनी अंतरात्मा की आवाज पर भरोसा करो।' गांधी ने एक बड़ा काम किया, उपनिवेशवाद का सामना करने के लिए साधारण लोगों के दिलों से भय मिटाया, भारतीय अंतरात्मा की चुप्पी तोड़ी। भारत के करोड़ों लोगों को लगा कि गांधी की आवाज उनकी अपनी आवाज है। ऐसा भारत के इतिहास में पहली बार हुआ।

गांधी कहते थे, 'सिद्धांतहीन राजनीति, श्रम के बिना धन, विवेक की स्वीकृति के बिना आनंद, चरित्र के बिना ज्ञान, नैतिकता के बिना व्यापार, मनुष्यता के बिना विज्ञान, अहं के त्याग के बिना पूजा-पाठ -ये सात पाप हैं।' (यंग इंडिया, 1928)। इस कथन से उनके सोच और सपनों की झलक मिलती है और स्पष्ट होता है कि 'पाप' का अर्थ बुराई है। आज के जमाने में, कहा जा सकता है, ये सातों बुराइयाँ चरम पर हैं। यह 'सभ्यता का पतन' है जिसकी वजह से लोग अभूतपूर्व तकलीफों से गुजर रहे हैं।

बिहार में भूकंप (1934) आने पर जब गांधी ने इसे 'पाप का फल' कहा था, रवींद्रनाथ और प्रेमचंद दोनों ने इस कथन पर आपत्ति की थी। उन्होंने इसे अंधविश्वास का प्रचार बताया था, हालांकि आशिस नंदी जैसे समाजवैज्ञानिकों ने इस कथन को वस्तुतः बिहार के विकराल जातिवाद पर की गई चोट के रूप में देखा। प्रश्न है, क्या धार्मिक शब्दावलियों से उच्च राष्ट्रीय-बुद्धिवादी अभिप्रायों की अभिव्यक्ति हो सकती है? आमतौर पर गांधी ने यही शैली अपनाई थी। इस देश में बुद्धिवादियों की उच्छेदवादी शैली को जनता के ऊपर ही ऊपर गुजर जाते देखा गया है। निश्चय ही इस देश में अंततः न कट्टरतावाद टिक पाता है और न उच्छेदवाद चल पाता है। यह भारत का यथार्थ है।

रवींद्रनाथ और गांधी विपरीत ध्रुव पर रख कर देखे गए हैं। वे किन भूमियों पर मिलते हैं, यह भी देखा जाना जरूरी है। दरअसल दोनों ही न कट्टरतावादी हैं और न उच्छेदवादी। दोनों का जोर गांवों की उन्नति पर है, विश्व शांति और भयमुक्त समाज पर है। दोनों अहिंसा को मानते हैं और घृणा के विरुद्ध प्रेम के पक्ष में हैं। रवींद्रनाथ का अंतरराष्ट्रीयतावाद और गांधी का राष्ट्रवाद आपस में टकराते दिखते हुए भी एक-दूसरे के कहीं 'अनुपूरक' हैं। ऐसा कुछ महसूस होने पर ही गांधी ने रवींद्रनाथ को मतभेद के बावजूद 'गुरुदेव' और रवींद्रनाथ ने गांधी को 'महात्मा' कहा होगा। मतभेद के बावजूद वे संवाद करते थे, वैसी संवादधर्मिता आज गुम है। क्या वैसा मन फिर बनना है?

भारत में लोगों को लंबे-लंबे समय तक हिंसा और भय की छाया में रहना पड़ा है, लेकिन नए दौर में वैचारिक संकीर्णता से जन्मी हिंस्रता के जो रूप हैं, वे लालच और क्रोध में की गई हिंसा से ज्यादा खतरनाक हैं। ऐसे समय में भारत का मन बेचैनी से गांधी को ढूंढ रहा है।

धर्म और धर्मनिरपेक्षता

गांधी के जीवन के अंतिम पांच-छह महीने काफी महत्वपूर्ण कहे जा सकते हैं। उन्होंने 1947 में चेतावनी दी थी, 'अ-धर्म ने ही धर्म का मुखौटा पहन लिया है।' 1947 के अगस्त महीने के आखिरी दिनों में जब कलकत्ते में दंगा भड़का, गांधी ने 1 सितंबर से अनशन शुरू कर दिया। राजगोपालाचारी ने मना करते हुए कहा, 'गुंडों के लिए आप अनशन करेंगे?' गांधी ने जवाब दिया, 'इन गुंडों को तो हमने ही पैदा किया है!'

12 जनवरी 1948 को अपने जीवन के अंतिम अनशन के समय गांधी ने कहा

था कि किसी भी भारतवासी को यह महसूस नहीं होना चाहिए कि भारत बहुसंख्यकों का देश है और अल्पसंख्यक दूसरे दर्जे के नागरिक हैं। गांधी को किसी की जन्मतिथि याद नहीं रहती थी, पर 23 जनवरी 1948 को सुभाष चंद्र बोस के जन्मदिन पर, अर्थात अपनी हत्या के एक सप्ताह पहले उन्होंने कहा था, 'सुभाष किसी किस्म की प्रांतीयता में विश्वास नहीं करते थे। वे सांप्रदायिक भेदभाव नहीं मानते थे। पूरे भारत के विभिन्न धर्मों के पुरुष और स्त्रियां उनकी फौज में शामिल थे। उन्होंने इन सभी के बीच प्रेम और विश्वास पैदा कर दिया था।' (द नेशन ऐज मदर, सुगत बसु)। धर्म को मानते हुए भी गांधी, सुभाष जैसे व्यक्तित्वों ने जिस धर्मनिरपेक्षता को भारतीय अंतरात्मा का स्वाभाविक गुण बना दिया था, उसका टायर पिछले दशकों में भ्रष्टाचार और धर्मांधता ने मिल कर पंचर कर दिया। नतीजतन राष्ट्र की गाड़ी दुर्घटनाग्रस्त है, समावेशी राष्ट्रीयता संकट में है और हर जगह अद्वैतवादी-एकरेखीय राष्ट्रवाद या नए सिरे से नरबलि जैसी 'पवित्र हिंसा' का बोलबाला है!

आज धर्मनिरपेक्षता देश में सिर्फ संविधान के बल पर टिकी है। वह राजनीतिक तौर पर पराजित है। धर्मनिरपेक्षता धर्म को छोड़ना नहीं है, धर्म में सही अर्थ की प्रतिष्ठा करना है। इसे उच्छेदवादी दृष्टिकोण के रूप में प्रचारित करने वाले बुद्धिजीवी सिर्फ मुट्ठी भर बौद्धिक एलीट को ही थोड़ा-बहुत प्रभावित कर पाए, जन साधारण को नहीं। कहा जाना चाहिए कि धर्मनिरपेक्षता वस्तुत: भेदभाव, असहिष्णुता और हिंसा को मिटाना है, जो वर्तमान समय के नए सत्ता विमर्श हैं। धर्मनिरपेक्षता राजनीतिक रूप से पराजित है, पर नैतिक रूप से अब भी लड़ रही है, क्योंकि यह मानवता का एक अपरिहार्य गुण है।

गांधी ने एक महत्वपूर्ण बात कही थी, 'पराजय मुझे हतोत्साहित नहीं कर सकती। यह केवल मुझे सुधार सकती है।' क्या पराजय आज के बुद्धिजीवियों और नेताओं में कहीं सुधार ला पा रही है?

धर्मनिरपेक्षता के टायर में भ्रष्टाचार ही नहीं स्वार्थ, बिखराव, अहंकार तथा अन्य कई तरह के छेद हो गए हैं। धर्मनिरपेक्षता बेईमानी का शरणस्थल नहीं है, यह अपनी नैतिक आवाज खो कर खोखली होती है।

आज दरअसल धर्म और धर्मनिरपेक्षता दोनों रुग्णावस्था में हैं। इसकी पीड़ा आम जनता सह रही है। कहा जा सकता है कि कट्टरताओं की चट्टान के नीचे दबे भारतीय सांस्कृतिक अंत:करण को फिर से जगाना और मुखर करना होगा। उसकी रोशनी को धुएं से बाहर निकालना तभी संभव है, जब पराजित सोचेंगे।

गांधी को 1946 में एक बार अपने पर संदेह हो गया था कि उनकी बात कोई नहीं सुनता। उन्होंने आत्मनिरीक्षण किया, क्या उनके नैतिक बल में कोई कमी है? कभी-कभी संदेह करना बहुत जरूरी होता है, आत्मऔचित्य स्थापित करने की जगह। क्या पराजित सोच सकते हैं कि वे क्यों पराजित हुए? यदि वे आत्मविमुग्ध हैं तो ऐसा नहीं कर सकते। इस तरह धर्म, बाजार और राजनीति इन तीनों जगहों पर संदेह ही मुक्तिद्वार है। संदेह ही आत्ममुग्धता और आत्मविस्मृति से बाहर निकालता है, सोये से जगाता है। निश्चय ही उदार, समावेशी और धर्मनिरपेक्ष सज्जनों को स्पष्ट करना बाकी है कि वे अब घिसी-पिटी पुरानी राहों पर नहीं हैं और कुछ सुधर रहे हैं।

गांधी को आदर देने के लिए राजघाट जाना काफी नहीं है। यह कामना की जा सकती है कि राजघाट जाने वालों में गांधी का चरित्र पांच प्रतिशत भी लौटे। उनकी बुद्धिपरक समझदारी और ईमानदारी के बीच तलाक है, वह खत्म हो। देश जहाँ खड़ा है, महात्मा गांधी का नाम लेने में जोखिम है!

अक्टूबर 2017

गरीबी का सौंदर्यीकरण

धृतराष्ट्र ने हस्तिनापुर में युधिष्ठिर से कहा, 'हे कुंतीपुत्र, ध्यान से सुनो। तुम खांडव वन को हटा कर अपने लिए वहां एक सुंदर शहर का निर्माण करो और आधा राज्य भोगो।' कृष्ण और अर्जुन खांडव वन अग्नि को सौंपते हैं।

कृष्ण पेड़ों, वनों और पर्यावरण के संरक्षक माने गए हैं, लेकिन महाभारत में कृष्ण और अर्जुन वन को हटा कर शहर बसाते हैं। शिल्पी मय द्वारा सुंदर इंद्रप्रस्थ शहर बनता है। अनगिनत गगनचुंबी भवन बनते हैं। कुबेर के समान खजाना। सड़कें चौड़ी और साफ। गरुड़ के विशाल पंखों की तरह असंख्य द्वार। रक्षक और सैनिक। शहर बनने के बाद अर्जुन को गांडीव और सदा भरा रहने वाला तरकस मिला। भीम को दिव्य गदा मिली। खांडव वन से तृप्त अग्नि के जरिए वरुण से कई अन्य दिव्य अस्त्र-शस्त्र मिले। शहर का सौंदर्यीकरण के साथ सशस्त्रीकरण भी हुआ।

इन दिनों गरीबी उद्विग्न नहीं करती

इंद्रप्रस्थ में पांडवों का भवन इतना सुंदर और चमत्कृत करने वाला था कि वहाँ जो दिखता था, वह होता नहीं था। जो होता था, वह दिखता नहीं था। दुर्योधन वहाँ जल को थल समझ कर गिर गया, यह वर्चुअल रियलिटी की विडंबना थी। आज जो दिल्ली महानगर है, वह पहले इंद्रप्रस्थ था!

पिछली सदी में शहरों और उद्योगीकरण ने हजारों वनों और गांवों को मिटाया है। वहाँ इंद्रप्रस्थ जैसे शहर बने हैं। हर शहर के सीमांत पर कुरूप बस्तियाँ या झोपड़पट्टियां हैं। शहरी विस्तार के कारण कई महानगरों में ये बस्तियाँ अब समृद्धि के बीच गरीबी के द्वीप की तरह हैं। कई बस्तियां प्रमोटरों द्वारा क्षैतिज की जगह ऊर्ध्वमुखी हो चुकी हैं। इतने सटे-भिड़े मकान हैं कि घरों से बड़ी मुश्किल से थोड़ा-सा आसमान दिखे। कई शहरों में गरीबों की अलग कॉलोनियां हैं, जहाँ

गंदगी पीछा नही छोड़ती। यहाँ पानी कम मिलता है। घरों में हँसी-खुशी जितनी भी कम हो, पास में सुंदर सड़कें हैं, हरे-भरे पार्क हैं और चमकती बत्तियाँ हैं। यदि कहीं सरकारी अस्पताल या शिक्षण संस्थान हो, तो भीतर जैसे भी हालात हों, प्रवेशद्वार जरूर सुंदर होगा। हँसते चेहरों के साथ विकास और सुखी जीवन का संदेश देने वाला कोई न कोई होर्डिंग भी आसपास होगा।

भारतीय गांवों में कुछ गांव विशेष रूप से गोद लिए हुए हैं जहाँ सौर्य ऊर्जा, एनजीओ के दफ्तर, बिजली उत्पादन की छोटी इकाई, घरेलू उद्योग, निगरानी कैमरे, बायोगैस प्लांट या एयरकंडीशन स्कूल तक है। कहीं पंचायत की ओर से वाइफाई लगी है। ये सब दिवास्वप्न नहीं हैं। बिहार, गुजरात और असम से लेकर केरल तक के कुछ मॉडल गांवों के ये यथार्थ हैं।

भारत में 2018 के आंकड़े के अनुसार कुल 5,97, 464 गांव हैं। इनमें से ज्यादातर गांवों में अभाव है, कृषकों की बुरी दशा है। उनके आसपास कोई सुंदर चीज नहीं है। आम गांवों में सरकारी आंकड़े के अनुसार 1995 से 20 सालों में गरीबी, कर्ज और अभाव में करीब तीन लाख किसानों ने आत्महत्या की है। 2016-2017 के आंकड़े प्रकाशित नहीं किए गए हैं!

गरीबी क्या है? विकल्पों और अवसरों का अभाव ही गरीबी है। गरीब लोग अपनी रोजाना की जरूरतें पूरी करने में अपने को असमर्थ पाते हैं। वे अपने और अपने परिवार के लिए भरपेट भोजन तक जुटा नहीं पाते, न कपड़ों का इंतजाम कर पाते हैं। वे बच्चों को न अच्छी शिक्षा दिला पाते हैं, न बीमारी में किसी का सही इलाज करा पाते हैं। ऐसे 27 करोड़ भारतीय लोग गरीबी रेखा के नीचे हैं। इनकी प्रति व्यक्ति औसत आमदनी 120/- रुपए प्रतिदिन बताई गई है।

अर्थशास्त्रियों के बीच गरीबी रेखा निर्धारित करना हमेशा एक विवादास्पद मामला रहा है। इसलिए यह काम छोड़ दिया गया। फिर भी एक आंकड़े के अनुसार देश की कुल आबादी में लगभग 80 करोड़ व्यक्तियों की प्रति व्यक्ति आमदनी औसत 200 रुपए प्रतिदिन से नीचे है। इधर तेजी से बढ़ी आर्थिक विषमता के संदर्भ में भारत की 135 करोड़ की आबादी में 125 करोड़ लोगों को गरीब या गरीबी के आसपास माना जाना चाहिए। इधर समृद्धि की जो ऊंचाई है, सिर्फ भोजन, कपड़ा, एक छोटा-सा घर और किसी तरह रोजगार भर जुटा लेना अमीर हो जाना नहीं है!

भारत में आदमी के जीवन की कितनी कीमत है, इसका अंदाजा इस आंकड़े से चल सकता है कि औद्योगिक दुर्घटना में किसी भारतीय श्रमिक के मरने पर

मुआवजा 5 से 10 लाख रुपए के बीच मिलता है, जबकि इंग्लैंड में 9 करोड़ और अमेरिका में 68 करोड़ का मुआवजा है।

2016 के एक अध्ययन के अनुसार भारत में प्रतिदिन 4,300 मौतें अपर्याप्त या खराब चिकित्सा के कारण हो रही हैं जबकि कहा जाता है- आयुष्मान भारत!

सुंदरताएं नागरिक वफादारी पैदा करती हैं

इन दिनों गरीबी उद्विग्न नहीं करती। एक समय था, जब किसी संवेदनशील और न्यायप्रिय व्यक्ति को खाते समय और अच्छा खाना खाते समय झिझक होती थी। होटल का कड़ाह मांजते बच्चे को देख कर मुक्तिबोध के 'हाथ का कौर मुँह तक' जा नहीं पा रहा था!

शहर के कई शिक्षित, एलीट और समृद्ध जनों को गरीब लोग गंदे जानवरों की तरह बुरे लगते हैं। उन्हें हटाओ, क्योंकि आंखों को सुंदर दृश्य चाहिए। वैश्वीकरण के बाद शहरों की सुंदरता हठात तेजी से बढ़ी है। दफ्तरों, आवासीय कांप्लेक्स, सुपर मॉल आदि के अनोखे स्थापत्य लुभाते हैं। निजी और सार्वजनिक वाहन भी कम आकर्षक नहीं होते। सड़कों-पार्कों के आलोकमय सौंदर्यीकरण से शहरों का दृश्य बदल गया है। इसके लिए 'इंफ्रास्ट्रक्चर' और पर्यावरण के नाम पर बहुराष्ट्रीय कंपनियों से काफी पैसा आ रहा है। सुंदरता किसे पसंद नहीं है। शुद्धोदन ने सिद्धार्थ को कपिलवस्तु के अपने राजमहल में सुंदर बगीचों, सरोवरों, झूमती अर्धनग्न स्त्रियों, संगीत-नृत्य और अनोखी सजावटों के बीच घेर रखा था (अश्वघोष का 'बुद्धचरित')। उद्देश्य था, युवा सिद्धार्थ का ध्यान जीवन की समस्याओं की तरफ न जाए।

शहरों में नागरिक सुविधाएँ बढ़ाने के अलावा इनके सौंदर्यीकरण का काम 19वीं सदी से जारी है। वर्तमान दौर में छोटे शहरों, कस्बों, शहरी बस्तियों और झुग्गी-झोपड़पट्टियों तक के सौंदर्यीकरण में आई तेजी का मुख्य उद्देश्य है लोगों का ध्यान विषमता, गरीबी और बेरोजगारी की तरफ से हटाना। इसका चिर परिचित रास्ता धर्म, जाति और क्षेत्र के आधार पर सामाजिक भेदभाव बढ़ाना है। नया रास्ता सौंदर्यीकरण में व्यापकता लाना है। शहर की सुंदरता देख कर गरीब मध्यवर्गीय लोग अमीर मध्यवर्गीय लोगों के सुखों को अपना स्वप्न बना सकते हैं। कुछ नहीं तो वे माल-मल्टीप्लेक्स में महज तफरीह के लिए जा सकते हैं। दुनिया की सुंदर-सुंदर चीजें खरीद न सकें, पर देख सकते हैं। सड़कों की कला-सज्जा, आलोकमयता और हरा-भरापन उनको 'प्राचीन' और 'आधुनिक' दोनों

के आनंद से भर सकता है। ऐसी सुंदरताएं नागरिक वफादारी पैदा करती हैं और असंतोषों को धीमा करती हैं। ये कृत्रिम और बहुत ताकतवर होती हैं।

आज भी कई लोग अर्ध-भूख और खराब चिकित्सा के कारण धीरे-धीरे मरते हैं। 'हत्या' और 'चुपचाप धीरे-धीरे मरने देने' में निश्चय ही फर्क है, लेकिन दोनों का एक नतीजा है-मृत्यु। पहले से गरीबी घटी है, लेकिन वह अब भी बड़े पैमाने पर है। निश्चय ही अब कहीं यह राजनीतिक मुद्दा नहीं है। वैश्वीकरण के मुद्दे की तरह इस पर भी आमराय बन चुकी है। वैश्वीकरण को सफल बनाना और गरीबी हटाना दोनों काम एक साथ करना एक हाथ से दो कबूतर पकड़ना है!

इसलिए सब कुछ अब बहुराष्ट्रीय कंपनियों की दया और सेवा भावना पर छोड़ दिया गया है। वे गरीबी का सौंदर्यीकरण जितना अधिक करेंगे, गरीबी का उतना अधिक अ-राजनीतिकरण होगा। आखिरकार आज कौन राजनीतिक दल दावा कर सकता है कि वह विषमता दूर कर देगा या लाखों बेरोजगारों को रोजगार देगा, खास कर जब सब कुछ बड़ी कंपनियों पर निर्भर हो। देखा ही जा रहा है कि अमेजन जैसी सुपरस्टार कंपनियां क्रय-तानाशाही ला रही हैं। वे फुटकर विक्रेताओं द्वारा बेची जाने वाली वस्तुएं सीधे खुद खरीद कर लाखों लोगों का खुदरा कारोबार चौपट करना शुरू कर चुकी हैं। नौकरियां जा रही हों और छोटे व्यापारों पर भी संकट हो तो आदमी कहां जाए? आर्थिक हालत इतनी बुरी है कि अब बेरोजगार लोग कम से कम वेतन पर भी काम करने के लिए तैयार हैं।

ज्ञान की गरीबी

गरीबी का एक रूप ज्ञान की गरीबी है जो सूचनाओं की अति-प्रचुरता का नतीजा है। आदमी जब देखता है कि 'एक खरीदने पर एक फ्री' है, वह ऐसी चीजें भी खरीद लेता है जिनकी उसे जरूरत नहीं है। सभी जानते हैं कि दुनिया में कुछ भी मुफ्त नहीं है। फिर भी लोग 'फ्री' की तरफ आकर्षित होते हैं और कुछ भी मुफ्त न पाते हुए भी मनोवैज्ञानिक तौर पर मुफ्तखोर बताए जाते हैं। कई चीजें कीमत दुगुनी करके ऑन लाइन पर छूट पर देने के लिए होती हैं। शो रूम से तीन हजार में मिलने वाली चीज ऑन लाइन पर दो हजार में मिलेगी। लोगों को लगेगा कि ऑनलाइन पर सस्ती मिल रही है! पेटीएम और क्रेडिट कार्ड गरीबी के सौंदर्यीकरण के प्रबल अस्त्र हैं।

लोभ तबाह करता है, जब भव्य विज्ञापनों में छोटे अक्षर में यह लिखा नहीं दिखता- 'कंडीशंस एप्लाई'!

लोगों के हाथ का स्मार्टफोन भी गरीबी के सौंदर्यीकरण का एक उपकरण है। यह देश के 35 प्रतिशत लोगों के पास है। इस पर शिक्षित लोग जैसे तृतीय विश्व युद्ध में शामिल हैं। उनके बीच कटूक्तियों, झूठों और अर्धसत्यों की ऐसी आवाजाही है जिसने सार्वजनिक क्षेत्र से तर्कपूर्ण बहस को प्रायः खदेड़ रखा है। सोशल मीडिया में निंदा और चाटुकारिता ही मुख्य स्वर हैं।

स्मार्टफोन सुंदर दृश्यों से भरे होते हैं। इंटरनेट के ऐसे उपयोगकर्ता को पता भी नहीं चल पाता कि वह वस्तुतः 'डिजिटल स्लेव' है और एक 'वस्तु' बना कर विज्ञापनदाताओं को अप्रत्यक्षतः बेचा जा चुका है।

वैश्वीकरण ने गरीबी का सौंदर्यीकरण करके दुनिया को गरीबी और विषमता-उन्मूलन के बिल्कुल दूसरे सिरे पर खड़ा कर दिया है। वैश्वीकरण से जो तबाह हैं, वे धार्मिक और जाति-संघर्षों में डूबे हैं या अंध-राष्ट्रवाद के अतिवादों से घिरे हैं। सवाल है, भारत कहां खड़ा है और किधर जाएगा?

20वीं सदी के शुरू के दशकों में एक ऐसा समय था, जब कुछ नए आदर्श बन रहे थे, कुछ सपने थे। कोशिश यह थी कि यथार्थों को आदर्श के करीब लाया जाए। लोग आदर्श पर चलने में गौरव का बोध करते थे। 21वीं सदी में यथार्थ को ही आदर्श मान लेने का रिवाज बन रहा है। आज सांप्रदायिकता और भ्रष्टाचार चरम यथार्थ हैं, तो विडंबनाजनक यह है कि इन्हें ही चरम आदर्श के रूप में स्थापित कर दिया गया है और दोनों ही राक्षस रक्तबीज की तरह बढ़ रहे हैं।

निश्चय ही यह अतिवादों का दौर है। जिसे देखो वह कुतुबमीनार की ऊंचाई से बोल रहा है। कहीं यह बौद्धिक आत्महत्या का युग तो नहीं है? आदमी बाजार में डिजिटल स्लेव है और समाज में अपनी अतिवादी धारणाओं का कैदी। वह जहाँ भी है, कोई खिड़की नहीं है। सभी के अपने-अपने सत्य हैं, जबकि अतिवादों से मुक्त होकर यह सोचने की जरूरत है कि साझा सत्य क्या हो सकता है, साझा जीवन और साझा संघर्ष कैसे संभव है।

भारत का कल्चरल इथॉस क्या है

भारत आज भी यथार्थ से ज्यादा एक साझा स्वप्न है। यह एक अधजन्मा राष्ट्र-राज्य है। भारतीय राष्ट्र विघ्नों के बीच अभी भी निर्माणाधीन अवस्था में है। किसी राष्ट्र-राज्य को सिर्फ संविधान के बल पर जीवित और प्रफुल्लित नहीं रखा जा सकता। राजनीतिक इरादा चाहिए, सांस्कृतिक पहल की जरूरत है।

अतिवादों से भारत हमेशा विपत्ति में पड़ा, औपनिवेशिक ग्रास भी बना। देश के लोग कलह, अत्याचारों या क्रूर उपनिवेशन के शिकार रहे हैं। वे सदा ही भेदभावों से घेरे गए हैं। भारत के स्वभाव को अतीत में भी बलपूर्वक विकृत करने की कोशिशें हुईं। ज्ञान के अहंकार के कारण अभेद में भेद खोजा गया। अहंकार का ज्ञान हुआ तो भेद में अभेद देखा गया। भारत के स्वभाव को तभी पहचाना गया, जब भेद में अभेद देखा गया। ज्ञान का अहंकार और अहंकार का ज्ञान भिन्न नतीजे लाने वाले होते हैं।

भारत का स्वभाव, उसका 'कल्चरल इथॉस' क्या है? यह एक बड़ा प्रश्न है। इस पर बहस चल सकती है, गर्व और शर्म दोनों से बचते हुए। इतना निश्चित है कि भारत के स्वभाव में सभ्यताओं का टकराव नहीं है, सभ्यताओं का संवाद और अंतर्मिश्रण है। भारत का स्वभाव हिंसा नहीं है, अहिंसा है। घृणा नहीं, मैत्री है। सत्ता की भूख नहीं, सत्यों की खोज है। भारत का स्वभाव सिर्फ भोग नहीं है, त्याग भी है। जाहिर है, भारत के स्वभाव पर चोट करके भारत को बचाना असंभव है। भारतीय यथार्थ यह है कि यह देश कभी अपना स्वभाव पाता है, कभी खोता है और कभी पुनर्उपलब्ध करता है।

भारत के करोड़ों लोगों को देखें, खास कर गरीब लोगों को, वे धर्म का सरल अर्थ लेते हैं और सांप्रदायिक नहीं हैं। वे भ्रष्टाचार में लिप्त नहीं हैं। ये तो मुट्ठी भर शिक्षित और संपन्न लोग हैं जो सांप्रदायिक हैं या भ्रष्टाचार में लिप्त हैं या एकसाथ दोनों में परम वीर हैं।

गांधी कभी नहीं चाहते थे कि गरीबी चमके। वे देश को गरीबों के दृष्टिकोण से देखते थे और उसे बदलना चाहते थे। उनकी सबसे बड़ी खूबी यह थी कि उन्होंने भारत के स्वभाव को समझा था। हर नया युग द्वंद्वों के बीच समाधान निकालते हुए अपना सिंथीसिस रचता है। ऐसा नहीं है कि गांधी अपने जमाने में अतिवादों का जो समाधान ढूंढ रहे थे या सिंथीसिस तैयार कर रहे थे, उसमें अंतर्विरोध नहीं हैं। उन्होंने कहा है, 'मैं जितना परंपरागत हूँ, उतना ही आमूल परिवर्तनवादी भी।...मैं इस बात की परवाह नहीं करता कि सुसंगत दिखाई दूँ।...मूर्खतापूर्ण सुसंगति छोटे दिमागों का हौवा है।' (1931)। उन पर इस कोण से ध्यान जाना चाहिए कि उनकी एक पुस्तक का नाम 'सत्य के प्रयोग' है। गांधी का सत्य बहुवचनात्मक है। भारत जैसे देश में सत्य बहुवचनात्मक ही हो सकता है। ज्यादा सुसंगत सत्य ज्यादा मूर्खतापूर्ण हो सकता है। हमने देखा है कि हर 'अंतिम सत्य' ही देर-सबेर महाझूठ साबित हुआ है।

गांधी ने अपने संबंध में कहा है, 'मैं एक सत्य से दूसरे सत्य की ओर प्रगति करता गया हूँ।' इसका अर्थ है, वे अपने विचारों में सुधार करते थे। वे 'हिंद स्वराज' तक सीमित न थे। नेहरू ने गांधी से 1945 की बहस में 'हिंद स्वराज' को 'अवास्तविक' कह कर बेरहमी से नकार दिया था। नेहरू कुछ ऐसा कहते थे- 'बिग इज ब्राइट', जबकि गांधी कुछ ऐसा कहते थे, 'स्माल इज ब्यूटीफुल'! गांधी ने नेहरू का जवाब देते हुए नाराजगी से कहा कि वे अभी भी 'हिंद स्वराज' के विचारों पर अडिग हैं। असलियत यह है कि गांधी अपने कई पुराने विचारों से हट चुके थे।

मशीनों के सवाल पर देखें। गांधी रेलगाड़ी का विरोध करते थे, उसे बुराई मानते थे और उससे यात्रा भी करते थे। उनकी कमर में घड़ी लटकती रहती थी जो मशीन ही थी। वे मशीनों से नहीं, बेरोजगारी से चिंतित थे। दरअसल उनका आक्रमण पश्चिम की खुदगर्जी पर आधारित 'शैतानी सभ्यता' पर था। उन्होंने 'हिंद स्वराज' में लिखा है, 'पहले लोगों को मारपीट कर गुलाम बनाया जाता था। आज लोगों को पैसे या वस्तुओं का लालच देकर गुलाम बनाया जाता है।' क्या यह बात आज भी सही नहीं है?

'हिंद स्वराज' में उन्होंने लिखा है, 'पहले पत्र लिखते थे तो खास कासिद उसे पहुंचाता था और बहुत खर्च आता था। आज मैं एक पैसे के पोस्टकार्ड पर गालियां भेज सकता हूँ और मुबारकबाद भी।' अब मोबाइल के तीन सौ के पैकेज में तीन महीने चाहे जितनी कटूक्तियां, बधाइयां, सुप्रभात, गुड ईवनिंग, श्रद्धांजलि, नमन-वमन भेजते रहो।

आज गांधी होते, वे मोबाइल का इस्तेमाल जरूर करते, लेकिन सोशल साइट पर हर घंटे अपने को अपडेट नहीं कर रहे होते। वे डिजिटल गुलामी से इन्कार कर देते। वे किसी एक दिन डिजिटल उपवास करते। उस दिन सोशल साइट पर किसी को भी सुप्रभात, बधाई या श्रद्धांजलि-नमन न भेज कर किसी से घर जाकर मिलते। उससे आमने-सामने बैठ कर बात करते, दुख-सुख बांटते। सवाल है, मोबाइल आपका इस्तेमाल कर रहा है या आप मोबाइल का इस्तेमाल कर रहे हैं।

आज निश्चय ही गांधी के सपनों की ग्राम-आधारित अर्थव्यवस्था की जगह उत्तर-औद्योगिक समाज है। कोई भी राजनीति हिंसा से मुक्त नहीं है। धर्म की जगह ले ली है सांप्रदायिकता और अंधविश्वासों ने। धार्मिक कट्टरवाद के वर्तमान माहौल में 19वीं सदी के धार्मिक सुधार व्यर्थ साबित हो रहे हैं। कभी क्रांतिकारी

जोश में उदारवाद की हँसी उड़ाई जाती थी, आज समाज में उदारवाद का ही अकाल है। बहुराष्ट्रीय कंपनियों का दबदबा है और किसानों-श्रमिकों के संघर्ष में शिथिलता है। गांधी के युग से आज का जमाना काफी बदल चुका है। फिर भी हमारे युगों के अतिवादों के समाधान में गांधी कितने काम आ सकते हैं और कहां उनके विचार अप्रासंगिक हैं, इस पर नए सिरे से सोचा जाना चाहिए।

गांधी से यह तो सीखा ही जा सकता है कि यथार्थ के आगे अपने आदर्शों को एकदम विसर्जित न कर दो। अपने जीवन में थोड़ी-सी ईमानदारी रखो। सादगी का भी अपना एक अनोखा सौंदर्य होता है, थोड़ी सादगी लाओ। कुछ सामाजिकता बचा कर रखो। अंग्रेजियाना कम करो। आभिजात्य थोड़ा कम दिखाओ। अतिवाद का रास्ता छोड़ कर संवाद करो। लेकिन अतिवाद तो तब छूटे, जब लोभ और तात्कालिक स्वार्थ से आदमी ऊपर उठे!

गांधी ने भारत के कल्चरल इथॉस को समझा था। उन्होंने कभी अपने को 'धर्मनिरपेक्ष' नहीं कहा। फिर भी कहते थे, 'मैं मूर्ति पूजा में विश्वास नहीं करता, लेकिन मूर्ति पूजा पाप नहीं है।' वे स्वर्ग-नरक भी नहीं मानते थे। वे धर्म को मूल्यपरक अर्थ में लेते थे, कर्मकांड के अर्थ में नहीं। आज के नेताओं की तरह वे मंदिरों में पूजा-अर्चना के लिए कभी नहीं गए और न कभी इफ्तार पार्टी में शामिल हुए। वे बिल्कुल लौकिक थे। सेक्युलर का अर्थ है लौकिक, परलोक को नहीं मानने वाला। गांधी ईश्वर में सत्य को नहीं, सत्य में ईश्वर को देखते थे। वे वास्तविक अर्थ में सेक्युलर (लौकिक) थे, 'धर्मनिरपेक्ष' भले न हों! इसका अर्थ है, वे प्रचलित से भिन्न 'तीसरी जगह' खोजते रहे हैं।

भीड़ विचारशील नहीं होती

आज धार्मिक सुधारों का पहिया उल्टा घूमता दिख रहा है। धार्मिक दिखावे और अंधविश्वास बढ़ रहे हैं। सुधारवाद के एक प्रमुख केंद्र केरल में खुद स्त्रियाँ ही शबरीमाला मंदिर में स्त्रियों के प्रवेश से संबंधित सुप्रिम कोर्ट के फैसले का व्यापक विरोध कर रही हैं, 'मैं अपवित्र हूँ। मेरे मंदिर जाने से देवता का ब्रह्मचर्य का व्रत टूट जाएगा।' यदि स्त्रियों को देख कर देवता का भी ब्रह्मचर्य टूटने लगे तो सड़कों और कार्यस्थलों पर कामोन्मत्त पुरुषों का ब्रह्मचर्य टूटने को गलत कैसे ठहराया जाएगा? इसी तरह कई मुस्लिम स्त्रियां तलाक के पुराने नियमों को ही लागू रखने का समर्थन कर रही हैं। यह 'मी टू' अभियान का विपरीत ध्रुव है। क्या स्त्रियां स्त्रीवाद को चुनौती देकर भीड़ बना रही है?

दरअसल धार्मिक कट्टरवाद के माहौल से फायदा उठा कर पुरुष ही स्त्रियों को सामने करके अपनी पितृसत्तात्मकता को बरकरार रखना चाहते हैं। राजनीतिक दल भी वोट खोने के डर से रूढ़िवाद का समर्थन करने लग जाते हैं या नरम हो जाते हैं। आज निर्बुद्धिपरकता पर एकाधिकार के लिए होड़ मची है। निष्कर्ष यह निकलता है कि जब भी धार्मिक कट्टरवाद बढ़ेगा, कहीं भी धार्मिक सुधार करने मुश्किल होंगे और संविधान की जगह 'भीड़ का न्याय' ले लेगा।

'लिंचिंग' शब्द अमेरिका के वर्जीनिया इलाके के विलियम लिंच के नाम पर बना है जिसने पहली बार 1780 में 'भीड़ का न्याय' प्रदर्शित किया था। आज लिंचिंग सार्वभौम हो उठा है जो लोगों में बढ़ती असंवेदनशीलता का नतीजा है। यह राजनीतिक उकसावे पर हो सकता है और स्वतःफूर्त्त भी। लिंचिंग या 'भीड़ का न्याय' प्रशासन के ढहने का संकेत है।

बहुत कम लोगों को पता होगा कि 1897 में दक्षिण अफ्रीका के डरबन में गांधी को सैकड़ों अंग्रेजों ने घेर लिया था और उन्हें लात-घूंसों से पीट-पीट कर मार डालना चाहा था, क्योंकि उन्होंने नस्लवाद का विरोध किया था। गांधी को भी लिंचिंग का, भीड़ की हिंसा का सामना करना पड़ा था। एक अंग्रेज पुलिस ऑफिसर अलेक्जैंडर और उसकी पत्नी ने उन्हें बचाया। इसी तरह, 1919 के असहयोग आंदोलन के दौरान अहमदाबाद में एक अंग्रेज लिंचिंग का शिकार हुआ और मारा गया तो गांधी फफक कर रो पड़े थे।

आज नागरिक डरे हुए हैं, क्रोध के शिकार न हो जाएं। मनुष्य में क्रोध होना चाहिए, क्योंकि इसके बिना वह रीढ़विहीन है। लेकिन अपने क्रोध या विक्षोभ को संस्कारते रहना जरूरी है ताकि यह न्याय, प्रेम और शांतिपूर्ण दुनिया बनाने के लक्ष्य के विपरीत न चला जाए।

गांधी ने 1920 में एक लेख 'लोकशाही बनाम भीड़शाही' लिखा था। इसमें कहा था, भीड़ विचारशील नहीं होती। उसका कोई चेहरा नहीं होता। हालांकि ऐसा भी नहीं है कि भीड़ को किसी भड़ास, हताशा या उकसावे में की गई अपनी हिंसा के लिए कभी पश्चाताप हो ही नहीं सकता। यदि राजनीतिक उकसावे बंद हों तो भीड़ फिर से समाज में बदल सकती है।

भीड़ और समाज में क्या फर्क है? भीड़ में किसी भी आदमी के भीतर वैयक्तिकता नहीं होती। वैयक्तिकता सिर्फ समाज के लोगों में संभव है। अच्छे लोगों की भीड़ नहीं होती, समाज होता है। एक तरफ से बाजारवाद और दूसरी तरफ से भीड़वादी कट्टरताओं ने मनुष्य के भीतर से 'व्यक्ति' को निकाल बाहर

किया है। उसकी सोचने-समझने की शक्ति और तर्कबुद्धि छीन ली है। इसलिए कई बार सिर्फ भड़ास निकलती है, जो विरोध नहीं है। अतिवादों के दौर में संवादहीनता है, ऐसे दौर सभ्यताविहीन होते हैं। अतः एक बड़ी चुनौती यह है कि सामुदायिक भीड़ में बदलते जा रहे समाज में लोगों से संवाद कैसे संभव हो।

अंतिम आदमी का देश

गांधी अपने चलाए आंदोलन के संदर्भ में चाहते थे कि इसके चरम उत्कर्ष पर भी हिंसा न हो, एक नैतिक अनुशासन बना रहे। यह नारा बना था- 'हम मारेंगे नहीं-हम मानेंगे नहीं!' आज की लोकप्रियतावादी झुंड राजनीति गरीब लोगों को विभाजित करती है। वह विद्वेष, सुंदर छद्मों के प्रदर्शन और लटके-झटकों पर चल रही है। उसके पास कोई ऊंचा आदर्श नहीं है, कोई बड़ा तर्क नहीं है। जो सुंदर नारे बन रहे हैं, वे खोखले 'चिह्न' हैं।

आज गांधी को बिना ग्लास के 'चश्मे' में रिड्यूस करके देखा जा रहा है या उन्हें देवता बना दिया गया है। सबसे अधिक चिंताजनक है कि इधर जनता के एक बड़े हिस्से में उनकी छवि हिंदुओं के दुश्मन के रूप में अंकित कर दी गई है। आज गांधी हरेक के पास हैं, लेकिन सिर्फ जेब के नोटों में हैं। गांधी से लोगों के दिलोदिमाग की एक लंबी दूरी बन चुकी है। आज जिस तरह ऑन लाइन देन-लेन बढ़ रहा है, 'कैशलेस' के साथ एक दिन देश 'गांधीलेस' भी हो जा सकता है!

गांधी अपने समय के अतिवाद के बीच भारत के स्वभाव को पहचानने वाले एक सादे इंसान थे। उनका चिंतन बहुपर्त्तदार था। वे राजनीति को अपनी संपत्ति की वृद्धि के साधन के रूप में नहीं, आत्मविकास के रूप में देखते थे। वे 'अंतिम आदमी', अर्थात देश के सबसे गरीब की जगह से सोचते थे। उन्होंने सिर्फ अंग्रेजों की गुलामी से ही नहीं, भारतीय अतीत की रूढ़ियों और पश्चिमी सभ्यता की गुलामी से भी भारत को आजाद करने का सपना देखा था। वह सपना खो जा सकता है। यह भी संभव है कि पेड़ की पत्तियां सूख गई हों, डालें सूख गई हों, लेकिन जड़ों में थोड़ी नमी बची हो। यह नमी भी एक ताकत है, एक उम्मीद है।

इधर नए-नए इंद्रप्रस्थ बन रहे हैं, गरीबी का सौंदर्यीकरण हो रहा है और अतिवाद बढ़ रहे हैं। क्या आप ऐसे लोगों में हैं जो गांधी की तरह 'भारत के स्वभाव' को पहचानते हों?

नवंबर 2018

खंड – 2

धर्मनिरपेक्ष ईश्वर

क्या ईश्वर धर्मनिरपेक्ष नहीं है? ईश्वर सभी धर्मों में है और धर्मों से स्वाधीन भी है। भक्त कवियों का ईश्वर ऐसा ही था।

दुनिया के सभी शब्दकोशों में 'सेक्यूलर' का अर्थ है- धार्मिक नियमों से स्वतंत्र। इसका एक अन्य अर्थ है- लौकिक। भक्त कवियों ने वैरागियों की तरह इस लोक को झूठ नहीं माना। कबीर अच्छे गृहस्थ थे। तुलसी ने दुनिया को वृक्ष के रूपक में बांधते हुए उसके हमेशा पल्लवित, फलप्रद और नूतन होने की कामना की थी, 'पल्लवित फूलत नवल नित संसार विटप नमामहे'। यह भी कहा, 'तुलसी बहुत भलो लागत जग'। भक्ति साहित्य में लौकिक जीवन को ही सुखमय बनाने का रास्ता बताया गया है, 'तुलसीदास मैं-मोर गए बिन जिय सुख कबहुं न पावै'। भक्ति काव्य में व्यक्तिवाद का विरोध है। बार-बार कहा गया है कि सच्चे सुख के लिए स्वार्थ और अहंकार को त्यागना होगा। संसार की वास्तविकता और मनुष्य की महत्ता स्थापित करना और जीवन में 'सुंदर' की खोज ही भक्त कवियों के मुख्य लक्ष्य थे।

भक्ति काव्य में विविधता और स्थानीय भाषा-प्रेम के साथ सार्वभौमताबोध उसे भारतीय चेतना में एक प्रस्थान बिंदु बना देता है। यदि भक्तों ने कठोर धार्मिक नियमों को तोड़कर अपने-अपने ढंग से उच्च सार्वभौम मूल्यों की प्रस्तावना की है तो कहा जा सकता है कि वे सेक्यूलर थे। कई बार सेक्यूलर के अर्थ को 'सर्व धर्म-सम भाव' में सीमित कर रूढ़िवादी और भ्रष्ट होने की छूट ली जाती है। सेक्यूलर होना कभी भी मूल्यविहीन होना नहीं है। भक्त कवि मूल्यप्रवण और नवोन्मेषी थे। वे पुनरुत्थानवादी न थे। उनका ईश्वर पोथी में कैद, छुआछूत से डरने वाला और कर्मकांड में सीमित न था। उनकी भक्ति ने सांप्रदायिक किलेबंदी तोड़ी। वह एक आध्यात्मिक क्रांति थी, जिसने उन्नीसवीं सदी में आकर नवजागरण का रूप लिया।

भक्ति आंदोलन वेदांत और बौद्ध धर्म के बाद भारतीय जीवन का तीसरा महान क्रांतिकारी उन्मेष था। बौद्ध धर्मावलंबी वैदिक और सनातन हिंदू व्यवस्था से विद्रोह करके बाहर निकल गए थे, जबकि भक्त कवियों ने भीतर रह कर सुधार चाहा था। वे उच्छेदवादी की जगह संरक्षणशील उदारवादी थे, 'इनसाइड क्रिटिक' थे। उन्होंने बौद्धों का अधूरा काम भीतर रह कर आगे बढ़ाया। दक्षिण भारत के आलवार और नायनार भक्तों से लेकर ज्ञानेश्वर, तुकाराम, कबीर, गुरुनानक, सूर, तुलसी, मीरा, जायसी आदि तक सभी ने कर्मकांड, धार्मिक पाखंड और कट्टरतावाद का विरोध किया था जो आज फिर बढ़-चढ़ गए हैं। उन्होंने भक्ति को भेदभाव के उन्मूलन के अलावा लौकिक संसार से लगाव और अंत:करण के मधुर विस्तार का औजार बनाया।

कहना न होगा कि सगुण और निर्गुण गौण मामले हैं। भक्ति का प्रधान अर्थ है ज्ञान, 'भगतिहिं ज्ञानहिं नहिं कछु भेदा' (तुलसी)। कबीर के निकट भी भक्ति और ज्ञान अलग तत्व नहीं हैं, 'संतो आई ज्ञान की आंधी रे, भ्रम की टांटी सबै उड़ानी माया रहै न बांधी रे।' ज्ञानरहित भक्ति अंधविश्वास है और भक्तिरहित ज्ञान अहंकार है।

प्रेम मार्ग और ज्ञान मार्ग भी दो अलग संसार नहीं हैं। ज्ञान अपने सर्वोच्च धरातल पर सभी से प्रेम है और प्रेम अपने सर्वोच्च धरातल पर सृष्टि की अखंडता का ज्ञान है। संतों का प्रेम हो, सूफियों का या वैष्णव भक्तों का, हिंसा के उस जमाने में प्रेम ही संपूर्ण भक्ति काव्य का मूल संदेश है।

जायसी के 'पद्मावत' का रत्नसेन स्त्री को जीत कर बलपूर्वक नहीं, बल्कि योगी बन कर प्रेम से अपना बनाता है। एक कवि पहली बार स्त्री में ईश्वर को देखता है। वह उदारतापूर्वक यह भी कहता है, 'विधिना के मारग हैं तेते, सरग नखत तन रोवां जेते', अर्थात- ईश्वर तक पहुँचने के उतने रास्ते हैं, जितने आसमान के नक्षत्र और शरीर के रोएं हैं। जायसी का काव्य भारत की सांस्कृतिक समावेशिकता और प्रेम का आख्यान है। 'पद्मावत' फिल्म में इस महाकाव्य का छिलका है। यह शिकार और युद्ध के दृश्यों में 'बाहुबली' की नकल और बंबइया मसाले से बना छिलके का आलू चिप्स है! इसमें सामंती वीरता, हिंसा और जौहर का महिमामंडन है। यह फिल्म साहित्यिक कृतियों को तहस-नहस करने का एक और नमूना है।

भक्त कवियों की आस्था शक्ति प्रदर्शन न थी

'इधर देवता- उधर देवता, उफ् पैर रखने की जगह नहीं!' कन्नड़ भक्त कवि बसव ने बारहवीं सदी में यह कहा था। भक्ति एक कठोर धार्मिक-सामंती समाज में घुल-मिल कर और अपने स्वतंत्र विवेक से जीने के लिए 'स्पेस' की खोज थी। सैकड़ों भक्त कवियों ने अपने-अपने ढंग से अपनी भावना व्यक्त की, ईश्वर को जीवन के दुख-हर्ष के भीतर से विविध रूपों में उद्घाटित किया। उनकी भक्ति आज की तरह शोर नहीं थी, एक शांतिपूर्ण वैयक्तिक अनुभूति थी।

हिंदी में दक्षिण की तरह शैव भक्त कवि क्यों नहीं हुए, यह शोध का विषय है। राम और वस्तुतः इनसे अधिक कृष्ण ने कवियों को ज्यादा आकर्षित किया। उन्होंने इन देव रूपों से अपने हृदय का मिलन करके जाना था कि ईश्वर का अर्थ क्या है। यह भी जाना था कि ईश्वर कैसे उन बुराइयों का प्रतिपक्ष है जो प्राचीन काल से शैतानों या राक्षसों में मूर्त हुई थीं।

भक्त कवियों ने ईश्वर को परंपरा से ग्रहण करते हुए भी वस्तुतः अपनी अनोखी भावनाओं से रचा। वह अलौकिक दिखते हुए भी एक लौकिक पुनर्सृष्टि है। भक्त कवि धार्मिक कर्मकांड, बाह्याचार और दिखावे को महत्व नहीं देते। उनकी आस्था शक्ति प्रदर्शन न थी। वे आजकल की तरह धर्म के नाम पर प्रवचन देकर धन-दौलत नहीं बटोरते थे, उनका भजन धन कमाने का साधन न था। उस जमाने के सद्गुरु च्यवनप्राश, मसाले और साबुन नहीं बेचते थे। तुलसी के शब्दों में सभी भक्तों के लिए धर्म का अर्थ है, 'परहित सरिस धरम नहिं भाई, परपीड़ा सम नहिं अधमाई'। आज धर्म परपीड़ा का राजनीतिक हथियार है, उससे 'परहित' गायब है। धर्म खंजरों, त्रिशूलों और बारूद के धुएं से भर गया है या मनोरंजन की वस्तुओं से। राजनीति का कोई धर्म न हो, पर धर्म की राजनीति है। बाजार का कोई धर्म न हो, पर धर्म का बाजार है। एक तरफ अध्यात्म की जेरक्स कापियाँ हैं। दूसरी तरफ, 'पंडित सोइ जो गाल बजावा' (तुलसी)। धर्म अब एक राजनीतिक औजार है। यह धार्मिक कट्टरता में सिकुड़ गया है या फिल्मी धुन पर मनोरंजन और खाना-पीना है।

भक्ति ने शत्रुता को बढ़ावा देने की जगह 'निर्वैर' को प्रधानता दी थी। कबीर कहते थे 'निरवैरी निहकामता साईं सेती नेह'। तुलसी ने भी लिखा, 'वयरु न कर काहू सन कोई'। हिंसा और मारकाट के जमाने में निर्वैर को महत्व देना साधारण बात नहीं है। दादूदयाल ने भी लिखा था, 'निरवैरी निज आत्मा साधन का मत सार'। वे सभी भक्त लोग भेदभाव और पाखंड का विरोध करने में 'निरभै' थे। वे

अपने ऊपर हँसने वालों से डरते नहीं थे। लोभ तब आज जैसा ही फैला था। भक्त कवियों ने निष्काम भाव को अपनाया, माया से परहेज किया। कबीर ने यह कहा कि जब नाव में पानी और घर में पैसा अधिक हो जाय, सयाने आदमी का काम है कि दोनों हाथ से इसे जल्दी बाहर निकाल दे। भक्तों का शत्रुता, भय और लोभ से मुक्त होने के लिए कहना समाज को बदलने के लिए ऐसी मुनादी है जो वर्तमान बहरे जमाने में सुनाई नहीं देती। यही वजह है कि भक्तिकालीन जागरण की निरंतरता की जगह आज पुनर्सुसुप्ति है, एक विपर्यय है।

हिंदी के पहले दौर के विद्वान आलोचकों ने भक्ति काव्य ग्रंथों के बिखरे और प्रक्षिप्त पाठों को संपादित करके एक महान विरासत को बचाया, वह काम अब के लोगों से संभवतः नहीं होता। उन्होंने दूसरा बड़ा काम रीतिवादी कवियों से भक्त कवियों की श्रेष्ठता स्थापित करके किया। इसके लिए वैचारिक रूप से बहुत लड़ना पड़ा। आज भी कुछ वैसी ही चुनौती है। धार्मिक पाखंडियों से भक्तों की भिन्नता और श्रेष्ठता को उद्‌घाटित करने की। पहले के विद्वानों ने एक गलती जरूर की, वे भक्ति आंदोलन की महत्ता को समग्रता में परिचित कराते हुए भी निजी पसंद के अनुसार एक न एक कवि के खूंटे से बंध गए थे और किसी एक को बड़ा बताते थे।

भक्त कवियों का अध्ययन लंबे काल तक कबीर और तुलसी के बीच साहित्यिक ध्रुवीकरण से प्रभावित था। इन्हें लेकर दो विपरीत वैचारिक शिविर बन गए, जबकि परंपराओं के बीच सिर्फ टकराहट नहीं, संबंध भी होता है। भक्ति काव्य और आर्थिक आधार के बीच यांत्रिक भौतिकवादी संबंध भी कम नहीं स्थापित हुआ। दरअसल प्राचीन साहित्य को आधुनिक, क्रांतिकारी या सबाल्टर्नवादी मानदंडों पर परखना गलत है। भक्त कवियों की भिन्नता को उनकी विशिष्टता समझना चाहिए और विविधता को मर्यादा देना उचित है। भक्ति में निर्वैर, निर्भयता, निःस्वार्थता, बाह्याचार-विरोध, सादगी, 'दूसरे' से मिश्रण, घृणा की जगह प्रेम की प्रतिष्ठा, तन्मयता जैसे जो सामान्य तत्व हैं, उन पर ज्यादा जोर देना चाहिए। यह देखना ज्यादा जरूरी है कि उन कवियों ने अपनी ऐतिहासिक सीमाओं में मानवता के अर्थ को किस तरह विस्तार दिया। एक समय तुलसी को लेकर ऐसा व्यर्थ विवाद हुआ था कि उन्हें पुनरुत्थानवादी ले उड़े।

भक्त कवियों में कौन बड़ा, कौन छोटा और कौन सामंतवाद का पिट्ठू, यह सब हिंदी आलोचना में ज्यादा बताया जाता रहा है, जबकि आज के शिक्षित लोग भी जाति पहले देखते हैं। वे आज जातिवाद और अन्य सामंती तत्वों से ज्यादा भरे हुए हैं।

कबीर का रजनीश के प्रवचनों और मडोना के गाने तक में उपयोग हुआ। उन्हें कुमार गंधर्व ने भी गाया। तुलसीदास को आशाराम बापू और मुरारी बापू ने ढक दिया था, रामकथा पर व्यावसायिक प्रवचनों में तुलसी खो गए। सूर अनूप जलोटा के गाए भजनों तक बंध गए। मीरां को खुद बड़े आलोचकों ने ही उपेक्षित कर रखा था। संत कवि मठों में घेर लिए गए। कबीर जैसी विद्रोही चेतना लेकर फिर लंबे काल तक दलित समुदायों से वैसा कवि पैदा नहीं हुआ। संन कवियों के मठों में इस समय भीषण लड़ाइयाँ और मुकदमेबाजी है। धार्मिक-सामाजिक भेदभाव का विरोध करने के लिए सभी संत कवियों को लेकर 'हिंदी संत काव्योत्सव' एक स्वप्न है।

दरअसल नए युग में पिछड़ों और दलितों को धार्मिक आश्रय के लिए ज्यादातर राम-रहीम जैसे गुरु और डेरा मिले। देवी दत्त पटनायक, अमिश जैसों ने मिथकीय व्याख्याओं की धार्मिक फैक्टरी खोल ली और धर्म को एकरेखीय बौद्धिक मनोरंजन में बदल दिया।

दक्षिण भारत, महाराष्ट्र, बंगाल, असम ने अपने भक्त कवियों को बचा लिया, यहाँ गंभीर सांप्रदायिक हादसे नहीं हुए। लेकिन हिंदी क्षेत्रों में तो जैसे सांस्कृतिक शून्यता आ गई।

क्या भक्त कवि अर्ली माडर्न थे

भक्ति साहित्य को 'अर्ली माडर्न' कह कर उसे गौरव देने की कोशिश की जाती है। मान लिया जाता है कि 'मध्यकाल' स्थानांतरित हो गया और हम महान हो गए। याद रखने की जरूरत है कि 'अर्ली माडर्न' पंद्रहवीं सदी से 1789 की फ्रेंच क्रांति तक के यूरोपीय इतिहास के लिए बनी एक पुरानी अवधारणा है। यह अवधारणा नवजागरण-पूर्व के मध्यकाल का निषेध नहीं करती। इससे भी अधिक आपत्तिजनक बात यह है कि यदि प्रारंभिक आधुनिकता आधुनिकता से कमतर चीज है तो हम भक्त कवियों को 'अर्ली माडर्न' कह कर वस्तुतः उनकी मर्यादा बढ़ा रहे हैं या गिरा रहे हैं। कहीं यह अपने को 'माडर्न' समझ कर आत्मगौरवान्वयन तो नहीं है? किसी भी संत और भक्त कवि को 'अर्ली माडर्न' कहना हीनताबोध का द्योतक है। दरअसल यह अंग्रेजी राज की इकहरी आधुनिकता का औचित्य स्थापित करना ही नहीं है, बल्कि एकरूपीय औपनिवेशिक आधुनिकता को भक्ति की विविधता पर थोपना भी है। भक्ति साहित्य को 'अर्ली माडर्न' कहेंगे तो शृंगारिक साहित्य क्या है? पश्चिमी चश्मा उतार देना चाहिए, भक्त कवियों के गौरव के वृहत्तर जातीय-मानवीय संदर्भ कम महत्वपूर्ण नहीं हैं।

भक्ति है अहंकार, पाखंड और भेदभाव का ध्वंस

भक्ति काव्य में हम माया और लीला- दो खास चीजें पाते हैं। भक्तिकालीन लोकजागरण को समझना माया और लीला की अंत:क्रीड़ाओं को जानना है। कृष्ण लीला है, रामलीला है और कबीर जब 'हरि मेरा पिव मैं हरि की बहुरिया' कहते हैं, तो यह निर्गुण लीला है। भक्ति काव्य में यथार्थ का विरोध नहीं है, माया का विरोध है, 'वर्चुअल रियलिटी' का विरोध है। माया यथार्थ पर आवरण है। यह उस अति-इंद्रीयपरायणता का नतीजा है जो लोभ, विलासिता, जीवन की कृत्रिमता, शिशु हत्या, यौन उत्पीड़न, विद्वेष भावना और भेदभावों की ओर ले जाती है। मनुष्य इंद्रियपरायण प्राणी है। इसलिए भक्त कवियों ने बार-बार कहा कि इंद्रियों को नियंत्रण में रखो। लोभ, उत्पीड़न और भेदभाव में न जाओ। माया 'रामचरितमानस' के रावण और 'पद्मावत' के अलाउद्दीन खिलजी में अपना उत्कर्ष पाती है। हम दोनों को माया की आग द्वारा निगल लिया जाता देखते हैं। कृष्ण, राम, निर्गुण हरि या पद्मावती की लीलाएँ माया को वेध कर यथार्थ को उजागर करने के लिए हैं, नीति पर आधारित समाज बनाने के लिए हैं और जीवन की सुंदरताओं की खोज के लिए हैं। माया है, इसलिए लीला है।

ईश्वर क्या है, यह बताने के लिए खुद ईश्वर कभी नहीं आया। मनुष्य ही कभी सत्य, कभी प्रेम, कभी करुणा, कभी ईमानदारी, कभी स्वच्छता, कभी प्रकृति, कभी अपनी देव कल्पनाओं या रहस्यमय परम आनंदानुभूति में हजारों साल से ईश्वर को देखता आया है। तुलसी ने 'सियाराममय सब जग जानी' कहा, जबकि 'जय श्रीराम' स्त्री का बहिष्कार है। कबीर दलित आत्मपहचान का संघर्ष जारी रखते हुए किसी बिंदु पर कहते थे, 'जाति न पूछौ साधु की'। तुलसी वर्ण व्यवस्था का समर्थन करते हुए भी किसी बिंदु पर कहते थे, 'सबते कठिन जाति अपमाना' और 'नहिं दरिद्र सम दुख जग माही'। सामाजिक विषमता ने तुलसी को भी मथा था। निश्चय ही सभी भक्त कवियों से एक ही तरह की आवाज की अपेक्षा सही नहीं है। उनके भिन्न-भिन्न सामाजिक स्तर से आए होने की वजह से यह कभी संभव नहीं था।

सभी भक्त कवि ही उस युग की रूढ़िवादी व्यवस्था में 'एलियनेशन' का अनुभव करते थे। कबीर ने यदि कहा था, 'दुखिया दास कबीर है जागे अरु रोवे', तो मीरां भी बोलती थीं, 'री म्हाँ बैठयां जागा, जगत सब सोबा'। तुलसी ने 'धूत कहो अवधूत कहो रजपूत कहो, जोलहा कहो कोऊ' जैसी पंक्तियाँ लिखी थीं और अपना बेगानापन व्यक्त किया था। एक-दूसरे से जोड़ने वाले ऐसे सूत्र ही

भक्ति साहित्य को एक आंदोलन का रूप दे रहे थे। यह प्रतिरोध के साथ पुनर्निर्माण की भी आवाज थी। सामान्यतः कहा जा रहा था- दिखावा, घृणा और दमन से मुक्त मानवीय समाज बनाओ!

भक्ति की कविताएँ लोकभाषाओं-ब्रज, अवधी या सधुक्कड़ी भाषा में लिखी गईं, क्योंकि संस्कृत और फारसी पर सांप्रदायिक पंडितों-मौलवियों का कब्जा था। यह काम लोकजीवन के तत्वों को लेकर हो रहा था, ताकि शास्त्रों-पोथियों का प्रभुत्व मिटे। यह भी देखना होगा कि उसी समय हिंदी की एक बड़ी जातीय जमीन बन रही थी। इस तरह भक्ति काव्य सार्वभौमता के साथ स्थानीय जातीय अखंडता की तीव्र हो रही चेतना से जुड़ा था।

ईश्वर के सबसे बड़े शत्रु धर्मों के भीतर छिपे हैं

उस जमाने में भी सामाजिक प्रश्नों पर लगातार बहस चल रही थी। कबीर खुल कर तर्क करते थे। तुलसी सुमति और विवेक की बात करते थे। बंधुत्व और समता की बात होती थी। तुलसी धर्म का व्यवसाय करने वाले द्विजों, अराजक शासन और दंभ को चुनौती दे रहे थे, 'द्विज श्रुतिबेचक भूप प्रजासन। कोउ-नहिं मान निगम अनुशासन'। वह बहस उन्नीसवीं सदी के नवजागरण की पूर्वपीठिका थी। उस जमाने में भी कामुकता, हिंसा, दंभ और लोभ बढ़े-चढ़े थे। भयंकर बेरोजगारी थी, 'जीविकाविहीन लोग सीधमान सोच बस/कहैं एक एकन सों, कहां जाई का करी'। यह दशा तब थी, जब मुगलों के समय के यूरोपीय यात्री मोरलैंड के अनुसार भारत दुनिया का समृद्धतम देश था!

भक्त कवि अपने सुख और समृद्धि के लिए भक्त नहीं बने थे। वे अंधविश्वासी नहीं थे। वे ईश्वर को आत्मपरिष्कार के लिए जानना चाहते थे और अनन्य हो जाना चाहते थे, 'जानत तुमहिं तुमहिं हो जाई'। अर्थात- ईश्वर को जानने का अर्थ है, 'दूसरे' का, 'हम-वे' का अहसास न हो। ऐसी आध्यात्मिकता धार्मिक रूढ़ियों और पाखंडों को चुनौती थी। धर्म और अध्यात्म का फर्क यह है कि धर्म का संबंध पृथक पहचान से है, जबकि अध्यात्म अपृथकता की चेतना है। कबीर ने हिंदू और मुसलमान शब्दों का प्रयोग करते हुए कठमुल्लों को ललकारा था। उनके लगभग सौ साल बाद तुलसी हुए। इन्होंने अपने संपूर्ण काव्य में एक भी जगह 'हिंदू' या 'मुसलमान' शब्द का प्रयोग नहीं किया। भिन्न मार्गों से कबीर और तुलसी दोनों भक्त कवियों का लक्ष्य एक था- लोकजागरण। दोनों कवि भक्ति की दो आंखों की तरह हैं।

भक्ति साहित्य के अनगिनत संकेतों को समझने की जरूरत है, सिर्फ गाने-बजाने और प्रवचन सुनने से भक्ति नहीं होती। इन दिनों धर्म के संबंध में आम लोगों के अज्ञान का बड़े पैमाने पर शोषण हो रहा है। अज्ञानता-निर्माण एक विद्या है। यह मनुष्य की नाजानकारियों का शोषण करती है। सूचना क्रांति के बाद 'अज्ञानता का शास्त्र' बड़े पैमाने पर उनके द्वारा गढ़ा और प्रचारित किया जा रहा है जिन्हें हम पढ़ा-लिखा, देशभक्त और धर्मावतार कहते हैं। मीडिया और सोशल मीडिया की ताकत से आम लोगों की अज्ञानता का बड़े पैमाने पर शोषण एक उद्योग का रूप ले चुका है। अफवाहों और भ्रामक सूचना का जाल बिछा है। इससे समझा जा सकता है कि अज्ञानता सिर्फ जानकारी का अभाव नहीं है, यह एक राजनीतिक और प्रौद्योगिक निर्मिति है।

इस 'निर्मित अज्ञानता' से जनता का दिलोदिमाग व्यावसायिक-राजनीतिक रूप से प्रचारित की गई भ्रामक सूचनाओं का भंडार बन जाता है। काफी लोग अपनी नाजानकारी को हर ज्ञान से श्रेष्ठ मानने लगते हैं। शिक्षा के क्षेत्र को नकली विवाद घेर लेते हैं। धर्म अज्ञानता-निर्माण विद्या का एक बड़ा अखाड़ा बन जाता है। नकली विवाद बुनियादी मुद्दों से ध्यान हटा देते हैं। चुनाव में न पूरे होने वाले वादे कर लिए जाते हैं। मार्क्स, गांधी, विवेकानंद, पटेल, नेहरू, अंबेडकर आदि के उद्धरण तोड़-मरोड़ कर रखे जाते हैं और वे सच माने-जाने लगते हैं।

सांप्रदायिकता या आतंकवाद अज्ञानता-निर्माण विद्या की देन है। फिलहाल मानवता की अब तक की सारी उपलब्धियाँ शक के दायरे में ला दी गई हैं। इतिहास को झूठा बताया जाने लगा है। सांप्रदायिक और जातीय स्वार्थों के अनुरूप इतिहास बन रहे हैं। आज इतिहास अज्ञानता के शोषण का एक विशाल मंच है। ईश्वर के सबसे बड़े शत्रु धर्मों के भीतर छिपे हैं!

मार्च 2018

कलाएँ सरहद नहीं देखतीं

राजनीति और धन पिपासा मानवता में सरहदें बनाती रही हैं। कलाओं ने कभी सरहद नहीं बनाई। सांस्कृतिक भिन्नता में समन्वय करते हुए कलाएं आगे बढ़ीं। दुनिया का पहला कलाकार कुछ ऐसा ही होगा- उसने प्रचलित रूढ़ियों और सीमाओं से विद्रोह कर जीवन सौंदर्य को व्यापकता में देखना चाहा होगा। उसने कट्टरता से बाहर निकलना चाहा होगा। हर युग में सृजनात्मकता की चरम शत्रु कट्टरता है। इसीलिए कट्टरता भी सृजनात्मकता की चरम शत्रु होती है। कट्टरवादी लोग कलाओं और साहित्य से प्रेम नहीं रखते, वे आत्मविमुग्ध होते हैं।

भर्तृहरि ने ऐसे व्यक्तियों के संबंध में कहा है, 'साहित्य संगीत कला विहीनः साक्षात् पशु पुच्छ विषाण हीनः', अर्थात जो व्यक्ति साहित्य, संगीत और कलाओं से प्रेम नहीं रखते, वे पूंछ और सींग से रहित साक्षात जानवर हैं। दरअसल साहित्य और कलाएं अपनी मनुष्यता को पाने और पशुता को खोने की जगहें हैं।

कलाएं देश-काल और स्थितियों के अनुसार विशिष्ट रूप लेती हैं, लेकिन इनकी दुनिया में 'हम-वे', 'मोर-तोर' की हिंसा नहीं होती। जर्मन कवि गेटे (1749-1832) ने कालिदास की कृति 'अभिज्ञान शाकुंतलम्' पढ़कर दूर देश से इसकी सराहना की थी। उन्होंने लिखा था, 'यदि तुम यौवन के फूल, प्रौढ़ता के फल और ऐसी जो भी चीजें एक स्थान पर खोजना चाहते हो जिनसे आत्मा को खुराक मिलती है और वह तृप्त होती है- उसे रोशनी मिलती है, अर्थात यदि तुम्हें स्वर्ग और धरती को एक ही स्थान पर देखना हो तो मैं एक ही कृति बता सकता हूँ और वह है शाकुंतलम्।' उन्हें लगा था कि धन-वैभव, नगरीय विकास और चतुराइयों में स्वर्ग नहीं है। स्वर्ग दुनिया के बाहर नहीं है, वह प्रेम में है। गृह युद्धों से गुजरे जर्मनी को गेटे के समय 'शाकुंतलम्' से एक नई हवा मिली थी।

जर्मनी एकमात्र बड़ा यूरोपीय देश है जिसने पुर्तगाल, फ्रांस, इंग्लैंड आदि की तरह दुनिया में कहीं उपनिवेश नहीं बनाया। वह गृह युद्धों का ही नहीं महान दर्शनों का भी देश रहा है। हिटलर के शासन में गेटे के साहित्य का अपमान हुआ। प्रेमचंद ने सरहद तोड़ कर प्रतिवाद किया, 'गेटे जर्मनी के अमर कवि ही नहीं, संसार के युग प्रवर्त्तक कवियों में हैं। अभी तक जर्मनी ने उन्हें जन्म देने का गर्व किया है, पर अब नात्सी नीति में गेटे इसलिए सम्मान योग्य नहीं रहा कि उसके विचार अंतरराष्ट्रीय थे। अब जर्मनी की संकुचित जातीयता में ऐसे महान स्रष्टाओं के लिए भी स्थान नहीं। जो जर्मनी अपनी संस्कृति और ऊँचे आदर्शों के लिए विख्यात था, उसका आज यह पतन!' (1935, विविध प्रसंग)। भारत के बारे में आज यही बात कही जा सकती है, क्योंकि महान साहित्य और कलाओं से विमुख वर्तमान भारत की आत्मा पर काफी धूल जम गई है।

जहाँ सौंदर्य है वहाँ हिंसा नहीं हो सकती

गांधी ने कुछ सोच कर कहा था, 'हिंदुस्तान की कला जैसे-जैसे हमारी समझ में आएगी, वैसे-वैसे हमें ऊपर उठाती जाएगी।' (1932)। इस देश के काव्य, स्थापत्य कला, मूर्तियां, संगीत, नृत्य और अन्य कलाएं ऐसी कल्पनाओं से भरी हुई हैं जिनमें हमारी संस्कृति बसती है, जीवन के स्वप्न बसते हैं। ये महज मनोरंजन के साधन नहीं रही हैं जैसे आजकल के नाच-गाने, पॉप संगीत या फिल्में हैं।

कलाओं में अर्थपूर्ण कल्पना का जन्म अलगाव, अपर्याप्तता और प्रचलित रूढ़ियों से टकरा कर होता है, जबकि आज की लोकप्रिय कलाएं उपभोग-सुख के लिए होती हैं या हिंसा के लिए। वे ग्लैमर भरी कृत्रिम सुंदरता को जीती हैं और हमारे सौंदर्यबोध को जरा भी ऊपर नहीं उठातीं। उनमें कोई अंतर्दृष्टि नहीं होती।

मूर्ति और स्थापत्य कलाओं में अंतरदेशीय मिश्रण का एक नमूना बुद्ध की मूर्ति है। उनके आविर्भाव के लगभग 400 साल बाद उनके मानव-आकार की कल्पना की जानी शुरू हुई। यह सर्वस्वीकृत है कि बुद्ध की ईसा-पूर्व की मूर्तियां यूनानी और मध्य एशियाई कलाओं के मिश्रण की देन हैं। बुद्ध भारत के थे, पर उनकी पोशाक, घुंघराले बाल और नाक-नक्शे पर यूनानी प्रभाव है। बुद्ध की आरंभिक मूर्तियां गांधार में बनी थीं। गांधार शैली की एक मूर्ति में बुद्ध के साथ एक ग्रीक देवता हेराकल्स मौजूद हैं। एक में इंद्र हैं। तालिबानियों द्वारा तोड़ी गई बामियान की एक मूर्ति की मरम्मत हाल में फ्रांसीसी सहयोग से हुई है। अध्ययन

से पता चला है कि 200 ईसा पूर्व से 700 ईसवी तक यूनानी-बौद्ध कलाओं में सम्मिश्रण हुआ था और सरहदें अवरोधक नहीं बनीं।

यूनानी कलाओं ने गुप्त काल की हिंदू कलाओं को भी प्रभावित किया। यूनानी-बौद्ध-हिंदू कला शैलियों का असर चीन, कोरिया, जापान तक पहुँचा। चीन के बेसिन के भित्ति चित्र में एक बौद्ध हान उदी (156-87 ईसा पूर्व) बुद्ध की आराधना करते दिखते हैं। यूनानी देवताओं में वैदिक देवता की तरह वायु हैं। जापान में भी वायु देवता रहे हैं। यूनानी सभ्यता में जैसे एटलस है, वैसे ही भारतीय उपमहाद्वीप में यक्ष मौजूद है।

कला में पूर्वग्रह नहीं होते। उसमें अंतिम रूप-सा कुछ नहीं होता। वह जीवन की उदात्तता और सौंदर्य की एक निरंतर खोज है। कला में मुक्त सृजनात्मकता होती है, राजनीति में भले परवशताएँ हों। कला में एकालापी की जगह संवादी संस्कृति काम करती है और शायद ही कभी कला में हिंसा का महिमामंडन हुआ हो। जहाँ सौंदर्य है वहाँ हिंसा नहीं हो सकती। जहाँ हिंसा है वहाँ सौदर्य नहीं हो सकता।

हिंदू देवताओं ने पशु-पक्षियों का प्राकृतिक पड़ोस पसंद किया। हम बैल, गरुड़, सिंह, उल्लू, चूहा आदि तरह-तरह के देव-वाहन पाते हैं। यह अद्भुत है कि गौतम बुद्ध से हिरण जुड़ा है। माना गया है कि बुद्ध अपने पहले के किसी जन्म में स्वर्णमृग थे। उन्होंने जब सारनाथ में धर्मचक्र का प्रवर्तन किया था, उनके निकट हिरण और हिरणी थे। बौद्ध मंदिरों में अब भी जीवित हिरण देखे जाते हैं। हिरण सौहार्द, खुशहाली और अहिंसा का प्रतीक है। उसके सींग आध्यात्मिक उच्चता के चिह्न माने गए हैं। मजे की बात है कि हिरण की उपस्थिति बौद्ध धर्म के बाद रचे गए बाइबिल में भी है। यह प्रभाव और अंतरसांस्कृतिक उर्वरीकरण रेखांकित किया जाना चाहिए।

बाइबिल में संत इयोस्टेस का जिक्र है। वे बताते हैं कि पहले वे एक रोमन जनरल थे। वे हिरण का शिकार करने चले थे। उनकी आंखें जब एक हिरण की आंखों से मिलीं तो उन्हें वहाँ ईसा का प्रकाश नजर आया। लगा ईश्वर कुछ कह रहा है। हिरण की आंखों से करुणा और आस्था बरस रही थीं। जनरल ने शिकार करना छोड़ कर ईसाई धर्म अपना लिया!

हिरण को प्रेम, करुणा और अहिंसा के कितने उदात्त रूप में देखा जा सकता है, यह कालिदास के ग्रंथों से पता चलता है। 'अभिज्ञान शाकुंतलम्' में दुष्यंत जब हिरण का शिकार करना चाहते हैं, दो ब्रह्मचारी उसे बाणों से बचाते हैं। 'रघुवंश' में

एक हिरणी धनुष-बाण के सामने आकर खड़ी हो जाती है- मुझे मारो। यह सत्ता की हिंसा के सामने कला का प्रतिरोध है! राजाओं का धनुष झुक जाता है। सौंदर्य और अहिंसा के मिलन से जिस प्रेम का उदय होता है, वही महान भारत का सत्य है। स्पष्ट है, धर्म हिंसा में कभी पीछे न रहे हों, कला में हिंसा के लिए कोई जगह नहीं रही है।

कोई कला रेल के बंद डिब्बे की तरह नहीं होती

सरहदें कला की शत्रु होती हैं, मानवता की भी। कला रूपों की स्थानीय जड़ों, उनके विस्तार, भव्यता और पहुंच की सीमा हो सकती है, लेकिन अंतर्दृष्टि के स्तर पर सरहदें कला के स्वभाव के विरुद्ध हैं। अब तक के इतिहास में इसी कारण प्रायः सभी कलाएं ही उथल-पुथल, ध्वंस और राजनीतिक आंधियों से गुजरी हैं। मानवता के शत्रुओं ने कलाओं और साहित्य को निशाना बनाया है। उन्होंने देशों को जब-जब तबाह किया है, कलाओं और साहित्य भंडारों को नहीं छोड़ा। ग्रंथालय जला दिए गए। लेखकों को सताया गया। लेकिन बर्बर लोग मानवीय सृजनात्मकता के स्रोतों, खास कर मनुष्य की उस नवोन्मेषशील चेतना को कभी मिटा नहीं पाए जिसमें धरती को रहने की एक बेहतर जगह बनाने की भूख सदा बनी रही है।

आज कला को तभी कला माना जा रहा है जब उसकी बाजार में ऊँची कीमत हो। जबकि कला वह है जो युग के 'संकट' और उससे गुजरने की 'अंतर्दृष्टि' से रूबरू करे और नुकसान उठा कर भी मनुष्य को अंधी भीड़ से बाहर निकाले। वह अनदेखे सौंदर्य और आत्मविस्तार की अनुभूति कराए।

खजुराहो के 85 मंदिरों में तबाह होने से सिर्फ 25 बचे हैं। उन सबका स्थापत्य धर्म और कामसूत्र इन दोनों के अ-विरुद्ध युगल से बना है। 900 से 1130 ईसवी के बीच लगभग ढाई सौ सालों तक इन मंदिरों का निर्माण होता रहा। इनमें हिंदू, जैन और तांत्रिक परंपराएं सभी एकसाथ मौजूद हैं। खजुराहो के मंदिरों में शक्ति और शिव के प्रेम की विभिन्न अभिव्यक्तियों के साथ यौनिकता का उत्सव कुंठामुक्त जीवन के लिए है। सेक्स की सहज प्रकृति की यह धार्मिक ही नहीं, सौंदर्यात्मक स्वीकृति भी है। इन मूर्तियों में स्त्री और पुरुष के बीच यौनिक संबंध में कहीं असमानता या स्त्री की कम हिस्सेदारी नहीं दिखती। यदि कुछ भी कला है, तो उसमें वल्गर कुछ नहीं है, अश्लील कुछ नहीं है, भले वह कामोत्तेजक सौंदर्य-रूप हो।

मंदिर की दीवारों पर नृत्यांगनाएं और संगीतकार हैं। इनके साथ शक्ति और शिव ही नहीं विष्णु-लक्ष्मी, राम-सीता भी हैं। खजुराहो में उस युग के शैव-वैष्णव स्पर्धा या हिंदू-जैन तनाव का कोई चिह्न नहीं है। चंदेल वंश द्वारा बनाए गए ये मंदिर जंगलों के भीतर उजाड़ जगह पर हैं, लेकिन वे जीवन का उच्च संदेश देते आए हैं। कला में संप्रदाय की दीवारें टूट जाती हैं। यदि कुछ भी कलात्मक है तो वह मनुष्य के मन को बड़ा बनाता है। कला में भेदभाव और वल्गरिटी के लिए जगह नहीं होती।

विभिन्न विश्वासों, रीति-रिवाजों और विचारों में समन्वय की तरह ही कलाओं में भी समन्वय होता है। कोई कला रेल के बंद डिब्बे की तरह नहीं होती। विश्वकोशीय प्रकृति के 'विष्णुधर्मोत्तर पुराण' (सातवीं सदी) में एक पुराकथा है, एक राजा अपने मंदिर की देवप्रतिमा बनाना चाहता है। उससे एक ऋषि कहते हैं, मूर्ति बनाना चाहते हो तो चित्रकला सीखो। चित्रकार के पास जाने पर राजा सुनता है, चित्रकला सीखना है तो नृत्य सीख कर आओ। नृत्यविद के पास जाता है तो सुनता है- संगीत सीखो। राजा संगीतकार के पास जाता है, वह कहता है संगीत सीखने के लिए गायन सीखो। राजा गायक के पास जाता है और सुनता है, गायन सीखना है तो काव्य जरूरी है। इसका अर्थ है, कलाओं के बीच सरहदें नहीं हैं। इनके बीच अंतःसंबंध की धारणा प्राचीन काल से है। कलाओं और साहित्य के बीच संबंध सदा रहा है, जो नए युग में बाजार के दबाव से टूटा है। 'कलाओं के अंतःसंबंध' और 'फ्यूजन' को एक नहीं समझ लेना चाहिए। 'फ्यूजन' का संबंध सस्ती व्यावसायिकता से है। इसी तरह कलाओं का अंतःसंबंध और लोकप्रियतावादी 'मॉस आर्ट' भी एक नहीं हैं।

जीवन के उच्च संदेश युद्धों से नहीं कलाओं से निकले हैं

मुगल शासन की कलाओं में भी समन्वय है। सिख धर्म खुद समन्वय का एक बड़ा उदाहरण है। गुरुग्रंथ साहिब में रामानंद भी हैं और फरीद, कबीर, सूरदास, नामदेव, रैदास आदि कवि भी एक साथ हैं। 14वीं-17वीं सदी में पुराजातीय, भाषाई और राजनीतिक भिन्नताएं काफी थीं। इनके बावजूद, एक सामान्य सांस्कृतिक-नैतिक दृष्टिकोण की तलाश सूफियों को शामिल करते हुए संपूर्ण भक्ति आंदोलन में है।

300 ईसा पूर्व में अशोक और 11वीं सदी में चोलवंश की ही तरह 16वीं सदी में विभिन्न क्रूरताओं के बावजूद अकबर ने भारत की एक बड़ी अवधारणा का

अहसास कराया। उसके साम्राज्य विस्तार के अलावा यह भी देखा जाना चाहिए कि अकबर की राजनीतिक संस्कृति को गढ़ने में हिंदू, मुसलमान और ईसाई कलाकार, इतिहासकार, वैज्ञानिक, अनुवादक, व्यापारी सभी तरह के लोग किस तरह शामिल थे। वे संकीर्ण मानसिकता से उबर कर, मिल-जुल कर काम कर रहे थे और भारतीय राष्ट्र की चेतना गढ़ रहे थे।

लगभग उसी समय 15वीं-16वीं सदी के रोम में ऐसे ही एलीटवर्गीय लोग 'राष्ट्र' की बुद्धिपरक धारणा दे रहे थे, राजतंत्र और ईसाइयत के प्रबल दबावों के बावजूद। सोचने और काम करने का एक कामन प्लेस बन रहा था। वे एलीटवर्गीय लोग एक सीमा तक आपसी अलगावों को खत्म कर समानताओं को खोजते थे, जैसा भारत में भक्त कवियों ने एक अलग भूमि पर यह किया। इन्होंने हिंदू-मुसलमान, शैव-वैष्णव संघर्ष का भावात्मक समाधान रखा। तुलसी ने अपने जीवन का विवरण देते हुए लिखा है, 'भलि भारत भूमि'। उन्होंने 'हिंदू भूमि' नहीं कहा और अपने संपूर्ण काव्य में कहीं भी 'हिंदू' शब्द का प्रयोग नहीं किया तो यह उस समय के बौद्धिक परिवेश की एक उल्लेखनीय सूचना है। इन सबकी तुलना रोम की घटना से की जा सकती है।

अकबर के समय में अनुवाद कर्म को प्रोत्साहन उदारवाद का चिह्न है। फतेहपुर सीकरी में एक अनुवादशाला स्थापित की गई थी, जहाँ संस्कृत ग्रंथ के फारसी अनुवाद होते थे। अकबर ने ब्राह्मणों द्वारा रामायण का पहले अवधी में, फिर बदायूँनी द्वारा फारसी में अनुवाद कराया था। अब क्या कहें, जिस दाराशिकोह ने 'उपनिषद' का अनुवाद किया था, वह धर्मांध औरंगजेब का बड़ा भाई था! एक ही समय में दो तरह के लोग थे। औरंगजेब ने सिर्फ दाराशिकोह की हत्या नहीं की, उस समय पनप रही एक भारतीय भावना को मारा।

तुलसीदास ने यदि 'रामचरितमानस' की रचना की थी तो अकबर ने रामायण पर आधारित कई चित्र बनवाए थे। इन चित्रों में सोने के रंग का अधिक उपयोग युग की समृद्धि की ओर संकेत करता है। अकबर के कलाकारों द्वारा रामायण पर जो चित्र बनाए गए, उनमें से कुछ के विषय हैं- विश्वामित्र द्वारा राम और लक्ष्मण को अपने आश्रम में लाना, राम द्वारा सुग्रीव और जामवंत का स्वागत, हनुमान का अशोक वाटिका में सीता से मिलना, वानरों के सहयोग से राम-लक्ष्मण द्वारा सेतु निर्माण, हनुमान द्वारा आकाश मार्ग से संजीवनी बूटी का पहाड़ उठा कर लाना और विस्मित होकर लोगों का देखना, रावण वध आदि।

हरवंश पुराण पर आधारित अकबर के जमाने के एक चित्र में कृष्ण ने गोवर्धन

पर्वत उठा रखा है जिस पर पेड़-पौधे हैं। नीचे ब्रज के ग्रामवासी हैं। कुछ मुगल दरबारी भी विस्मय से चमत्कार देख रहे हैं। वृद्ध, युवा, स्त्री सभी यह दृश्य देख रहे हैं। एक यूरोपीयन वेशभूषा वाली स्त्री भी उनके बीच है। एक-एक का अंकन पूरी संवेदना और वैयक्तिकता के साथ हुआ है। कई चित्रों में फारसी में कुछ लिखा भी हुआ है।

तुलसी और अकबर दोनों ही रामायण से प्रेम दिखाते हैं। कला उन्हें जोड़ती है। वह ऐसी जमीन देती है जहां बहिष्कारपरकता नहीं है। अकबर के दरबार में ईरान के शाह के दरबार से आए मुस्लिम कलाकारों के अलावा यूरोपीयन और हिंदू चित्रकार भी थे। बसावन की एक चित्रकला में एक मुस्लिम तीर्थयात्री एक हिंदू से पूछता है- तुम जमीन पर दंडवत करते हुए क्यों चल रहे हो? हिंदू बताता है कि अपने आराध्य के प्रति भक्ति के कारण वह ऐसा कर रहा है। हिंदू के व्रत से प्रभावित होकर मुसलमान अपने जूते हाथ में लिए हुए और नंगे पैर चलता दिखता है। यह सहिष्णुता भर नहीं है, दूसरे की धार्मिक भावना के प्रति आदर भाव रखना भी है। जीवन के उच्च संदेश युद्धों से नहीं, कलाओं से निकले हैं।

मुगल शासन को मुस्लिम शासन के पर्याय के रूप में देखा जाता है जो यथार्थ के करीब नहीं है। निश्चय ही शाहजहाँ के काल में अकबर की समन्वय भावना बरकरार नहीं रह सकी और न बाद के बादशाहों की चित्रकला और अनुवाद में वैसी रुचि बनी रही। घनघोर कला-विमुख औरंगजेब के बाद मुगल साम्राज्य का पतन शुरू हो गया। कला और साहित्य से विमुख कट्टर राज्य का पतन स्वाभाविक था।

दरअसल अकबर देशभक्त था, जबकि औरंगजेब महज मुसलमान था। गांधी देशभक्त थे, पर हो सकता है कि आज कोई महज हिंदू हो।

विश्व मन कैसे बनेगा

अशांति के समय ही महान कलाएँ बनीं और महान साहित्य रचा गया। तुच्छताओं के युग में भी उदात्तता का नवोन्मेष हुआ। यदि आजादी के बाद के समय पर गौर किया जाए तो इन सात दशकों में किसी भी युग से कम बर्बरता नहीं रही है, कम असहिष्णुता दिखाई नहीं पड़ी है। इस दौर में भी कला ने मानवता के पुल बनाए। मानवीय स्वाभिमान और प्रेम बचा कर जीने के प्रयत्न इस युग में भी कम नहीं हुए। निराला ने 1926 में लिखा था, 'सीमा के अंदर घिर कर बंद रहना जिस तरह मनुष्य की प्रकृति है, उसी तरह सीमा के संकीर्ण बंधनों को पार कर जाना भी

मनुष्य की प्रकृति है।' (साहित्य की समतल भूमि) मानव प्रकृति इसी अर्थ में पशु प्रकृति से भिन्न है।

दरअसल भारतीयता के संकुचित अर्थ में 'दूसरे' हमेशा हिंसक निगाहों से देखे जाते हैं, जबकि भारतीयता वस्तुतः अंतर्मिश्रण से बनी अवधारणा है। निराला ने यह भी कहा था, 'विजातीय भावों के मिश्रण से ही संस्कार हो सकता है। यदि किसी सृष्टि को प्रगतिशील रखना है तो इसकी शक्ति बढ़ाने के लिए विजातीय भावों का समावेश करना अत्यंत आवश्यक है।' (नवीन साहित्य : प्राचीन विचार)। इधर शुद्धतावाद बढ़ा है, जो चिंताजनक है।

राष्ट्रीय पहचान को सुरक्षित रखने का अर्थ छुईमुई होना नहीं है, क्योंकि सांस्कृतिक आत्मविसर्जन की तरह शुद्धतावाद भी खतरनाक होता है। पाकिस्तान के खिलाड़ियों और कलाकारों की भारत में उपस्थिति को खराब निगाहों से देखा जाता है। पाकिस्तान में भी प्रतिबंध है। 2013 में जर्मनी के जुबिन मेहता का एक कार्यक्रम कश्मीर में असफल कर दिया गया। चीन में ऐसे प्रतिबंध रहे हैं। इधर आमिर खान की 'दंगल' फिल्म वहां खूब दिखाई गई। एक समय रूस में राजकपूर लोकप्रिय थे। उनका 'श्री 420' का गाना 'मेरा जूता है जापानी यह पतलून इंग्लिस्तानी, सिर पर लाल टोपी रूसी फिर भी दिल है हिंदुस्तानी' नेहरू युग के रूमानी अंतरराष्ट्रीयतावाद को मूर्त करता था। राजकपूर नेहरू युग की 'दुनिया बरोब्बर' करने की उदात्त आकांक्षाओं और फटेहाल रहने की त्रासदियों के ही फिल्मी प्रतिरूप थे। आज का फिल्मी अंतरराष्ट्रीयतावाद कुछ मनोरम विदेशी जगहों पर पॉप गानों या मार-पीट की शूटिंग तक सीमित है।

क्रिकेट राष्ट्रवाद लंबे समय से इंग्लैंड, पाकिस्तान, आस्ट्रेलिया, वेस्ट इंडीज आदि के साथ टेस्ट मैचों में झलकता रहा है। एक समय भारत-पाकिस्तान के हाकी मैचों में राष्ट्रवाद जम कर अंगड़ाइयाँ लेता था। फुटबॉल वर्ल्ड कप में भी फुटबॉल राष्ट्रवाद नशे की तरह सिर चढ़ कर बोलता है। इस तरह का राष्ट्रवाद राष्ट्र में मौजूद 'अतीत की खाइयों' को कभी मिटा नहीं पाता, वह फेन की तरह होता है।

इधर समानांतर रूप से भूमंडलीकरण का बोध भी ट्वेंटी-ट्वेंटी आइपीएल मैचों से कराया जाने लगा है। व्यापारी ही नहीं फिल्मी हीरो-हीरोइनें और शराब कंपनी के मालिक तक विदेशी क्रिकेट खिलाड़ियों को नीलामी में खरीद कर अंतरराष्ट्रीय टीमें बनाते रहे हैं। यह सवाल उठता है आइपीएल के नाम पर क्या यह भूमंडलीयता का छद्म नहीं है? दूसरे, अमेरिका, इंग्लैंड, आस्ट्रलिया जैसे

समृद्ध देशों में ऐसा आयोजन नहीं हुआ, भारत में ही क्यों होने लगा? क्या ऐसी चीजों से हमारे देश में क्षेत्रीय, जातिगत और धार्मिक भेदभाव जरा भी मिट पाया, क्या विश्व मन बना या मनुष्यता का सामान्य बोध भी जगा? यह सिर्फ जनता के खेलप्रेम का व्यावसायिक शोषण है, जिस तरह उसके धर्म और देशप्रेम का राजनीतिक शोषण होता है।

यह भी एक रोचक तथ्य है कि फुटबॉल वर्ल्ड कप 2018 में भाग लेने वाले विजेता फ्रांस के कई स्टार खिलाड़ी ब्लैक हैं, अफ्रीकी मूल के हैं!

कला, खेलकूद, दर्शन, साहित्य- इन सबने किसी न किसी रूप में हमेशा खुलेपन को एक मूल्य के रूप में अपनाया और 'राष्ट्र' के सोलहवीं सदी के यूरोपीय दृष्टिकोण को जो नस्ल, मूल निवासी या 'नेटिव' की एकरूपतावादी धारणा से बना था, नकार दिया। रोमन शब्द 'नेशियो' का पहले बड़ा संकीर्ण और हिंसक अर्थ होता था। उसी से 'नेशन' शब्द बना था। आमतौर पर बहिष्कारपरकता के अंदाज में ही 'नेशनलिज्म' का व्यवहार होता था। लेकिन ब्रिटिश उपनिवेशवाद से भारत के स्वाधीनता संग्राम ने दुनिया में राष्ट्रवाद का अर्थ बदल दिया। कलाओं और साहित्य ने भी इसको समावेशी बना कर एक नया अर्थ दिया। भारतेंदु हरिश्चंद्र के कला प्रेम में यह तत्व था। राजा रवि वर्मा ने हिंदू देवताओं के जो चित्र बनाए थे उनमें देशीपन था, लेकिन उन्होंने बेहिचक पश्चिमी प्रभाव भी ग्रहण किया था। उन्हें स्त्री का नैसर्गिक सौंदर्य अंकित करने, यहाँ तक कि एक मुस्लिम स्त्री को भी एक पेंटिंग में लाने में कोई दुविधा नहीं थी। कला दरवाजे कभी बंद नहीं करती।

कवि सुमित्रानंदन पंत ने 1948 के आसपास प्रसिद्ध नृत्यकार उदयशंकर के साथ कुछ दिन काम किया था।

रविशंकर के संगीत को लेकर यह बहस चली थी कि येहूदी मेनुहिन, जुबिन मेहता आदि के संगीत से मिल कर किया गया उनका सितार वादन क्या फ्यूसन है? हिंदुस्तानी संगीत के साथ रॉक, जॉज और पॉप को जोड़ने को इसी रूप में देखा जा रहा था। रविशंकर ने इससे इन्कार किया था कि यह फ्यूसन है, एक-दूसरे में घुलमिल कर एकरूप हो गया है। उन्होंने विभिन्न संस्कृतियों के संगीतकारों के साथ मिल कर जो प्रदर्शन किए, उनके अनुसार, यह भारतीयता के उनके अपने सोच को विस्तार देना है। अपने एक साक्षात्कार 'पश्चिम में भारतीय संगीत का सबेरा' में उन्होंने कहा था, 'मेरा दृष्टिकोण हमेशा भारतीय रहा है, दूसरे संगीतकारों के साथ काम करते हुए भी। यह 'ब्लेंडिंग' नहीं है।' इसी तरह जुबिन मेहता भी

कहते हैं कि रविशंकर के सितार वादन के साथ अपने संगीत को जोड़ कर वे अपने आरकेस्ट्रा को छोड़ते नहीं, बल्कि इसका अतिक्रमण करते हैं।

हमने देखा है कि बीट गायक जार्ज हैरिसन ने 1970 के आधुनिक विद्रोहों के दशक में सितार का प्रयोग किया था। उस समय रविशंकर पश्चिमी मंच पर आ चुके थे। उसी दौर में बिस्मिल्लाह खां शहनाई वादन की कठोर परंपराओं के भीतर रहते हुए ऐसे मुग्धकारी प्रयोग करते हैं कि उनकी शहनाई की गूंज के बिना हिंदू विवाह अधूरा माना जाने लगता है।

कलाओं का इतिहास बड़ा होता है

कलाओं का इतिहास बड़ा होता है। यह धर्म, जाति, जातीयता यहाँ तक कि देश तक भी सीमित नहीं होता। सत्ता की राजनीति इतिहास को हर युग में संकुचित करती रही है, जबकि कलाओं और साहित्य का दर्शन हमेशा संकुचित इतिहासों से विद्रोह करता रहा है।

राजनीति में सत्ता के लिए कुछ समस्याओं और खाइयों को बनाए रखना जरूरी हो सकता है। उनका समाधान न हो तो नेताओं को आराम और फायदा ही रहता है। लेकिन कलाएं इंतजार नहीं करतीं। इधर ऐसा हुआ है कि 'उदात्त' की जगह 'हास्यास्पद' ने ले ली है। नई टेक्नोलॉजी और पैसे के खेल ने कलाओं को काफी प्रभावित किया है। नतीजतन कलाओं का ह्रास हुआ है। इनका स्थान कौशलों और तकनीकी चालाकियों ने ले लिया है, ऊपर से बड़ी पूंजी का तड़का! अच्छी गजलों और भजनों तक का जमाना बीत गया। इधर हिंदी फिल्मों, पॉप गानों और यू ट्यूब के जो नए-नए रूप हैं वे मानवीय संवेदना और सौंदर्यबोध को उन्नत नहीं कर रहे हैं। बल्कि वे सब कुछ को मसाले में बदल डाल रहे हैं- मानव रक्त को भी!

कितनी चतुराई करेंगे वे, मनुष्य कलाओं के बिना जी नहीं सकता। इसलिए सरहदें टूटती रहेंगी और पुल बनते रहेंगे!

सितंबर 2018

नवजागरण : एक असमाप्त परियोजना

एक ब्राह्मण कंधे पर बकरा लेकर खुशी-खुशी घर लौट रहा था। रास्ते में तीन ठग थे। उन्होंने सोचा ब्राह्मण से किसी तरह बकरे को हथियाया जाए और चट किया जाए। वे थोड़ी-थोड़ी दूरी पर खड़े हो गए। जैसे ही पहले ठग के निकट ब्राह्मण पहुँचा, ठग बोला- छिः, कैसे पंडित हो, कंधे पर कुत्ता ढो रहे हो! ब्राह्मण घबराया। उसने बकरे को कंधे से उतार कर ध्यान से देखा- नहीं यह बकरा है। वह आगे बढ़ा। दूसरा ठग मिला, उसने वही बात दुहराई। ब्राह्मण की मति चंचल हुई। उसने बकरे को उतार कर फिर देखा- हाँ, कुत्ते के जैसी ही पूंछ है, शरीर पर वैसे ही काले रोएं हैं। डोल चुके मन ने फिर भी कहा- यह बकरा है। वह आगे बढ़ा तो तीसरा ठग मिला। उसने भी कहा- कंधे पर कुत्ता लादे क्यों फिर रहे हैं पंडित जी? ब्राह्मण को अब भरोसा होने लगा कि यह बकरा नहीं, कुत्ता ही है। उसने बकरे को दुतकारते हुए जमीन पर पटक दिया। ठग खुश हुए, काम बन गया। तभी ब्राह्मण की नजर बकरे के सींग पर गई। उसने छू कर अनुभव किया - कुत्ते के सींग नहीं होते। बोला - यह बकरा है! पंचतंत्र का ब्राह्मण अब जनतंत्र में था।

राजनीति, बाजार और मीडिया में ऐसे ही ठग भर गए हैं। लोगों के पास पहले से जो कुछ मूल्यवान और सुंदर है, उस पर से उनका विश्वास उठा देने की बहुतरफा कोशिशें हैं। लोगों के सादे-सरल जीवन को बेवकूफी कहा जा रहा है। वे जो पहनते-खाते हैं और जिन चीजों का व्यवहार करते हैं, उन्हें म्यूजियम की चीजें घोषित की जा रही हैं। जेब में कलम रखने वालों और ऑनलाइन सौदा नहीं करके नकद भुगतान करने वालों को आदिम बताया जा रहा है। हाथ में किताबें हों तो ये ईंट-पत्थर हैं। तथ्य और आंकड़े दे रहे हों तो ये सड़े अंडे हैं। तर्क देते हों तो यह गाली है। एक और काम हो रहा है। लोगों को कुछ न कुछ कह कर उन्हें देश के महान राष्ट्रीय व्यक्तित्वों और उनके आदर्शों से विमुख किया जा रहा है। ठग कहते हैं- तुम संभावनाओं से भरे खिलाड़ी हो और फटे फुटबाल से खेल रहे हो!

हमारा समय नवजागरण के विपरीत ध्रुव पर है। पंडितराज जगन्नाथ के एक संस्कृत पद का अर्थ है, 'हंस एक ऐसे सरोवर से, जहाँ का जल भौंरों द्वारा बिखेरे हुए पुष्प-परागों से सुगंधित था, अब कम जल के ऐसे कीचड़ भरे तालाब में आ गया है जहाँ मेंढक अपने टर्र-टर्र से कान फाड़े डालते हैं!'

'रामायण' का एक प्रसंग है, राम अयोध्या का राज संभालने के बाद जब दुबारा पंचवटी गए, उन्होंने देखा- वाटिका जंगल में बदल गई है। जहाँ झरने थे, अब वहाँ नदी है। जहाँ बेल, आंवला आदि पांच किस्म के उपकारी पेड़ थे, अब वहाँ घना जंगल है। पहले से केवल एक चीज मौजूद है पर्वत, जिससे पता चलता है कि यही पंचवटी है। देश में जंगल जितना भी फैलता जा रहा हो और कुछ भी पहचानना मुश्किल हो, नवजागरण के पर्वत-जैसे भारतीय व्यक्तित्व ही हैं, जिन्हें देख कर लगता है कि यहाँ से भारत को ठीक से देखा जा सकता है।

ईश्वरचंद्र विद्यासागर और बांग्ला नवजागरण

ईश्वरचंद्र विद्यासागर (26 सितंबर) और भारतेंदु हरिश्चंद्र (9 सितंबर) दोनों ही सितंबर में जन्मे थे। यह विद्यासागर की 200वीं जयंती का वर्ष है। राष्ट्रीय भाषाओं की उन्नति की दृष्टि से देखा जाए तो विद्यासागर (1820-1891) और भारतेंदु (1850-1885) दोनों ही अपनी-अपनी जातीय भाषा में आधुनिक गद्य के प्रवर्तक कहे जाते हैं। विद्यासागर संस्कृत के पंडित थे और अंग्रेजी पढ़ना जरूरी मानते थे, पर उन्होंने अपने ज्ञान का उपयोग बांग्ला के विकास के लिए किया। भारतेंदु ने अंग्रेजी माध्यम के क्वींस कॉलेज में शिक्षा पाई थी, पर वे अंग्रेजी छोड़ कर हिंदी की सेवा में प्रवृत्त हुए। दोनों महापुरुषों की यह समानता मातृभाषा के प्रति निष्ठा की सामान्य प्रवृत्ति की ओर संकेत करती है जो वर्तमान युग में घटी है।

विद्यासागर-भारतेंदु के युग में राममोहन राय और मैकाले की भाषा दृष्टि से प्रस्थान घटित हो चुका था। यह नवजागरण की दोपहर थी। भारतेंदु ने 1874 में हिंदी की पहली स्त्री विषयक पत्रिका 'बाला बोधिनी' निकाली थी। यह 'कविवचनसुधा' (1868) के एक मुखवचन 'नारि नर सम होंहि' की ओर दो कदम बढ़ना था। इसके बाद महाराष्ट्र, बंगाल आदि प्रांतों में स्त्री पत्रिकाएँ निकलीं। भारतेंदु ने अपने घर में लड़कियों के लिए हिंदी माध्यम का चौखंभा स्कूल खोला। स्त्री शिक्षा का उद्यम उस समय एक बड़ी बात थी। इन कामों के महत्व को उस युग के समाज की ऐतिहासिक सीमाओं में निर्धारित करना चाहिए।

विद्यासागर ने बांग्ला माध्यम के कई स्कूल खोले थे। उन्होंने अपनी पुस्तक 'वर्णपरिचय' में बांग्ला अक्षरों का मानक रूप तैयार किया था। रवींद्रनाथ ने बांग्ला पर विद्यासागर का ऋण स्वीकार किया। इधर हिंदी माध्यम के ही नहीं, प्रायः सभी भारतीय भाषाओं के कई स्कूल उच्च मान के बनने की जगह अंग्रेजी माध्यम के स्कूल में बदलते जा रहे हैं, जबकि 19वीं सदी में एक भिन्न हवा थी।

बच्चों के वर्णपरिचय के पाठ में आमतौर पर होता है– 'झूठ बोलना पाप है।' विद्यासागर ने अपने बांग्ला पाठ में रखा–'झूठ बोलना अपराध है।' यह 19वीं सदी की चेतना है। पाप है तो परलोक में दंड है और अपराध है तो इसी लोक में। नवजागरण युग की इस शिक्षण पद्धति से समझा जा सकता है कि संस्कृत का शिक्षक होते हुए भी किस तरह विद्यासागर शिक्षा को कूपमंडूकता से बाहर निकालने का माध्यम मानते थे। उनकी तरह भारतेंदु भी हिंदी प्रदेश में सामाजिक कुरीतियों, पुनर्जन्म, जन्मपत्री में विश्वास, धार्मिक पाखंड, भांग के गोले (नशा), आलस्य और गंवारपन छोड़ने की बात करते हैं।

संस्कृत साहित्य की परंपरा से आकर विद्यासागर पर्याप्त आधुनिक और सचमुच विद्यासागर थे, जबकि आज अंग्रेजी पढ़े-लिखे और कंप्यूटर का ज्ञान हासिल किए ज्यादातर लोग ही विद्याकूप होते हैं। महात्मा गांधी ने बांग्ला नवजागरण के महापुरुषों में विद्यासागर को सर्वश्रेष्ठ बताया था। उनका विपुल ज्ञान उन्हें 'दया का सागर' बनाता था, आज ज्ञान भले व्यक्तियों को निर्दयी और धूर्त्त बनाए। कहना चाहिए, उन्नीसवीं सदी के नवजागरण में ज्ञान की प्रमुख भूमिका थी। ज्ञान का उद्देश्य स्वार्थपूर्ति न होकर लोक की सेवा था।

विद्यासागर और हिंदी

हमें प्राचीन और मुगल काल के इतिहास तथा 1947 के बाद के समय के बारे में बहुत कुछ बताया जाता है, लेकिन 19वीं सदी से प्रायः अनभिज्ञ रखा जाता है, जबकि इस महान सदी के बारे में अधिक से अधिक जानना चाहिए।

विद्यासागर कलकत्ता के फोर्ट विलियम कालेज में 6 सालों तक संस्कृत के हेड पंडित थे (1841-1846)। उन्होंने यहाँ हिंदी और अंग्रेजी सीखी। वे अंग्रेजों के प्रशिक्षण के लिए बने इस कालेज में संस्कृत और बांग्ला पढ़ाते थे तथा हिंदी के परीक्षक थे। उन्होंने 'वैताल पचीसी' का हिंदी से बांग्ला में अनुवाद किया था। उनका हिंदी से संबंध प्रायः अविदित है। फोर्ट विलियम से वे संस्कृत कालेज में सेक्रेटरी बन कर आ गए। उन्होंने संस्कृत साहित्य के अनेक ग्रंथों का बांग्ला में

भावानुवाद किया, जिसे ट्रांस-क्रिएशन कहा जा सकता है। वे संस्कृत और अंग्रेजी पर जोर देते हुए भी बांग्ला के प्रति समर्पित थे।

ईश्वरचंद्र विद्यासागर का भारतेंदु से खास संबंध था। हिंदी और बांग्ला लेखक एक-दूसरे से जुड़े थे, दोनों जगहों पर खुलापन था। विद्यासागर जब दूसरी बार 'अभिज्ञान शाकुंतलम्' का संपादन कर रहे थे, भारतेंदु ने उन्हें अपने ग्रंथालय से इसका एक प्राचीन पाठ सुलभ कराया था। मैंने देखा कि इसका उल्लेख उपर्युक्त संस्कृत काव्य नाटक के पहले संस्करण की भूमिका में है, पर पाया कि हाल के संस्करणों से यह उल्लेख गायब है!

विद्यासागर की विधवा माँ जब बनारस में थीं, भारतेंदु उनकी देखभाल करते थे। विधवा पुनर्विवाह आंदोलन में सहयोग देते हुए उन्होंने संस्कृत ग्रंथों से कुछ प्रमाण विद्यासागर के पास भेजे थे। विद्यासागर के समर्थन में उन्होंने एक मुकरी लिखी थी, 'सुंदर बानी कहै समुझावै/विधवागन सों नेह बढ़ावै।/दयानिधान परम गुन आगर/सखि सज्जन नहिं विद्यासागर।' भारतेंदु की मृत्यु पर विद्यासागर ने कहा था, 'आज मुझे पुत्र खोने जैसा दुख है' और एक दिन का उपवास रखा था।

सामाजिक बुराइयों से संघर्ष

1855 में विद्यासागर ने अपने माता-पिता से अनुमति लेकर पहली बार विधवा पुनर्विवाह के पक्ष में अपना लेख प्रकाशित कराया था। 19वीं सदी में नवजागरण के ऐसे अग्रदूत उच्छेदवादी न थे। वे धर्म और संस्कृति में पहले की कही गई मानवीय बातों का अपने युग की सामाजिक बुराइयों से लड़ने के लिए रचनात्मक इस्तेमाल करते थे। इस तरह वे जनता से 'कनेक्ट' भी होते थे। इससे रूढ़िवादी निरुत्तर हो जाते थे।

विधवा पुनर्विवाह के संदर्भ में विद्यासागर सबसे पहले कट्टरपंथी हिंदुओं की धर्म सभा के नेता राधाकांत देव से मिले और उनके समक्ष 'पराशर संहिता' से उद्धरण देकर अपने मत के सर्मथन में विचार रखा। उनके तर्कों से प्रभावित होकर राधाकांत देव ने उन्हें एक शॉल भेंट की और प्रशंसा में कहा, 'विद्यासागर में तर्क करने की बेमिसाल शक्ति है।' इस टिप्पणी से रूढ़िवादी ब्राह्मणों के बीच हलचल मच गई। हालांकि राधाकांत ने जिस तरह सती प्रथा के संदर्भ में राममोहन राय के प्रस्ताव का विरोध किया था, वे विधवा पुनर्विवाह के भी न सिर्फ विरोध में थे, बल्कि दोनों ही मौकों पर उन्होंने विरोध में रूढ़िवादियों के सैकड़ों हस्ताक्षर सहित विस्तृत मांग पत्र भी अंग्रेज अधिकारियों को सौंपा था।

ईश्वरचंद्र विद्यासागर के संघर्ष का नतीजा है कि अंग्रेज सरकार ने 1856 में विधवा विवाह को कानूनी रूप दिया। उनके द्वारा 987 लोगों की हस्ताक्षरित याचिका के जवाब में राधाकांत देव ने 36,763 लोगों का विरोध पत्र भेजा था। इसके बावजूद, विद्यासागर ने डलहौजी के शासन में अंग्रेजों के सहयोग से यह लड़ाई जीत ली।

गौर करने की बात यह भी है कि विद्यासागर ने भारतेंदु की तरह अंग्रेजी राज की दबे स्वर में भी कभी आलोचना नहीं की और बंकिमचंद्र (1838-1894) ने भी नहीं की। इस धरातल पर देखें तो अपेक्षाकृत छोटी उम्र के भारतेंदु का व्यक्तित्व अधिक प्रखर था। फिर भी हिंदी भाषी लोगों ने भारतेंदु को उस तरह नहीं अपनाया, जिस तरह बंगाल में विद्यासागर और बंकिमचंद्र अपनाए गए।

विद्यासागर ने बहुविवाह और बाल विवाह का भी विरोध किया था। उन्होंने हुगली जिले और आसपास के सौ से ज्यादा ऐसे हिंदू जमींदारों की एक सूची बनाई थी, जिन्होंने 10 से लेकर 70-80 शादियाँ कर रखी थीं। ये जमींदार गरीबी का फायदा उठा कर किशोर लड़कियों से शादी कर लेते थे। यह स्त्री पर अत्याचार का एक अन्य उदाहरण था। 19वीं सदी में हर तरफ स्त्री के सम्मान में आवाज उठी।

भारत के राजाओं-बादशाहों के बहुविवाह के अवशेष आधुनिक युग में बचे हुए थे। पटियाला के भूपिंदर सिंह, उदयपुर-मेवाड़ के फतेह सिंह ही नहीं, 20वीं सदी के कुछ अमीर व्यक्तियों, जैसे रामकृष्ण डालमिया, गजानन बिड़ला, पी राजगोपाल आदि की भी कई पत्नियाँ रही हैं। विद्यासागर ने हिंदुओं के बहुविवाह का विरोध किया था। वे सामाजिक बुराइयों को मिटाना चाहते थे। धर्म को मानवता के उच्च आदर्शों से जोड़ना चाहते थे। महाराष्ट्र में नवजागरण की लहरें पैदा हुईं, दलित जागरण भी हुआ। आंध्र प्रदेश में वीरेश लिंगम ने विधवा पुनर्विवाह का काम किया और बहुविवाह का विरोध किया। उस युग में जगह-जगह हो रहे धार्मिक सुधार निश्चय ही उच्च वर्णों के समाज से जुड़े मामले थे, लेकिन उनका असर पूरे समाज की बौद्धिक गतिशीलता पर पड़ा था।

ईश्वरचंद्र विद्यासागर धार्मिक पाखंडों के विरोधी थे। उन्होंने काशी के पंडों को लताड़ा था, जब इन्होंने उनके वंश-इतिहास की पोथी सामने रखी और दबाव देकर उन्हें विश्वनाथ मंदिर ले जाना चाहा। विद्यासागर ने कहा, 'उनके पिता ही बाबा विश्वनाथ और उनकी मां ही देवी अन्नपूर्णा हैं।' दरअसल वे धर्म को मानते थे, पाखंडों से उनका विरोध था। उन्होंने घोषणा की- 'मैं कुरीतियों का गुलाम

नहीं हूँ। समाज की भलाई के लिए जो करना तर्कसंगत है, मैं वही करूँगा, भले मेरे संबंधी या दूसरे लोग नाराज हो जाएँ।' वे पुनर्जन्म नहीं मानते थे। उन्होंने संस्कृत कालेज में रहते हुए शूद्रों के प्रवेश का प्रस्ताव रखा, हालांकि वे कट्टरवादी माहौल में सफल न हो सके। फिर भी बुद्धि और न्याय के पक्ष में वे टकरा तो रहे थे।

नवजागरण के आयाम

देखने की जरूरत है कि 19वीं सदी की औपनिवेशिक-सामंती व्यवस्था के भीतर संस्कृत के एक शिक्षक का बौद्धिक मन रूढ़ियों से किस तरह टकरा रहा था। वह कूपमंडूक नहीं था। नवजागरण के ऐसे बुद्धिजीवी अपने अतीत की हर चीज की निंदा करने वालों में नहीं थे तो हर नई चीज का गौरव गान करने वालों में भी नहीं थे।

दूसरी बात, विद्यासागर बांग्ला नवजागरण के व्यक्तित्व थे, पर उनकी नजर के दायरे में भी संपूर्ण भारतवासी थे। उनका संबोधन है, 'भारतवासियो, तुम सब चिरसंचित कुसंस्कार के वश में हो और विधि-विधानों के दास बने हुए हो। तुम रूढ़ियों की रक्षा में जिस तरह कटिबद्ध हो, यह देख कर थोड़ी भी आशा नहीं जगती कि तुम आसानी से कुसंस्कारों, रूढ़ियों और अंधविश्वासों की रक्षा करना छोड़ कर सत्य के पथ पर चलोगे।' इस निराशा के बावजूद वे प्रयत्न कर रहे थे।

अंधविश्वास की माँ है अज्ञानता। इसलिए विद्यासागर समाज में ज्ञान अधिक से अधिक फैलाना चाहते थे। वे ऐसा ज्ञानोदय चाहते थे जिसमें पश्चिम की काम आने वाली शिक्षाओं के साथ भारतीय अतीत की उच्च प्रेरणाएं हों। उनके शिक्षाव्रत का अर्थ था बच्चों को मनुष्य बनाना।

कट्टरपंथी लोग नवजागरण के अन्य व्यक्तित्वों- बंकिमचंद्र, दयानंद सरस्वती, विवेकानंद आदि का दुरुपयोग कर सके, पर वे विद्यासागर का कभी दुरुपयोग न कर सके। इस जमाने का तरीका है, जिसका दुरुपयोग न कर सको उसकी मूर्ति तोड़ डालो -प्रत्यक्ष नहीं तो अप्रत्यक्ष तरीकों से!

रामकृष्ण परमहंस ने विद्यासागर के घर जाकर उनसे मुलाकात की थी, यद्यपि वे जानते थे कि विद्यासागर मूर्तिपूजक नहीं हैं और अंधविश्वासों के विरोधी हैं। राधाकांत देव ने भी विरोध करने के बावजूद विद्यासागर को सम्मानित किया था। उस जमाने में विरोधी व्यक्ति की भी योग्यता को स्वीकार करने की प्रवृत्ति थी, जबकि वर्तमान युग में योग्यता की जगह वफादारी ही हर मामले में मुख्य कसौटी

है। जो असहमत है, उसे शत्रु समझा जाता है। यह लोकतांत्रिक सहिष्णुता का पतन है, जो भ्रष्टाचार की तरह ही अब सार्वभौम स्वीकृति पा चला है। एक बूढ़ी सभ्यता ही विरोध में कुछ सुनना नहीं चाहती!

नवजागरण के लोग पत्र-पत्रिकाएं निकालते थे, किताबें छपवाते थे। भारतेंदु नाटक लिखने के साथ खेलते भी थे। उन्होंने एक 'रीडिंग क्लब' बनाया था। उन सब लेखकों में 'सोशल एक्टिविज्म' था। वे घरघुसरे या महज सेमिनार-प्रवण नहीं थे।

नवजागरण के जमाने का मिजाज अनोखा था। उन सभी व्यक्तित्वों के बीच आपसी मतभेदों के बावजूद संवाद था। उस युग के समान रूप से कुछ ये लक्ष्य थे- (1) सबसे ऊपर मनुष्यत्व की प्रतिष्ठा, (2) धार्मिक सुधार, (3) राष्ट्रीय-सामाजिक-धार्मिक भेदभाव से छुटकारा पाकर भारतीय आत्मपहचान पर बल, (4) अतीत से मोह की जगह आलोचनात्मक संबंध, (5) नए ज्ञान-विज्ञान और कला-कौशल से जुड़ना, (6) अपनी राष्ट्रीय भाषा की उन्नति और (7) जो दीन, आर्त्त या निःसहाय हैं उनकी दशा में परिवर्तन के लिए ठोस सामाजिक कार्य। तर्क से हो या धार्मिक भावना से, वे सभी लोग भारत की सामाजिक दशा को बदलना चाहते थे। इस पर सोचने की जरूरत है कि हम उपर्युक्त लक्ष्यों को कितना हासिल कर सके हैं और कितना खो चुके हैं।

तीन तरह के बुद्धिजीवी

उन्नीसवीं सदी की अनोखी घटनाओं को समझने के लिए प्राचीन शुद्धतावादी और नई उच्छेदवादी दृष्टियों की जगह आलोचनात्मक समावेशी दृष्टि की जरूरत है। पिछले कई दशकों से 19वीं सदी की सुधारवादी-राष्ट्रीय उपलब्धियों को न सिर्फ प्राचीन शुद्धतावादी दृष्टि से नकारने की प्रवृत्ति रही है, बल्कि बौद्धिक उपनिवेशन का शिकार होने के कारण अपने को प्रगतिशील कहने वाले कई अंग्रेजी-दां बुद्धिजीवियों द्वारा भी उन उपलब्धियों को नकारा गया है। उस युग के नवजागरण पर मनमाने आरोप लगाए गए हैं। इस तरह नवजागरण के मनीषियों के बारे में दोनों तरह के विद्वानों की अलग कोणों से समान राय है। इसकी वजह यह है कि दोनों की ही सोच की जड़ें भारतीय मिट्टी में नहीं हैं। वे भारत की आत्मा को नहीं पहचानते।

यदि 19वीं सदी के बुद्धिजीवी समाज की संरचना पर गौर करें तो तीन श्रेणियां नजर आती हैं। पहली श्रेणी ऐसे बुद्धिजीवियों की है जो कट्टर ब्राह्मणों के

असर में थे। वे हर सुधार और पश्चिम से आए ज्ञान का विरोध करते थे। वे जातिवादी-लैंगिक विषमता के समर्थक, शुद्धतावादी और पुनरुत्थानवादी थे। दूसरी श्रेणी अंग्रेजी पढ़े-लिखे ऐसे आधुनिक लोगों की थी, जो पश्चिमी जीवन शैली की ओर आकर्षित होने के बावजूद धार्मिक सुधारों के पक्ष में नहीं थे। वे भीतर से रूढ़िवादी थे और सिर्फ बाहर से आधुनिक थे, जैसा आज आमतौर पर लोग होते हैं।

तीसरी श्रेणी ऐसे अंग्रेजीदां बुद्धिजीवियों की थी जो यूरोपीय औपनिवेशिक आधुनिकता में डूबे थे। उन्हें अपने देश के साहित्य और संस्कृति का सबकुछ निरर्थक लगता था। उन्हें यहां के लोग असभ्य नजर आते थे। उनके विचारों और रंगढंग के स्रोत पश्चिमी थे। वे पश्चिम का अंधानुकरण और अंग्रेज शासकों की चापलूसी करते थे और बौद्धिक उपनिवेशवाद के शिकार थे।

यदि हम गौर करें तो वर्तमान समय में भी उपर्युक्त किस्म के (1) पुनरुत्थानवादी, (2) बाहर से आधुनिक- भीतर से रूढ़िवादी और (3) औपनिवेशिक बुद्धिवाद से जकड़े जड़विहीन, पश्चिमोन्मुख और जुगाड़ू बुद्धिजीवी मिल जाएंगे। यदि कम दिखाई देंगे तो वस्तुतः विद्यासागर-भारतेंदु, रवींद्रनाथ-गांधी और प्रेमचंद की परंपराओं के लोग! अब ऐसे बुद्धिजीवी कम मिलेंगे जिनमें नवजागरण के आदर्श थोड़े-बहुत बचे हों, जबकि उन आदर्शों का महत्व है।

बालकृष्ण भट्ट का बुद्धिवाद

बालकृष्ण भट्ट (1844-1914) भारतेंदु से पहले जन्मे थे और उनके बाद भी लंबे काल तक सक्रिय थे। उन्होंने इलाहाबाद में लड़कियों के लिए गौरी पाठशाला खोली थी। उनसे एक दिन किसी ने पूछा, 'आपका मत क्या है?' उन्होंने जवाब दिया- 'बुद्धि'। वे किसी भी मत के अंध अनुयायी नहीं थे।

एक बार कलकत्ता के 'भारतमित्र' अखबार के प्रबंधक ने उनसे कहा- 'आप मेरे पत्र का संपादन करें। मैं आपको 75 रुपए मासिक दूंगा, पुत्रों की शिक्षा का भार वहन करूंगा, पर संपादन आर्य समाज के सिद्धांतों के अनुसार करना होगा।' बालकृष्ण भट्ट आर्य समाज के प्रशंसक थे, पर कहा, 'इसका क्या मतलब? स्वामी दयानंद की जो-जो बातें अच्छी हैं उनका अनुमोदन हम डंके की चोट पर करते हैं और उन सिद्धांतों के हम कायल हैं। आत्महनन करके गुलामी की बेड़ी पहिने तो सभी आर्य-सिद्धांत स्वीकार करें। यह हमसे नहीं हो सकता।' यह 19वीं सदी का बौद्धिक तेवर था, जब पसंद का अर्थ पिछलगूपन या आत्मविसर्जन नहीं

था। क्या भारत कभी बहुमुखी प्रगति कर सकता है, यदि इसके लोग आत्मविवेक गिरवी रख कर क्षुद्र लाभ के लिए एक न एक के पिछलग्गू बने रहें?

गांधी से पहले बालकृष्ण भट्ट ने जाति-पांति का विचार छोड़ कर सह-भोजन की बात की थी। पूछा था, 'जिसमें एक जाति वाले का छुआ भोजन कर लेने पर पतित हो जाए, वह सनातन धर्म क्या विचारवान लोगों के लिए पोषण योग्य है? यह प्राचीन ऋषियों का नाम डुबोने वाला षड्यंत्र है।' (हिंदी प्रदीप, 1881)। उनके कथन में 'विचारवान' शब्द महत्वपूर्ण है। उस युग में लोगों से विचारवान होने के लिए कहा जा रहा था। इसका अर्थ था बुद्धि और न्याय की दृष्टि से सोचना। बुद्धि और न्याय की विकासशील दृष्टि नवजागरण की धुरी है।

बालकृष्ण भट्ट धर्मनिष्ठ वैष्णव ब्राह्मण थे। लेकिन जो बात बुद्धि की कसौटी पर खरी नहीं होती थी, उसको वे त्याग देते थे। कोई धार्मिक मत यदि किसी जाति (नेशन), समाज या देश के उत्थान में बाधक हो, व्यक्ति को मानवता की राह से हटाता हो तो वे उसका खुल कर विरोध करते थे। निश्चय ही उपनिवेशवाद का विरोध करके स्वदेशी के समर्थन का अर्थ कूपमंडूपकता से चिपके रहना नहीं होता।

स्त्री के संबंध में बालकृष्ण भट्ट का दृष्टिकोण भारतेंदु हरिश्चंद्र की स्त्री-दृष्टि का विकास है। उन्होंने बाल विवाह का विरोध किया और स्त्री-शिक्षा के लिए अधिक जोरदार आवाज उठाई। स्त्रियों के संदर्भ में 'मनुस्मृति' का विरोध करते हुए उन्होंने साहस से लिखा, 'बिना स्त्रियों के काम चलता न देख कर मनु महाराज ने यह लिख दिया कि मर्द इनको अपने ताने में रख कर इनसे अपना काम निकाला करें। हमारे यहां के ग्रंथकारों और धर्मशास्त्र के गढ़ने वालों की कुंठित बुद्धि में न जाने क्यों यही समाया हुआ था कि स्त्रियां सिर्फ दोष की खान हैं, गुण इनमें नहीं। अतः हमारा प्रयास यह था कि स्त्रियां पुरुषों से सब तरह बढ़ी-चढ़ी हों।' (हिंदी प्रदीप, 1891)।

बालकृष्ण भट्ट द्वारा संपादित 'हिंदी प्रदीप' के मुखपृष्ठ पर छपने के लिए भारतेंदु ने चार पंक्तियां लिख कर दी थीं। आखिरी दो पंक्तियां नवजागरण के सार को व्यक्त कर देती हैं-

सूझे विवेक विचार उन्नति, कुमति सब या में जरै,
'हिंदी प्रदीप' प्रकाशि मूरखतादि भारत-तम हरै।

हिंदी की उन्नति से तात्पर्य

नवजागरण के महान व्यक्तित्व भारत का अंधकार मिटाने के लिए अपनी-अपनी भाषा में साहित्य सृजन और पत्रकारिता द्वारा भरपूर कोशिश कर रहे थे। उस युग का मीडिया अंधविश्वास, कट्टरता और हिंसा का प्रचारक न था। 'हिंदी प्रदीप' ने 33 वर्षों तक बुद्धि का प्रकाश बिखेरा। बालकृष्ण भट्ट मानते थे, 'साहित्य सभ्यता का प्रधान अंग है। यह कभी संभव नहीं है कि कोई देश सभ्यता में आगे बढ़ जाए और साहित्य उस देश की भाषा से हटा रहे।... सब ओर से नैराश्य और अनुत्साह का तिमिर छाया हुआ है। जो लोग अपने तन का लहू सुखा कर प्राणपण की बाजी लगाए हुए भाग्यहीन हिंदी साहित्य की वृद्धि में लगे हुए हैं, ऐसे सफलजन्मा क्या कम धन्यवाद के योग्य हैं?... जब तक हमारी भाषा के साहित्य की उन्नति नहीं होती, तब तक इस सभ्यता को भी बिजली की चमक के समान क्षणिक मानना चाहिए। चाहे हमारे नव-शिक्षित (लोग) नाक फुलाय सभ्यता-सभ्यता पुकार कितना ही गाल बजाया करें, पर पूर्ण सभ्यता बिना देश भाषा की उन्नति के सर्वथा असंभव है।' (हिंदी प्रदीप, 1887)। आज विकास के हल्ले के बीच देखा जा सकता है कि लोगों के सौंदर्यबोध और नैतिकता में सचमुच कितना विकास आया है!

हिंदी का सेवन करने की जगह, हिंदी भाषा की आज जो सच्ची सेवा कर रहे हैं और साहित्यिक पत्रिकाएँ-पुस्तकें, ई-पत्रिकाएँ आदि प्रकाशित करते हैं और साहित्य के पाठक हैं वे वस्तुतः सभ्यता को बचाने का ही काम कर रहे हैं।

भारतेंदु हरिश्चंद्र हिंदी क्षेत्र की स्थिति देख कर चिंतित रहते थे। उन्होंने यहाँ के लोगों के दुर्बल मन के बारे में दुखित होकर लिखा था, 'छोट चित्त, अति भीरु, बुद्धि-मन-चंचल, विगत उछाह'। नवजागरण छोटे चित्त को बड़ा बनाने के लिए विचारों का तूफान लेकर आया था। पर हिंदी प्रदेश रूढ़िवाद और फूट से जर्जरित था। इसके बावजूद, 1887 की छपी एक किताब 'खड़ी बोली का पद्य' में राष्ट्रीय चेतना से भरी कविताएं लिखी जा रही थीं। आशा व्यक्त की गई थी, 'क्या है यह अहा हिंद की जमीन/होगी तो जरूर यह स्वाधीन।' (महेशनारायण)। 1885 में ह्यूम के नेतृत्व में बनी 'नेशनल कांग्रेस' से यह एक भिन्न स्वर था।

उस जमाने में हिंदी की उन्नति से तात्पर्य हिंदी भाषा पढ़ना-पढ़ाना या कविता लिखना भर न था। भारतेंदु ने अपनी कविता 'हिंदी की उन्नति पर व्याख्यान' में लिखा था, 'आओ, अपनी भाषा की उन्नति में लगें। इसे राजकाज की भाषा बनाएं। अपनी भाषा में हर तरह के अनुसंधान करें। आपस का वैर-

विरोध छोड़ कर एक प्राण हो जाएं। सभी कमर कस कर भारतमाता की अच्छी संतान बनें। कब तक हम दुख सहते रहेंगे और गुलाम बने रहेंगे। अब न कोरे ज्ञान से काम चलेगा और न आराम फरमाने से। बुद्धि, विज्ञान और धन-दौलत में अभी तुम बहुत पीछे हो, एकदम अंधकार में हो। इस वैर-फूट में भारत का विनाश है। तब भी स्वार्थ के मोह में फँसे हो! हाथ-मुँह धोकर उठो भाइयो! देखो, सुबह हो गई है।' हिंदी की उन्नति से उनका तात्पर्य हिंदी जाति की बहुमुखी उन्नति है।

भारतेंदु यह भी कहते हैं 'परदेसी की बुद्धि और बस्तुन की करि आस/ परबस ह्वै कब लौं कहो रहिहौ तुम ह्वै दास।' उस समय बांग्ला नवजागरण के किसी भी मनीषी का साम्राज्यवाद-विरोधी स्वर इतना तीव्र नहीं था और अपनी राष्ट्रीय भाषा की उन्नति को इतनी सारी चीजों से जोड़ कर देखा नहीं जा रहा था। इस तरह हिंदी नवजागरण प्रभाव में भले नहीं, पर वैचारिक सार में बांग्ला नवजागरण से व्यापक था, क्योंकि मुख्यतः हिंदी क्षेत्र में 1857 घटित हुआ था।

भारत में राष्ट्रीय भावना आज भी अधूरी है

19वीं सदी के नवजागरण के राष्ट्रीय लक्ष्यों को विकास में देखना चाहिए। वे लक्ष्य कभी एक ही बिंदु पर स्थिर नहीं थे। हम देख सकते हैं कि लंबे समय तक उनका संबंध भारत के विभिन्न प्रांतों में राष्ट्रीय भाषाओं के आधुनिक विकास और जातीय पहचान के नवगठन से था। सभी प्रांतों में राष्ट्रीय भाषाएँ 'नई चाल' और नई चेतना में ढल रही थीं। प्रांतीय जातीय विशिष्टता का अनुभव भारत की सामाजिक अखंडता से जुड़ा हुआ था। निश्चय ही आधुनिकता की तुलना में स्वतंत्रता की ओर झुकाव कम था। क्योंकि अंग्रेजी राज में यह प्रश्न छाया था- आधुनिकता चाहिए या स्वतंत्रता?

राष्ट्रीय भाषाओं का आधुनिक अभ्युदय, धार्मिक सुधार और 'जातीय विशिष्टता-भारतीय अखंडता' का बोध ही 20वीं सदी में अंग्रेजी राज से तीव्र टकराहट की प्रक्रिया में भारतीय राष्ट्रवाद के उदय की सांस्कृतिक पृष्ठभूमि बना। देखा जा सकता है कि जिस प्रदेश में बुद्धिवाद और धार्मिक सुधार की धारा जितनी प्रबल थी, कट्टरवादी आवाजें उस प्रदेश में उतनी कमजोर होती गईं। सामान्यतः वह दौर उदारवादी आवाजों के प्रबल होते जाने का था।

दरअसल भारतीय नवजागरण की रोशनी में राष्ट्रवाद के गठन का प्रश्न महत्वपूर्ण था। अंग्रेजी राज से संघर्ष के अलावा कुछ अन्य चीजों से भी राष्ट्रवाद के गठन का संबंध था, जैसे धार्मिक सुधार, बुद्धिवाद, लैंगिक और जाति

विषमता का अंत करके लैंगिक-सामाजिक न्याय, राष्ट्रीय भाषाओं की उन्नति, प्रांतीय जातीयता के विकास और कला-कौशल में रुचि से। हमारे देश में ये सभी चीजें पिछड़ी दशाओं में रह गईं। इसलिए राष्ट्रीय भावना भी पिछड़ी और अधूरी रह गई। हिंदी प्रदेश अपेक्षाकृत ज्यादा पिछड़े रह गए। इन पर नवजागरण के धार्मिक सुधारों का ज्यादा असर नहीं पड़ा। कूपमंडूकता बनी रह गई।

हिंदी नवजागरण साहित्यिक स्तर पर था। बांग्ला, तमिल आदि जातियों की तरह हिंदी जातीयता अपने भयंकर सामाजिक भेदभावों के कारण व्यापक आकार नहीं ले सकी।

हिंदी क्षेत्र के लोग अपने को सिर्फ हिंदू और ब्राह्मण-क्षत्रिय-वैश्य या पिछड़े-दलित समझते रह गए- महज धर्म-जाति से बंधे। उन्होंने बंगाली-तमिल-मराठी की तरह अपने को 'हिंदी' नहीं समझा। हिंदी भाषा से प्रेम शहरों तक सीमित रह गया। हिंदी भाषियों का चित्त बड़ा न हो सका। उनमें फूट और आलस्य बने रह गए। आज भी फूट और आलस्य के मामले में दुनिया की जातियों के बीच प्रतियोगिता हो तो हिंदी वालों से आगे कोई नहीं जा सकता। इसलिए संकीर्णताओं से ऊपर उठ कर हर हिंदी भाषी में एक उदात्त हिंदी जाति के बोध की जरूरत है।

आज हमारी राष्ट्रीय भावना 'ग्लोबल' बोध द्वारा स्थानांतरित हो गई है या बिलकुल खंड-खंड दशा में है-अधूरी है।

इस पर सोचने की जरूरत है कि आज हमें अपनी विरासत की किन चीजों से अलग किया जा रहा है, उनके स्थान पर क्या दिया जा रहा है। तुलसीदास ने चेतावनी दी थी, 'संग्रह-त्याग न बिनु पहिचाने'! फिर भी हमारा अपनी ही महान चीजों पर से विश्वास खत्म होता जा रहा है। हम बदले में पा रहे हैं निर्बुद्धिपरक तुच्छ चीजें।

तीनों ठग दर्शनों की भारत भूमि पर महान साहित्यकारों और चिंतकों को हटा कर उन हल्के फिल्मी कलाकारों, नर्तकों-गायकों और खिलाड़ियों की विचारक-छवि बनाने में लगे हैं जो पैसा लिए बिना हिलते-डुलते तक नहीं। वे ठग हमारे हाथों में आज भारतेंदु-प्रेमचंद-प्रसाद-निराला-अज्ञेय-नागार्जुन आदि की जगह चंपक लाल जैसों को थमा रहे हैं। फूलों की लड़ियाँ हटा कर कांटों के तार सजा रहे हैं। घोड़े लेकर गधे दे रहे हैं, आलू लेकर पोटैटो चिप्स और साहस लेकर अनंत भय!

सितंबर 2019

महान सभ्यता की चिंताएं

कविवचनसुधा (1867-2017) के प्रकाशन के 150 साल पूरे होने पर हिंदी की साहित्यिक पत्रकारिता की भी डेढ़ सदी पूरी हुई। यह उसका सार्ध-शती वर्ष है। भारतेंदु हरिश्चंद्र ने घर फूंक कर हिंदी के विकास के लिए यह पत्रिका निकाली थी। इसके तेवर देख कर अंग्रेजों ने सरकारी सहायता बंद कर दी थी। यह सिलसिला आज तक जारी है। कठिनाइयां उठाकर हिंदी की साहित्यिक पत्रिकाएं अब तक अपना गौरवशाली इतिहास लगातार रचती रही हैं। वे अपने संकट तथा उपलब्धियों के साथ हमेशा साहित्य का सर्वप्रमुख मंच बनी रही हैं। हिंदी साहित्य की कल्पना इन पत्रिकाओं के बिना नहीं की जा सकती। साहित्यिक पत्रिकाओं के लेखकों-संपादकों ने अपनी संवेदनशीलता, चिंताओं और फक्कड़पन के साथ साहित्य को अपनी जो सेवाएं दीं, वे अतुलनीय कही जानी चाहिए। लघु पत्रिकाओं के दौर ने भी बता दिया कि उनके साधन जितने छोटे हों, लक्ष्य महान रहा है। इलेक्ट्रॉनिक मीडिया के जमाने में भी देखा जा सकता है कि 'लिटिल मीडिया' के रूप में साहित्यिक पत्रिकाएं लगातार निकल रही हैं। वेब पत्रिकाएं भी हैं। ये ही जनता के संचार माध्यम हैं। ये वर्तमान दुस्समय में मानों मनुष्यता के बचे-खुचे कारखाने हैं।

वह समय - यह समय

भारतेंदु हरिश्चंद्र ने अंग्रेजी राज के जिस कठिन दौर में साहित्यिक पत्रिकाएं निकाली थीं, वह आज के समय से कम संकटपूर्ण दौर न था। लोभ और भय की तब भी एक ऐसी ही दुनिया थी। ऐसी ही लूट और ऐसी ही मार थी। विदेशी कंपनियां कुछ ऐसी ही थीं। कट्टरतावाद कम न था। फिर भी आज एक काफी बदला युग है। पहले से ज्यादा वैचारिक रोशनी है, पहले से ज्यादा संसाधन हैं और पहले से ज्यादा विवेकवान लोग हैं। यदि नहीं है तो 1857 जैसी चेतना और

'भारतेंदु मंडल' जैसा भाव। आज साहस सोशल मीडिया के बंकरों में आरामकुर्सी पर है। उस युग में सामाजिक विभाजन मिट रहा था, राष्ट्रीय एकता के मार्ग बन रहे थे। आज संस्कृति में बारूदी सुरंगें बिछाई जा रही हैं, मीडिया में आग्नेयास्त्र चल रहे हैं। इनका जवाब मानवीय चेतना का उत्सव है। पाठकों, लेखकों, प्रकाशकों, कलाकारों और लिटिल मीडिया द्वारा शृंखलाबद्ध सांस्कृतिक पुनर्निर्माण ही हर ध्वंस का ऐतिहासिक प्रत्युत्तर है। ऐसा कुछ करने के लिए आत्मप्रदर्शन, लाभ-नुकसान के हिसाब, राजनैतिक कर्मकांड और 'सेल्फी' से थोड़ा ऊपर उठना पड़ सकता है।

आज का युग बुद्धिजीवियों से जो उम्मीद कर रहा है, ऐसा नहीं है कि भारतेंदु के जमाने में यह बौद्धिक प्रक्रिया शुरू नहीं हो चुकी थी। भारतेंदु इसके लिए हर तरह से प्रयास कर रहे थे कि भारत रूढ़ियों और पाखंडों से मुक्त हो। 'भारतवर्ष की उन्नति कैसे हो सकती है' के अपने बलिया वाले भाषण में उन्होंने राष्ट्रीय आकांक्षा व्यक्त की थी, 'सुधारना भी ऐसा होना चाहिए कि सब बात में उन्नति हो- धर्म में, घर के काम में, बाहर के काम में, रोजगार में, शिष्टाचार में, चाल-चलन में, शरीर के बल में, युवा में, वृद्ध में, स्त्री में, पुरुष में, अमीर में, गरीब में, भारतवर्ष की सब अवस्था, सब जाति, सब देश में उन्नति हो। ...जो लोग अपने को देशहितैषी लगाते हों वे अपने सुख का होम करके अपने धन और मान का बलिदान करके कमर कस के उठो। ...कोई धर्म की आड़ में छिपे हैं...।' यदि देशभक्त होने की कसौटी यह कथन है, तो सिर्फ आर्थिक सुधारों और धर्म की आवाज उठाने भर से कोई व्यक्ति देशभक्त साबित नहीं हो सकेगा।

अंग्रेज भारत में 'सभ्यता', 'न्याय' और 'आजादी' लाने का दावा लेकर राज कर रहे थे। भारतेंदु ने स्पष्ट कहा था 'अंधेर नगरी है। व्यर्थ न्याय और आजादी देने का दावा है।' (कविवचन सुधा, 1874)। आज विकास का शोर कम नहीं है। इस साल के मानव विकास रिपोर्ट में कहा गया है कि पिछले 25 सालों में समूची दुनिया में जिस अनुपात में समृद्धि बढ़ी है, सभी लोगों के पास इसके सुफल नहीं पहुँचे हैं। दो देशों के बीच ही नहीं, एक ही देश के विभिन्न नागरिकों के बीच विषमता पहले से बढ़ी है। ये जो 'पिछड़ते जा रहे मनुष्य' हैं उनमें सिर्फ ऐतिहासिक रूप से पिछड़े रह गए लोग ही नहीं है। उनमें स्त्रियां, शरणार्थी, दुर्गम जगहों पर बसे लोग, छोटे व्यापारी और अल्पसंख्यक भी शामिल हैं। भारत के 2015-16 के 'वार्षिक रोजगार-बेरोजगारी सर्वेक्षण रिपोर्ट' के अनुसार भारत की संपूर्ण श्रमशक्ति के 85 फीसदी लोगों की मासिक आमदनी 10,000 रुपए के नीचे

है और सिर्फ 0.5 फीसदी लोग हैं जिनकी आय 50,000 रुपए से ऊपर है। किसान आर्थिक वृद्धि के बावजूद तबाह हैं। इसका अर्थ है, भारत की आबादी का एक बड़ा हिस्सा अपने अस्तित्व के सीमांत पर है।

क्या आर्थिक वृद्धि और रोजगार के सृजन का पुराना संबंध टूट रहा है, जिसे हेनरी फोर्ड के दर्शन के नाम से जाना जाता है? क्या वैश्वीकरण युग का 'निर्माणात्मक ध्वंस' मूलतः रोजगार का ध्वंस है? नव-आधुनिकीकरण के कदम इसी ओर बढ़ते देखे गए हैं। आम तौर पर माना जाता है कि आर्थिक वृद्धि रोजगारों का सृजन करती है और रोजगारों के सृजन से आर्थिक वृद्धि आती है। दुनिया भर में इस समय तहलका है कि पता नहीं किस देश में कितने लोगों के रोजगार छिनेंगे। कुछ देशों में वीसा पर रोक लग गई है, राष्ट्रवाद का भयंकर दबाव है। नौजवान घबराए हुए हैं, क्योंकि आर्थिक वृद्धि और बेरोजगारी दोनों अब जुड़वा के रूप में सामने आ रहे हैं। भारतेंदु ने अपने औपनिवेशिक युग में अंग्रेजी शिक्षा पाए नौजवानों की बेरोजगारी देख कर कहा था, 'तीन बुलाए तेरह आवैं'। आज आइटी, इंजीनियरिंग, मैनेजमेंट और लाखों रुपए खर्च करके अन्य क्षेत्र के पढ़े-लिखे युवाओं की दशा है, 'तीन बुलावे तीन सौ आवैं'!

यह भी उल्लेखनीय है कि शिक्षा और स्वास्थ्य की उन्नति का रोजगार की दशा से सीधा संबंध है और ये अलग-अलग मामले नहीं हैं। भारतेंदु को इसकी चिंता थी, 'पै धन विदेश चलि जात यहै अति ख्वारी'। इसके अलावा, वे अपने युग में 'क्या रक्षणीय और क्या त्याज्य है' के विवेक को भी संकट से घिरा पा रहे थे। उन्होंने अपने प्रहसन 'अंधेर नगरी' के समर्पण में वररुचि का एक संस्कृत श्लोक उद्धृत किया है जिसका अर्थ है, 'जो व्यक्ति चंदन, आम और चंपा के वन काट कर कीकर के पेड़ लगाता है, जो हंस और कोयल के प्रति हिंसक है और कौवे की लीला का मजा लेता है, जो हाथी देकर गधा खरीदता है और कपूर तथा कपास को उनके एक-से श्वेत रंग के कारण एक समझता है- जहाँ के गुणी जन ऐसी समझ रखते हों, उस जगह को दूर से नमस्कार है!' क्या सुरुचि है और क्या कुरुचि है, बाजार में क्या खोकर क्या हासिल किया जा रहा है, इसका विवेक जिन व्यक्तियों में नहीं था, भारतेंदु उनका मखौल उड़ाते हैं। चिंताजनक है कि अतीत और पश्चिमी सभ्यता का क्या रक्षणीय है और क्या त्याज्य है, इसका विवेक सभ्यता के वर्तमान शिखर पर उत्तरोत्तर विडंबनाग्रस्त होता जा रहा है।

राम के हाथ में मुरली

तुलसी ने एक महान आदर्श रखा था, 'संग्रह त्याग न बिनु पहिचाने'। यह लगभग 450 साल पहले की बात है। हमारा युग तुलसीदास के युग से बाहर निकल चुका एक भूमंडलीय समय है- नई उपलब्धियों और हलचलों से भरा। लेकिन कुछ मामलों में हिंसक सोलहवीं शताब्दी आज के लोकमानस पर लदी हुई है, जबकि राम भक्ति के मामले में तुलसी जैसी गहराई कहीं नहीं है।

तुलसी न किसी मंदिर के आश्रय में थे और न किसी सत्ता के पीछे दौड़ रहे थे। भक्ति आंदोलन उन्हें बदल रहा था, भले वे इस हद तक नहीं बदल पाए थे कि वर्ण व्यवस्था को चुनौती दे सकें। तुलसी की कलम से यदि वर्ण व्यवस्था के विरुद्ध आवाज मुखरित हो जाती, हिंदी क्षेत्र का चेहरा कुछ दूसरा होता। फिर भी यह समझना मुश्किल नहीं है कि कबीर और मीरा की असरदार उपस्थिति पहले नहीं हो चुकी होती, तो 'रामचरितमानस' से शंबूक बध और सीता वनवास के प्रसंगों को बाहर रखना मुश्किल था। तुलसी ने 'साखी सबदी दोहरा' और 'कहनि उपखान' कहने वालों की आलोचना करते हुए भी उनके 'ज्ञान' और 'प्रेम' को अपनाया था। उन्होंने 'भगतिहिं ग्यानहिं नहिं कछु भेदा' और 'रामहि केवल प्रेमु पियारा' कहा था। अपने समाज की आलोचना करते हुए यहाँ तक कहा था, 'अस भ्रस्ट अचारा भा संसारा धर्म सुनिअ- न काना'। उन्होंने रामभक्ति में शुद्धतावाद की जगह खुलापन और मिश्रणशीलता पैदा की थी, अर्थात वे जिनसे टकराए उनसे मिश्रित भी हुए। संघर्षण, अंतर्मिश्रण और रूपांतरण भारतीय मिट्टी के स्वाभाविक गुण हैं।

रामकथा का एक अद्‌भुत प्रसंग बांग्ला के कृतिवासी रामायण में है। लंका में राम-रावण युद्ध के समय एक बार मेघनाथ के नागपाश से राम-लक्ष्मण बंध गए। दोनों बेहाल। उस समय गरुड़ बुलाए गए और उन्होंने राम-लक्ष्मण को नाग से मुक्त किया। जान बचने के बाद राम ने गरुड़ से वर मांगने को कहा। गरुड़ ने कहा, 'मेरे मन की इच्छा है, आपके दोनों हाथों में मुरली देखूं।' योद्धा के वेश में राम को देख कर गरुड़ का मन नहीं जुड़ा पा रहा था। राम के मन में प्रश्न था, रणभूमि में यदि वे हाथ में वंशी लेते हैं और त्रिभंगी रूप धारण करते हैं तो हनुमान क्या सोचेंगे!

राम ने अपनी चिंता गरुड़ से कही, 'युद्ध क्षेत्र में न कहो कि मैं वंशीधर कृष्ण का रूप धरूँ। यह रूप देख कर क्या कहेगी वानर सेना?' वानर तो सिर्फ सैनिक राम को पहचानते थे, यह रूप वे कैसे समझेंगे! गरुड़ ने अपने पंखों को राम के

चारों तरफ फैला कर एक घर- सा बना दिया ताकि कपिगण न देख पाएं, 'भक्तवत्सल राम ने तब गरुड़ के पंखों के भीतर त्रिभंगी रूप धारण कर लिया। धनुष छोड़ कर हाथ में ले ली वंशी!' हर युग ने धनुष की जगह वंशी की आकांक्षा अपने-अपने ढंग से व्यक्त की है, धनुषधारी राम का मुरलीधारी कृष्ण में रूपांतरण चाहा है। अर्थात हिंसा के शोर की जगह प्रेम का संगीत।

महान सभ्यता हमेशा शक्तिमान की जगह क्षमताहीन की आवाज सुनती है। सभ्यता का लक्षण कुछ विशेष आर्थिक वर्गों का सुविधापूर्ण जीवन नहीं है। उसका प्रधान लक्षण निरहंकार है। एक महान सभ्यता सिर्फ बोलती नहीं है, वह सुनती भी है और सबसे पहले उन्हें सुनती है जो क्षमताहीन हैं, कमजोर हैं। सभ्यता शोर नहीं है और हिंसा तो कभी सभ्यता नहीं है। हिंसा प्रकृति है, अहिंसा सभ्यता है।

टूटे दर्पण में चेहरा देखना

वैश्वीकरण कृत्रिम वस्तुओं और इच्छाओं का एक संसार है जिसमें घृणा का प्रचार करके ही सत्ता अर्जित की जा सकती है। ऐसे युग में कृतित्व से बड़ा व्यक्तित्व होता है और सत्य से अधिक महत्वपूर्ण तामझाम होता है। जितना अधिक तामझाम उतना बड़ा व्यक्तित्व। पहले के युगों में सीधे सादे ढंग से रहने वाले ऋषि, कवि, दार्शनिक और लेखक युगपुरुष होते थे। आज सजेगुछे बोनसाई व्यक्तित्व ही युगपुरुष हैं, आलोकस्तंभ हैं। कुएं के मेढक बता रहे हैं सूर्य का पता!

कविता में देश-काल की आकांक्षा झांकती है। उसमें क्षमताहीनों की आवाज होती है, पर सत्ता अपनी घुसपैठ हर जगह की तरह साहित्य और संस्कृति में भी बनाती है। भक्ति साहित्य, नवजागरण तथा उत्तर-नवजागरण कालीन साहित्य में सत्ता का प्रतिरोध दिखता है। यह परंपरा फेसबुक तक में दिखती है जहाँ वाल पर अक्सर कविताएं होती हैं। यह भी दिखता है कि कविता इधर फेसबुकमय हो गई है! अब कवि सम्मेलन नहीं होते। अंतरंग गोष्ठियों में कविता पाठ मुख्यतः कवियों के बीच सीमित होता है। ऐसी भी कोशिशें हैं, कविताओं के फिल्म अलबम बन रहे हैं। कविताओं का फिल्म फेस्टिवल कवि सम्मेलन का अधुनातन रूप है जिसे अभी हिंदी में जड़ पकड़ना शेष है। इस कार्य में फंड की कमी एक समस्या है, पर कविता को यदि क्षमताहीनों की असरदार आवाज और मनुष्यता का दूत बनाना है तो नए माध्यमों को अपनाना होगा और कवियों के घर बैठने से काम नहीं चलेगा।

इसका यह अर्थ नहीं है कि पढ़ने की महिमा घट गई है। पुस्तकों की महिमा आज भी है। चौंकाने वाली बात है कि एक समाचार के अनुसार, 2016 में ई-बुक की हुई बिक्री 17 फीसदी घट गई और पेपर बैक पुस्तकों की बिक्री में 7.5 फीसदी की वृद्धि हुई। सभ्यता से प्रस्थान घटित होता है तो सभ्यता लौटती भी है। ई-बुक की तुलना में छपी किताबों ने आज भी अपना आकर्षण बना कर इसलिए रखा है कि ये विषय से ज्यादा निकटता बनाने और खुद सोचने-कल्पना करने का ज्यादा आत्मीयता से अवसर देती हैं। ये स्मृतियों को अधिक सक्रिय रखती हैं। अब ज्यादा लोग स्क्रीन की जगह पन्नों पर पढ़ना चाहते हैं। लंबे समय तक पढ़ने के लिए तो यह बहुत जरूरी है, क्योंकि ई-बुक या कंप्यूटर पर लंबे समय तक और गहराई से पढ़ा नहीं जा सकता। इसके अलावा, सिर्फ छोटे स्क्रीन पर रह कर बड़ा मन कभी नहीं बन सकता।

एशियाई देशों के विदेशी कंपनियों का आर्थिक उपनिवेश होते जाने का एक नतीजा था - अकाल, अर्थात धीमा जनसंहार। इसके रूप बदलते हैं। भारतेंदु जिक्र करते हैं, 'हिंदुस्तान की वृद्धि का समय आने वाला हो सो तो एक तरफ रहा, पर प्रतिदिन मूर्खता, दुर्भिक्ष और दैन्य प्राप्त होता जाता है।' (कविवचनसुधा, 1874)। भारत में 1995- 2017 के बीच लगभग तीन लाख किसानों द्वारा आत्महत्या की घटनाएं सामने आई हैं। एशिया में आर्थिक वृद्धि के बावजूद मूर्खता अर्थात जड़ता का अंत नहीं हो रहा है। चीन सहित कई एशियाई देशों में दमन और 'धीमा जनसंहार' बढ़ा है। अफ्रीका की त्रासदी है कि यह अपना स्वाभिमान यूरोप और अमेरिका के आगे खोता गया है- यहाँ हर तरह का तला आलू फ्रेंच फ्राई है! अफ्रीका की कहानी पश्चिमी संचार माध्यमों द्वारा कही जाती है। अनुमान लगाया जा रहा है कि वहाँ आने वाले कुछ वर्षों में एक करोड़ लोग दुर्भिक्ष के, अर्थात धीमे जनसंहार के शिकार होंगे। इस अंक की अफ्रीकी कविताएं मुख्यतः इस सवाल के सामने हैं- क्या अफ्रीका खुद सोच सकता है?

ऐसा ही एक सवाल है, भारत अपना चेहरा कब तक एक टूटे दर्पण में देखता रहेगा?

अगस्त 2017

बौद्धिक पुनर्जागरण

प्राचीन चिकित्सा ग्रंथ 'चरक संहिता' का संपादन करने वाले पुनर्वसु एक दिन अपने शिष्य अग्निवेश के साथ एक जंगल से गुजर रहे थे। उन्होंने एक जगह कुछ देखते ही अचानक कहा, 'महानाश आने वाला है!' अग्निवेश ने पूछा 'कैसा महानाश?' पुनर्वसु बोले, 'मैं देखता हूँ कि जल दूषित हो रहा है, पृथ्वी दूषित हो रही है। अनाज अपनी शक्ति छोड़ देगा। औषधियों का प्रभाव नहीं रहेगा। पृथ्वी पर टूटते तारे गिरेंगे। विनाशकारी आंधियाँ चलेंगी, भूकंप होंगे। मनुष्य बचेगा नहीं, बचेगा नहीं!' अग्निवेश ने हाथ जोड़ कर कहा, 'आपने दुनिया के हर रोग का इलाज लिख दिया, फिर यह विनाश आएगा ही क्यों?' पुनर्वसु बोले, 'बुद्धि का बिगड़ जाना ही महानाश का कारण होगा। बुद्धि के बिगड़ने से सत्य में रुचि नहीं रहती।' क्या यह 'पोस्ट ट्रुथ' का एक ऐसा ही समय है?

धर्मों में भले आस्था पर बल दिया जाता हो, 'पंचतंत्र', 'जातक कथा' जैसी लोककथाओं में बुद्धि, युक्ति और वैज्ञानिक सोच की एक न एक बात मिलती है। 'पंचतंत्र' में है, 'बुद्धि से कुछ भी अगम्य नहीं है।' बौद्ध जातक कथाओं में धार्मिक पाखंड का मखौल है और बुद्धि से काम लेने की बात कही गई है। बुद्धि हो तो कमजोर शक्तिशाली की हिंसा से बच सकता है, जैसे एक कथा में शेर से खरगोश बचा। लोककथाओं में बार-बार दिखाया गया है कि बुद्धि में ही बल है। प्राचीन काल से राजसत्ता और धर्मशास्त्र से भिन्न लोक की भूमि पर सत्य की खोज बौद्धिक-तार्किक जमीन पर हुई है। मनुष्य जब नदी में तैरता है, पहाड़ पर चढ़ता है या भागती गाड़ियों के बीच से सड़क पार करता है, उस समय वह बुद्धि के अलावा किसी दूसरी चीज पर भरोसा नहीं करता।

एक विडंबना यह है कि हमेशा ही कुछ व्यक्ति अपने को दूसरों से बुद्धिमान घोषित करते रहे हैं। महाभारत में है, 'सभी को अपनी ही बुद्धि अधिक महत्वपूर्ण लगती है। वे दूसरों की बुद्धि की निंदा और अपनी बुद्धि की बार-बार सराहना

करते हैं।' (शांति पर्व)। महाभारत में बौद्धिक अहंकार और तर्क की उपेक्षा के अनगिनत दृश्य हैं। वर्तमान दौर में विकसित सभ्यता के बावजूद बुद्धि से सोचना कम हुआ है और तर्क का विस्थापन हुआ है जो लोकतंत्र के ह्रास का चिह्न है। क्या यह एक नए महाविनाश की ओर यात्रा है?

समाज में अंधविश्वास फैले होने के बावजूद प्राचीन युग में बुद्धि पर चर्चा होती थी। बाणभट्ट ने लिखा था, 'महत्वपूर्ण लोगों की बुद्धि स्वभाव से स्वतंत्र होती है और अपनी रुचि से चलती है।' एक संस्कृत सुभाषित में है, 'मनुष्य की निजी विमर्श शक्ति की जय हो!' (विमर्शशक्तिर्निजा जयति)। सवाल है, सामुदायिक कट्टरवाद और उपभोक्तावाद के वर्तमान दौर में बौद्धिक स्वतंत्रता और निजी विचार शक्ति कितनी बची है?

भारतेंदु हरिश्चंद्र का 'अंधेर नगरी' नाटक आज फिर अर्थपूर्ण लग सकता है। इसमें एक संस्कृत श्लोक है जिसकी ओर कम ध्यान दिया जाता है। उसका अर्थ है, 'जो चंदन, आम तथा चंपा वन को काट कर कीकर के वृक्ष की रक्षा करता है, जो हंस और कोयल के प्रति हिंसक होकर काक-लीला में रुचि लेता है, जो हाथी के बदले गधा खरीदता है और कपूर तथा कपास को उनके श्वेत रंग के कारण एक जैसा समझता है- जहां के गुणी जन ऐसी समझ रखते हों, उस देश को नमस्कार है!' क्या रक्षणीय है- क्या त्याज्य है, क्या सुरुचि है- क्या कुरुचि है, बाजार में क्या खो कर क्या खरीदा जा रहा है, जहाँ इन सबका विवेक नहीं है, वही तो अंधेर नगरी है -'अंधेर नगरी चौपट राजा!' ऐसी ही पृष्ठभूमि में भारतेंदु ने ललकारा था, 'तासों अब लौं करी, करी सों, पै अब जागिय'। 'अंधेर नगरी' का संदेश है जो राजा बहरा है, निकम्मा है, अंधा है और अन्याय पर उतारू है, वह अंततः सूली पर चढ़ता है! कहना न होगा कि 'अंधेर नगरी' एक लोककथा पर आधारित नाटक है।

समृद्धि की कथाओं के भीतर अंधेरा है

21वीं सदी में लोक कथाओं से विच्छिन्नता के साथ लोकबुद्धि भी धीरे-धीरे विलुप्त-सी हो गई है। हालांकि कथाओं का आज भी अंत नहीं हुआ है। बाजार के विज्ञापनों, रोज के राजनीतिक ड्रामा और विकास के दृश्यों में उनकी बाढ़ है। अब भौतिक जीवन में पहले से अधिक कथाएं और रोचक गल्प हैं, लेकिन उनमें दुर्बुद्धि का डेरा है। कोई विकास के आंकड़े दिखा रहा है जिनके पीछे देश में बढ़ रहे बेरोजगारों का भय नहीं दिखता। कहीं सीबीआई ईमानदारी का देवदूत है, लेकिन

शीर्ष पर भ्रष्टाचार ही औचित्य पाता है। धर्म ने मुंडमाला पहन ली है तो धर्मनिरपेक्षता ने कंठीमाला और ताबीज धारण कर ली है। अब वे किस्सों में छिप कर आने लगे हैं!

आजकल तेल, साबुन, गंजी, दर्दनाशक दवाओं आदि के विज्ञापनों में जादुई कथाएँ होती हैं। फिल्म और क्रिकेट की दुनियाओं के सेलेब खुद जिन उपभोक्ता चीजों का कभी इस्तेमाल नहीं करते, पैसा कमाने के लिए विज्ञापनों में उनके गुण बखानते दिखते हैं। आम लोग बच्चों की तरह ऐसी कथाएं सच मान लेते हैं। विराट कोहली और अनुष्का शर्मा अपनी प्रेम कथा में बताते हैं कि विवाह में लाखों की जड़ीदार पोशाक पहने बिना जीवन में सदा साथ रहने और दूसरे का केयर करने का संकल्प नहीं लिया जा सकता। जावेद अख्तर घुटनों के उस दर्द का इलाज बताते घूमते हैं जो वस्तुतः कभी ठीक नहीं हो पाता। बाजार बुद्धिजीवियों, कलाकारों और लेखकों से दुरभि संधि में लगा है।

आज की डिजिटल कथाओं में दिवास्वप्न भरे हैं। इन कथाओं की छवियां पंचतंत्र और जातक कथाओं की तरह लोगों को सावधान नहीं करतीं, बल्कि उनके मन में अज्ञानता का निर्माण करती हैं। आज हम किसी भी युग की तुलना में कथाओं से ज्यादा घिरे हैं, इसके साथ-साथ ज्ञान के विस्थापन से भी।

सभ्यता का अर्थ महज प्रौद्योगिक विकास नहीं है। हिंसा, अहंकार और लोभ के संसार में बसा रहना कभी सभ्यता नहीं है। सभ्यता वस्तुतः विकास के साथ तर्क क्षमता, प्रेम और ईमानदारी की एक उच्च भूमि पर पहुंचना है। यदि देह पर रक्त और आंखों में आंसू आज भी भारतीय नियति है तो क्या नियति से वह मुठभेड़ व्यर्थ गई जिसका नेहरू ने आश्वासन दिया था या वह मुठभेड़ वस्तुतः शुरू ही नहीं हुई? यह प्रश्न भी महत्वपूर्ण हो गया है कि 'भारत के लोग' और 'भारतीय राष्ट्र' क्या दो चीजें हैं?

कहा जाता है कि वैश्विक समृद्धि अपने शिखर पर है। लेकिन इस समृद्धि की जो कथाएं हैं उनमें बुद्धि की जगह धूर्त्तता के संदेश ज्यादा हैं। समृद्धि की चमक के भीतर उत्पादन और रोजगार में आए गत्यावरोध का अंधेरा जमना शुरू हो गया है। हो सकता है, यह समृद्धि जल्दी ही बैलून-सा फटने लगे और हवा निकल जाए।

उदार बुद्धिजीवियों के सबसे बड़े देश फ्रांस के राष्ट्रपति मक्रां ओसाका में जी-20 की शिखर वार्ता (2019) में गए हुए थे। उन्होंने मारे गए पत्रकार जमाल खाशोगी की हत्या की साजिश में लिप्त बताए जा रहे सऊदी प्रिंस मुहम्मद बिन

सलमान से हाथ मिलाते हुए कहा, 'चिंता मत करो!' (बस तेल थोड़ा सस्ता कर दो ताकि मैं फ्रांस को असंतोष से बाहर निकाल सकूं!) आज यह निश्चित नहीं है कि विभीषण रावण के शिविर में लौट कर कभी नहीं जाएगा।

आदिवासियों का स्थान पहले की तरह दुर्गम, अपरिचित और बंद नहीं है

बुद्धि आज 'टाइमिंग' और 'फायदे' पर ज्यादा जोर देती है। सही अवसर पर ही कोई खैरात, कोई छूट, कोई धर-पकड़, सीबीआई की जांच, कोई घोषणा और कोई हत्या। बुद्धि का आज दूसरा संबंध फायदे से है। हर मुद्दे पर मन में यह सवाल होता है- मुझे क्या मिलेगा?

दूसरा दृष्टिकोण यह है कि बुद्धि और भोलेपन में, बुद्धि और प्राकृतिक चेतना में, बुद्धि और 'कामन सेंस' में गहरा संबंध है। सचमुच की बुद्धि स्वतंत्रता की तड़प पैदा करने वाली होती है और मानवीय होती है।

आदिवासियों के पास बुद्धि का एक अपना भंडार है जिससे सभ्य होते गए लोग धीरे-धीरे इतनी दूर चले गए हैं कि उन्होंने 'जलवायु परिवर्तन' का भयानक संकट खड़ा कर दिया है। हर ओर प्रदूषण का साम्राज्य है। आदिवासियों के लिए पहाड़, नदी-झरने, पेड़, जीव-जंतु बल्कि समूची प्रकृति उनकी जिंदगी के समान ही महत्वपूर्ण है। हम कह सकते हैं कि अतिवाद नहीं, सामंजस्य ही प्रकृति का लक्षण है। यह जीवन में भी जरूरी है। लेकिन अपने को सभ्य समझने वाले व्यक्तियों के लिए प्राकृतिक स्थल अब महज पैकेज टूर के मामले हैं। उनके भ्रम के संसार में टमाटर प्रकृति है और टोमेटो सॉस सभ्यता है!

भारत में आदिवासी 2011 की जनगणना के अनुसार कुल जनसंख्या के 8.6 प्रतिशत, अर्थात फिलहाल 11 करोड़ के आसपास हैं। इसमें संदेह नहीं कि आदिवासी सैकड़ों साल से प्रकृति की गोद में रहे हैं और देश के भीतरी हिस्सों में स्वायत्तता के साथ बसे हुए हैं। भारत गुलाम हुआ, पर आदिवासी कभी गुलाम नहीं हुए। वे 'नौकरी' की तरह 'गुलामी' शब्द से अपरिचित रहे हैं।

आदिवासियों पर पिछले कुछ सौ वर्षों से लगातार अत्याचार होते रहे हैं। उपनिवेशवादियों ने दुनिया भर में आदिवासियों पर दमनमूलक कार्रवाई की और उन्हें शिक्षा ऐसी दी जिससे वे अपनी भाषा और बौद्धिक परंपरा से कट जाएँ और इस विच्छिन्नता की बुनियाद पर अंधानुकरण की पश्चिमी सभ्यता खड़ी हो। व्यापारियों ने उनके जंगल-जमीनों को लूटा और उन्हें बार-बार बेदखल किया

गया। 40 साल पहले तक मणिपुर के कई माता-पिता अपनी लड़कियों का चेहरा बचपन में ही गोदना से बिगाड़ देते थे, ताकि बाहरी लोगों के लिए वे अनाकर्षक हो जाएं और उनका यौन शोषण न हो।

प्राचीन काल से भारत के आदिवासियों के प्रति आम देशवासियों का रुख अ-हस्तक्षेप और सद्भावना का रहा है। पांच सौ साल पहले के 'रामचरितमानस' में आदिवासियों के प्रति सद्भावना ही व्यक्त नहीं हुई है, उनकी लोकबुद्धि और सामाजिक मिलनसारिता की सराहना भी है।

इस बिंदु पर कहा जाना चाहिए कि अतीत के किसी आघात को ढोकर कुछ न होगा, सिर्फ बुरा होगा। अतीत पर गर्व करने के लिए बहुत कुछ है और उससे सबक लेने के लिए भी बहुत कुछ है। कई लोग कहते हैं, अतीत को गोली मारो! अतीत तोप चलाता है, यदि उसे कोई गोली मारता है!

सवाल उठता है, आदिवासियों की स्वतंत्र पहचान का अर्थ क्या शेष भारतीय जीवन और विश्व से अलिप्त रहना है? क्या उसका अर्थ विकासों से दूर रहते हुए अपनी प्राकृतिक अवस्था से सांस्कृतिक संतुष्टि में देखा जाए? आज आदिवासियों की स्वतंत्र पहचान का अर्थ बदला है। यह विकास की एकतरफा और दूषित प्रक्रिया में शामिल न होना है और वस्तुतः अपने भोलेपन, निष्कलंकता, स्वच्छंदता, पर्यावरण, पृथ्वी से प्रेम और जीवन के उच्च मूल्यों को बचाना है।

बार-बार कहा जाता है कि आधुनिक भारतवासियों का आदिवासियों के समक्ष अपनी श्रेष्ठता का प्रदर्शन अशिष्टता है। यह भी कहा जाता है कि आदिवासियों को मुख्य धारा में लाना है। क्या एक विविधतापूर्ण देश में मुख्य धारा जैसी कोई चीज हो सकती है? मुख्य धारा की अवधारणा एक सभ्यतागत दंभ है। हमारे समाज में कोई एक मुख्य धारा नहीं है। वस्तुतः कहीं भी एक बनी-बनाई मुख्य धारा नहीं हो सकती जिसमें बाकी को बस शामिल होना हो। 'मुख्य धारा-उप धारा' एक काल्पनिक विभाजन है। यह वस्तुतः औपनिवेशिक मानसिकता की देन है। आखिरकार हम बौद्धिकता के संसार में औपनिवेशिक विकृतियों को कब तक ढोते रहेंगे और विभाजन-दर-विभाजन के शिकार होंगे?

आज आदिवासियों का 'स्थान' पहले की तरह दुर्गम, अपरिचित और बंद नहीं है। हर आदिवासी जनजाति का, उनकी भाषा और संस्कृति का एक अपना विश्व है। पर आज उनका एक अपना देश भी है और एक बृहत्तर विश्व भी है। वे आधुनिकता, संचार क्रांति और उपभोक्ता वस्तुओं और शहरीकरण से अछूते नहीं रह सकते, लेकिन अंधानुकरण से बच सकते हैं। आदिवासियों की स्वतंत्र पहचान

का संबंध अंधानुकरण से बचने से है, अपनी बुद्धि की निर्मलता बरकरार रखने से है तथा बहुराष्ट्रीय कंपनियों की मुनाफाखोरी और अपने हाशियाकरण के विरुद्ध जल, जंगल और जमीन का बलात दोहन रोकने से है। उनका संघर्ष अपने ही घर में अजनबी हो जाने से है।

आदिवासियों का आधुनिक विज्ञानों से रिश्ता और अंधविश्वासों से उनकी मुक्ति उनकी प्राकृतिक बौद्धिकता का ही विस्तार है। उनका शिक्षक, वकील, राजनीतिज्ञ, व्यापारी, डाक्टर, तकनीकविद, क्लर्क, इंजीनियर बनना उनकी अपनी अस्मिता का त्याग नहीं है और न ही यह अपनी नई पेशागत पहचानों में दूसरों जैसा बन जाना है। कोशिश हो सकती है कि वे दृढ़ता के साथ अपनी नई जिम्मेदारियों में अपने पेशे के दूसरे व्यक्तियों से भिन्न दिखें–अपनी प्रखर होती बुद्धि के साथ वे सरल, निष्कलंक और पृथ्वी से गहरा प्रेम करने वाले भारत के सबसे संवेदनशील लोग के रूप में भी दिखें, महज राष्ट्र के रूप में नहीं! अस्मिता और अंध–भौतिक विकास में अंतर्विरोध है, लेकिन अस्मिता और मूल्योन्मुख भौतिक विकास में कैसा अंतर्विरोध!

यह भी कहा जा सकता है कि आज आदिवासियों की तरह भोले और जिद्दी लोग ही संघर्षशील हो सकते हैं, अन्यथा बुद्धि ज्यादा हुई नहीं कि पहला प्रश्न मुँह बाता है–मुझे क्या मिलेगा?

सच न कह पाने की ग्लानि

ग्रीक दार्शनिक सुकरात और उपनिषद के चरित्र गाड़ीवान रैक्व बुद्धिजीवियों के दो प्राचीन उदाहरण हैं। कीर्केगोर्द ने सुकरात के बारे में लिखा था कि जिस तरह किसी मृत देह को घूस देना संभव नहीं है, उसी तरह सुकरात को भी प्रलोभन देकर विचारों से डिगाना संभव नहीं था। सुकरात ने जहर पिया, पर अपनी बुद्धि नहीं बेची। गाड़ीवान रैक्व ने राजा जानश्रुति के सोने के उपहारों को ठुकराते हुए कहा, 'मैं तुम्हें अपना कोई ज्ञान नहीं दूंगा।' आज पैसा देकर बुद्धि खरीदी जा सकती है, बुद्धिजीवियों को खरीदा जा सकता है। किसी समय ज्ञानवान व्यक्ति बिकाऊ जिंस नहीं थे। कुंभनदास ने कहा था, 'संतन को कहा सीकरी सो काम'। भक्त कवि दरबारी ज्ञानियों और कलाकारों से भिन्न धातु के लोग थे। उनमें सत्ता के प्रलोभन में न पड़ कर सत्य कहने का साहस था।

आज बहुत से बुद्धिजीवी सच जान जाते हैं, पर क्षमतावान के आगे कह नहीं पाते। वे व्यवस्था में फँसे–दबे होने की वजह से सच न कह पाने का कारुणिक

बोझ मन में ढोते रहते हैं या 'टाइमिंग' देखते हैं। वे जोखिम नहीं उठाते। उन्हें अपने भविष्य की चिंता होती है। वे गाड़ी के नीचे रास्ते पर रहने वाले रैक्व या गैलेलियो की नियति नहीं पाना चाहते। पहले के बुद्धिजीवियों की तरह असुरक्षित जीवन उनसे चुना नहीं जाता।

गैलेलियो ने बाइबिल की धारणा को चुनौती देते हुए पांच सौ साल पहले कहा था कि सूर्य पृथ्वी के चारों तरफ नहीं, बल्कि पृथ्वी सूर्य के चारों तरफ घूमती है। राजा ने जब इस नए कथन पर उसे कैद में डाल दिया और यंत्रणा दी तो गैलेलियो ने अपना मत बदल दिया। लेकिन वह जीवन भर सच से पीछे हट जाने की ग्लानि और पीड़ा झेलता रहा।

बुद्धिजीवी जब वास्तविकता समझ जाते हैं, तो उनका यह समझ जाना उन पर एक बड़ा दायित्व लाद देता है। यह भी सच है कि उन्हें कई बार चुप रहना पड़ता है। फिर भी यदि वे एक दार्शनिक अपराध या ग्लानि का बोध करते हैं तो ऐसे बुद्धिजीवी अपनी बौद्धिक पीड़ा में थोड़े बचे माने जा सकते हैं। वे उनसे भिन्न कहे जा सकते हैं जो न सिर्फ जानबूझ कर सच को दबाते हैं, बल्कि प्रलोभन में झूठ के निर्लज्ज प्रचारक होते हैं।

अब सामान्यतः हालत यह है कि बुद्धिजीवियों का वास्तविक जीवन अपनी ही विचारधारा और बड़ी-बड़ी बातों के विपरीत बिल्कुल सुविधावादी और व्यावसायिक होता जा रहा है, अब ग्लानि की स्थिति नहीं होती। उनके शब्द और कर्म में भारी अंतर होता है। हालांकि आज भी ऐसे कई बुद्धिजीवी हैं जो कबीर की इस मनःस्थिति के करीब हैं, 'सुखिया सब संसार है खावे अरु सोवे। दुखिया दास कबीर है जागे अरु रोवे।'

बुद्धिजीवी किसे कहा जाए

बुद्धिजीवी कहने से जिस तरह रूसो, सार्त्र, बर्टेंड रसेल या भारतीय संदर्भ में कबीर, राममोहन राय, डिरोजियो, फुले, भारतेंदु हरिश्चंद्र, रवींद्रनाथ, नर्मद, प्रेमचंद, अज्ञेय, नागार्जुन, मुक्तिबोध आदि का बिंब बनता है, आज के समय में उस तरह की बौद्धिक धातु देखने को नहीं मिलती। आखिरकार बुद्धि और तर्क से सोचने की जो परंपरा 19वीं सदी के नवजागरण काल में बनी थी, वह आज मिटती क्यों दिख रही है?

बुद्धिजीवी वह है जो तर्क से सोचता है, बौद्धिक स्वतंत्रता के लिए जीता और मरता है। वह इस स्वतंत्रता को कहीं बंधक नहीं रखता। बुद्धिजीवी को उसकी

बुद्धि, उसका आंतरिक विवेक ही सत्य और न्याय का मार्ग दिखाता है। यह बुद्धि है जो उसे सच-झूठ बताती है, छल और लोभ से बचाती है। बुद्धिजीवी का काम है बुद्धि से धर्म और नैतिकता के गुणों को तय करना, बुद्धि से ही राजनीति करना। उसका काम है बुद्धि को बाजार के प्रलोभनों और राजनीति के शार्टकट से दूर रखना, क्योंकि बाजारतंत्र और राजनीतिक रणनीति का अंग बनते ही बुद्धिजीविता परजीविता में बदल जाती है।

अगर कोई सचमुच बुद्धिजीवी होगा, वह बुद्धि का इस्तेमाल हमेशा सौहार्द, उच्चतर स्वतंत्रता और न्याय के लिए करेगा। वह झूठ या संकीर्णता का प्रचारक नहीं बनेगा। वह बहुज्ञता छोड़ कर लोभवश विशेषज्ञता में कैद नहीं रहेगा। वह गैर-जरूरी सुखों के पीछे नहीं भागेगा और ढुलमुल नहीं होगा। हम जानते हैं कि यह सब अब दुर्लभ होता जा रहा है।

सार्त्र ने 1968 में आम लोगों की तरह सड़क पर आकर महसूस किया था कि बुद्धिजीवी के रूप में अपनी पहचान तोड़नी होगी। हालांकि उस दौर तक दुनिया में यह जज्बा था कि ज्ञान ही क्षमता है। धीरे-धीरे स्पष्ट होता गया कि ज्ञान सत्ता संघर्ष में किस तरह विकृत और अनुकूलित हो जाता है। ज्ञान इस हद तक विकृत कर दिया जाता है कि हनुमान को दलित, जाट और न जाने क्या-क्या साबित किया जाने लगता है। कौरवों को टेस्ट ट्यूब से जन्मा बताया जाता है। इसके अलावा, सत्ता संघर्ष में ज्ञान का एक अंश ही संपूर्ण ज्ञान हो जाता है, वह अंतिम ज्ञान हो जाता है।

कभी बुद्धिजीवियों के पास सिद्धांत और विश्वास थे। वे देश, समाज और शासन के बारे में आलोचनात्मक ढंग से सोचते थे। फ्रांसीसी कलाकार आगस्त रोदीं (1840-1917) का एक मूर्तिशिल्प है- 'द थिंकर'। इसमें एक निर्वस्त्र आदमी अपने हाथ पर ठोड़ी टेके कुछ चिंतन करते दिखाया गया है। पहले हर बुद्धिजीवी पूर्वग्रह-मुक्त चिंतक होता था। बाद में बुद्धिजीवी समुदाय में मध्यवर्ग का एक बड़ा हिस्सा शामिल हुआ। उसमें चिंतनशील लेखकों, वैज्ञानिकों और आंदोलनकारियों के अलावा बड़े पैमाने पर शिक्षक, न्यायविद, इंजीनियर, शिल्पी, डाक्टर, सरकारी अफसर, राजनीतिज्ञ आदि भी गिने जाने लगे। यह भी हुआ कि धीरे-धीरे विचारों को चाट और पटाखा बना दिया गया।

ग्राम्शी ने जन संगठन से जुड़े 'आर्गेनिक इंटलैक्चुअल' की धारणा दी थी। इस समय बहुराष्ट्रीय कंपनियों के 'आर्गेनिक इंटलेक्चुअल' हैं जिनमें कई व्यक्ति एनजीओ से जुड़े हैं।

उत्तर-औपनिवेशिक सबाल्टर्न सिद्धांतों के तहत 'सामुदायिक बुद्धिजीवी' की भी एक कोटि बनी है- जनता के जितने टुकड़े, उतनी तरह के बुद्धिजीवी! इधर कई तरह से शिक्षित और सुखी 'एलीट बुद्धिजीवी' उभरे हैं जिनका एक काम आनंदपूर्वक गरीबी पर बहस चलाए रखना है। कुछ बुद्धिजीवी राजनीतिक दलों के 'थिंक टैंक' हैं। एक कोटि 'सोशल मीडिया का बुद्धिजीवी' है। सार्त्र से आगे बढ़ कर नोऑम चाम्स्की ने नए युग में कहा कि बुद्धिजीवी अब राजनीतिक खाद्य वस्तु और सत्ता-प्रतिष्ठान के पोषक होते हैं। आज यह दृश्य सार्वभौम है।

मीडियाशाहों से अपील

हाल का एक बड़ा उदाहरण एक अमीर क्लब द्वारा 'भारत की अवधारणा' विषय पर आयोजित डिबेट है जिसे कैंसर जैसे रोग का एक कारण कहे जा रहे मशहूर ब्रांड पान बहार ने प्रायोजित किया था। इसके खर्चे पर प्रायः सभी बड़े दलों के राजनीतिक चिंतक और बुद्धिजीवी आए थे। श्रोताओं में क्लब के अमीर और पढ़े-लिखे लोग थे। ये सभी विचार विलास के लिए आए थे। 'राष्ट्र' के लिए चिंतित इनमें से किसी व्यक्ति ने नहीं सोचा कि विचार की दुनिया में पान मसाले का क्या काम है, वे हिस्सा क्यों ले ऐसे प्रायोजनों में। लेकिन नहीं, कीमत मिले तो आज कुछ भी बेचा जा सकता है। आज मार्क्सवाद, गांधीवाद, राष्ट्रवाद और अन्य सभी वादों से ऊपर है फायदावाद!

इस दौर के अधिकांश बुद्धिजीवियों की एक खूबी यह है कि वे तथ्यों को दबाने, इच्छानुसार तथ्य चुनने और झूठ के प्रचार की कला में माहिर हैं। सोशल मीडिया ने बुद्धिजीवी वर्गों का काफी विस्तार किया है। यह जबर्दस्ती एक ऐसी अदालत बनी हुई है, जहाँ मुकदमा की शुरुआत में ही फैसला सुना दिया जाता है और तथ्यों तथा तर्क की कोई जरूरत नहीं होती। भीड़ का न्याय सड़क से सोशल मीडिया तक है और भाषा-आतंकवाद चल रहा है।

सिगरेट के डिब्बे पर पीने वालों के लिए चेतावनी लिखी होती है- धूम्रपान स्वास्थ्य के लिए हानिकर है। कुछ व्यक्ति हैं जो 'चेन स्मोकिंग' की तरह सोशल मीडिया पर लिखते हैं और उन्माद निर्मित करते हैं। यहाँ तथ्य, तर्क और बुद्धि से कोई संबंध बचा नहीं होता। देखा जा सकता है कि आज सोशल मीडिया ने एक भयावह बौद्धिक माहौल पैदा कर दिया है। इसका दुरुपयोग ज्यादा हो रहा है। यह मनुष्य को कुछ नहीं सिर्फ खोखला करता है। जुकेरबर्ग जैसे मीडियाशाहों से कहा जाना चाहिए कि वे यदि सचमुच मानवता के लिए चिंतित हैं तो फेसबुक,

व्हाट्सएप जैसी जगहों के खुलते ही यूजर को सबसे पहले यह पढ़ने को मिले- 'यह चेतना के लिए हानिकारक हो सकता है!'

ज्ञान में थोड़ा मनुष्य बने रहना

प्रेमचंद ने कहा था, 'इंटेलेजेंसिया में जो भी शक्ति आती है, वह जनता से आती है।' कहा जाता रहा है कि जनता अज्ञानी नहीं है, वह सब समझती है। क्या आज भी यह बात कही जा सकती है? निराला ने एक कविता में कहा था, 'जनता पर जादू चला राजे के समाज का/...आंख-कान मूंद कर जनता ने डुबकियां लीं।' जनता कभी-कभी अंधी, बहरी और उन्मादी हो जाती है। आज बाजार और राजनीति दोनों ओर से अज्ञानता का बड़े पैमाने पर निर्माण किया जा रहा है। इसका विकसित तकनीकी साधनों द्वारा प्रचार किया जा रहा है। बड़ी संख्या में लोग इस प्रचार के समुद्र में डुबकियां लगा रहे हैं। वे जाति, धर्म, क्षेत्रीयता आदि की मिथ्या भेदभावपूर्ण भावनाओं से घिरते जा रहे हैं और हिंसा से भरे हुए हैं। क्या इस भीड़ में बुद्धिजीवी और कलाकार भी शामिल हैं? निश्चय ही बड़ी संख्या में वे शामिल हो रहे हैं। लेकिन ज्ञान और किसी भी तरह प्राप्त की जा रही सत्ता दोनों एक चीज नहीं हैं। ज्ञान सत्ता विमर्श नहीं है।

बौद्धिक पुनर्जागरण ज्ञान को सत्ता विमर्श की सीमारेखाओं से मुक्त करना है। यह तथ्य, तर्क और बुद्धि के महत्व को फिर स्थापित करना है। यह बाढ़ में बहना नहीं, तैरना है।

ज्ञान और सत्ता के बीच संबंध है, लेकिन ज्ञान सत्ता का मालवाहक नहीं है। कहा जा सकता है, ज्ञान में मनुष्य बने रहना आज जोखिम भरा है, पर अच्छा है।

प्राचीन ग्रीस के शहरों में ज्ञानियों, व्यापारियों, राजनीतिज्ञों और कानूनची लोगों की भीड़ रहती थी। लोगों ने दार्शनिक डायोजिनिस को जब एक दिन दोपहर में भी लालटेन लेकर चलते देखा, किसी ने पूछ दिया, 'इस तरह कहाँ जा रहे हैं?' डायोजिनिस ने जवाब दिया, 'ज्ञानियों के बीच मनुष्य को खोजने निकला हूँ!'

मार्च 2019

छायावाद की एक सदी

छायावाद हिंदी संसार का वह दौर है जब न सिर्फ भारत की अवधारणा में स्पष्टता आई, बल्कि अतीत और पश्चिम दोनों के बंधन से मुक्ति की आवाजें सुनाई पड़ीं। यह युग मोटे तौर पर 1918 से शुरू माना जाता है, हालांकि छायावाद शब्द सबसे पहले 1920 में आया- जबलपुर से निकलने वाली 'श्रीशारदा' पत्रिका में प्रकाशित मुकुटधर पांडेय के लेख में।

हिंदी में पहली बार ऐसा है कि यह किसी खास साहित्यकार की शताब्दी नहीं है। यह उस खास विचारधारा के सौ वर्ष पर बहस का समय है जिसने सिर्फ साहित्य को ही नहीं पूरे समाज को, संस्कृति को, कलाओं को, फिल्मों को भी और राजनीति तक को एक नई मंजिल की ओर बढ़ने की प्रेरणा दी थी। इसने हर तरफ स्वच्छंदता की अनुगूंज पैदा की जो नवजागरण के बाद आई सामाजिक गतिशीलता का नतीजा थी। इसी दौर में गांधी उभरे, प्रेमचंद हुए, पूर्ण स्वाधीनता की मांग उठी (1929) और देश को व्यथित करतीं शहीदों की चिताएं धधकी थीं। छायावादी साहित्य में मौजूद मानवीय पीड़ा और उस युग के स्वप्नों को इस पृष्ठभूमि में समझने की जरूरत है।

छायावाद की एक सदी तब पूरी हो रही है, जब भारत में छायावाद युग के आदर्शों का सबसे अधिक पतन हुआ है। हम नई मंजिल की ओर बढ़ते-बढ़ते पीछे मुड़ गए हैं जहां फिर भेदभाव है, बंधन हैं, घृणा है, हिंसा है और आदर्शों में गिरावट है। पहले लोग विद्रोही होते थे, अब वे हिसाबी हो गए हैं। पहले यात्री थे, अब टूरिस्ट हैं। पहले आमने-सामने बैठ कर बातें करते थे, अब मोबाइल पर व्यस्त हैं और आंखें तक नहीं मिला पाते। जिंदगी की गाड़ी अब स्वार्थ के डीजल के बिना नहीं चलती। कट्टरवाद और उपभोक्तावाद ने इस युग के व्यक्तियों में रोमांटिसिज्म खत्म कर दिया है। हिंदी समाज पर रोमांटिसिज्म का खास असर नहीं पड़ा, छायावादी कवियों को रवींद्रनाथ

जैसा सम्मान नहीं मिला। हम वस्तुतः प्रसाद, निराला, पंत और महादेवी को खो चुके हैं।

विडंबनापूर्ण यह है कि हममें कुछ खोने का बोध, 'सेंस ऑफ लॉस' नहीं है। यदि इन्सान में खोने का बोध बचा रहता है तो खोई मूल्यवान चीजों को पुनः उपलब्ध करने का आत्मविश्वास भी बचा रहता है। 'खोने के बोध' को जगाना वर्तमान समय की सबसे बड़ी चुनौती है जो पूरे राष्ट्र के सामने है।

छायावाद मनुष्य को व्यक्ति से जातीय, जातीय से भारतीय और भारतीय से विश्वमानवतावादी बनाने का आंदोलन था। वह व्यक्ति, जातीयता, राष्ट्र और विश्व के बीच अंतर्क्रीड़ा का एक महादृश्य था। छायावाद एक उदात्त मानवीय संसार का बोध लेकर आया था, जबकि आज हमलोग सभ्यता की संकरी गलियों में हैं।

छायावाद भारतीय शैली का रोमांटिसिज्म है जिसे स्वच्छंदतावाद भी कहा गया है। यह मनुष्य जीवन की एक सकारात्मक, सृजनात्मक और क्रांतिकारी शक्ति है जो सामंतवाद से टकराती है। इस आंदोलन ने सबसे पहले मनुष्य को सामंती झुंड से बाहर निकाल कर उसमें वैयक्तिकता की, 'मैं' की प्रतिष्ठा की। यह व्यक्ति के 'स्व' का उद्घोष है।

निराला ने जब कहा था, 'मैंने मैं शैली अपनाई' तो यह सिर्फ एक काव्य शैली की बात नहीं थी। यह एक सांस्कृतिक मुक्ति का मामला भी था। आज आम आदमी का 'मैं' सांप्रदायिक, जातिवादी और उपभोक्तावादी झुंडों में खोता जा रहा है। उस युग में अहं से बाहर निकल रहा 'मैं' चौहद्दियां तोड़ रहा था। कई लोग अपनी देह के बाहर 'मैं' को नहीं देखते, जबकि छायावाद का 'मैं' एक उच्च मनोभूमि है। वह 'मैं' आज नहीं है, उसका अपहरण हो गया है। चुनाव में अब व्यक्ति का 'मैं' वोट नहीं देता, बल्कि धर्म और जातिवाद के बोरे में भर कर वोट गिराए जाते हैं।

छायावाद के बारे में बंधी समझ उसके मूल्यांकन में बाधक है

छायावाद के बारे में बहुत कुछ लिखा गया है। हम दावा कर सकते हैं कि उसके बारे में हमारे पास विपुल जानकारियां हैं। कई बार किसी चीज के बारे में ज्यादा जानकारियां और उन पर आधारित बंधी समझ ही उस चीज को जानने के मार्ग में सबसे बड़ी बाधा होती है। हमें तब उन जानकारियों के पार जाना पड़ता है और नई दृष्टि की तलाश करनी पड़ती है।

छायावाद के पुनर्मूल्यांकन के मार्ग में सबसे बड़ी बाधा उसे रहस्यवाद के पर्याय के रूप में देखना है। खुद छायावादी कवियों ने यह भ्रम फैलाया। प्रसाद ने छायावाद को 'रहस्यवाद की सौंदर्यमयी अभिव्यंजना' कहा था, हालांकि उन्होंने इसे 'युग की वेदना' से भी जोड़ा था। निःसंदेह इस युग के कवियों की सौंदर्य चेतना, जीवन और प्रकृति की सौंदर्य छवियों की रचना उस युग की मूल्य चेतना से घनिष्ठता से जुड़ी हुई है।

छायावाद को पहली बार सकारात्मक दृष्टि से देखने वाले आलोचक नंद दुलारे वाजपेयी ने भी कहा था, 'सूक्ष्म किंतु व्यक्त सौंदर्य में आध्यात्मिक छाया का भान मेरे विचार से छायावाद की सर्वमान्य परिभाषा हो सकती है'। उन्होंने इसे 'नूतन सांस्कृतिक भावना का उद्गम' और 'राष्ट्रीय जागरण की प्रभाती ध्वनि' कहा था। यह 19वीं सदी के नवजागरण के संबंध में कहा जाना चाहिए था।

छायावाद पर सबसे अच्छी किताब नामवर सिंह की है। उन्होंने 'छायावाद की कविता से राष्ट्रीय जागरण का पर्याप्त आभास' पाते हुए उसमें 'वास्तविकता की कमी', 'व्यापकता की कमी' और 'व्यक्तिवाद' भी देखा था। इस बिंदु पर कहा जा सकता है कि छायावाद जीवन के व्यापक यथार्थों से तटस्थ नहीं है। उसमें कल्पनाशीलता है, पर यह बुद्धि और यथार्थ के विरुद्ध नहीं है। उसमें वैयक्तिकता जरूर है, पर व्यक्तिवाद नहीं है।

रहस्यवाद तक सीमित नहीं है छायावाद

छायावाद के बारे में एक यह कहा जा सकता है कि जिस तरह कबीर में रहस्यवाद के अलावा बहुत कुछ है, उसी तरह छायावाद में भी रहस्यवाद के अलावा ऐसा बहुत कुछ है जो लौकिक, राष्ट्रीय और मानवीय है। दूसरे, छायावादी साहित्य के एक छोटे हिस्से में मौजूद रहस्यवाद को पारंपरिक अर्थ में न लेते हुए महज रहस्यात्मक शैली माना जा सकता है। रहस्यवाद काल से कालातीत में और इतिहास से अनंत में छलांग है। यदि छायावाद का संबंध इतिहास से है, जैसा कि 'स्कंदगुप्त', 'चंद्रगुप्त' (प्रसाद) 'तुलसीदास' (निराला) जैसे चरित्रों से स्पष्ट है और स्वाधीनता आंदोलन से है तो उसे कहीं भी रहस्यवाद में सीमित करके देखना ठीक नहीं है।

रहस्यवाद के बारे में एक धारणा यह सामने आई है कि इसने विभिन्न तरह के पाखंड और भेदभाव से भरे कठोर धार्मिक माहौल में प्रेम का संदेश दिया। इसने

कठिन समय में लोगों के अंतःकरण के उच्च ईश्वरीय भावों को बुझने नहीं दिया। इसके अलावा, रहस्यवाद ने समय-समय पर क्रूर सत्ताओं को निर्भय होकर चुनौती दी जो सूफी और संत साहित्य से स्पष्ट है। फिर भी रहस्यवाद पर यह आरोप लगता रहा है कि यह यथार्थ से पलायन है, जबकि इसकी धर्मनिरपेक्ष अध्यात्मिकता में अमूर्तता और धुंधलेपन के बावजूद उच्च मूल्यों की खोज सदा रही है। उपनिषद रचने वाले ऋषि हों, कबीर, रवींद्रनाथ या महादेवी हों- ऐसे सभी व्यक्ति दुनिया से भागने वाले नहीं बल्कि इसे भीतर से बदलने की उद्दाम लालसा रखने वाले, भेदभावों से ऊपर उठे हुए, कलाप्रेमी और भावप्रवण विद्रोही थे। इन्होंने अपने समय के सत्ता विमर्शों को चुनौती देते हुए अपनी सच्ची भावनाओं को कहने का जोखिम उठाया था।

छायावाद में रहस्य भावना कोई अमूर्त्त जिज्ञासा नहीं है। उसमें ऐसे मानवीय जीवन की कामना है जो वर्चस्व और बंधनों से मुक्त हो। वर्तमान दुनिया असह्य है, एक नया विश्व चाहिए। वर्तमान विश्व में बंधन हैं, सरहदें हैं, प्रभुत्व और वंचनाएं हैं, भेदभाव हैं। इसलिए एक नई दुनिया चाहिए, 'जहां सपने हों पहरेदार/ अनोखा एक नया संसार' (महादेवी)। ऐसा विश्व बन नहीं पा रहा है। इसलिए वेदना है, कहीं उदासी है, विलगाव की चीख है, पर एक नई दुनिया की आकांक्षा भी है।

भारत की आत्मा का हाहाकार

प्रसाद ने लिखा है, 'इस करुणा कलित हृदय में/ क्यों विकल रागिनी बजती/क्यों हाहाकार स्वरों में/वेदना असीम गरजती।' छायावाद में वेदना ही नहीं, वेदना का गर्जन भी है। यह निजी वेदना नहीं है। यह भारत की आत्मा का हाहाकार है। महत्वपूर्ण यह है कि यह हाहाकार सरहदें नहीं बनाता। यह विश्व के दुख को भी उभारता है। निःसंदेह छायावाद के केंद्र में दुख है। निराला ने लिखा था, 'दुख ही जीवन की कथा रही'। दुख जितना निजी था, उससे काफी अधिक जातीय था। उस युग में दूसरों के दुख को महसूस करने की क्षमता थी। अधिक सुख आदमी को अमानवीय बना देता है, जबकि दुख मानवीय बनाता है। हम पाते हैं कि छायावाद युग के लोगों का दुख में भी सिर उठा रहता था।

छायावाद की वेदना भारतीय आकांक्षा और सामंती-औपनिवेशिक यथार्थ के बीच टकराहट का नतीजा है। यूरोप के कई देशों में फ्रांसीसी क्रांति (1789) की उपलब्धियां- 'बंधुत्व, स्वाधीनता और समानता' जब यथार्थ बन चुकी थीं, तब

गृह कलह से जर्जरित जर्मनी में वे स्वप्न थीं। वे हीगेल के आदर्शवाद में व्यक्त हुईं। छायावाद की तुलना बहुत कुछ हीगेल के आदर्शवाद से की जा सकती है, क्योंकि बंधुत्व, स्वाधीनता और समानता भारत में भी स्वप्न जैसे ही रहे हैं। इन चीजों की आकांक्षा और सामंती-भूमंडलीय यथार्थों के बीच टकराहटें आज भी कम नहीं हैं।

राष्ट्रीय जागरण और विश्वबोध

पश्चिमी रोमांटिसिज्म की पृष्ठभूमि से छायावाद की पृष्ठभूमि भिन्न है। पश्चिमी रोमांटिसिज्म तीन-चार सौ सालों के यूरोपीय रिनेसां की व्यापक पृष्ठभूमि में और एक स्वतंत्र माहौल में आया था, जबकि भारत में रोमांटिसिज्म या हिंदी में छायावाद 19वीं सदी के नवजागरण की कमजोर पृष्ठभूमि लेकर और औपनिवेशिक माहौल में आया। यह भी उल्लेखनीय है कि छायावाद की पृष्ठभूमि में 1857 का पहला स्वाधीनता संग्राम और 1917 की रूसी क्रांति- ये दो खास चीजें थीं जिनका असर पड़ा था।

छायावाद में 19वीं सदी के नवजागरण की निरंतरता है। अर्थात इसमें एक ओर राष्ट्रीय आत्मपहचान का संघर्ष है, दूसरी ओर, इसमें अंतरराष्ट्रीयतावाद या विश्वबोध है जो रोमांटिसिज्म की सार्वभौम प्रवृत्ति है। छायावाद में राष्ट्रीय जागरण पश्चिम से 'पृथकता' का बोध है जो भारत की औपनिवेशिक स्थितियों में स्वाभाविक है। इसके अलावा, छायावाद में विश्वमानवतावाद या विश्वबोध भी है, अर्थात विश्व से अ-पृथकता का अहसास भी है। छायावादी साहित्य में विरुद्धों का सामंजस्य एक प्रमुख तत्व है जो 'संध्या', 'उषा', 'क्षितिज', 'अरुण-नील' जैसे ज्यादा प्रयोग में लाए गए शब्दों से स्पष्ट है। अरुण रंग का संबंध जागरण और नीले रंग का संबंध वेदना से है-'यह सागर संगम अरुण-नीला।'

यदि निराला कहते हैं, 'प्रिय स्वतंत्र रव अमृत मंत्र नव/भारत में भर दे' तो अगले ही क्षण वे यह कहना नहीं छोड़ते, 'जगमग जग कर दे'! प्रसाद 'आंसू' में कहते हैं, 'बरसो प्रभात हिमकण सा/आंसू इस विश्व सदन में।' वे सिर्फ हिंदी क्षेत्र या भारत की बात नहीं करते। अंध-राष्ट्रवाद के वर्तमान दौर में छायावाद का विश्वबोध, मानवतावादी सामंजस्य चेतना और भेदभाव से ऊपर उठने का राष्ट्रीय आह्वान प्रेरणादायक है।

उपर्युक्त रोशनी में यह भी स्पष्ट हो सकता है कि लंबे समय से व्यर्थ ही द्विवेदी युग और छायावाद को लड़ा कर देखा गया। दोनों को अभिव्यक्ति की

शैली- इतिवृत्तात्मकता बनाम सूक्ष्मता के आधार पर लड़ा कर देखा गया। छायावाद भारतेंदु और द्विवेदी युग के नवजागरण का स्वाभाविक विकास है।

बुद्धि और सहृदयता का युग्म

छायावाद का उदारवाद बुद्धि और सहृदयता के मेल से बना है-बुद्धि की क्षमता से रूढ़ियों तथा कट्टरता का खंडन और सहृदयता की क्षमता से व्यक्ति के 'मैं' का जाति, धर्म, राष्ट्र और निजी स्वार्थों का अतिक्रमण करते हुए आत्मप्रसार। रामचंद्र शुक्ल ने ज्ञान प्रसार के साथ भाव प्रसार की जो बात की थी, उसे महादेवी ने 'मस्तिष्क को हृदयमय और हृदय को मस्तिष्कमय' बनाना कहा था। यह चीज मुक्तिबोध के यहां ज्ञानात्मक संवेदना और संवेदनात्मक ज्ञान के रूप में है। इधर आर्टिफिसियल इंटेलिजेंस आया है जो रोबोट से इसी अर्थ में भिन्न है कि बुद्धि के अलावा उसके पास एक 'मानवीय चेहरा' है। वह प्रेम से बात करता है। समझने की जरूरत है कि मानवता का 'मानवीय चेहरा' भर होना एक बड़ा धोखा है।

यह भी कम व्यथित करने वाली बात नहीं है कि वर्तमान युग में 'एलीट' और 'लोक' के बीच जबर्दस्त मानसिक विभाजन है जिसके कारण एलीट सहृदयता से दूर है तो लोक बुद्धिपरकता से दूर होता जा रहा है। छायावाद में बुद्धि और सहृदयता का जबर्दस्त मेल न होता तो 'कामायनी' में श्रद्धा मानव को इड़ा के पास नहीं छोड़ती- 'यह तर्कमयी तू श्रद्धामय/... मानव कर ले सब भूल ठीक'!

दुनिया के हर देश में अपनी तरह से नवजागरण आया और इसके बाद रोमांटिसिज्म आया। नए युग में तर्क, मशीन और टेक्नोलॉजी के समानांतर हृदय के प्रसार, प्रकृति-प्रेम और मानवता की बात कही गई।

छायावादी कवि भावप्रवण थे, उतने ही मूल्यप्रवण भी थे। वे किसी बिंदु पर यदि दार्शनिक थे तो उनमें अबोधता भी थी- सरलता और ईमानदारी भी थी। वे जुझारू थे तो उनमें मधुरता भी थी। वे अपनी इन महान शक्तियों के बल पर ही कट्टरवाद से टकराते थे। महज सतही जुमलों को लेकर झूम रहे देशवासियों को आज छायावादी साहित्यकारों की बातें बेगानी लगेंगी। वे रोमैंटिक लोग पागल लगेंगे। हम देख सकते हैं कि उन कवियों ने प्रेम को रीतिवाद, सामंती रूढ़ियों और श्रृंगारिक विलासता से किस तरह मुक्त किया- स्त्री के आत्मसम्मान का सवाल उठाया। उन्होंने प्रेम का स्त्री-पुरुष से ऊपर उठ कर मातृभाषा, देश और संपूर्ण सृष्टि तक अनोखा विस्तार किया। आज प्रेम और चतुराई के बीच दूरी कम रह गई है!

प्रेमचंद की तरह ही छायावादी लेखकों को भी धन से दुश्मनी थी। 'पुरस्कार' की मधूलिका अपने खेत के मुआवजे के रूप में मिला स्वर्ण से भरा थाल उपेक्षा के साथ फेंक देती है। सालवती सोने की गेंद तालाब में फेंक देती है। 'स्कंदगुप्त' में देवसेना भोगवादी प्रवृत्ति की विजया से अलग प्रकृति की है। 'आकाशदीप' की चंपा विदेशों मे जाकर व्यापार-वृद्धि की जगह चंपा द्वीप के 'स्माल इज ब्यूटीफुल' को चुनती है।

छायावादी कवियों की एक विलक्षणता के बारे में महादेवी ने लिखा है, 'हमारे युग में अर्थ का कोई प्रश्न ही नहीं था। जिस युग में हम लोगों ने लिखा- निराला जी ने या पंत जी ने या हमने- तब अर्थ का कोई प्रश्न ही नहीं था और यश के लिए भी हम कोई आकुल नहीं थे।' आज पैसे और यश की भूख का अंत नहीं है, क्योंकि रोमांटिसिज्म खत्म है। मनुष्य उत्पादक से अधिक मिडिल मैन है!

एक बार किसी आदमी से पूछा गया, यदि घर में आग लगने से एक कमरे में एक बच्चा आग से घिरा हो और दूसरे कमरे में पिकासो का चित्र और किसी एक को ही बचाने की स्थिति हो तो तुम किसे बचाओगे? आदमी ने तपाक से उत्तर दिया- पिकासो के चित्र को। इसे बेच कर करोड़ों की रकम से बच्चों का अनाथालय खोल दूंगा और सैकड़ों बच्चों को मरने से बचा लूंगा। क्या वह सही था?

समझ की कुछ और सीमाएं

छायावाद के अब तक के मूल्यांकन की एक और सीमा है- इसे सिर्फ काव्य के मूल्यांकन तक सीमित रखना। छायावादी साहित्यकारों ने कहानी, उपन्यास, नाटक, निबंध, रेखाचित्र आदि भी लिखा है। यह संभव नहीं है कि वे कविता में छायावादी हों और अन्य विधाओं में छायावादी न हों।

एक दूसरी बड़ी सीमा है छायावाद के मूल्यांकन में अत्यधिक नायक पूजा। शीतयुद्धीय वजहों से निराला पर चर्चा ज्यादा केंद्रित रही। इसने छायावाद के उन आयामों को सामने आने से रोका जो प्रसाद, पंत और महादेवी से जुड़े थे। नायक पूजा एक सामंती तत्व है जो लोकतंत्र को क्षतिग्रस्त करता है। भारत में 'विचार' की जगह 'नायक' की प्रधानता ने आज देश में व्यक्ति-छवियों, बड़े-बड़े कट आउट और इमेज मैनेजमेंट का ऐसा जाल बिछा दिया है कि जनता भी नायक ही पसंद करती है। यह उसकी निराशा और लोकतांत्रिक अभिरुचि में गिरावट का संकेत है।

धर्म और छायावाद

छायावाद युग में देवताओं और नायकों को आम व्यक्ति बना कर उपस्थित किया गया और 'साधारण की विशिष्टता' का उद्‌घाटन हुआ। प्रसाद और प्रेमचंद एक ही युग के थे। छायावाद का आदर्शवाद प्रेमचंद के यथार्थवाद से और प्रेमचंद का यथार्थवाद छायावाद के आदर्शवाद से तटस्थ नहीं रह सकता था। इसलिए इस युग में होरी था तो मेहता-मालती भी थे, श्रद्धा-देवसेना भी थीं। 'भिक्षुक' तथा 'देखा दुखी एक निज भाई' था तो 'तुलसीदास' और 'राम की शक्तिपूजा' भी थी। स्त्री 'नीर भरी दुख की बदली' थी, तो 'जाग तुझको दूर जाना' भी था। यह एक साथ कई प्रवृत्तियों, कई अंतर्धाराओं, कई सह-संबंधों और कई आशाओं तथा ऊंचाइयों का युग था।

छायावाद में पुनरुत्थानवाद के तत्व खोज कर उसे अवमूल्यित किया जाता रहा है, जबकि यह नवजागरण युग के धार्मिक सुधारों से प्रभावित था। छायावाद धार्मिक सहिष्णुता का पक्षधर और संकीर्णताओं का विरोधी था और उदारवाद से प्रेरित था। पंत उग्रता से पुनरुत्थानवाद का विरोध करते हैं, 'उस पुरानी गुदड़ी में असंख्य छिद्र, अपार संकीर्णताएं हैं।' ('पल्लव' की भूमिका)। निराला की 'राम की शक्तिपूजा' का राम एक धर्मनिरपेक्ष काव्यात्मक चरित्र है।

प्रसाद ने अपने पहले काव्य संग्रह 'चित्राधार' में यहां तक कहा था, 'ऐसो ब्रह्म लेइ का करिहै/ जो नहिं सुनत, करत नहिं जो कछु, जो जन पीर न हरिहै।' छायावादी कवियों के पास एक उदात्त भविष्य दृष्टि थी। वे अतीत की धार्मिक रूढ़ियों, बाह्याडंबरों और हर 'जीर्ण-शीर्ण' के विपक्ष में खड़े होकर नव मानवता का संदेश दे रहे थे- 'नष्ट भ्रष्ट हो जीर्ण पुरातन' और 'हो पल्लवित नवल मानवपन'!

यह भूलना नहीं चाहिए कि वह संक्रमण का दौर था, जब कुछ पूर्वग्रहों, पुराने विश्वासों और संस्कारों का बना रहना स्वाभाविक है।

छायावाद में स्त्री

नवजागरण और छायावाद के बीच स्त्री प्रश्न पर गहरा संबंध है। प्रसाद की नायिका ध्रुवस्वामिनी शास्त्र, सामाजिक प्रथाओं और राज्य के सामने साहसपूर्वक सवाल खड़ा करती है, 'आज यह निर्णय हो जाना चाहिए कि मैं कौन हूँ?' छायावाद में स्त्री को 'जीवन के सुंदर समतल', बराबरी पर प्रतिष्ठित करने की जो परियोजना है, वह द्विवेदी युग का खंडन नहीं है, बल्कि उसका विस्तार है।

निराला 'वह तोड़ती पत्थर' में कहते हैं, 'देखते देखा मुझे जो एक बार/उस भवन की ओर देखा छिन्न तार।' स्त्री हमेशा देखने की वस्तु समझी गई है, लेकिन इस कविता में स्त्री एक दृश्य भर नहीं है। वह खुद भी देखती है। वह निराला को देखते हुए देखती है! उसे महज दृश्य होने से इन्कार है। भवन और स्त्री जिसके जीवन के तार छिन्न-छिन्न हैं, का एक कंट्रास्ट खड़ा होता है। फिर निराला उसे 'सहज सजा सितार' कहते हैं। हथौड़ा और सितार- यह विरुद्धों का एक सुंदर युग्म है।

छायावादी कवियों में महादेवी ऐसी थीं जिन्होंने स्त्री होने के दर्द का तल्ख अनुभव किया था। छायावाद के स्त्री- संदर्भ की विशिष्टता को समझना जरूरी है। उन्होंने एक जगह लिखा है, 'मैं किसी कर्मकांड में विश्वास नहीं करती।' महादेवी की स्त्री कैसी है? 'आंसू का तन विद्युत का मन/प्राणों में वरदानों का प्रण'! स्त्री के आंसू में विद्युत की कामना एक विद्रोह है।

रोमांटिसिज्म एक बड़ी परिदृश्यात्मक घटना है

छायावादी साहित्यकारों के गद्य के बिना छायावाद को समझा नहीं जा सकता। काव्य में राग की प्रधानता है तो गद्य में क्षोभ की प्रधानता है- उदात्त नूतनता से राग और जीर्ण पुरातनता से क्षोभ। प्रसाद के उपन्यास 'कंकाल' में धार्मिक समाज के भीतर मची उथलपुथल के चित्र हैं। इसमें हिंदू मंगल और मुसलमान गाला के प्रेम का ट्रैजिक वर्णन है। 'तितली' में हिंदू -ईसाई के बीच प्रेम है। प्रसाद की एक अल्पपरिचित गद्यकविता 'उर्वशी' में अप्सरा कहती है, 'मैं तो पहले ही कह चुकी हूँ कि मैं स्वतंत्र हूँ। इसी स्वतंत्रता को छीनने के लिए आगे चल कर अनेक कठोर नियम बनेंगे, बड़े-बड़े प्रलोभन और बड़ी-बड़ी धमकियां होंगी, फिर भी हमारा दल बना रहेगा और स्वतंत्र रहेगा।' छायावाद के उन मूल्यों को समझना होगा, जिन पर धार्मिक कट्टरवाद हर युग में खतरा पैदा करता रहा है।

'कुल्ली भाट' में निराला दलित बच्चों से मिलते हैं, 'बिना स्तव के, बिना यंत्र के, बिना वाद्य, बिना गीत के, बिना सिंगार वाले ये चमार, पासी, धोबी, कोरी दोने में फूल लिए हुए मेरे सामने आ-आकर रखने लगे। मारे डर के हाथों में नहीं दे रहे थे कि कहीं छू जाने पर मुझे नहाना होगा। इतना नत, इतना अधम बनाया है मेरे समाज ने इन्हें।... बिना वाणी की वह वाणी, बिना शिक्षा की वह संस्कृति प्राण का पर्दा पर्दा-पार कर गई। ओफ्फ! कितना मोह है। मैं ईश्वर,

सौंदर्य, वैभव और विलास का कवि हूँ! फिर भी क्रांतिकारी!!' इस तरह का आत्मविखंडन, इस तरह की ग्लानि क्या आज संभव है? निराला में देशभक्ति के साथ न्याय की आवाज खुल कर है। आज देश को लेकर गर्व से भरी बातें, बड़बोलापन ज्यादा है, क्योंकि लोगों का रोमांटिसिज्म आमतौर पर अधमरा हो चला है- उच्च आदर्श मुरझा गए हैं।

हिंदी के इस विलंबित और अल्पवयसी साहित्यिक आंदालेन का जल्दी युगांत मान लिया गया। हालांकि इसका प्रभाव परवर्ती सांस्कृतिक नवोन्मेषों पर लंबे समय तक रहा है। भारत में तब तक रोमांटिसिज्म की महत्वपूर्ण भूमिका है जब तक सामंतवाद और औपनिवेशिक हैंगओवर है। इसके अध्ययन का क्षेत्र साहित्यिक विधाओं के बाहर पत्रकारिता, संगीत, नृत्य, पेंटिंग्स और सिनेमा तक फैला है। रोमांटिसिज्म एक बड़ी परिदृश्यात्मक घटना है।

प्रकृति से मनुष्य का चिरंतन प्रेम

छायावाद ने मनुष्य को महत्ता देते हुए भी उसे सृष्टि के केंद्र में नहीं रखा। इसने मनुष्य के चारों तरफ फैली प्रकृति - नदी-पर्वत, उषा-संध्या, किसलय-फूल, सूर्य-तारे, जल-वायु सभी से उसके रिश्ते को पुनर्परिभाषित किया। इसमें सभी चीजों की अंतर्निभरता की चेतना थी। उद्योगीकरण मनुष्य का विलगाव और पर्यावरणीय प्रदूषण बढ़ा रहा था। रिनेसां और विज्ञान ने मनुष्य को प्रकृति से द्वंद्व की शिक्षा दी थी। प्रकृति पर विजय का दंभ पैदा हो रहा था। छायावाद ने प्रकृति से प्रेम का संदेश दिया।

छायावाद को पुराने ढंग से देखने की एक सीमा यह है कि प्रकृति चित्रण को प्रकृति के मानवीकरण तक सीमित करके देखा गया। प्रसाद जब झरने, वरुणा की लहरों, सागर संगम, उषा नागरी या पंत जब अल्मोड़ा के पर्वतों के सौंदर्य का वर्णन करते हैं तो इन कवियों का मकसद प्रकृति के प्रति मनुष्य के चिरंतन राग का उद्घाटन है।

छायावादी कवि आधुनिक औद्योगिक समाज में बढ़ते उपयोगितावाद की भी आलोचना करते हैं, क्योंकि उपयोगितावाद के बढ़ने का अर्थ है स्वार्थ पूर्ति में सहायक न होने पर कई मानव संबंधों, स्मृतियों, कलाओं और उच्च उद्देश्यों का बेकार लगना और प्रकृति को महज उपभोग की चीज बना देना। रोमांटिसिज्म की जमीन से प्रेरित होकर ही पर्यावरणविदों ने अपना आंदोलन खड़ा किया है।

छायावाद : अभी भी चाहिए वह मिजाज

छायावाद पर ठोस ढंग से मूल्यांकन का अभी भी अभाव है। इसे बूर्जुआ साहित्यिक आंदोलन, रुग्ण मानसिकता की देन और जीवन के व्यापक यथार्थ से दूर बताया गया है। दुर्भाग्यजनक है कि नई कविता के कई लोगों ने छायावाद का महत्व नहीं समझा। उन पर शीतयुद्ध का असर था या न्यू क्रिटिसिज्म के रोमांटिकता-विरोधी विचारों, खास कर टी.एस. इलियट का असर था। मुक्तिबोध छायावाद को नहीं समझ पाए, हालांकि उनमें क्रांतिकारी ही सही भरपूर रोमांटिसिज्म है। अज्ञेय को छायावादी कवियों से ज्यादा केशव और मैथिलीशरण गुप्त अच्छे लगे। उन्होंने रोमांटिसिज्म से प्रभावित अपनी कृति 'शेखर एक जीवनी' को डिनाउंस कर दिया था। पर यदि उनकी ख्याति बनी रहेगी तो मुख्यतः इसी कृति से बनी रहेगी। पंत को 'लोकायतन' से ज्यादा उनकी छायावादी कविताओं के लिए याद किया जाएगा।

लंबे समय तक नए लेखक छायावाद विरोधी होने में ही श्रेष्ठता देखते रहे हैं। फिर भी उनके विद्रोह, क्रांतिकारिता या आधुनिकता में सारवान वही है जिसमें रोमांटिकता या छायावाद का अप्रत्यक्ष असर है। नई कविता के सभी कवि चाहे वे प्रगतिशील अधिक हों या आधुनिकतावादी अधिक, रोमैंटिक भी हैं।

मनुष्य के अंतःकरण के सामने, भारत की आत्मा के सामने दो बड़ी विपत्तियाँ हैं- तोड़फोड़ (फ्रैग्मेंटेशन) और वस्तुकरण (महज उत्पाद बना देना, कमोडीफिकेशन)। छायावाद मानवीय अंतःकरण के मुख्य गुणों- कल्पनाशीलता, अंतर्दृष्टि, सृजनात्मकता, अखंडता और करुणा के संरक्षण का आंदोलन रहा है। वह भारतीय आकांक्षाओं में परिवर्तन की एक बड़ी सांस्कृतिक सूचना है। भारत में नवजागरण यदि बुद्धिवाद की असमाप्त परियोजना है तो छायावाद को भारतीय राष्ट्रीयता और विश्वमानवता की असमाप्त परियोजना समझना चाहिए।

मई 2019

कल्पना का साहस

इतिहास जब वर्तमान की रणभूमि बनता है, ठीक उसी समय वह 'ग्रेट इंडियन सकर्स' होता है। आज अतीत के महान कवियों और चिंतकों की पूछ नहीं है, बल्कि जो सबसे अधिक हास्यास्पद है, वही सबसे अधिक लोकप्रिय है। इस समय इतिहास का दुरुपयोग तरह-तरह से मानव मस्तिष्क को दूषित कर रहा है। पर्यावरणीय प्रदूषण से कम बड़ा खतरा नहीं है मानव मस्तिष्क को प्रदूषित किया जाना, बुराई और प्रतिशोधमूलक आचरण का मानव प्रकृति में ढलते जाना। क्या यह मनुष्य का सभ्यता से आदिम प्रकृति में लौटना है?

अतीत की पुनर्रचना

पौराणिक और ऐतिहासिक पृष्ठभूमि में कलाओं और साहित्य की रचना पहले भी होती रही है। मिथकों और ऐतिहासिक प्रसंगों का कलात्मक पुनःसृजन अश्वघोष और कालिदास के समय से होता आ रहा है। हर युग में इसके लिए बौद्धिक स्वतंत्रता थी। इसका लक्ष्य विवाद न होकर हमेशा अपने समय से संवाद रहा है। विवाद आज बिकाऊ चीज है और सामाजिक ध्रुवीकरण में सहायक होता है। इसलिए पौराणिक और ऐतिहासिक चरित्र अब पहले की तरह अपने समय से संवाद या किसी बड़े उद्देश्य से नहीं चुने जाते। वे विवाद के लिए संकीर्ण राजनीतिक-व्यापारिक उद्देश्यों से पुनर्निर्मित होते हैं। अतीत की ऐसी पुनःकल्पना 'सृजन' की जगह 'उत्पाद' होती है।

जयशंकर प्रसाद छायावादी कवि थे। छायावाद की शुरुआत के सौ साल पूरे हुए हैं। छायावादी साहित्य राष्ट्रीय स्वाधीनता संग्राम की सांस्कृतिक प्रतिध्वनि होते हुए भी विश्व चेतना से भरा था, 'बरसो प्रभात हिमकन सा/आंसू इस विश्व सदन में।' प्रसाद भावनाओं को महत्व देते थे, वे भाववादी नहीं थे। उन्होंने 'लहर' की अपनी एक लंबी कविता 'प्रलय की छाया' में चित्तौड़ की पद्मावती के

समानांतर गुजरात की रानी कमला को विषय बनाया। जाहिर है, ऐतिहासिक परिवेश में यह भी एक काल्पनिक सृष्टि ही थी– 'पद्मिनी जली थी स्वयं किंतु मैं जलाऊंगी/वह दावानल ज्वाला जिसमें सुल्तान जले/...मेरे गुर्ज्जरेश!/आज किस मुख से कहूँ? सच्चे राजपूत थे/... दूर वे चले गए और हुई बंदी मैं।... वहीं मर जाने का/मेरा उत्साह मंद हो चला/उसी क्षण मृत्यु महागर्त से सोचने लगी थी मैं–/जीवन सौभाग्य है जीवन अलभ्य है।' मानव जीवन दुर्लभ है। इसलिए अलाउद्दीन के वैभवपूर्ण महल को देख कर बंदिनी कमला पद्मिनी की तरह जौहर करने का विचार त्याग देती है और जीना चाहती है। यह उसका चयन है। उसमें जीवन के सुखों को भोगने की इच्छा पैदा हो जाती है।

प्रसाद ने थोड़े इतिहास और ज्यादा कल्पना के मिश्रण से दिखाना चाहा कि राजा के छोड़ कर भाग जाने पर एक स्त्री अपनी देह के बारे में कैसे खुद फैसला लेती है। हालांकि कविता में गुजरात से छिप कर दिल्ली आया कमला का एक दास सुल्तान अलाउद्दीन को मार डालता है और खुसरो के नाम से खुद गद्दी पर बैठ जाता है। प्रसाद ने इस घटना की पृष्ठभूमि में भौतिक वासना की शिकार रूपगर्विता कमला के अंतर्द्वंद्व, आत्मबोध और अंततः उसका अंत दिखा कर यह संदेश दिया है कि रूप की सत्ता, यहाँ तक कि हर सत्ता एक आत्मव्यंग्य होती है। जहाँ सत्ता है, वहाँ जीवन का सौंदर्य नहीं होता और क्रूर तथा विलासितापूर्ण सत्ता का हमेशा दुखद अंत होता है।

कहा जा सकता है कि कोई भी अर्थपूर्ण कलात्मक निर्माण या लेखन सत्ता और सृजनात्मक वैयक्तिकता की विभाजक रेखा पर अस्तित्व पाता है। वाल्मीकि यदि अयोध्या के राजदरबार में होते, वे कभी 'रामायण' रच नहीं पाते!

मिथकीय विश्वास और इतिहास के अंतस्संबंध के दो रूप हो सकते हैं– मिथक का इतिहासीकरण और इतिहास का मिथकीयकरण। पौराणिक या मिथकीय आस्था का इतिहासीकरण पौराणिक कथा को इतिहास बनाना है। इससे पौराणिक चरित्र के संदेश की हत्या हो जाए तो हो जाए। पौराणिक आस्था का इतिहासीकरण इतिहास के खिलाफ खड़ा होना है। ऐसे कदमों से कई बार धर्म का मानवता के खिलाफ इस्तेमाल होता है।

अंग्रेजों और अन्य पश्चिमी बुद्धिजीवियों ने मिथकीय साक्ष्यों से आर्य–द्रविड़ संघर्ष की नस्लीय कल्पना करके भारत को उत्तर–दक्षिण के आधार पर तोड़ना चाहा था। कई देशों में अंध–राष्ट्रवादियों द्वारा नस्लीय–धार्मिक आधार पर तोड़फोड़ फिर शुरू कर दिया गया है। अब विदेशी नहीं, घर के लोग ऐसा कर रहे

हैं। उन चीजों को भी इतिहास बना कर उपस्थित किया जा रहा है जो सत्ता के कथात्मक आत्मव्यंग्य हैं।

इतिहास का मिथकीयकरण मिथक के इतिहासीकरण से भिन्न मामला है। यह इतिहास के यथार्थ को विशेष ढंग से कहना है। कलाकार और लेखक जब रचनात्मक अभिव्यक्ति के लिए मिथकीय संरचना चुनते हैं, तो अतीत में बस जाने के लिए ऐसा नहीं करते। वे वस्तुतः अपने समय के अर्थ को समझने, अपने राष्ट्रीय और मानवीय 'आत्म' को खोलने के लिए ऐसा करते हैं। ऐसी कला, ऐसा लेखन सत्ता विमर्श नहीं होता। वह महज बाजार-उत्पाद भी नहीं होता। वह संस्कृति विमर्श होता है, नागरिक समाज का विमर्श होता है। उसमें कोई न कोई नई और सार्थक उद्भावना होती है। मैथिलीशरण गुप्त की 'साकेत', निराला की 'राम की शक्तिपूजा', प्रसाद की 'कामायनी', धर्मवीर भारती की 'अंधायुग', कुंवरनारायण की 'आत्मजयी' (और 'बाजश्रवा के बहाने') ऐसी ही कृतियाँ हैं। इनमें अतीत की पुनःकल्पना वर्तमान यथार्थों को खोलने के लिए हुई है। लेकिन पौराणिक विश्वास और इतिहास से सामग्री लेकर इधर जो चीजें बन रही हैं, उन्हें कलात्मक सृजन की जगह राजनीतिक-व्यापारिक उत्पाद कहना ज्यादा सटीक होगा।

जब इतिहास का अपहरण होता है

हीगेल ने कहा था, 'इतिहास बूचड़खाना है'। इतिहास जब धर्म, नस्ल या संकीर्ण राष्ट्रीय दृष्टि से देखा जाता है तो महज शस्त्रागार होता है और उसका इस्तेमाल समाज में हिंसात्मक खाइयाँ पैदा करने के लिए किया जाता है।

इतिहास या अतीत की सांस्कृतिक विरासत के प्रति हमारे दो तरह के रुख हो सकते हैं-उससे चिपक जाना और उससे उखड़ जाना। न इतिहास से चिपके लोग कभी इतिहास में कोई सार्थक भूमिका निभाते हैं और न उखड़े हुए लोग। दोनों तरह के रुख आत्मघात की ओर ले जाते हैं। प्रसाद का कथन है, 'साहित्यकार न तो इतिहासकर्ता होता है और न धर्मशास्त्र प्रणेता। इन दोनों के कर्तव्य स्वतंत्र हैं। साहित्य इन दोनों की कमी को पूरा करने का काम करता है।' (यथार्थवाद और छायावाद)। वे यह कह कर साहित्य की वास्तविक भूमिका बता रहे थे। कविता, कथा साहित्य और कलाओं के संदर्भ में आज भी कहा जा सकता है कि इन्हें इतिहास और धर्म न समझ कर 'दबी हुई आवाजों' और 'सृजनात्मक नवोन्मेषों' के रूप में देखना ही सही तरीका है। आज हालत यह है कि अतीत के प्रेतों ने उपद्रव मचा रखा है, जबकि संत निर्वासित हैं।

देखा जा सकता है कि इतिहास, धर्म और राजनीति के विकृत मिश्रण से हर शहर अमानवीय जगह होता जा रहा है। बौद्धिक स्वतंत्रता और कल्पना के अवसर सिकुड़ते जा रहे हैं। उपभोग के स्तर पर मुगलई, चीनी, अमरीकी, जापानी, कोरियाई, अंग्रेजी सभी वस्तुएँ ग्राह्य हैं, लेकिन मानवीय संवेदना और कलात्मक ग्रहणशीलता में भयंकर अनुदारता है। हर तरफ विद्वेष और हिंसा की छायाएँ हैं। हालांकि ऐसे समय में भय भी सृजन की ऐसी शक्ति देता है जो अंततः निर्भय करती है।

भूलना नहीं चाहिए, इतिहास कभी ऊहापोह में होता है, कभी अपहृत हो जाता है, कभी बिखर जाता है, दबाया जाता है, कभी कुरूप कर दिया जाता है, पर उसे नष्ट नहीं किया जा सकता। वह समाज के भीतर लड़ता रहता है और अंततः नई शक्तियों को लेकर सामने आ जाता है।

हमारी मानवता उतनी ही पुरानी है जितनी पुरानी दुनिया की सभ्यताएँ हैं, लेकिन इस पर जो संकट उपस्थित है वह अभूतपूर्व है। प्रसाद बीसवीं सदी के 30-40 के दशकों में आभास पा गए थे कि महानगरीय भौतिक सुखों की असीमित इच्छाएँ, उपयोगितावाद और यांत्रिक बुद्धिवाद विश्वमानवता के लिए बड़ी चुनौतियाँ बनने जा रहे हैं। 'कामायनी' में मनु इड़ा के साथ जिस अंध-नगरीकरण और मशीनी-औद्योगिक विकास की बुनियाद रख रहे थे, वह मानव बुद्धि को अपने अधीन कर लेने वाला था। प्रकृति, पर्यावरण और मानव मूल्य किनारे किए जा रहे थे। 'कामायनी' में मनु का जो अराजक रूप सामने आता है, वह मानवीयता के अमानवीयता में रूपांतरण का नतीजा है।

महानगरीय विकास में न्याय, समानता, भाईचारे, संवेदना और नैतिकता के लिए कोई जगह नहीं होती। वर्तमान विकास नीति के पास इस विडंबना के लिए कोई समाधान नहीं है। मुनाफा कमाने की अंतहीन भूख ने प्रकृति और पर्यावरण के प्रति लोगों को लापरवाह बना दिया है। प्रसाद अपनी चिंता रखते हैं-

प्रकृति शक्ति तुमने यंत्रों से सबकी छीनी
शोषण कर जीवनी बना दी जर्जर झीनी।

छायावाद और औद्योगिक विकास

रिनेसाँ प्रकृति से संघर्ष करते हुए आधुनिक वैज्ञानिक विकास की ओर उठा कदम था, जबकि रोमांटिसिज्म या छायावाद प्रकृति से प्रेम की शिक्षा है। इसका लक्ष्य वैज्ञानिक-औद्योगिक विकास को मानवता से जोड़ना है। मनु नगर-निर्माण और

यंत्रीकरण की औद्योगिक यात्रा में प्रकृति के शत्रु हो गए थे, जबकि प्रकृति से द्वंद्व और प्रेम दोनों की एक साथ जरूरत थी। 'कामायनी' को नई सभ्यता को चेतावनी का महाकाव्य कहा जा सकता है। यह निरंकुश तकनीकी-औद्योगिक सभ्यता का संकट दिखा कर एक वैकल्पिक जीवन शैली खोजने पर जोर देता है। प्रसाद एक ऐसा 'मानव' प्रस्तावित करते हैं जो श्रद्धा और इड़ा, मानवता और बुद्धिवाद के मेल से बनता है।

'कामायनी' की श्रद्धा स्वार्थपरता, दिखावा और हिंसा का विरोध करती है। वह उदारता, स्वच्छंदता, प्रवृत्तिपरकता, मधुरिमा, सौहार्द, करुणा, त्याग, सादगी, बराबरी के आचरण, परोपकार और विश्वनीड़ का संदेश लेकर आती है। ये ही तो हजारों साल की मानव-सभ्यताओं के उच्च मूल्य हैं।

एक बार पटेल और नेहरू जब गांधी से स्वाधीनता संग्राम के किसी मुद्दे पर कुछ बोल रहे थे, गांधी मनोयोग से एक बकरी की चोट खाई टांग पर गीली मिट्टी की पट्टी बांध रहे थे। मनुष्य के राग का तब इतना विस्तार था, जबकि आज अस्पताल से साधन न मिलने की वजह से एक गरीब आदमी अपनी पत्नी की लाश अकेले कंधे पर लाद कर पैदल घर की ओर लौट रहा होता है और दस किलोमीटर तक कोई व्यक्ति सहायता के लिए सामने नहीं आता।

प्रसाद देशभक्त थे, लेकिन उनकी दृष्टि में राष्ट्रवाद स्त्रियों के प्रति कुछ सकारात्मक चिंताओं के बावजूद उद्धार के लिए बने प्रतीक्षालय से अधिक न था। उनके उपन्यास 'कंकाल' में एक चरित्र घंटी कहती है, 'स्त्रियों को स्वयं घर-घर जाकर अपनी दुखिया बहनों की सेवा करनी चाहिए। पुरुष उन्हें उतनी ही शिक्षा और ज्ञान देना चाहते हैं जितना उनके स्वार्थ में बाधक न हो। घरों के भीतर अंधकार है, धर्म के नाम पर ढोंग की पूजा है और शील तथा आचार के नाम पर रूढ़ियों की।' प्रसाद के छायावाद का यह विस्तार विस्मित कर सकता है और पूछा जा सकता है कि मॉल-मल्टीप्लेक्स में तफरीह करने वाले आज के व्यक्ति प्रसाद से ज्यादा आधुनिक हैं या वस्तुतः पिछड़े हैं।

प्रसाद की कहानियों की स्त्रियाँ धन, शृंगार और विलासितापूर्ण ऐश्वर्य को कितने तिरस्कार से देखती हैं, यह 'आकाशदीप' की चंपा, 'पुरस्कार' की मधूलिका और 'सालवती' की सालवती को देख कर पता चल सकता है। चंपा व्यापारी बुद्धगुप्त की वाणिज्यिक महत्वाकांक्षाएँ देख कर उसका साथ नहीं देती। वह एक छोटे से द्वीप में बसने का अपना फैसला सुनाते हुए कहती है-'अब तो बाली, जावा और सुमात्रा का वाणिज्य केवल तुम्हारे हाथ में है महानाविक। परंतु मुझे उन

दिनों की स्मृति सुहानी लगती है जब तुम्हारे पास एक ही नाव थी और चंपा के उपकूल में पण्य लाद कर हम सुखी जीवन बिताते थे।' अमेजन कंपनी के जमाने में छोटे व्यापार और छोटी दुकानदारियाँ खतरों से घिर गई हैं। 'स्माल इज ब्यूटीफुल' हो भी तो 'लघु' और 'सुंदर' को मिटाने की पूरी तैयारी है। पर्यावरणीय विनाश का यह भी एक चेहरा है।

'पुरस्कार' कहानी की मधूलिका अपनी खेती की जमीन राज्य द्वारा ले लिए जाने पर, मुआवजे के रूप में मिली स्वर्ण मुद्राओं की थाली हाथ से मार कर उलट देती है। वह विस्थापित होती है। इसी तरह राज्य द्वारा सर्वश्रेष्ठ सुंदरी घोषित होने पर सालवती पुरस्कार स्वरूप भेजी गई सोने की गेंद तालाब में फेंक देती है। वह आजकल जैसी विश्व सुंदरी नहीं है जो पैसे के लिए घूम-घूम कर धोखे से भरे उत्पादों का विज्ञापन करे। उसे सर्वश्रेष्ठ सुंदरी घोषित होना अपने 'स्व' पर आक्रमण-सा लगता है। 'स्कंदगुप्त' नाटक की देवसेना इस नाटक में धन, श्रृंगार और वैभव के पीछे दौड़ने वाली विजया से अलग है। उसकी दृष्टि में राष्ट्रीयता और प्रेम दोनों समान महत्व के हैं। प्रसाद साहित्य की इन स्त्रियों की सादगी, उनका विस्तृत भाव-संसार और उनकी धन से दुश्मनी एक समानांतर संस्कृति का आह्वान है। स्पष्ट है कि जहाँ जितना ज्यादा धन-दौलत है, वहाँ उतना ज्यादा पतन है। आदमी को पैसा चाहिए, आखिरकार कितना पैसा चाहिए?

व्यक्ति जब कल्पना करना छोड़ देता है

आज दुनिया इस अर्थ में भी छोटी हो गई है कि पृथ्वी के एक कोने में घटी किसी घटना का असर एकदम विपरीत दूसरे कोने पर तुरंत पड़ता है। इसलिए असंतुलित दैत्याकार विकास के कारण मानव-मूल्यों पर संकट और पर्यावरणीय समस्याएँ भी तेजी से फैली हैं। माना जा रहा है कि पृथ्वी और इस पर जो कुछ सुंदर और मूल्यवान है, वह सब विनाश के कगार पर है। यदि इन सब चीजों को बचाने की समझदारी और नैतिक जिम्मेदारी नहीं आई तो स्थितियाँ विकट हो जाएंगी। इस संबंध में साहित्यकार और वैज्ञानिक जो चिंताएँ व्यक्त करते रहे हैं और लिटिल मीडिया या लघु पत्रिकाओं से जुड़े लेखक जो सवाल उठाते रहे हैं, उन पर ध्यान जाना चाहिए और जन दबाव पैदा किया जाना चाहिए।

विश्व अनंत संभावनाओं, निर्माणों और परिवर्तनों से भरा है। मानव मूल्यों को लेकर संकट और आशा दोनों मौजूद हैं। मानवता ही नहीं बचेगी तो धर्म कहाँ बचेगा, 'राष्ट्र' कहाँ बचेगा, प्रकृति भी नहीं बचेगी।

मानव मूल्यों की कसौटी पर ही कोई व्यक्ति सामाजिक घटनाओं और अपने कार्यों की परख करता है- क्या गलत है और क्या सही। मूल्यहीनता के परिदृश्य में विद्वेष फैलता है। बेईमान बेईमान नहीं लगता, हिंसक हिंसक नहीं लगता। लुटेरे को लुटेरा कभी लुटेरा नहीं बोल पाता। एक सभ्यता चुपचाप दम तोड़ देती है।

मानव मूल्य देश-कालातीत मामला नहीं है और न मानव मूल्यों को कठोरतापूर्वक बनी कसौटियाँ समझना चाहिए। इतना जरूर सच है कि आज मानव मूल्यों के प्रधान स्रोत हैं- बंधुत्व, स्वतंत्रता और समानता। यदि बंधुत्व मिटा कर माहौल हिंसक बनाया जा रहा हो, लोगों की स्वतंत्रताएँ छीनी जा रही हों और समानता की जगह विषमता बढ़ रही हो, तो यह मानव मूल्यों की गंगोत्री का सूखना है। यह समाज में हर तरफ एक खास किस्म के सूखे का फैलना है, जहाँ कुछ भी हरा नहीं होता और निर्माण पर ध्वंस की जीत होती है।

मनुष्य की मनुष्य के प्रति अमानवीयता का ही नतीजा है मनुष्य का प्रकृति के प्रति अमानवीयता। जो जल, वायु और मिट्टी जीवन के मुख्य आधार हैं, उनके प्रति इस समय अनियंत्रित बेईमानी चल रही है। 7,000 करोड़ खर्च करके गंगा अभी भी दुनिया की पांच सबसे प्रदूषित नदियों में एक है। गंगा आरती करते रहिए! इन्सान की सारी गंदगी का भार प्रकृति ढो रही है और उसका प्रतिशोध भी हमारे सम्मुख है। उत्तराखंड के भू-स्खलन, मुंबई और चेन्नई की बाढ़ें, दिल्ली का जहरीला धुआं, कलकत्ते में बढ़ता जल दूषण प्रकृति की चीखें हैं। इसी तरह संपूर्ण पृथ्वी ही वैश्वीकरण के सिकंदरों की बुरी कैद में है। यदि समाज में मानव मूल्य बचे होते, पर्यावरणीय समस्याओं का समाधान इतना जटिल नहीं होता।

आज कहने के लिए टिकाऊ विकास या 'सस्टेनेबुल डेवलपमेंट' की चर्चा होती है, पर व्यापारी अधिक से अधिक प्रकृति का दोहन कर लेना चाहते हैं। मनुष्य को जो नहीं छोड़ता, उसके हाथ से प्रकृति कैसे बचेगी। बढ़ती बेरोजगारी, विषमता और कृषकों के हाशियाकरण के साथ पर्यावरणीय समस्याएं भी जटिल होती जा रही हैं। इसलिए यहाँ तक कहा जा रहा है कि इन समस्याओं के लिए जिम्मेदार व्यक्तियों पर युद्ध-अपराधियों की तरह मुकदमा चलाया जाना चाहिए। हालांकि जब दुनिया के सबसे शक्तिशाली माने जाने वाले देश अमेरिका के राष्ट्रपति ही खुलेआम जलवायु परिवर्तन के संदर्भ में पेरिस समझौते से मुकर गए हैं, पता नहीं प्रकृति पर अत्याचार का सिलसिला कैसे रोका जाएगा।

वर्तमान समय की बहुत सी समस्याओं की जड़ें हमारी संस्कृति में हैं, तो इसमें समाधान के बीज भी हैं। छायावादी कवियों की खूबी थी कि उन्होंने मानव

मूल्यों पर जोर दिया था, तो प्रकृति प्रेम भी व्यक्त किया था। यह विदेशी नस्ल के कुत्ते पालना, बोनसाई पौधे उगाना और छुट्टियों में कोई पहाड़, कोई समुद्र-तट घूम आना न था। व्यक्ति का आत्मप्रसार जब रुक जाता है तो प्रकृति और पर्यावरण के प्रति जागरूकता भी सीमित हो जाती है। व्यक्ति जब कल्पना करना छोड़ देता है, वह एक तरफ अंधे विकास का कैदी होता है, दूसरी तरफ पुरानी सांस्कृतिक रूढ़ियाँ और संकीर्णताएँ उसे दबोच लेती हैं।

प्रसाद ने एक व्यापक विजन के साथ कहा था, 'मेरा अनुराग फैलने दो, नभ के अभिनव कलरव में।' यह व्यक्तिवादी और मानव केंद्रिक सोच से बाहर आना था। दरअसल छायावाद ने राष्ट्रीय भावना, बुद्धिवाद, औद्योगिक विकास और मनुष्य सत्ता के महत्व को समझते हुए अपनी कल्पना शक्ति से वस्तुतः इन सभी का अतिक्रमण किया था।

इन चर्चाओं का निष्कर्ष यह है कि हम समाज को खो देंगे, यदि मानव मूल्यों और पर्यावरण को बचा नहीं पाते। पृथ्वी के बिना मनुष्य की कल्पना नहीं की जा सकती। क्या हम एक बार फिर 'मनुष्य' की कल्पना कर सकते हैं?

जनवरी 2018

लोक की आवाज

दलित बोल रहे हैं, स्त्री बोल रही है, बाजार बोल रहा है, क्या लोक बोल पा रहा है? आज लोकतंत्र में लोक की आवाज जाति, धर्म और स्थानीयता की भाषाओं में विभाजित है। लोक कलाएं और लोक संस्कृति अब अभिजात जगहों पर महज प्रदर्शन की वस्तुएं हैं। वे शहरी मानसिकता के लोगों को संरक्षण देने की आत्मतुष्टि के अलावा वर्तमान आधुनिक विकासों पर गर्व करने के अवसर देती हैं। माना जाता है कि महानगरों में ऐसे कुछ चलते-फिरते म्युजियम होने चाहिए।

जीवन को देखने के तीन नजरिये हैं- सत्ता का नजरिया, शास्त्रीय ज्ञान-अनुशासनों का नजरिया और लोक का नजरिया। संभव है, किसी कृति या सांस्कृतिक चिंता में तीनों की जमावट हो, तीनों की लुकाछिपी हो। रामायण और महाभारत जैसे महाकाव्यों में ही नहीं, भक्ति साहित्य और आधुनिक साहित्य में भी तीनों का एक साथ मिलना संभव है। फिर भी दुनिया की सभी संस्कृतियों के संदर्भ में कहा जा सकता है कि उनमें जो भी उत्कृष्टतम है, वह सत्ता विमर्श और शास्त्रीय विमर्श से नहीं, लोक विमर्श से आया है। यह लोक जीवन की बौद्धिकता से आया है, क्योंकि इसमें निरंतरता के अलावा चार अन्य मुख्य गुण रहे हैं- बुद्धिपरकता, समावेशिकता, नवोन्मेषशीलता और विविधता।

आज जनजीवन कट्टरवाद और बाजारवाद के बुरे प्रभावों से आक्रांत है। आम लोगों के जीवन में असहिष्णुता और हिंसा शामिल हो गई है। इधर किसी असहमत से संवाद की अपेक्षा उसे ज़लील करने या मारने, किसी जगह प्रेमी युगल को देखते ही उसे अपमानित करने, दूसरी जाति या धर्म के लोगों के प्रति हिकारत या कुछ भी खराब लगने पर लाठी से पीट-पीट कर अधमरा कर डालने का उन्माद बढ़ा है। लाठी अब विचारधारा हो गई है।

इस युग में कई लोगों को निर्ममताओं से मजा आता है। वे खुद को जज या पुलिस मान बैठते हैं और भीड़ बन कर भय पैदा करते हैं। किसी को भयभीत

करना मनुष्यत्व का अपमान है। ऐसी घटनाओं से पता चल सकता है कि जब फासिस्ट प्रवृत्तियां शीर्ष पर होती हैं तो संचार क्रांति के युग में लोक भूमि पर भी वे तेजी से फैलती हैं। कई आम लोग अपनी महान परंपराओं को भूल कर फासिस्ट आचरण का परिचय देने लगते हैं।

महान व्यक्तियों की नजर सदा अपृथक लोक पर थी

भारत के सांस्कृतिक इतिहास में लोक सामान्यतः फासिस्ट प्रवृत्तियों से परिचालित नहीं रहा है। वह अंधी भीड़ नहीं रहा है। वह भेदभाव, कट्टरता और लोभ को अपने सवालों से दागता आया है। शंकराचार्य को लेकर कई बातें हैं। बनारस के गंगा घाट पर जब वे नहा कर निकल रहे थे, सामने एक चांडाल खड़ा था। उन्होंने उससे कहा, 'हटो'। चांडाल ने कहा, 'सभी में तो शिव हैं, तब इतनी घृणा क्यों?' शंकर को तब लगा था, चांडाल के वेश में उन्हें शिव ने दर्शन दिया है। कश्मीर के एक गरीब गड़ेरिये की बेटी भी शंकराचार्य को शिक्षा दे गई। इन्होंने अपनी पुस्तक 'सौंदर्य लहरी' के दूसरे अध्याय में लिखा है, 'हे पर्वतपुत्री महामाया, तुम्हारी पलकों के उठने-गिरने में ब्रह्मांड की सृष्टि, स्थिति और लय है।' हम लोककथाओं के गहन अर्थ में गए बिना धर्म और संस्कृति को समझ नहीं सकते।

शंकराचार्य वर्ण व्यवस्था के समर्थक और शास्त्रज्ञ थे, लेकिन लोक जीवन के गुणों के दबाव में थे। उन्होंने अपने समय में विष्णु के चिह्नों - शंख, चक्र, गदा और पद्म से मानव शरीर को दागने, नर बलि सहित उन कई कुप्रथाओं को मिटाया जो समाज में धार्मिक सत्ताधारियों के जरिए प्रवेश कर रही थीं। उनकी एक प्रार्थना काफी रोचक है, 'हे प्रभु! मेरे तीन पाप माफ करना। मैंने तुम्हारा ध्यान करते हुए मूर्ति रूप में कल्पना की है, जबकि तुम निराकार हो। मैंने तुम्हारी प्रशंसा में वर्णन किया है, जबकि तुम वर्णनातीत हो। मैंने तुम्हें मंदिरों में ढूंढा है, जबकि तुम सर्वव्यापी हो।' क्या बाद के शंकराचार्यों ने आगे सुधार का एक भी कदम उठाया?

ईरान के कवि रूमी ने कहा था, 'हे मुस्लिम भाइयो, मैं अब क्या करूं। मैं अपने को पहचान नहीं पा रहा हूँ। मैं न ईसाई हूँ, न मैं यहूदी हूँ, न मैं जरथुस्त्रवादी हूँ और न मुसलमान।' हर धर्म में कट्टरवाद को समय-समय पर चुनौती दी गई, क्योंकि महान लोगों की नजर पृथक-पृथक समुदायों पर नहीं थी, अपृथक लोक पर थी।

सत्ता और शास्त्र–मुखापेक्षी न होकर लोक हर युग में अपनी आवाज रखता आया है। पतंजलि ने शब्द के लिए लोक को प्रमाण माना था। यह भी कहा जाता था– 'यथा लोके'। अर्थात शास्त्र से भले न हो, सत्ता से भी न हो, पर लोक से यह प्रमाणित है। लोक की अवधारणा का संबंध कभी भी आत्म–अचेत, निर्बुद्धिपरक या गंवार समाज से नहीं है। लोक दरअसल सत्ता और शास्त्र के बंधनों से पूर्णतः किसी युग में जकड़ा न था। एक सीमा तक हमेशा उसकी स्वतंत्र सांस्कृतिक आवाज थी। सवाल किया जा सकता है, आज लोकतंत्र में लोक की आवाज बेअसर क्यों है?

महाभारत लोककथाओं का एक बड़ा खजाना है। इसमें नल–दमयंती की लोककथा है जो एक ऋषि जुए में सब कुछ हार चुके, निराश युधिष्ठिर को सुनाते हैं ताकि वे राजपाट खो कर भी आशावादी रहें। दरअसल नल भी छल से अपने भाई से युधिष्ठिर की ही तरह जुए में सब कुछ हार गया था। वह कई बाधाएँ पार कर युद्ध करके अंततः अपना राजपाट पा जाता है। महाभारत से भी पहले की इस लोककथा की विशिष्टता यह है कि नल जुए में युधिष्ठिर की तरह अपनी पत्नी को दांव पर नहीं लगाता। वह स्त्री का सम्मान करता है, उसे वस्तु नहीं समझता। यह है महाकाव्य और लोककथा का फर्क!

लोक को अंग्रेजी के 'फोक' का पर्याय माना जाता रहा है, जबकि उसकी एक गतिशील बौद्धिक सत्ता है। उसकी अर्थव्याप्ति ज्यादा है। रामचंद्र शुक्ल, हजारी प्रसाद द्विवेदी और रामविलास शर्मा समान रूप से लोक को महत्व देते हैं। ये तीनों क्रमशः 'लोकमंगल', 'लोककल्याण' और 'लोकजागरण' की बात करते हैं। हजारी प्रसाद द्विवेदी लोक को महत्व देते हुए कहते हैं, 'लोक शब्द का अर्थ जनपद या ग्राम्य नहीं है, बल्कि नगरों और ग्रामों में फैली समूची जनता है जिसके ज्ञान का आधार पोथियां नहीं हैं।' निश्चय ही लोक के पास भी ज्ञान हो सकता है, एक महान संस्कृति हो सकती है। वह बुद्धि से सोच सकता है और राजनीतिक–धार्मिक सत्ता केंद्रों से अलग ज्ञान रखते हुए अपनी संस्कृतियों का विकास कर सकता है।

महान परंपरा – लघु परंपरा का विवाद

पश्चिमी विद्वानों द्वारा 'महान परंपरा–लघु परंपरा', 'शिष्ट साहित्य– लोक साहित्य' जैसे विभाजनों से बहुत भ्रम फैलाया गया। उन्होंने महाकाव्यों, पौराणिक आख्यानों और संस्कृत ग्रंथों को महान परंपरा कहा, जबकि लोक कलाओं और मौखिक

साहित्य को लघु परंपरा में रखा। महान परंपरा को नगरीय एलीट का मामला और लघु परंपराओं को गांवों की चीज बताया गया। इससे यह धारणा भी बनी कि भारत की एक ही महान परंपरा है और लघु परंपराएं महान नहीं हैं। वे आपस में अंतर्संबंधित नहीं हैं।

कहना न होगा कि भारत में महान परंपरा की एकलता की कल्पना फासीवादी सांस्कृतिक चिंतन की ओर ले जाती है। इसी तरह हर 'लधु परंपरा' या समुदाय को अलगाव में देखने की संकीर्ण दृष्टि भी बनती है, जो कोई बड़ा फल नहीं देती। दरअसल किसी भी महान परंपरा की महानता सिर्फ उसकी निरंतरता में ही नहीं है। उसकी महानता बुद्धिपरकता, समावेशिकता, नवोन्मेषशीलता और विविधता में भी देखी जानी चाहिए। हर महान परंपरा अपने भीतर अनगिनत विरोधी परंपराओं को समेटे रहती है।

लोक और शिष्ट के बीच विभाजन भी कम विडंबना भरा नहीं रहा है। इसके पीछे यह पूर्वग्रह काम करता है कि शिष्ट कभी लोक नहीं हो सकता और लोक कभी शिष्ट नहीं हो सकता। लोक के अंग वे भी हैं जो पढ़े-लिखे और शहरी होते हुए भी आभिजात्य, पांडित्य-प्रदर्शन और अहंकार से दूर हैं। वे जो सरल, उदात्त और पारदर्शी नहीं हैं वे शिष्ट होकर भी अशिष्ट हैं, सभ्य दिख कर भी असभ्य हैं और बुद्धिजीवी होते हुए भी अशिक्षित हैं।

'महान परंपरा और लघु परंपरा' की तरह ही 'हाइ कल्चर - लो कल्चर' की धारणा लाई गई, जबकि अपनी संस्कृति को उच्च और दूसरों की संस्कृतियों को निम्न मानना सांस्कृतिक अहंकार है। यह सब वस्तुतः भारतीय सभ्यता के प्रति एक घटावपरक दृष्टिकोण है जो आत्मघातक है।

भारत में उपर्युक्त दृष्टिकोणों से सामाजिक अनुसंधानों का सिलसिला 1959 में शुरू हुआ था, जो एक फैशन बन गया। यह आगे चल कर 'सबाल्टर्न अध्ययन' के रूप में 2010 तक काफी फैला। 'महान परंपरा - लघु परंपरा' के दृष्टिकोण से तमिलनाडु में अनुसंधान शुरू करने वाले एक विद्वान मिल्टन सिंगर ने लिखा है, '1959 के बाद जब फोर्ड फाउंडेशन और यूनाइटेड स्टेट्स के शिक्षा विभाग ने दक्षिण और दक्षिण-पूर्व एशियाई अध्ययनों के लिए शैक्षिक अनुदान दिए, तब इन कामों में गति आई।' (ह्वेन ए ग्रेट ट्रेडीशन माडर्नाइजेज)। इस तरह विदेशी पूंजी लगी और भारतीय लोक की लघु परंपराओं पर अनुसंधान के नाम पर नई साम्राज्यवादी तोड़फोड़ चलाई गई। भारत की महान परंपराओं की बहुलता को ढका गया।

महान लोक परंपराओं पर नए आक्रमण

यह संभव है कि लोक के एक हिस्से में असहिष्णुता और निर्ममता बड़े स्तर पर व्याप जाए। लोक को मिथ्या प्रचारों और कुसंस्कारों से भ्रम-आच्छादित कर दिया जाए, जैसा कि आज देखा जा रहा है। संस्कार का वास्तविक अर्थ दोषों को दूर कर गुणों का निरंतर उत्कर्ष करना है, जबकि समाज में लंबे समय से कुसंस्कार ही संस्कार बने हुए हैं। कई बार ऐसे संस्कार विवेक को नष्ट करते हैं। अपसंस्कृति ही संस्कृति मानी जाती है।

आज चारों तरफ धर्म का इतना शोर सुनाई दे रहा है, लेकिन इस धर्म में राजा राममोहन राय, दयानंद सरस्वती, रवींद्रनाथ, नारायण गुरु आदि की तरह रूढ़ियों, भेदभावों और कुसंस्कारों को मिटा कर सुधार की कोशिशें नहीं हैं। इनकी जगह समाज को रूढ़िवादी और हिंसक बनाने की कोशिशें ज्यादा प्रबल हैं। यही वजह है कि लोक, जिसे साधारण इन्सान भी कहा जा सकता है, दुष्प्रचारों की चपेट में विभाजित होता है। वह राजनीतिक रूप से बेअसर और किंकर्त्तव्यविमूढ़ भी होता है।

भूमंडलीकरण अपने साथ जिस तरह का सांस्कृतिक साम्राज्यवाद ला रहा है, उसका लक्ष्य एक तरफ सांस्कृतिक समतलीकरण है। दूसरी तरफ, सामुदायिक कट्टरवाद का पोषण करते हुए लोक में सामाजिक भिन्नता और अंतर्शत्रुता बढ़ाना है।

ग्लोबल हो चुके लोगों को वस्तुतः देशगत संदर्भों से कोई मतलब नहीं है। उन्हें अपने देश को 'भूलने का अधिकार' चाहिए। अब लोकल लोगों को भी पूरे देश से मतलब नहीं है। उन्हें धार्मिक कट्टरता, जातिवाद या क्षेत्रीयता की नकारात्मक चीजों से फायदा उठाने भर के लिए 'स्मृति का अधिकार' चाहिए। दरअसल लोक की उच्च परंपराओं और विविधता को मिटाने की कोशिशें दोनों तरफ से होती हैं। इस तरह 'भूलने के अधिकार' और 'स्मृति के अधिकार' में वस्तुतः कोई फर्क नहीं है। ये एक ही सिक्के के दो पहलू हैं।

हम आज देख सकते हैं कि आदमी विश्व व्यापार का अंग बन कर ग्लोबल होना चाहता है, लेकिन उसकी सोच लोक होती है- रूढ़ियों से लदी। यह 'थिंक लोकली-एक्ट ग्लोबली' की दशा है, जबकि भक्त कवि 'एक्ट लोकली-थिंक ग्लोबली' में विश्वास करते थे। वे छोटे-मोटे श्रम में लगे रहते थे- अपने 'स्थान' से बंधे होते थे, पर विश्व मन रखते थे। वे भेदभाव से ऊपर उठ कर

‘लोक की अपृथकता’ और प्रेम का संदेश देते थे। सभी भक्त ‘लो टेक्नोलॉजी-हाई कल्चर’ से जुड़े थे, जबकि आज ‘हाई टेक्नोलॉजी-लो कल्चर’ का जमाना है!

19वीं सदी के नवजागरण और स्वाधीनता संग्राम के दौर की संस्कृति में ‘लो टेक्नोलॉजी - हाई कल्चर’ बातें थीं। लोक मन धार्मिक रूढ़ियों से मुक्ति, विश्वबंधुत्व और स्वाधीनता के लिए बेचैन था। उन दिनों इतने उद्योग-धंधे, उच्च तकनीक और विकास के बड़े-बड़े प्रतीक न थे। लेकिन लोगों का मन कूपमंडूकता से बाहर निकल कर निरंतर बड़ा हो रहा था। वे राष्ट्रीयता और मानवता को दो भिन्न वस्तुओं के रूप में नहीं देखते थे। वे अपना उल्लू सीधा करने के लिए धर्म-जाति का नाम नहीं लेते थे, बल्कि शिक्षा और सुधारों पर जोर देते थे। उनका विश्व मन या उदारवाद जड़विहीन नहीं था। वे अपनी भाषा और साहित्य से प्रेम करते थे। उस दौर में उच्च टेक्नोलॉजी सुलभ न होने के बावजूद संस्कृति में उच्चता थी।

एक बार एक उत्तर-औपनिवेशिक सिद्धांतकार गायत्री चक्रवर्ती स्पिवाक से किसी पत्रकार ने उनके लगातार विदेश रहने की वजह से पूछा, ‘आपकी जड़ें कहाँ हैं?’ उन्होंने जवाब दिया, ‘मुझे जड़ों की जरूरत नहीं है। क्या मैं पेड़ हूँ?’ वे स्त्री के मामले में मुखर होकर भी, किसी बिंदु पर वैश्वीकरण द्वारा पैदा की जा रही सांस्कृतिक जड़विहीनता का परिचय दे रही थीं। उनकी जड़ें लोक में न होकर शायद आभिजात्य और पांडित्य प्रदर्शन की परंपरा में थीं! कई चतुर व्यक्तियों के लिए स्त्री, दलित, राष्ट्र या लोक अपनी महत्वाकांक्षा पूरी करने की सीढ़ी से ज्यादा महत्व नहीं रखता।

मुख्य बात यह है कि देश के ज्यादातर हिस्सों में आज भी दलित और स्त्रियाँ निर्वाक हैं, राष्ट्र निर्वाक है, लोक निर्वाक है। वे कैसे बोलेंगे, कहाँ बोलेंगे और कौन सुनेगा?

कथांतर : एक जातक कथा का

यह कहानी आज की भी उतनी ही है जितनी उस जमाने में थी। लाला सिद्धनाथ के घर एक छोटा-सा मंदिर था। उनके पड़ोस में एक परिश्रमी धोबी रहता था जिसने एक गधा पाल रखा था। सिद्धनाथ जब भी सुबह पूजा कर के शंख बजाते, गधा भी ढेंचू-ढेंचू करने लगता, जैसे वह भी शंख बजा रहा हो। सिद्धनाथ ने उस गधे का नाम शंखेश्वर रख दिया।

एक दिन गधे शंखेश्वर की मृत्यु हो गई। सिद्धनाथ उसकी आवाज न सुन धोबी के घर गए और पूछा, 'शंखेश्वर महाराज कहाँ हैं?' धोबी ने जवाब दिया, 'लाला जी, वे तो मर गए।' सिद्धनाथ को बड़ा दुख हुआ। उन्होंने दाढ़ी, मूंछ और सिर के बाल कटा लिए। सिद्धनाथ ने मुंडन कराया तो धोबी ने भी अपना मुंडन करा लिया। सिद्धनाथ की दुकान पर आते ही एक खरीददार ने पूछा, 'लाला, क्या बात है, मुंडन क्यों कराया?' उन्होंने जवाब दिया, 'शंखेश्वर महाराज थे न, उनका स्वर्गवास हो गया। महात्मा का शोक मनाना हमारा धर्म है।' खरीददार 'सत्य बात' कहता हुआ घर लौटा। उस पर भी दुख का ऐसा बोझ पड़ा कि उसने भी मुंडन करा लिया। दूसरे लोगों ने जब यह खबर सुनी कि शंखेश्वर महाराज परलोक सिधार गए हैं, उन्होंने भी एक-एक कर सिर मुड़ाना शुरू कर दिया। हर तरफ यह बात फैलती गई, 'महात्मा शंखेश्वर जी का स्वर्गवास हो गया।' देश भर में यह खबर व्हाट्सएप और फेसबुक तक को फेल करते हुए तेजी से फैली। हर जगह गंजे ही गंजे दिखने लगे, जैसे काले केशों का अंधकार छंटता गया हो और ज्ञान का सूर्योदय हो रहा हो।

राजा तक जब यह खबर पहुँची, उन्हें चिंता हुई कि उनके राज्य में इतने बड़े महात्मा थे और उन्हें कोई जानकारी नहीं है। उन्होंने अपने सैनिकों के साथ कुछ इतिहासकारों को भेजा कि वे खोज करें और सब सूचित करें।

इतिहासकार सैनिकों के साथ गए। इन्होंने उन सबसे पूछना शुरू किया जिन्होंने मुंडन कराया था। किसी ने भी शंखेश्वर जी के दर्शन नहीं किए थे। वे एक-एक जन से पूछते चल रहे थे, 'महात्मा शंखेश्वर कौन थे, उनका आश्रम कहाँ है?' सब सिर्फ यही बताते थे कि परलोक सिधार गए। इतिहासकारों ने खोज जारी रखी। वे पूछते-पूछते लाला सिद्धनाथ की दुकान के कुछ खरीददारों तक, फिर लाला सिद्धनाथ तक और सिद्धनाथ को लेकर अंततः धोबी तक पहुँच गए। उन्हें माजरा समझ में आ गया। सिद्धनाथ और धोबी थर-थर कांपने लगे।

इतिहासकार राजभवन लौटे और राजा से उनकी गुपचुप चर्चा हुई। निष्कर्ष यह निकला कि वह गधा नहीं था, महान शंखेश्वर महाराज थे। वे अपने पीछे विज्ञान के कई दुर्लभ सूत्र छोड़ गए हैं, जिनके आधार पर शक्तिशाली संजीवनी बूटी से लेकर मंगल ग्रह में जीवन की खोज करने वाले राकेट तक बनाए जा सकते हैं।

राजा ने धोबी को तुरंत राज दरबार में बुला कर उच्च पद पर बैठा दिया और लाला सिद्धनाथ को स्वदेशी वस्तुओं के एक बड़े औद्योगिक प्रतिष्ठान का

मालिक बना दिया। इतिहासकारों और वैज्ञानिकों द्वारा शंखेश्वर महाराज पर शोध होने लगे। कविगण शंखेश्वर जी पर महाकाव्य लिखने में जुट गए। राजा खुद मुंडन करा के जगह-जगह शोकसभाओं में गए।

अन्य सारी बातें हो रही थीं, पर यह कोई नहीं बोल पा रहा था कि शंखेश्वर एक गधे का नाम है!

लोक कब बोलेगा?

जुलाई 2018

मध्यवर्ग से कितनी आशा

भारतीय मध्यवर्ग अनंत संभावनाओं का स्रोत है और एक समस्या भी है, क्योंकि यह अपने समाज की शक्तिओं और दुर्बलताओं से बना है। प्रेमचंद और प्रसाद के बाद यदि किसी ने उसे समझने की गहरी कोशिश की, तो वे मुक्तिबोध थे। यह वह वर्ग है जिसने आर्थिक अभावों के बीच भी स्वाधीनता, नैतिक मूल्यों और जीवन सौंदर्य के पक्ष में खड़े होकर अंग्रेजी राज का दमन झेला था और लंबे समय तक बौद्धिक-सामाजिक आंदोलनों का नेतृत्व किया था। यह हकीकत है कि वह अंग्रेजी राज से लड़ते-लड़ते पश्चिमी सभ्यता के जाल में काफी फँस भी चुका था। मुक्तिबोध ने 'मध्यवित्त' (1947) कविता में उसे 'एक साथ दो विरुद्ध अश्वों पर आरोहित' बताया, साथ ही 'उसे फाड़ी हुई चिट्ठी सरीखा घोर अपमानित' होते भी देखा। उनकी नजर के सामने स्पष्ट था कि मध्यवर्ग के लोगों को किस तरह रोज ही छोटे-छोटे अपमान सहने पड़ते हैं। उनका जीवन 'युद्ध में टूटे हुए उद्ध्वस्त पुल-सा' होता है।

प्रसाद की 'कामायनी' में मनु की ट्रैजडी वस्तुतः एक मध्यवर्गीय ट्रैजडी है, फिर भी इस महाकाव्य में मध्यवर्ग से गहरा मोह कायम है। इसी का नतीजा है 'कामायनी' का आनंदवाद, साथ ही श्रद्धा का उच्च आदर्शवादी चरित्र! कोई महाकाव्य एक युग के 'संपूर्ण' की अभिव्यक्ति ही नहीं, उसके अंत की सूचना भी होता है, जैसे 'कामायनी' है। मुक्तिबोध की कविताओं में मध्यवर्ग से मोहभंग है, हालांकि उनके समय सातवें दशक तक इस वर्ग का पूर्ण आत्मविसर्जन घटित नहीं हुआ था। उसमें आत्मसंघर्ष बचा हुआ था। क्या कोई ऐसा युग आ सकता है जब मध्यवर्ग का पूर्णतः बौद्धिक आत्मविसर्जन हो जाए? क्या आज के मध्यवर्ग से कोई आशा व्यर्थ है?

भारत में मध्यवर्ग के लोगों की संख्या अब 30 करोड़ से ऊपर है। इनकी पहले की तरह उच्च, मध्य और निम्न मध्य वर्ग-ये तीन श्रेणियाँ न होकर चार

श्रेणियाँ हैं। इनका संबंध बहुत कुछ उनकी आय, शिक्षा, रोजगार, उम्र और सामाजिक प्रतिष्ठा से है। अब खास तरह से दिखती चार श्रेणियाँ हैं- (1) उच्च, (2) तृप्त, (3) चिंतित और (4) प्रतिवाद या प्रतिरोधरत!

इधर विश्व बाजार और सेवाओं के विस्तार से कुशल व्यक्तियों की एक नई श्रेणी अस्तित्व में आई है, जिसकी वार्षिक आय लगभग 25 लाख से 1 करोड़ तक है। इसने पुराने उच्च मध्यवर्ग की जगह ले ली है। मध्यवर्ग की यह नई उच्च श्रेणी डायनमिक है। यह कारपोरेट घरानों की रीढ़ है। इस श्रेणी के लोगों के जीवन में सुरुचि को हटा कर दिखाऊ भव्यता स्थापित है। इनकी एक भिन्न दुनिया है, जहाँ देश अर्थ नहीं रखता।

दूसरी श्रेणी तृप्त मध्यवर्गीय लोगों की है जिनकी वार्षिक आय लगभग 8 लाख से 25 लाख रुपए तक है। ये आमतौर पर पैंतीस-चालीस साल की उम्र से ऊपर के, एक पद या निश्चित जगह पर पहुँच चुके लोग हैं। ये अपने व्यवसाय/नौकरी और वैवाहिक जीवन में सेटेल्ड होते हैं। आपस की स्पर्धाओं को छोड़ दें तो ये मोटे तौर पर तृप्त हैं और अपने में डूबा एक सुरक्षित जीवन व्यतीत करते हैं।

मध्यवर्ग की तीसरी श्रेणी लगभग 5 से 15 लाख तक की वार्षिक आय वाले लोगों की है, जो किसी न किसी घटना पर हमेशा चिंतित रहते हैं और सिर्फ चिंतित रहते हैं। कई बार सोशल मीडिया पर अपनी चिंताओं को शेयर करते हैं। इनकी चिंताएँ गो-वध और मुसलमान से लेकर बुलेट ट्रेन और किसानों की दुर्दशा तक फैली होती है। ये सामान्य दर्जे के सभी सुखों को आराम से भोगते हुए चिंतित दिखेंगे और साधारणतः निष्क्रिय। ऐसे कुछ व्यक्ति तो सिर्फ जम्हाई लेते वक्त काम करते हैं! इनके पास कुछ चुनी हुई चिंताएँ हैं। हर व्यक्ति के पास सिर्फ दो-तीन खास चिंताएँ होती हैं जिनसे वह बाहर नहीं निकलता और न कभी सोचता है कि इनके अलावा कुछ अन्य समस्याएँ हो सकती हैं।

मध्यवर्ग की चौथी श्रेणी प्रतिवाद और कई बार इससे आगे बढ़ कर प्रतिरोध करने वालों की है। ये साधारण खाते-पीते परिवारों के लोग हैं जिनकी सालाना पारिवारिक आय मोटे तौर पर 4-5 लाख के आसपास है या इसके नीचे। सड़क पर ये ही कभी-कभी आंदोलनरत या सामूहिक प्रतिवाद में साझेदार दिखते हैं। मुख्यतः ये ही वातावरण को वैचारिक रूप से आंदोलित रखते हैं और महज चिंतित होकर थमे नहीं रहते। इनमें ज्यादातर स्त्रियाँ हैं और युवा हैं।

मुक्तिबोध की मध्यवर्ग से आशाएं

मध्यवर्ग की चारों श्रेणियों में कुछ सामान्य बातें हैं। सभी मध्यवर्गीय लोग किसी न किसी 'तृप्ति रेखा' पर खड़े हैं जो स्थिर न होकर घटती-बढ़ती रहती है। भौतिक तृप्तियाँ इनकी चेतना को प्रभावित करती हैं। ये सभी लोग अपने पिता की पीढ़ी से बेहतर जीवन-दशाओं, ऊंची आय और ज्यादा सुख-सुविधाओं के बीच हैं। दूसरे, इनकी चेतना सामान्यतः ह्रासोन्मुख है, अर्थात इसमें किसी न किसी मात्रा में अहंकार, अवसरवादिता, भिन्नताबोध, जिज्ञासा का अभाव और मास-कल्चर का असर मौजूद होता है। सभी मध्यवर्गीय लोगों में किसी न किसी मात्रा में स्वार्थपरता होती है, जिसके बिना वस्तुतः भोगवाद का बचना मुश्किल है।

मध्यवर्ग के लोगों की एक अन्य सामान्य खूबी है, उनके पास जितनी मात्रा में भी सुख-सुविधाएँ और भोग की वस्तुएं हों वे 'सुखाभाव-ग्रंथि' से पीड़ित रहते हैं। वे ईर्ष्यालु ही नहीं कलह-प्रिय भी होते हैं। अपने से ऊपर के लोगों की क्षमताओं और सुख-सुविधाओं के आधार पर वे अपने अभावों को गढ़ते हैं तथा आपस में नकली आधार पर टकराते रहते हैं। उनकी जिंदगी में पुराने उदात्त मूल्यों को हटा कर नई आदतें और रुचियां बैठा दी गई हैं।

मध्यवर्ग की चौथी श्रेणी में देखा जा सकता है कि उपर्युक्त कमजोरियों के बावजूद अभी संवेदनशीलता, बुद्धिपरकता, कल्पनाशीलता, न्यायप्रियता और सृजनात्मकता के तत्व बचे हुए हैं। मध्यवर्ग की इस श्रेणी में ही मानवीय आत्मजगत भी बचा दिखता है। इस श्रेणी के लोग अपने वर्ग की सामान्य जटिलताओं से घिरे होकर भी 'दूसरे' की चिंता करते हैं। इन्हें गरीबों का दुख अपना दुख लगता है। ये भेदभाव और अन्याय बर्दाश्त नहीं कर पाते। ये आमतौर पर 'डार्क मासेज', 'मॉब' या उन्मत्त झुंड का हिस्सा नहीं होते। मुक्तिबोध ने इन्हीं के लिए लिखा था, 'अग्नियाँ दहकें/...गतिमय सामंजस्यों की व्यापक/क्रमशः विकसन, पुनःसंगठन, पुनःपरीक्षा, पुनःप्रवर्तन!' यह एक आशा से भरा आह्वान है।

भारतीय मध्यवर्ग मोनोलिथिक नहीं है, बहुरूपी है। मुक्तिबोध चाहते थे कि इस वर्ग के लोग मानव-इतिहासों को ठुकराने की जगह उनमें घूमें, दूर देशों का अनुभव हासिल करें, विवेक के चिह्नों को समझें, बार-बार आत्मपरीक्षण करें, नए विचारों का प्रवर्तन करें और अपना पुनर्संगठन करें। इस तरह ज्ञान की पीड़ा झेल कर भी 'किसी स्पष्ट लक्ष्य का छवि उत्कर्ष' हो। उन्होंने नागार्जुन की तरह ही युवाओं पर सबसे ज्यादा भरोसा किया, 'मेरे युवकों में होता जाता व्यक्तित्वांतरण/विभिन्न क्षेत्रों में करते हैं संगर/मानो कि ज्वाला-पंखुरी दल में घिरे हुए वे सब।'

मुक्तिबोध यहाँ संघर्ष की बहुक्षेत्रता और विविधता का विशेष उल्लेख करते हैं। वे अन्यत्र यह भी बताते हैं- 'कभी मुक्ति अकेले में नहीं मिलती/यदि वह है तो सबके ही साथ है।' ज्वाला की पंखुरियाँ एक अद्‌भुत बिंब है। इसका अर्थ है कि मध्यवर्ग सिर्फ अहंकारी, अवसरवादी और ह्रासोन्मुख नहीं है। कहा जा सकता है कि मध्यवर्ग की इस श्रेणी से प्रसाद और मुक्तिबोध के युगों की तरह आज का युग भी आशा कर सकता है, खास कर उनसे जो स्वार्थपरता, तृप्तियों या निष्क्रिय चिंताओं में डूबे नहीं हैं।

ठीक है कि मुक्तिबोध के पाठक ज्यादा नहीं हैं और वे बुद्धिजीवियों के कवि हैं। इसके बावजूद उनकी रचनाओं में मध्यवर्गीय मानस की जीती- जागती तस्वीरें हैं और इनमें आज के लिए प्रेरणा है। उनकी निजता और सार्वभौमता में एक व्यापक अंतर्क्रीड़ा है। उनकी रचनाओं में जीवन के धधकते बिंब हैं जिनकी शैली का अनुकरण नहीं हो सका।

प्रेमचंद और मुक्तिबोध ने भी घृणा की थी, लेकिन...

हम उन साहित्यकारों के बहुत ऋणी हैं जिन्होंने बहुत देकर भी बहुत-बहुत कम लिया। हम बुद्धिजीवियों ने जितना दिया, उससे बहुत ज्यादा हासिल किया- बढ़िया फ्लैट-कार, विदेश यात्राएँ, ऊंचे पद-मान, सुख-सुविधाएँ, प्रायोजित प्रचार, सुरा और पुरस्कार। क्या अब भी हमारा मूल्यांकन बाकी है?

आज के जमाने में सिद्धांत की बातें छोड़ कर तात्कालिक अंतर्विरोधों के बीच से अपनी सफलता का रास्ता निकालने के लिए धकमपेल है। धार्मिक कहे जाने वाले व्यक्ति वस्तुतः धार्मिक नहीं रह गए हैं। राजनीतिक कहे जाने वाले व्यक्ति राजनीतिक नहीं रह गए हैं। बाजार में फ्युजन है, राजनीति में कन्फ्युजन है। राजनीति वस्तुतः मानवता, सामाजिक सुधार और आर्थिक परिवर्तन का औजार न होकर व्यक्तिगत या दलगत हित साधन की जगह बन गई है। अब परिवर्तन नहीं, छोटे-छोटे फायदे सब कुछ हैं।

आजकल साहस दिखाने का अर्थ बदल गया है। फैशन की दुनिया में साहस दिखाने का अर्थ है कामुकता का अति-प्रदर्शन। राजनीति की दुनिया में साहस दिखाने का अर्थ है घोटाला या 'दूसरे' की हत्या। मुक्त व्यापार छुट्टा बाघ है। व्यापार की दुनिया में साहस दिखाने का अर्थ है वित्तीय बाजार से हजारों करोड़ का ऋण लेकर देश से भाग जाना या अंततः सबकुछ आम लोगों के सिर पर पटक देना। प्रेम की दुनिया में साहस दिखाने का अर्थ है बलात्कार। आजकल साहस के ये रूप हैं।

हम इस समय जो सांस लेते हैं वह खबरों से बनी हवा है और ये जो खबरें हैं, वे हवा से बनी हुई हैं। मीडिया में साहस का अर्थ है झूठ का ज्वालामुखी। इन्हीं सब साहसों का मिला-जुला रूप दुनिया में अब एक ऐसी सभ्यता का निर्माण कर रहा है जिसका एक नतीजा अमेरिका के लास बेगास के संगीतानुष्ठान में लाशों का पहाड़ है। यह भी एक संदेश है!

वे जो जगह-जगह घृणा के समुद्र बना रहे हैं उन्हें भी सोचना होगा कि इसमें प्रेम के टापू होने चाहिए। क्या पता जब वे खुद इस समुद्र में डूबने लगें उन्हें किसी टापू की जरूरत पड़े। मुक्तिबोध ने एक महत्वपूर्ण बात कही थी कि प्रेम के प्रति सच्चे होने में जितनी तपश्चर्या की जरूरत है, उससे कहीं अधिक घृणा के प्रति सच्चे होने के लिए पड़ती है। प्रेमचंद और मुक्तिबोध ने घृणा की थी, पर उनकी घृणा सामाजिक और राजनीतिक बुराइयों से थी। यह मानवता को सुंदर बनाने के लिए थी, आदिम बर्बरता की ओर लौटने के लिए नहीं।

इतिहास बोलता है जबकि कथा सुनती है

आज सबसे ज्यादा सैन्य अड्डे इतिहास में बन रहे हैं, क्योंकि लोग इतिहास भूल गए हैं। विज्ञान की तरह इतिहास भी सामाजिक शक्ति नहीं बन सका, इसकी दबी चीखें सुनी नहीं जा सकीं। हीडेगर ने एक बात कही थी, 'भाषा के घर में अस्तित्व अपना अर्थ पाता है।' इसी तरह कहा जा सकता है कि कथा के घर में अस्तित्व अपना सौंदर्य पाता है। कोई कह ही सकता है कि ईश्वर ने यदि जीवन नहीं सिरजा होता, कुछ भी सुंदर नहीं होता। लेकिन ईश्वर की सुंदरता वस्तुतः इसी जीवन की देन है। कथा या कविता की सुंदरता भी जीवन की देन है। आज हर तरफ एक जीवन-विरोधी माहौल है, रचना-विरोधी माहौल है। संस्कृति यदि राजनीति के हाथों में गोला-बारूद है, तो बाजार के हाथों में महज माल। दरअसल यह 'इतिहास का अंत' है या उसकी राक्षसी वापसी, यह सोचने की चीज है। इससे सबसे ज्यादा खतरे में जीवन है।

वाल्मीकि ने अपने आश्रम में निर्वासित सीता को रखा था, पर वे इन्हें पृथ्वी में समा कर आत्महत्या करने से बचा नहीं पाए थे। आठवीं सदी के कवि-नाट्यकार भवभूति के 'उत्तररामचरित' में एक भिन्न घटना है। अरुंधती पृथ्वी में समाई सीता को जीवित लेकर यज्ञ कर रहे राम के पास पहुँचती है और उनसे कहती है, 'सोने की यह सीता-मूर्ति हटाओ। देखो, यह तुम्हारी सीता है!' भवभूति स्त्री को सुन सके थे। सुनना भी एक कला है, एक जरूरत है। देखा जाता

है कि आज सभी बड़ी हस्तियाँ यहाँ-वहाँ सिर्फ बोल रही हैं, नेता टीवी पर सिर्फ राजनीतिक डॉयलाग दे रहे हैं। कोई सुनना नहीं चाहता, किसी को सुनने की फुर्सत नहीं है, क्योंकि हमारे देश में अभी तक सुनने की संस्कृति बन नहीं पाई है। कथा इतिहास से इसलिए भिन्न है कि इतिहास बोलता है- बोलने वाले बनाते हैं इतिहास। जबकि कथा सुनती है- सुनने वाले रचते हैं कथाएँ, कहानियाँ!

मुक्तिबोध की एक कथा है 'पक्षी और दीमक'। एक पक्षी को दीमक खाने की लत लग गई। दीमक बेचने वाला उसके रास्ते से यह कहता गुजरता- दीमक ले लो, पंख दे दो! पक्षी रोज अपना एक पंख दे देता और मजे से दीमक खाता। उसे दीमक बड़ी स्वादिष्ट लगती। एक-एक कर पक्षी के पंख शेष हो गए। अब वह जरा भी उड़ नहीं पाता था, किसी तरह फुदक पाता था। दीमक कुछ न कुछ नष्ट ही करती है।

पक्षी को अपनी स्वाधीनता खोने की चिंता हुई। उसने प्रयत्न से काफी दीमकें इकट्ठी कीं। दीमकों का सौदागर जब गुजर रहा था, पक्षी ने कहा- इतनी दीमकें हैं, तुम ले जाओ और मेरे पंख वापस कर दो। दीमक बेचने वाले ने कहा- मैं पंख लेकर दीमक बेचता हूँ, पंख देकर दीमक नहीं लेता। यह कथा आज की स्वाद संस्कृति (टेस्ट कल्चर) पर एक व्यंग्य है।

आदमी की बर्बरता की तरह ही उसकी भुक्खड़ता बढ़ी है। उसे पता नहीं चल पाता कि उपभोक्ता संस्कृति के 'मजे' के पीछे दौड़ते-दौड़ते वह वस्तुतः अपनी स्वतंत्रता खोता जा रहा है, विवश होता जा रहा है और जीवन में 'मूल्य' का स्थान वस्तुतः 'मजा' ने ले लिया है।

फिर भी पेंडोरा ने जब उपहार में साथ लाई अपनी संदूकची (पेंडोरा बॉक्स) जरा सी खोली थी और उसमें से अचानक तकलीफों और विपत्तियों के झंझावात निकल कर पृथ्वी पर फैल गए थे, तो उसने संदूकची पूरा खोल कर उसमें दुबारा झांका था- शायद इसमें कुछ और हो। यह आशा थी!

नवंबर 2017

एक कवि का जाना

'सच का मुँह स्वर्ण आवरण से ढंका है।' यह एक प्राचीन कथन (यजुर्वेद) है, लेकिन इक्कीसवीं सदी में भी सत्य है। कभी लोकतंत्र के भीतर बाजार था, आज बाजार के जबड़े में लोकतंत्र है, यहाँ तक कि संपूर्ण मीडिया। अब सच जानना कठिन है। 'सत्यमेव जयते' की जगह लंगूर बैठ गए हैं। इसे निराशा में 'पोस्ट ट्रूथ' का समय भी कहा जाता है। यह जल प्रलय-सा कुछ है, जिसमें केदारनाथ सिंह की कविता 'नूह की नौका' की तरह लगती है। वे जैसे बहुत सारी चीजों के बह जाते समय भी कुछ बचा लेना चाहते हैं, 'पानी में घिरे हुए लोग/अपने साथ ले आते हैं पुआल की गंध/वे ले आते हैं आम की गुठलियाँ/...वे हर कीमत पर चिलम की छेद में/ कहीं न कहीं बचा रखते हैं/थोड़ी सी आग।' एक कवि के जाने का अर्थ होता है एक नूह का न होना!

ग्रीक दार्शनिक प्लेटो ने ढाई हजार साल पहले कहा था, 'गणतंत्र में कवियों के लिए कोई जगह नहीं है।' केदारनाथ सिंह का एक अपना गणतंत्र था जो कवि का गणतंत्र होता है। इसमें वे टमाटर बेचने वाली बुढ़िया से बात करते हैं, गाँव के नूर मियां के साथ रहते हैं, चींटी तक से बतियाते हैं। वे सत्ता प्रदर्शन और आभिजात्य से बाहर थे, उस आम लोक के करीब थे जो पांच साल में एक बार थोड़ा-सा गणतंत्र देख पाता है। इसमें अब कैंब्रिज एनलेटिका जैसी संस्थाएँ सेंध मार चुकी हैं। इनकी ताकत अदृश्य और बहुत बड़ी है। मीडिया के उपभोक्ताओं को पता भी नहीं चल पाता कि उपभोग करते-करते दरअसल वे खुद 'कंज्यूम' किए जा रहे हैं या किसी कंपनी या पार्टी को बेच दिए गए हैं। इन स्थितियों में कैसे पैदा होगा नागरिकों में अपना आलोचनात्मक विवेक, स्वबोध?

मनुष्य जब वस्तु बनता जा रहा हो, केदारनाथ सिंह की कविता में वस्तुएँ चरित्र धारण करने लगती हैं और मानवीय संदेश देती हैं। वे एक असाधारण कवि थे। गौर करने की बात है कि साधारण से लगाव ने ही उन्हें इतना असाधारण

बनाया। वे अपनी रचनाओं में साधारण की प्रतिष्ठा भर नहीं करते, साधारण में महत को ढूंढते हैं। उनसे जो भी मिले हैं, जानते हैं कि वे कितने सरल थे। कहना चाहिए, हर कोने से भारतीय संस्कृति का सार चालाकी नहीं, सरलता है। चालाकी और समझदारी में फर्क है। केदारनाथ सिंह में समझदारी है। इसके अलावा एक ऐसी सरलता है जो हमेशा सामाजिक दीवारों को तोड़कर आत्मप्रसार लाती है। सरल रेखा खींचना कठिन है, सरल होना भी।

मैंने देखा वह एक तितली है
पीली-सी
जिसके छोटे-छोटे पर
बार-बार टकरा रहे थे
कवि की दीवार से
जैसे उसे तोड़ना चाहते हों
पाठको, मुझे क्षमा करना
कि जिक्र अणु बम का
और मैं एक तितली के पक्ष में
बकवास कर रहा हूँ?

वैश्वीकरण के समानांतर सामाजिक भिन्नता भी इस समय बढ़ी-चढ़ी है। लोग अपने धर्म जाति, जातीयता के घोंघे में घुसते जा रहे हैं, बड़े बुद्धिजीवी भी। बर्लिन की दीवार टूट गई, पर अब वह हर जगह खड़ी है। क्या यह संभव है कि तितली के पर ऐसी दीवारें तोड़ दें। तितलियों के पर ही तोड़ेंगे बर्लिन की नई दीवारें!

हजारी प्रसाद द्विवेदी कोलकाता अक्सर आते थे। एक जगह उनके भाषण (1972) के बाद किसी बात पर मैंने उनसे पूछा था, 'अकेला चना क्या कर सकता है?' उन्होंने जवाब दिया, 'अकेला चना भाड़ नहीं फोड़ सकता, खुद तो फूट सकता है!'

सच्ची आधुनिकता बाउंडरी तोड़ती है

केदारनाथ सिंह जाति-बिरादरी का इतिहास, धर्म या जातीयता का इतिहास न ढूंढ कर घोंसलों का इतिहास क्यों ढूंढते हैं? वे खेत में पड़ा ठीकरा उठा कर नहीं फेंकते। चाहते हैं, उसका स्थान न छीना जाए। उनकी कविता में प्रेमचंद की 'पूस की रात' का हलकू और उसका कुत्ता स्वर्ग से लौटते युधिष्ठिर और उनके कुत्ते में

बदल जाते हैं। क्या हर साधारण में महत छिपा होता है? कवि साधारण में महत के जासूस के रूप में दिखता है। हर साधारण चीज कवि को बुरी तरह घूरती है और विचलित करती है। कविता के पाठक को भी लगता है कि वह घूरा जा रहा है।

साधारण आदमियों, चिऊँटा, कुदाल जैसी तुच्छ समझी जाने वाली वस्तुओं में महत देखने की एक अन्य वजह भी है। केदारनाथ सिंह औपनिवेशिक आधुनिकता के विभ्रमों को तोड़ते हैं। एक मानववादी भ्रम यह है कि सृष्टि के केंद्र में मनुष्य है। दूसरा भ्रम आज हमारे चारों तरफ हो रहा 'विकास' है, जो आदमी को सुखवादी बना रहा है। चौड़ी सड़कों और बड़े औद्योगिक कांप्लेक्स के लिए कुछ घर उजड़ जाएँ, कुछ नदियां रुक जाएं, कुछ पेड़ कट जाएँ, कुछ गांव खच्चरों और बैलगाड़ियों पर लद जाएं, कुछ विश्वास छूट जाएं, इससे कोई फर्क नहीं पड़ता! ह्यूमनिज्म एक संकीर्ण रूप है और जब उससे बाजारवाद जुड़ जाता है तो नदियों को, आदिवासियों को, माथे पर गिरती ओस की बूंद को और सालिम अली की चिड़िया को पूछने वाला कोई नहीं रह जाता। बाजारवाद मानववाद को एक कठोर सुखवाद में बदल देता है। कई केंद्रवाद खड़े हो जाते हैं। इसलिए केदारनाथ सिंह पूछते हैं, 'मेरी आधुनिकता की एक चिंता यह है कि इसमें लालमोहर कहां है?' उत्तर-आधुनिकता बाउंडरी बनाती है, पर सच्ची आधुनिकता बाउंडरी तोड़ती है।

लोकजीवन की कई चीजों को केदारनाथ सिंह उठाते हैं। बरसात के बीच जब धूप निकलती है, कहा जाता है - लोमड़ी का ब्याह हो रहा है। बच्चों के दांत उखड़ जाने पर फेंका नहीं जाता। कहा जाता है, मिट्टी में गाड़ दो, फिर उग आएंगे। मैंने खुद यह सुनकर अपना एक दांत मिट्टी में गाड़ा था। ये उस बुद्धिवाद की नजर में हास्यास्पद बातें हैं जिसे ईराक पर हमले, पचासों देश में अमरीकी सैन्य अड्डा बनाने या सांप्रदायिक हिंसा को तर्क का जामा पहनाने में दो मिनट नहीं लगते।

आधुनिकता ने बुद्धिवाद दिया, तर्कवाद दिया। इस दृष्टि से देखा जाए तो केदारनाथ सिंह के किसान पिता से मिली यह सीख हास्यास्पद लगेगी, 'रात को जब रोटी तोड़ना/तो पहले सिर झुकाकर गेहूं को याद कर लेना।' क्या आज कभी गेहूं देखने की इच्छा होती है? अब कृतज्ञता बहुत कम बची है, यह कृतघ्नता का युग है। केदारनाथ सिंह की केंद्रीय चिंता है, 'यह जो समूचा समय है/उसमें रोशनी राख सदियां तिलचट्टे/सब कुछ है/सिर्फ समूचापन झर गया है/समूचे समय से।' यह समूचापन निरंकुश समग्रतावाद नहीं है, सृष्टि की चीजों के बीच अखंडता है। एक कैसा कुआं जैसा मन आज होता जा रहा है- रस्सी

में बंधी बाल्टी के विरुद्ध। बहुत कुछ खोता-बिखरता जा रहा है, यह चीज केदारनाथ सिंह को विकल करती है।

वे ताकत के मिथ को तोड़ते हैं

केदारनाथ सिंह के लिए उनके देश में, दुनिया में सिर्फ दूरियां नहीं हैं, निकटताएं भी हैं। 1986 की बात है। मेरे पड़ोस में रहने वाले अपने बचपन के मित्र राम किशोर सिंह के साथ वे मेरे घर अचानक आए तो चौंका। पहली मुलाकात थी। वे सहज मुस्कान और सरलता से लबरेज थे। हिंदी के अपने समय के सर्वश्रेष्ठ प्रयोगशील कवि से कुछ मिनटों में ही मैं इतना घुल-मिल गया कि पिछली जनवरी में जब वे कोलकाता के बेल व्यू नर्सिंग होम में भर्ती थे, तब तक उनका साथ बना रहा। उनके साथ कई बार लिट्टी-चोखा की पारटी हुई। वे किसी दूरी का अहसास कराए बिना सहज ही सभी से घुल-मिल जाते थे। किसी-किसी युग में ऐसा साहित्यकार होता है जो छत की तरह लगे और इतना अधिक निश्छल हो। नागार्जुन के बाद वही थे, जिनका देश में अपना एक महापरिवार था और जिन्हें सभी चाहते थे।

अज्ञेय और नागार्जुन दो ध्रुव की तरह देखे जाते थे। नागार्जुन ने बहुत कटु आलोचना की थी अज्ञेय की। केदारनाथ सिंह ने मुझे बताया कि एक बार नागार्जुन बीमार पड़े तो अज्ञेय उन्हें देखने गए थे। केदार जी अज्ञेय के प्रति बड़ा सम्मान का भाव रखते थे और कहते थे कि शब्द के सतर्क प्रयोग की कला उन्होंने अज्ञेय से सीखी। वे कविता को शब्दों का खेल कहते थे। वे शब्द से ही देखते, सुनते, सूंघते, स्वाद लेते और चीजों को छूते थे। एक पत्रिका निकाली तो उसका नाम रखा था, 'शब्द'। शब्द ही जैसे उनके हाथ का टार्च था।

केदारनाथ सिंह की संवेदनशीलता ओढ़ी हुई या बस कविता रचते समय की संवेदनशीलता नहीं है। न उनकी प्रतिबद्धता दिखावटी है। 1998 की बात है, आजमगढ़ में लघु पत्रिकाओं का चौथा सम्मेलन था। मैं उसका एक संयोजक था। देश भर से लघु पत्रिकाओं के संपादक और लेखक पहुँचे थे। केदारनाथ सिंह ने उद्घाटन किया। वे दिल्ली से आए थे। मैंने उन्हें किराया देना चाहा। उन्होंने नहीं लिया और कहा, 'मैं अपने ही आयोजन में आया हूँ।' कई साहित्यकार बिना एयर टिकट के अपने घर से हिलते तक नहीं। केदार जी पूछते रहते थे, कोलकाता में हिंदी मेला कब है, मुझे इसमें रहना है। वे आते और नौजवानों के साथ एकदम बेतकल्लुफ रहते, जैसे बरसों पुराना परिचय हो।

आखिर किसी के जीवन और कविता में इतनी समाई कैसे हो सकती है, कोई अपनी सादगी में इतना महत्तर कैसे बनता है और उसकी उदारता में चिऊंटी तक के लिए जगह कहाँ से निकल आती है, यह सब सोचता हूँ। केदारनाथ सिंह के गणतंत्र में एक पत्ती के टूटने पर भी राष्ट्र शोक में डूब सकता है! क्या हमारे देश में ऐसी स्थिति आ सकती है, 'एक को प्यास लगे/तो हर कंठ में थोड़ी सी बेचैनी हो/ अगर एक पर चोट पड़े/तो हर आँख हो जाए थोड़ी सी नम।' विजय माल्या, नीरव मोदी जैसे लोग भागते हैं तो वित्तीय राष्ट्र चिंतित हो जाता है। केदारनाथ सिंह कहते हैं, 'इतने बड़े शहर में अब इतनी भी जगह नहीं कि एक गर्भवती चींटी रख दे अपना अंडा!' हम देख रहे हैं कि पृथ्वी इतनी बड़ी है, पर साधारण मनुष्य के लिए स्पेस लगातार कम होता जा रहा है।

केदारनाथ सिंह की खूबी है कि वे 'ताकत' के मिथ को तोड़ते हैं और वहाँ-वहाँ जाते हैं जहाँ ताकत नहीं है, जो गणतंत्र का पिछवाड़ा है। वे दिल्ली में बस गए, पर अपने को हमेशा विस्थापित महसूस करते रहे। उनकी कविता में उन सभी लोगों के विस्थापन का दर्द बोलता है जो गांवों से शहरों में आकर बस गए हैं। उन्हें अक्सर लगता रहा है कि वे रोशनी से अंधेरे में आ गए हैं।

वी एस नायपाल और केदारनाथ सिंह के विस्थापन में बुनियादी फर्क है। नायपाल सोचते रहे हैं कि उनका पश्चिमी देश में आना अंधकार से रोशनी में आना है- वे भारत के लोगों की तरह असभ्य नहीं हैं, अंधकार के महाद्वीप में नहीं हैं। वे कैरेबियन नहीं, अब पश्चिमी हैं। केदारनाथ सिंह कई पश्चिमी देशों में घूमे थे। लेकिन वे दिल्ली में बसे थे, जेएनयू में पढ़ाते थे। उनके पास एक विश्व मन था। आधुनिकता की बारीकी उनके पास थी। केदारनाथ सिंह एक आधुनिक कवि हैं, पर वे जीवन-विरोधी आततायी आधुनिकता के विरोध में हैं। उनका मन बसता रहा है उच्चतर भावभूमि के ग्रामीण गणतंत्र में।

गांव के लोगों से मिलूं और
किस तरह मिलूं
कि दिल्ली न आए बीच में
आदमी सही साबूत निकल जाए
और बिल्ली न आए बीच में

केदारनाथ सिंह बार-बार गांवों की ओर लौटते हैं, अपनी जड़ों के पास। वे गोरखपुर, बनारस, कोलकाता जैसे शहरों में बार-बार आते हैं। उनके भीतर अपने को खो देने और बचाए रखने का एक ईमानदार तनाव है जो उन्हें पहली कुल्हाड़ी,

पहले स्तनपान , पहली पाठशाला, पहले अंगारे, सभ्यता के पहले दिन मिथुनरत क्रौंच के चीत्कार और ऐसी ही पता नहीं कितनी पहली चीजों की तरफ ले जाता है।

केदारनाथ को गांवों के लालमोहर, इब्राहिम मियां जैसे लोगों में ही नहीं, यहाँ के पत्थर, पानी, घास, काई, कीड़े-मकोड़ों तक में रोशनी नजर आती है। उन्हें गांवों या गंवई मन के व्यक्तियों के पास आकर लगता है कि वे सांस के अंदर एक हरे-भरे मैदान में आ गए हैं। उन्हें 'टूटे हुए ट्रक' में रोशनी दिखती हैह्व। जो उपेक्षित है, उसके पास उनकी काव्यात्मक दृष्टि जाती है। जहाँ-जहाँ जीवन है, सृष्टि है, वहाँ-वहाँ रोशनी है। इस रोशनी के केंद्र में मनुष्य नहीं है। इस रोशनी में केंद्र नहीं है। उनकी कविता में संपूर्ण पर्यावरण और मनुष्य के 'साझे भविष्य' की चिंता है - मनुष्य, प्रकृति और विकासशील विश्व के साझे भविष्य की। नायपाल की आँखों में शातिरपन है, जबकि केदारनाथ सिंह की आँखों में भोलापन है। यह भोलापन सिर्फ सामंती क्रूरताओं को ही नहीं आधुनिक, बुद्धिवादी और सभी केंद्रवादी क्रूरताओं को टक्कर देता है। उनकी कविता कोई नैतिक केंद्रवाद नहीं बनाती, बल्कि उसे जम कर तोड़ती है। क्या अपने भोलेपन की ताकत को खोकर आदमी लड़ सकता है?

केदारनाथ सिंह के भीतर प्रेम का इतना बड़ा आकाश कैसे बना? चौआलीस की उम्र में उनकी पत्नी शिवकली का देहांत हो गया था। उन्होंने दूसरा विवाह नहीं किया। निराला तीस के लगभग थे, मनोहरा देवी चल बसी थीं। मैंने एक बार कहा था, आपने निराला की परंपरा का अनुसरण किया! आज कौन बुद्धिजीवी करेगा? किसी के प्रेम को नहीं समझा जा सकता, यदि उसके अकेलेपन को न जाना जाए। खास कर इन दिनों अकेलापन कितना अवसाद लाता है, इसका अंदाजा लगाना कठिन है। केदारनाथ सिंह अपने अकेलेपन से निरंतर कैसे जूझते रहे हैं, यह उनकी कविताओं को पढ़ने से ज्ञात होगा।

हम जानते हैं कि कोई ताकतवर आदमी अपने से कमजोर से रिश्ता रखना नहीं चाहता, मिलना तक नहीं चाहता। मैंने हमेशा पाया कि केदारनाथ सिंह, जो हिंदी साहित्य के सबसे बड़े सेलेब्रिटी कहे जा सकते हैं, हमेशा साधारण में ताकत देखना चाहते थे। उन्होंने अपनी कविता में साधारण से ताकत ली थी।

कविताएं किसी जादूगर की टोपी की तरह हैं

केदारनाथ सिंह सिर्फ कविता की भाषा को बचाना नहीं चाहते। उनकी गहरी चिंता समूची भाषा को लेकर है, 'सुनो मेरी समस्या यह है कि वह कौन सा नियम है

भाषा का/जिससे पोकरण में होने वाला बम विस्फोट/चुपके से बन गया था बुद्ध की मुस्कान।' कवि जैसे चीख उठता है, 'ध्वंस है – यह भाषा का ध्वंस है।' वह अंततः कहना चाहता है, 'भाषा के ध्वंस से उड़ी हुई धूल/और दीवार से टकराती तितली के साथ/छोड़ दिया जाए कवि को/उसके अकेलेपन की गहरी/और पवित्र गरिमा में।' इस युग की संपूर्ण आधुनिकता में भाषा ही केंद्रीय क्यों हो गई, शब्द के महत्व पर इतना जोर क्यों दिया गया, भाषा की समस्या ही मानव चिंतन की प्रमुख चिंता क्यों हो गई? क्योंकि राजनीतिक और व्यावसायिक तौर पर लगातार भाषा का बलात्कार होने लगा। भाषा के ध्वंस का अर्थ है स्वतंत्रता का ध्वंस- आदमी की सबसे बड़ी इच्छा का ध्वंस।

बेवजह नहीं है कि केदारनाथ सिंह की कविता में हर चीज और हर शब्द का पूर्व निर्धारित अर्थ बिल्कुल बदल जाता है। वह एक सिद्धहस्त कवि थे, जमकर शब्द-क्रीड़ा करते थे। उनकी कविता किसी जादूगर की टोपी की तरह लगती है। छोटी-छोटी जगहों से कितनी बड़ी-बड़ी चीजें निकल आती हैं। उनके यहाँ सब कुछ हो, पर 'मैं', अहंकार या व्यक्तिवाद के लिए जगह नहीं है। यह सब इन दिनों बढ़ा है। उनके यहाँ मानववाद के लिए जिस तरह जगह नहीं है, व्यक्तिवाद के लिए भी जगह नहीं है। कवि की भाषा आम जनों के बीच, पूरे समाज में, पूरी सृष्टि में उछलती-कूदती है।

कबीर ने 'बेहद' को जहाँ छोड़ा था और निराला ने 'दुख' को जहाँ छोड़ा था, केदारनाथ सिंह 'बेहद' और 'दुख'को वहाँ से उठाकर अपनी कविता में एक नई जगह देते हैं। कबीर एक 'एक छोटी सी घास की पत्ती के बेहद्दी मैदान में' तनकर सोए मिलते हैं (उत्तर कबीर)। एक कविता 'निराला को याद करते हुए' में कहा गया है, 'उठता हाहाकार जिधर है/उसी तरफ अपना भी घर है।' और 'दुखता रहता है अब जीवन।' केदारनाथ सिंह के अकेलेपन का इन दो कवियों के अकेलेपन से सहज मेल हो जाता है। आज सांप्रदायिक कट्टरवाद या अंध-राष्ट्रवाद काफी बढ़ा-चढ़ा है। इनके संदर्भ में 'बेहद' और 'दुख' को बढ़ई से लेकर पत्थर तक केदारनाथ सिंह पहचानते हैं। कहा जा सकता है कि इस देश में सांप्रदायिक कट्टरवाद और अंध-राष्ट्रवाद को सबसे पहले बुद्ध, कबीर, सूर, तुलसी, प्रेमचंद, निराला, नागार्जुन से लड़ना होगा, केदारनाथ सिंह जैसे लोगों के भोलेपन को परास्त करना होगा।

आज हम व्यापार, क्रिकेट, राजनीति, फिल्म और फैशन की सम्मोहित करने वाली दुनियाओं के बीच घिरे हैं। इनकी तुलना में कविता एक बिल्कुल छोटी

दुनिया है। पर एक चीज है, इस दुनिया में साधारण हँस-बोल सकता है। हम कविता से ही जानते हैं कि दुनिया ऐसे भी देखी जा सकती है। केदारनाथ सिंह शब्द और चीजों के अर्थ बिल्कुल उलट-पलट देते हैं। शब्द का संदर्भ बदलते ही जैसे अर्थ का कायाकल्प हो जाता है। शब्द अपने सीमित और प्रचलित अर्थ से मुक्त हो जाते हैं, अंकुशों से मुक्त हो जाते हैं।

केदारनाथ सिंह हमारी सदी के सबसे भयानक संकट को हम तक पहुँचाते हैं और एकदम खेल-खेल में ऐसा करते हैं। फिर भी आज कितने लोग हैं जो कविता पढ़ते हैं। ज्यादा लोग पॉप-रॉक म्युजिक सुनने में अपनी आधुनिकता, अपनी संपन्नता देखते हैं। इन स्थितियों में कवि कहता है, 'यह असुविधाजनक सवाल/ मैं उठाना नहीं चाहता/ कि सभ्यता की सूची किसने बनाई थी?' आधुनिकता संकट में इसलिए पड़ी कि इसने सवाल उठाना छोड़ दिया। वह सभ्यता की नई-नई सूची तैयार करने लगी - हर जाति, हर धर्म, हर समुदाय, हर देश के लिए सभ्यता की अलग-अलग सूची बनने लगी। फिर भी 'अमरूद' की तरह कविता अपने लिए जगह बना लेती है। कविता एक चरम व्यावसायिक समय में, जीवन-विरोधी समय में जीवन के लिए जगह की तलाश ही तो है!

जो बचा रह जाता है नष्ट होने से
जो बचा रह जाता है
लोग उसी को कहते हैं जीवन
कई बार उसी को
काई
घास
या पत्थर कह देते हैं लोग

कविता के बचे होने का भरोसा इसी बात से मिलता है कि जीवन अनंत है। निःसंदेह कविता जीवन से संवाद है। इसलिए केदारनाथ सिंह 'सब्जी मंडी से निकलते हुए' पाठक से पूछ देते हैं-

एक बुरी आदत है कविता की
इसके पास माचिस है
क्या आपके पास एक बीड़ी है भाई साहब?

यदि साधारण में महत के इस जासूस को कोई देखना चाहे, वह आज भी कविता से अधिक किसी अमरूद या टमाटर बेचती बुढ़िया के पास मिल जाएगा या पानी से बातचीत करते हुए, लेकिन बिसलरी के बोतल से काफी दूर!

स्मृति ध्वंस के विरुद्ध

केदारनाथ सिंह की कविताएं पढ़ते हुए लग सकता है कि उनकी कविता की सबसे बेचैन करने वाली पंक्तियां उन्होंने नहीं लिखीं, उनकी माँ ने लिखी हैं जो लगभग सौ सालों तक जीवित थीं और अंतिम सांस हावड़ा में ली थी। शिवपुर घाट पर दाह संस्कार के बाद लौटते हुए मैंने उनसे कहा था, 'आपकी सरल माँ ही तो रूप बदल--बदल कर आती हैं आपकी कविताओं में!' केदारनाथ सिंह हावड़ा प्रायः हर साल अपनी बहन रमा के घर आते थे। लंबे-लंबे समय तक कोलकाता ही उनका घर होता था। शिवपुर इंजीनियरिंग कॉलेज के नजदीक ही घर था, गाँव के हरे माहौल से भरा-पूरा।

हम अनगिनत बार साथ बैठे, घूमे-फिरे। आखिरी बार हमने मध्य जनवरी में हँसी-खुशी के साथ दोपहर का भोजन किया। उनके जीवन का यह खुल कर बैठने का आखिरी दिन था। वे हम सबसे मिलने के लिए आकुल थे। हम मिले। मृत्युंजय के अलावा मानिक बच्छावत, निर्मला तोदी थीं। निर्मला के घर वे कई बार संगीत सुनने गए थे। उन्हें पुराने फिल्मी गाने बहुत प्रिय थे, बड़े आनंद से सुनते थे। किसी ने नहीं सोचा था कि शरीर धीरे-धीरे उनका साथ छोड़ रहा है। वे कुछ भी खा नहीं रहे थे, कुछ निराश से थे। मुझसे एक बार यहां तक कहा, 'अब चलना है!' वे बोलते-बोलते भूल जाते थे और छिटकते शब्दों को हवा में अपनी फड़फड़ाती अंगुलियों से पकड़ना चाहते थे। मैं कहता था, आपको अभी काफी लिखना है - ठीक होना है। इस बीमारी और अर्ध-विस्मृति में भी वे जैसे मुझसे सुनना चाहते थे कि देश की हालत जरूर बदलेगी। उन्होंने पूछा, 'केंद्र सरकार हटेगी न?' सिलाइन चढ़ रहा था और यह चिंता थी। यह रचना-विरोधी समय है, चिंतन-विरोधी समय है। उनके चेहरे पर उद्विग्नता देखी। शरीर साथ छोड़ रहा है, लेकिन मन में देश की चिंता है।

कोलकाता में केदारनाथ सिंह की सभी बेटियाँ उन्हें देखने आईं। उनका बेटा यहाँ कई दिनों तक था। बहन रमा नर्सिंग होम आती रहीं। इनके बेटे राजेश ने दिन-रात एक कर दिया। निमोनिया था। सांस लेने में तकलीफ थी। लंबे समय से कुछ भी खा नहीं पा रहे थे, पर कभी-कभी हँस जरूर देते थे। बेल व्यू नर्सिंग होम के बेड पर तब लगता था कि एक काव्य शिशु लेटा है। वह खेल रहा है अपनी जिंदगी से, जैसा वह खेलता रहा था शब्दों से अपनी कविता में। अंतिम बार उनके और मेरे हाथ उस दिन हिले थे, जब वे विशेष एंबुलेंस से दिल्ली की राजधानी ट्रेन पकड़ने के लिए ले जाए जा रहे थे। उनका आगे का इलाज दिल्ली में होना था।

दोनों के हाथ हिल रहे थे। मैं कहना चाह रहा था, जल्दी मिलेंगे। पता नहीं उनके हिलते हाथ क्या कह रहे थे!

कवि का जाना कितनी बड़ी क्षति है, इसका बोध इससे होता है कि वह अपने व्यक्तित्व और रचनाओं में कितने गहन अर्थों को समेटे हुए है। आधुनिक कवियों को इतिहास आततायी लगा है। वह घाव देता है। लेकिन स्मृति-ध्वंस उससे कम खतरनाक नहीं है। इधर अच्छी और सकारात्मक स्मृतियों पर उन्माद की गरम राख बिछाई जा रही है। केदारनाथ सिंह की एक पंक्ति है, 'भूलता तो यह भी जा रहा हूँ कि भूलता जा रहा हूँ मैं!' वैश्वीकरण के युग में इससे बड़ी त्रासदी नहीं हो सकती। क्या दुनिया की तमाम श्रेष्ठ कविताओं के साथ एक दिन केदारनाथ सिंह भी भुला दिए जाएंगे या क्या लंबे समय तक याद रखे जाने वाले वे हिंदी के अंतिम कवि होंगे? दोनों प्रश्न चुनौतीपूर्ण हैं।

मई 2018

साहित्य का संकट

कालिदास ने 'रघुवंश' में, जिस वंश में दशरथ और राम हुए थे, उसके अंतिम राजा अग्निवर्ण का चित्र इस तरह खींचा है- राजा की देह भोगविलास से इतनी जर्जर हो गई थी कि बिस्तर से ही अपनी आधी टांग किसी तरह जंगले से बाहर निकाल कर अयोध्या की जनता को दर्शन देते थे!

आज हालत यही है। देश के नेता टीवी और वीडियो कांफ्रेंसिंग के जरिए जनता से मुखातिब होते हैं। बड़े सेलेब्रिटी ट्वीट करके अपने प्रशंसकों और मीडिया के आगे दस-पांच लाइनें उछालते हैं। वे दूर से अभिवादन में हाथ हिलाते दिखते हैं। कई बुद्धिजीवी और लेखक ब्लाग, फेसबुक, व्हाट्सऐप पर ही नजर आते हैं। साहित्य ऐसे माहौल में गंभीरता से पढ़ने, सोचने और बौद्धिक नवोन्मेष की जगह न होकर आत्मप्रदर्शन की वस्तु होता है। साहित्य ऐसे में कष्ट सह कर नहीं रचा जाता, यह आराम का मामला होता है। दरअसल सभी तरह के बुद्धिजीवियों को भौतिक सुख और विलासिताओं ने एक जर्जर सभ्यता के दरवाजे पर खड़ा कर दिया है और उनको वृहत्तर दायित्व से लगभग विमुख कर रखा है।

क्या साहित्य खुद लेखक को बदल पाता है

साहित्य ज्ञानराशि और भावराशि का विकासशील कोश है। ज्ञान में जब नए प्रश्न नहीं होते और भावना जब सिकुड़ने लगती है या वह कला का खेल भर होती है, तब साहित्य का विकास अवरोधों का शिकार होने लगता है। वह सब भी प्रचार के जोर से साहित्य बन कर आ जाता है जो सामान्य कोटि का लेखन होता है। लेखक की छवि उसके साहित्य से बड़ी हो जाती है। वह अपनी छवि की जितनी चिंता करता है, साहित्य की नहीं।

हिंदी साहित्य में रुचि लेने वालों की दुनिया 50 करोड़ हिंदी भाषियों के बीच

मुश्किल से अब पांच–दस हजार लोगों तक सीमित है। यदि किसी हिंदी किताब की 500 प्रतियाँ साल भर में बिक जाएँ तो वह बेस्ट सेलर कही जा सकती है! इस स्थिति पर चिंता व्यक्त की जाती रही है। अंततः सब कुछ जड़ होते गए विश्वविद्यालयों, अकादेमियों और व्यावसायिक सांस्कृतिक प्रतिष्ठानों के आश्रय पर निर्भर हो जाता है। ज्यादातर लेखकों की आँख इन्हीं पर टिकी रहती है। फिलहाल साहित्य की नए शिक्षित लोगों से बढ़ती दूरी और उसके चुपचाप सामाजिक विस्थापन को लक्षित करना मुश्किल नहीं है। हालांकि इस पर जरूर सोचना चाहिए कि ऐसा क्यों है।

राजनीति सिर्फ अपने राष्ट्र, समुदाय, प्रांत या दल के बारे में सोचती है,जबकि साहित्य 'दूसरों' के बारे में भी सोचता है– सबके बारे में सोचता है। इस तरह सोचना ही उसे एक व्यापक ज्ञान और संवेदना का वाहक बनाता है, मनुष्यता का रक्षक बनाता है। आज यह जैसे मान लिया गया है कि साहित्य अनावश्यक है या मनोरंजन के लिए है या सुविधाएं पाने के लिए है। दिखता भी है कि विचार आज मनुष्य को बदल नहीं पा रहे हैं। साहित्य अब साधारण पाठक तो क्या खुद लेखक को बदल नहीं पाता है। लोगों को उसकी जरूरतें बदलती हैं और जरूरतों का निर्माण बाजार करता है।

लिटरेरी फेस्टिवल : आशा से अधिक भय

आश्चर्य नहीं होता, यदि आज साहित्यिक कृतियों की जगह 'लिटरेरी फेस्टिवल' का आकर्षण ज्यादा है। जयपुर लिटरेरी फेस्टिवल करोड़ों का होता है, भव्य परिवेश में होता है। इसमें बड़े औद्योगिक घराने अपनी उदारता और साहित्य प्रेम प्रदर्शित करते रहते हैं। स्पांसरशिप और पार्टनरों की बाढ़ होती है। जयपुर में होटलों के हजारों कमरे बुक रहते हैं। फाइव स्टार पार्टियाँ चलती हैं। शोर के साथ कुछ कलाकार, फिल्मी सेलेब्रिटी और नोबेल विजेता भी शिरकत करते हैं। सोशलाइट भी कम नहीं होतीं। साहित्य के सामाजिक विस्थापन का रोना कहीं हो, यहां देख कर लगेगा कि साहित्य को स्वर्णपंख लग गए हैं। हर तरफ उमड़ी भीड़ साहित्य की विस्तृत प्रतिष्ठा की गवाही देती है। लोगों का नामी-गिरामी साहित्यकारों को देखने का उत्साह एक–दूसरे को रोमांचित करता है और खुद को सुसंस्कृत एलीट होने का अहसास देता है। सिर्फ यह पता नहीं चलता कि पाठक अब मुख्यतः दर्शक हैं। उनमें गहरी जिज्ञासा की जगह अब सिर्फ कौतूहल है।

ऐसे फेस्टिवल संक्रामक हो चुके हैं। ये अब कहीं अभिजात शैली तथा कहीं भोंड़ेपन के साथ उत्तर भारत ही नहीं दक्षिण भारत के भी कई नगरों में व्यावसायिक उद्देश्य से आयोजित होने लगे हैं। पतनशील कारपोरेट कल्चर इन्हें अपने आगोश में रखता है। आयोजकों को मजा नहीं आता यदि फेस्टिवल में कोई कंट्रोवर्सी न हो, वैचारिक पटाखे न छूटें। अधिक कंट्रोवर्सी है तो भविष्य में अधिक स्पांसरशिप, अधिक दर्शक और अधिक कमाई की संभावना है।

साहित्य की सामाजिक जगह सिकुड़ती जा रही हो, साहित्य बहुत कम पढ़ा जा रहा हो लेकिन ऐसे उत्सवों में लगेगा कि साहित्य का तूफान है। हर तरफ तामझाम, भारी प्रचार और सबकुछ एक सांस्कृतिक विस्फोट-सा नजर आएगा। पूरे माहौल पर अंग्रेजी की रेशमी चादर चमकती दिखेगी। हर ओर ऐसे लेखक ज्यादा दिखेंगे जो विदेशी पंखों वाली भारतीय चिड़िया हैं। हिंदी का भी कोई लेखक कभी-कभार मंच पर प्रतीक बन कर आ जाता है। वह सातवें आसमान पर होता है और माहौल से बड़ा तृप्त! जबकि ऐसी हर विराटता एक तुच्छता है और साहित्य के लिए मीठा जहर है। ऐसे फेस्टिवल आशा से अधिक भय पैदा करते हैं।

हिंदी के ढहते संस्थान

कला, भाषा और साहित्य के सरकारी संस्थानों को देखें तो वे प्रायः खंडहर हो चुके हैं। सरकारें इन्हें 'राजनीतिक नियंत्रण के साथ संरक्षण' देती हैं और वस्तुतः राजनीतिक पॉकेट बना देती हैं। इनके अत्यधिक राजनीतिकरण ने इन्हें वस्तुतः कला, भाषा और साहित्य का कत्लगाह बना दिया है। हिंदी भाषा के विकास, प्रचार-प्रसार या साहित्य के प्रोत्साहन के लिए ऊंचे इरादों से बनाए गए सरकारी संस्थानों में अब कोई सार्थक काम होता नजर नहीं आता, बल्कि ये हास्यास्पद हो चुके हैं। ये हिंदी की सेवा की नहीं हिंदी के सेवन की जगहें हो गई हैं।

कहीं पुरस्कार की धनराशि एक ही छलांग में 1 लाख से 5 लाख कर दी गई। इस तरह के बीस पुरस्कार पाए लोगों की सूची पर गौर किया जाए तो दिखेगा कि जनता के पैसे की किस तरह बर्बादी होती है। लघु पत्रिकाओं के लिए शुरू किया गया अनुदान स्तरीय साहित्यिक पत्रिकाओं को न देकर अधिकांशतः सामान्य कोटि की पत्रिकाओं को दिया जा रहा है। इसी तरह पुस्तकों की सरकारी खरीद करने वाले संस्थानों में चिंताजनक रूप से राजनीतिक

हस्तक्षेप बढ़ा है। इस दुनिया की गिरावटें देख कर कई लोगों को अब साहित्य से ही वितृष्णा होने लगी है।

साहित्य का उद्देश्य सिकुड़ा है

लेखकों में ख्वाहिशें होती हैं। उन्हें सुख-सुविधाओं, संगोष्ठियों, समितियों में भागीदारी, विदेश यात्राओं और पुरस्कारों के बिना सामान्यतः अपना साहित्यिक जीवन अब फीका लगता है। इन वस्तुओं के लिए बद्धिजीवियों को अपने स्वाभिमान का थोड़ा-बहुत रौंदा जाना मंजूर है, क्योंकि वैकल्पिक संस्थाएँ और गतिविधियाँ नहीं हैं। ऐसी जगहें बनाने की वैसी बेचैनी नहीं है, जैसी कभी हिंदी साहित्य सम्मेलन, नागरी प्रचारिणी सभा, प्रगतिशील लेखक संघ, साहित्यकार संसद आदि संस्थाओं के निर्माण के गौरवमय दिनों में थी। नौकरीपेशा बुद्धिजीवियों के पास पैसा भरा है, लेकिन अपनी जेब से थोड़ा भी निकाल कर हिंदी भाषा और साहित्य के लिए सांस्कृतिक काम करना खास कर हिंदी साहित्यकारों, प्रोफेसरों और बुद्धिजीवियों के डीएनए से सामान्यतः गायब हो रहा है।

अब भारतेंदु और प्रेमचंद जैसे लोग नहीं हैं। कुछ उन व्यक्तियों में त्याग भावना जरूर है, जो अभी भी नुकसान उठा कर साहित्यिक पत्रिकाएं निकालते हैं या निजी प्रयास से अपने शहर और इलेक्ट्रानिक मीडिया में साहित्यिक काम करते हैं। इधर अच्छी साहित्यिक पत्रिकाओं की संख्या भी लगातार कम होती जा रही है। मिलजुल कर कुछ करने का उत्साह घटा है। वर्तमान संकट के समय कामना की जा सकती है कि साहित्य की मुद्रित और ई-पत्रिकाएं अधिक से अधिक प्रकाशित हों। युवा लेखक-बुद्धिजीवी आगे आएं। वे साहित्य को व्यापक पाठक वर्गों तक पहुँचाने में सक्रिय हिस्सा लें, क्योंकि मछली को बचाने के लिए पानी को बचाना जरूरी है।

साहित्य अंततः सांस्कृतिक अल्पसंख्यकों का मामला है। आज साहित्य के पक्ष में कौन है, साहित्य के पक्ष में होने का क्या अर्थ है और समाज में साहित्य के प्रति आकर्षण वस्तुतः कितना बचा है- ये बड़े चुनौतीपूर्ण प्रश्न हैं। एक तरफ साहित्य सांस्कृतिक अरण्यरोदन बना हुआ है। दूसरी तरफ, साहित्य का अर्थ इतना फैल गया है कि किसी बहुराष्ट्रीय कंपनी का प्रचार साहित्य भी 'लिटरेचर' माना जाता है। विज्ञापनों को भी साहित्य समझा जाता है। शिक्षा जगत में साहित्य यांत्रिक किस्म के प्रश्नोत्तर में सीमित है। कहीं साहित्य का अर्थ कविता के पास

आकर सिकुड़ा हुआ है, कहीं सामुदायिक लेखन के पास और कहीं सफर अच्छी तरह कट जाए ऐसी बेस्ट सेलर अंग्रेजी किताबों के पास। साहित्य कहीं एक भौतिक वस्तु भर है, जिसका महज उपभोग होता है।

कई बार बड़े पुरस्कार घोषित करते हैं कि यह साहित्य है। आलोचकों का युग बीत गया है, अब पुरस्कार ही साहित्य का अंतिम मूल्यांकन है! रचनाकार आम तौर पर आलोचकों को व्यर्थ मान कर अब पुरस्कारों में ज्यादा रुचि लेता है। महावीर प्रसाद द्विवेदी, प्रेमचंद और हजारी प्रसाद द्विवेदी साहित्य का उद्देश्य जो भी बताते रहे हों, आज इसका कई जगहों पर उद्देश्य आत्मप्रचार है- भले यह उत्तेजनापूर्ण बयानों से संभव हो। बदली स्थितियों में अंदाजा लगा पाना कठिन है कि कितने रूपों में साहित्य पर संकट है।

लेखकों का हाल है कि सामान्यतः एक हिंदी लेखक दूसरे हिंदी लेखक की पुस्तकें नहीं पढ़ता। उसे हिंदी पुस्तकें और पत्रिकाएं खरीदना अपमानजनक लगता है। यह चिंताजनक है कि सोशल मीडिया पर अपनी सराहना, दूसरों की निंदा और जुमलापरक छोटी-छोटी चीजों के बाहर कुछ भी गंभीर पढ़ना आज कठिन होता जा रहा है। पढ़ने की संस्कृति का व्यापक पतन हुआ है।

इस पर सोचना चाहिए कि साहित्यिक समाज नाम की जो एक चीज पहले हुआ करती थी, क्या यह चीज बची है? कई चीजों का महत्व उनके खो जाने के बाद पता चलता है। साहित्य को खोने से पहले कुछ बचा लिया जाता!

बौद्धिक सतहीकरण सार्वभौम है

कई दशकों से आम शिक्षित लोगों के अति-उपयोगितावादी दृष्टिकोण के कारण उनकी सामान्य रुचि से साहित्य बाहर है। लोग फिल्मी धुन पर देवी जागरण कराएंगे। भागवत कथा और पॉप म्युजिक अलबम में रुचि लेंगे, पर साहित्यिक रचनाएं नहीं पढ़ेंगे। अगर चमत्कारपूर्ण, मजेदार और उत्तेजक न हो तो अब उन्हें कुछ भी आकर्षित नहीं करता। वे ऐसी ही किताबें पढ़ेंगे जिनसे उन्हें तत्काल फायदा हो। उन्हें कई बार 'उत्कृष्ट' की जगह 'निकृष्ट' ही रोचक लगता है। वे देख नहीं पाते कि धीरे-धीरे उनके भाव जगत की किस तरह क्षति हो रही है और अपनी उच्च सांस्कृतिक स्मृतियों से वे कितने विच्छिन्न हैं।

कलाओं के संसार में साहित्य काफी पहले से बाहर है। फिल्म, संगीत, नृत्य, टीवी आदि में साहित्य के लिए अब जगह नहीं है। कलाएँ जब बूढ़ी हो जाती हैं तो वे सुंदर और सांकेतिक अर्थछवियों की जगह फूहड़ता पर उतर जाती हैं और

फूहड़ता ही बड़ी पूंजी और टेक्नोलॉजी के बल पर हर तरफ छा जाती है। कुशल प्रतिभाओं को मनोरंजन उद्योग हड़प लेता है।

नई पीढ़ी बाजार-जाल में है। उसका स्कूल पार करते ही साहित्य क्या, अपनी मातृभाषा तक से नाता टूट जाता है। किसी जमाने में राजनीतिज्ञ साहित्य पढ़ते थे। वे लेखकों से मिलते और बहस करते थे। यह दुखद है कि आजकल राजनीतिज्ञ साहित्यकारों को अपनी दुम समझते हैं, जबकि इन्हें अपना मस्तिष्क और हृदय समझना चाहिए।

उद्योगपतियों का पहले साहित्य से अनुराग था, अब जो हैं वे सिर्फ मुनाफे पर नजर रखने वाले व्यापारी हैं। युग तेजी से बदला है। इधर प्रबंधन और तकनीक के शैक्षिक संसार में साहित्य का कुछ महत्व है। दरअसल धर्मों और सिद्धांतों की कठोरता ने उनके पाठ्यक्रम में साहित्य को जरूरी बना दिया। मैनेजमेंट गुरु साहित्य की तरफ आकर्षित हुए, क्योंकि सृजनात्मक गुणों के विकास के उद्देश्य से साहित्य को महत्वपूर्ण माना जाने लगा, जिस तरह योग को। कहा जाता है कि इनकी वजह से उन मानसिक जटिलताओं को सुलझाना संभव हो सकता है जो विकास की नई अर्थव्यवस्था ने पैदा कर दी हैं। यह भी देखने की चीज है कि व्यापारिक कंपनियां मानवीय भावनाओं और सृजनात्मकता को भौतिक वस्तुओं से अधिक नहीं समझतीं।

कुल मिला कर अब जीवन में उपभोग को सबकुछ माना जाता है। अधिक से अधिक उपभोग में स्वतंत्रता का अधिक से अधिक विस्तार देखा जाता है। लेकिन जीवन में उपभोग सब कुछ नहीं है। जीवन के लक्षण हैं सृजन का आनंद, साझापन और अन्याय का प्रतिरोध। यदि ये चीजें नहीं हैं तो जीवन नहीं है।

देखा यह जा रहा है कि विकास के नए संसार में आदमी चतुर कलाकार ज्यादा है, खिलाड़ी अधिक है और सृजनकर्त्ता कम है। वह नकलची ज्यादा है, क्योंकि इस आत्मविश्वास का बड़े पैमाने पर क्षय हुआ है कि हमारे पास अपना ऐसा बहुत कुछ है जो श्रेष्ठ है। दूसरे, हर तरह का साझापन चालाकियों से भर गया है। तीसरे, अन्याय के प्रतिरोध की क्षमता में ह्रास आया है। कुछ लोग प्रतिरोध का साहस करते हैं तो कई अन्य लोग उस समय दर्शक बने रहते हैं। राजनीतिक स्तर पर सबसे बड़ा दुश्मन विपक्ष नहीं होता, बल्कि अपना ही साथी या सहयात्री होता है। इसके अलावा राजनीति द्वारा प्रचारित 'हम-वे' का रूढ़िवादी विभाजन प्रतिरोध के सामने आ जाता है। ये सभी जीवन-विरोधी मामले हैं जो व्यक्ति को बौद्धिक स्तर पर एकायामी और सतही बनाते हैं। इस जमाने में 'बौद्धिक सतहीकरण'

एक सार्वभौम मामला है। इसलिए सृजन के आनंद, साझेपन और अन्याय के प्रतिरोध के साथ थोड़ा भी खड़ा होना जीवन के पक्ष से लड़ना है।

निश्चय ही कुछ गिलहरियों के समुद्र में कंकड़ रख देने से पुल नहीं बन सकता। लेकिन ऐसी कोशिशों से लोगों का आत्मविश्वास लौट सकता है कि वे पुल बना सकते हैं और एक दिन सामाजिक विद्वेष, अन्याय तथा पिछड़ापन दूर हो सकता है। साहित्यकारों का काम इससे ज्यादा नहीं है।

साहित्य की जरूरत क्यों है

साहित्य कौन लोग पढ़ते हैं– जो अकेले हैं, जो जीवन को समझने, जीने और हो सके तो बदलने के लिए बेचैन रहते हैं और जो असंतुष्ट रहते हैं। इस युग के कट्टर सामुदायिक अभियानों, सस्ते मनोरंजन उद्योगों और मोबाइल ने मनुष्य का रचनात्मक अकेलापन छीना है। उसे जीवन के यथार्थों से विमुख रखने के लिए तरह–तरह के रोचक छलावे बना दिए गए हैं। उसके भीतर असंतोषों की जगह अतृप्तियां भर दी गई हैं। फिर भी, हम जानते हैं कि साहित्य की जरूरत उन्हें है जो विकास की नीवों में गाड़े जा रहे हैं। आज जब हर तरफ लोग विचार की जगह सिर्फ मनोरंजन खोज रहे हैं तो हम कह सकते हैं कि जीवन में थोड़े साहित्य की भी जरूरत है। साहित्य महज व्यावसायिक वस्तु नहीं है। जिंदगी तभी मनुष्य की जिंदगी है जब उसमें 'गैर–व्यावसायिक' के लिए भी थोड़ी जगह हो!

साहित्य का पहला काम है अनुदार भावों को जड़ से उखाड़ फेंकना और मनुष्य–मनुष्य के बीच की दीवारें तोड़ डालना। लेकिन देखा जाता है कि कई बुद्धिजीवी और लेखक खुद संकीर्ण मानसिकता और व्यक्तिगत पसंद–नापसंद से भरे होते हैं। उनमें अनुदारता होती है। उनके शब्द और आचरण के बीच दूरी घटने के बजाए बढ़ती जाती है। यही वजह है कि लेखकों की समाज पर प्रभाव डालने की साहित्यिक शक्ति लगातार क्षीण होती गई।

साहित्य के विस्थापन का रोना छोड़ कर इस पर सोचने की जरूरत है कि वस्तुतः यह क्यों घटित हुआ। इसकी एक वजह जनरुचि का व्यावसायिक विकृतीकरण है, दूसरी वजह समाज में तर्क, संवेदना और कल्पनाशीलता का राजनीतिक ह्रास है तो तीसरी वजह खुद साहित्य की दुनिया में मौजूद व्यक्तिवाद या साहित्य–विरोधी रवैया है। इन घटनाओं के बावजूद साहित्य अब भी सुंदरतम जगह है, क्योंकि उसके लिए न लोक रुचि अंतिम प्रमाण है, न कोई सिद्धांत अंतिम कसौटी है और न बाजार उसका निर्धारणकर्ता है। साहित्य का प्रथम और

अंतिम काम बर्बरताओं के बीच विभिन्न रूपों में मानवीय भावों का संरक्षण, विकास और जीवन के लिए जगह बनाना है।

हिंदी की मुश्किल है कि इसकी कोई साहित्यिक संस्कृति नहीं बन पाई। किसी भी भाषा की साहित्यिक संस्कृति का निर्माण लेखक, पत्रकार, प्रकाशक, पाठक, अनुवादक और साहित्य के विद्यार्थी- शिक्षक मिल कर करते हैं। ये सभी आपस में संवादहीन होते गए, छोटे स्वार्थों से घिरते गए। इसलिए खाइयां हैं। अपने को श्रेष्ठ और दूसरे को क्षुद्र साबित करने की प्रवृत्ति है। देखा जा सकता है कि धर्म, क्रिकेट, फिल्म, संगीत, यहां तक कि व्यापार की दुनिया में भी स्पर्धा के बावजूद पर्याप्त सहकार भावना होती है। इन सभी क्षेत्रों के लोग आपस में गर्मजोशी से मिलते हैं, संवाद करते हैं और एक-दूसरे की सराहना करते हैं। जबकि साहित्य की दुनिया एक अधिक मानवीय जगह होने के बावजूद कलह से भरी है। यहां दूसरे की सराहना करना अपने को छोटा करना माना जाता है!

साहित्य उनका हथियार है जो हार रहे हैं पर हार मानने को तैयार नहीं हैं

साहित्य प्राचीन युग से उनकी आवाज है जो वंचित हैं, विस्थापित हैं और उत्पीड़ित हैं। निश्चय ही कल जो रचना 'नई' थी, आज वह नई नहीं है। कल जो 'प्रगति' थी, आज वह प्रगति नहीं है। कई किताबें बीते दशकों में काफी पढ़ी जाती थीं, आज नहीं पढ़ी जातीं। कल 'वर्ग' कहा जाता था, आज वह 'वंचित समुदाय' है, 'हाशिया' है और 'मनुष्य' है। इतिहास में लड़ाई की जगह बदलती है, लड़ाई खत्म नहीं होती।

आज साहित्य को एकरेखीयता की जगह बहुलता में देखना होगा। समस्या यह है कि देश में एक साथ बहुत से वंचित समुदाय हैं, एक ही नहीं कई तरह के उत्पीड़न हैं और कई सामुदायिक यथार्थ हैं तो इनके बीच पुल कैसे बने। यदि ऊपर से थोपे जा रहे केंद्रवाद को टूटना है तो नीचे से राष्ट्रीय पुनर्निर्माण भी होना है, अन्यथा हर तरफ सामुदायिक विद्वेष होगा, बिखराव होगा, अकेली आवाजें होंगी और कोई समावेशी भारतीय आवाज कहीं नहीं होगी।

प्राचीन काल से ही धर्म थे, दर्शन थे, सिद्धांत थे और राजनीति थी। ये सब थे फिर साहित्य क्यों रचा गया, इसकी क्या जरूरत थी? साहित्य उसे अग्रभूमि में लाता है जो धर्म, दर्शन, सिद्धांत, सत्ता की राजनीति और इतिहास द्वारा पृष्ठभूमि

में फेंक दिए जाते हैं। इतिहास तो हमेशा जीतने वाले लिखते हैं, लेकिन साहित्य उनका हथियार है जो हार रहे हैं पर हार मानने को तैयार नहीं हैं।

दुनिया रोज नई हो रही है तो इसमें सब बुरा ही बुरा नहीं है। सवाल है, इस दुनिया को उनके नहीं अपने तरीके से नई करने के लिए हम क्या कर रहे हैं। निश्चय ही जहाँ नयापन नहीं है, वहाँ सिर्फ मृत्यु है।

नई दुनिया में पुरानी घिसी-पिटी चीजें नहीं चलेंगी। साहित्य के इलाकों में भी घिसी-पिटी चीजें नहीं चलेंगी, नवोन्मेष और निपुणता चाहिए। इसके अलावा, जिस तरह केंद्रीकरण का युग बीत गया, उसी तरह अब सामुदायिक कट्टरवाद भी नहीं चलेगा, यदि मनुष्य बहुआयामी प्रगति चाहता है। यदि कुछ भी साहित्य है तो वहाँ कट्टरता नहीं हो सकती। साहित्य के वर्तमान दौर में जो बिखराव और उत्साहहीनता है उसकी बुनियादी वजह एक न एक तरह की कट्टरता है। खुलेपन का अभाव है जो नवान्मेषपरक होने नहीं देता।

'बनाम' या 'और'

हम चीजों को लड़ा कर देखने के अभ्यस्त रहे हैं, जैसे प्रसाद से प्रेमचंद को, अज्ञेय से मुक्तिबोध को, नागार्जुन से मुक्तिबोध को, रामचंद्र शुक्ल से हजारी प्रसाद द्विवेदी को, रामविलास शर्मा से नामवर सिंह को, आधुनिकता से प्रगतिशीलता को। आज सामाजिक बिखराव के रूप में ऐसी प्रवृत्तियों के चरम नतीजे सामने हैं। इन चीजों ने साहित्य की क्षति की है। अब 'बनाम' का खेल खत्म हो चुका है, 'और' की बारी है। यह 'अन्य' और 'सहयात्री' को स्वीकारने का मामला है, भले विद्वेष का बाजार गरम हो। इस दौर में संकीर्णताओं से ऊपर उठ कर पुनर्संगठन हर क्षेत्र में जरूरी है- धर्म, राजनीति, साहित्य, विज्ञान, संस्कृति, राष्ट्र, हर जगह, अन्यथा मिटने के लिए तैयार रहना होगा।

सत्ताएँ जब समूचे नागरिक जीवन को भ्रष्ट और हिंसात्मक आचरण की ओर उन्मुख कर दें, साहित्य यथार्थ के प्रति जागरूकता की मशाल जलाए रखने और कुछ अच्छी चीजों की स्मृति को बचाने के अलावा क्या कर सकता है। हम जानते हैं कि मनुष्य हर जगह रिक्त हो जाने के बावजूद अपने भयों, आंसुओं और संकल्पों के पास थोड़ा जरूर बचा होता है। वर्तमान समय में मनुष्य-भावना को साहित्य की मिश्रित अंतर्दृष्टि बचाएगी, सामुदायिक शुद्धतावाद तो मार डालेगा!

साहित्य एक खास इतिहास, सांस्कृतिक ढांचे और समुदाय में लिखा जाता

है, लेकिन साहित्यकार की एक बड़ी चिंता 'अदरनेस' को समझना है। यहाँ 'स्वानुभव' और 'समवेदना' की दूरी मिट जाती है।

साहित्य एक बिंदु पर इतिहास का होकर भी इतिहास का, किसी खास संस्कृति का होकर भी संस्कृति का, राजनीति का होकर भी राजनीति का और किसी निर्वाक की आवाज होकर भी खास स्थान या समुदाय का अतिक्रमण करता है। वह 'स्थानीय' के अलावा किसी बिंदु पर 'सार्वभौम' की आवाज होता है। यह आवाज किसी दौर में धीमी, लुप्त या बिखरी हो सकती है, लेकिन सामंती भेदभाव से ऊपर उठी सार्वभौम मनुष्यता ही वह जमीन है जहाँ साहित्य का बार-बार पुनर्जन्म होता है।

फिर भी किताबों का पढ़ा जाना बंद नहीं हुआ

ग्रीक सभ्यता के कई महान चिह्नों को युद्धपिपासु रोमनों ने ध्वस्त कर दिया। मिस्र के अलेक्जेंड्रिया के विशाल पुस्तकालय को 48 ईसा पूर्व में जूलियस सीजर ने जला डाला। 1526 में हंगरी को जीत लेने के बाद यूरोपीय रिनेसां के महत्वपूर्ण ग्रंथागार बिबलियोथेटेका का ओटोमनों ने अग्निदहन किया। 1812 के युद्ध के दौरान ब्रिटिश सैनिकों ने अमरीका के वाशिंगटन डीसी में 'लाइब्रेरी ऑफ कांग्रेस' में आग लगा दी। प्रथम विश्व युद्ध के दौरान जर्मन सैनिकों ने बेल्जियम के लिउवेन विश्वविद्यालय के पुस्तकालय को नष्ट कर दिया। हिटलर ने अपने ही देश के गेटे के साहित्य का अपमान किया। चीन की सांस्कृतिक क्रांति (1966-76) के दौरान कई क्लासिक ग्रंथ नष्ट किए गए। 1981 में श्रीलंका के तमिल बहुल इलाके जाफना में सार्वजनिक पुस्तकालय को जला दिया गया। 2017 में इस्लामिक स्टेट ने इराक के मोसुल यूनिवर्सिटी के पुस्तकालय में आग लगा दी- पाठकों के हाथ से किताबें छीन लो! सदियों से किताबें जलाई जाती रही हैं, फिर भी किताबों का लिखा और पढ़ा जाना कभी बंद नहीं हुआ!

भारत के भी उदाहरण हैं। नालंदा विश्वविद्यालय ध्वस्त किया गया। यह शिक्षा केंद्र भारत की सांस्कृतिक समावेशिकता का अपने समय का एक बड़ा उदाहरण था। नालंदा को जलाने के बावजूद भक्ति आंदोलन के साथ ज्ञान की धाराएं बहती रहीं। मराठी संत ज्ञानेश्वर का ग्रंथ लंबे समय तक दबा कर रखा गया था। पद्माकर और नजीर अकबराबादी को छोड़ दें तो लगभग 1757 के पलासी युद्ध से लेकर भारतेंदु युग से पहले के लगभग 100 सालों तक हिंदी की साहित्यिक परंपरा में ज्यादातर अंधकार ही छाया था। अंग्रेजों के निर्मम प्रभाव

विस्तार के उस लंबे काल में हिंदी की एक भी बड़ी साहित्यिक कृति नहीं आई। इन सौ वर्षों में कबीर, तुलसी या बिहारी जैसा एक भी बड़ा कवि नहीं हुआ! क्या कुछ वैसा ही आज का समय है- स्तब्ध या दिग्भ्रमित?

21वीं सदी में कट्टरवादियों ने दुनिया भर में लेखकों-पत्रकारों को हिंसा का शिकार बनाया है। वर्तमान समय में किताबें नंगे ढंग से जलाई न जाती हों, लेकिन सरकारी शैक्षिक संस्थानों, लिटरेरी फेस्टिवल, राजनीति, सोशल मीडिया और संपूर्ण संस्कृति में साहित्यिक कृतियों से आजकल जो सलूक है, वह किताबों को जलाने के समान है।

इतिहास में अंधकार निर्मित किए जाते रहे हैं। लेकिन हमने देखा है कि हर अंधकार में सैकड़ों सूर्य की रोशनी छिपी रही है और वह बार-बार प्रकट हुई है।

फरवरी 2019

भाषा में अकाल

एशिया में अंग्रेजी जानने वाले लोगों की संख्या अमेरिका और यूरोप महादेशों से अधिक होने जा रही है। सामान्य ज्ञान वालों को भी शामिल कर लें तो अंग्रेजी जानने वालों की संख्या दुनिया में दो अरब हो चुकी है, विश्व आबादी की एक-तिहाई से कुछ ही कम। 13 करोड़ की संख्या के साथ भारत अंग्रेजी जानने वालों का संयुक्त राज्य अमेरिका के बाद दूसरा बड़ा देश है। इस देश में अंग्रेजी चुनौतीविहीन है। यह अंग्रेजी कितनी शुद्ध है, यह विगत सदियों की तरह उच्च ज्ञान से भरी है या तुच्छताओं की वाहक है, यह कैसी सामाजिक उत्प्रेरणाओं के साथ है और उपनिवेशोत्तर समाजों में भला-बुरा क्या कर रही है, यह समझने की कोशिश होनी चाहिए। यह देखना भी जरूरी है कि अंग्रेजी के सम्मोहन में हमारा क्या खो रहा है।

अंग्रेजी-भक्ति औपनिवेशिक हैंगओवर है

कहा जाता है कि आगामी कुछ सालों में अमेरिका और यूरोपीय देशों को पछाड़ कर चीन-भारत जैसे एशियाई देश विश्व आर्थिक सत्ता के केंद्र बन जाएंगे। कहा इस उद्देश्य से जाता है कि अमेरिका और यूरोप इस चुनौती को स्वीकार करें। एशिया के संदर्भ में ही देखें तो आर्थिक सत्ता के इस हस्तांतरण का अर्थ एशिया का खुशहाल, शांतिप्रिय और अधिक लोकतांत्रिक हो जाना नहीं होता। इस महादेश से युद्ध, हिंसा, विषमता और कुपोषण का खात्मा होना भी नहीं होता। आखिरकार भारत के सुपर पावर बनने का क्या अर्थ है? यह देश जब सुपर पावर बन जाएगा, क्या तब स्त्रियों और बच्चों का यौन उत्पीड़न समाप्त हो जाएगा, क्या सभी लोग मेलजोल से रहेंगे, क्या बेरोजगारी काफी मिट जाएगी और प्रत्येक व्यक्ति के पास संवाद की अपनी भाषा होगी?

एशिया में दूर-दूर तक यूरोपीय यूनियन की तरह एशियाई यूनियन बनने या

'यूरो' जैसी महादेशीय मुद्रा शुरू होने की संभावना नजर नहीं आती, जबकि अपने को एशियाई समझने में गौरवबोध करने की राहें हमें बनानी चाहिए। क्या हम कभी एशियाई स्वाभिमान पैदा कर पाएंगे? आज भी एशिया के कई देशों के बीच आपसी तनाव कम नहीं हो पा रहा है, समुदाय आपस में टकरा रहे हैं और प्रायः नई खोजों की जगह अंधानुकरण ज्यादा है।

अभी तक दुनिया के जितने देश सुपर पॉवर हैं, वे अपनी राष्ट्रीय भाषा में बड़े काम करते देखे जा सकते हैं। अमेरिका, ब्रिटेन, फ्रांस, चीन और जापान जैसे सुपर पॉवर अपनी भाषा अंग्रेजी, फ्रेंच, मंदारिन या जापानी में ही चिंतन, खोज और काम करते हुए सुपर पॉवर हैं। सिर्फ भारत में कल्पना की जाती है कि यह देश भारतीय भाषाओं और खास कर हिंदी को किनारे रख कर सुपर पॉवर बनेगा। हिंदी में ज्ञान और विज्ञान की मौलिक पुस्तकें लिखने की न प्रवृत्ति है और न अवसर हैं। भारत में उनकी चिंता बिल्कुल नहीं की जाती जो अपनी राष्ट्रीय भाषा में ज्ञान और विज्ञान की उच्च शिक्षा के भूखे हैं। ऐसे युवाओं को अंग्रेजी का रास्ता दिखा दिया जाता है जिस पर वे बहुत दूर तक नहीं चल पाते।

भारत में अभी भी औपनिवेशिक हैंगओवर जबर्दस्त है। अंग्रेजी शिक्षा पाए लोग ही सम्मान की नजरों से देखे जाते हैं। शशि थरूर ने हाल में हिंदी को संयुक्त राष्ट्र की भाषा बनाने के प्रयत्न का विरोध किया। यह चिंताजनक नहीं है कि हिंदी संयुक्त राष्ट्र की भाषा नहीं बन रही है, ज्यादा चिंता का विषय यह है कि दिमागी गुलामी के कारण ऐसे बुद्धिजीवी मान बैठे हैं कि भारतीयता और वैश्विकता तक पहुंचने का मार्ग केवल अंग्रेजी है। दरअसल अंग्रेजी राज में भी अंग्रेजी का इतना नशा न था जितना आज है।

पहले के बुद्धिजीवी अंग्रेजी पढ़ कर पश्चिम के ज्ञान को अपनी राष्ट्रीय भाषा में लाते थे। वे अपनी भाषा की उन्नति के बारे में सोचते थे, क्योंकि इसके बिना आम लोगों का बौद्धिक-सामाजिक विकास न होता। राममोहन राय, बंकिमचंद्र, रवींद्रनाथ आदि ऐसे ही थे। भारतेंदु हरिश्चंद्र ने बनारस के क्वींस कॉलेज में अंग्रेजी में शिक्षा पाई थी, लेकिन उन्होंने हिंदी की सेवा की। अंग्रेजी में शिक्षा पाए अब के ज्ञानवान हिंदी बुद्धिजीवी अपनी मातृभाषा को अछूत समझते हैं और उसे वृद्ध विधवा की तरह देखते हैं। ज्यादातर माँएँ अंग्रेजी स्कूल में पढ़ने वाली अपनी संतानों को हिंदी में बात करने नहीं देतीं। गांधी ने इस प्रवृत्ति को काफी पहले समझ लिया था। उन्होंने यहाँ तक कहा था, 'मेरी सभी आशाएँ निष्फल हुईं।'

सर्वपल्ली राधाकृष्णन ने गांधी को जब बनारस हिंदू विश्वविद्यालय में

बुलाया (1916) था, उन्होंने मदनमोहन मालवीय की उपस्थिति में अपने भाषण की शुरुआत ही इस बात से की थी, 'जब बड़े-बड़े विद्वान आ जाते हैं तो मैं हार जाता हूँ।' वे देख रहे थे कि सभी वक्ता अंग्रेजी में बोल रहे हैं। उन्होंने यह भी लक्षित किया था कि विश्वविद्यालय के दरवाजे पर 'बनारस हिंदू यूनिवर्सिटी' को अंग्रेजी में हिंदी से ज्यादा बड़े अक्षरों में लिखा गया है। आज भी अधिकांश संस्थानों और कार्यालयों के नाम अंग्रेजी में बड़े अक्षरों में लिखे होते हैं, भारतीय भाषा में छोटे अक्षरों में। यह सांस्कृतिक आत्महीनता के कारण होता है। अंग्रेजों के समय से अंग्रेजी भारतीय भाषाओं का मुकुट बना दी गई। बनारस हिंदू विश्वविद्यालय में गांधी ने उसी समय कहा था, 'अंग्रेजों ने तो हमें गुलाम बना रखा है, पर अंग्रेजी के तो हम खुद गुलाम बन गए हैं।'

अंग्रेजी को शिक्षा और कामकाज की एकमात्र भाषा बना लेने का असर वस्तुतः यह होता है कि (i) हम अपनी मातृभाषा चाहे वह मराठी हो, तमिल हो या हिंदी हो, इसकी उन्नति से विमुख हो जाते हैं, (ii) हम अपनी विकासशील जातीय संस्कृति की जड़ों से कटते जाते हैं, (iii) हम अपने समाज के वंचित और गरीब लोगों को हेय नजरों से देखने लगते हैं और (iv) हर मामले में पश्चिमी व्याख्याओं से अपना काम चलाते हैं, मानसिक दासता आती है। अंग्रेजी पुस्तकें पढ़ना या अंग्रेजी ज्ञान कभी बुरा नहीं है, लेकिन प्रभाव और वर्चस्व में फर्क है।

ईश्वरचंद्र विद्यासागर एक खास थिएटर हाल पसंद नहीं करते थे, क्योंकि इसमें सिर्फ अंग्रेजी नाटक दिखाए जाते थे। एकबार राह चलते किसी ने उनसे पूछा कि अमुक थिएटर कहाँ है। विद्यासागर थोड़ी देर चुप थे, फिर कहा- मैं नहीं जानता। वह आदमी जब थोड़ी दूर निकल गया, उसे चिल्ला कर पुकारा और कहा, 'जानता हूँ, पर नहीं बताऊँगा!' विद्यासागर से भारतेंदु की घनिष्ठ साहित्यिक मित्रता थी। उनकी माँ बनारस के विधवाश्रम में भारतेंदु की देखरेख में थीं। यह अंतरभाषाई संस्कृति की व्यापकता का एक छोटा-सा उदाहरण है।

बहुभाषिक देश में हिंदी

भाषा के प्रश्न पर जातीय अहंकार वस्तुतः जातीय आत्महीनता की तरह ही गलत है। सौ-दो सौ साल पहले भारतीय भाषाओं के बीच अंतरभाषाई संवाद ज्यादा अपनापन के साथ था, एक अंतरभाषाई संस्कृति विकसित हो रही थी। उस युग के व्यक्तित्व उदार चित्त वाले और बहुभाषिक थे। राममोहन राय ने 'बंगदूत' पत्रिका (1929) अंग्रेजी, फारसी और बांग्ला के साथ हिंदी में भी निकाली थी। रामानंद

चट्टोपाध्याय ने बांग्ला पत्रिका 'प्रवासी' (1901) और अंग्रेजी पत्र 'माडर्न रिव्यू' (1907) के बाद एक हिंदी पत्रिका 'विशाल भारत' (1928) का भी कलकत्ता में प्रकाशन शुरू किया था। इसके संपादक बनारसीदास चतुर्वेदी थे। उनके बाद थोड़े काल के लिए अज्ञेय भी थे। एक समय भाषाई आदान-प्रदान था, सांस्कृतिक पारस्परिकता थी और हिंदीतर व्यक्तित्व भी हिंदी की सेवा करते थे। अधिकांश भारतीय भाषाओं में अब यह भाव बिल्कुल नहीं है। बुद्धिजीवियों का अंग्रेजी की तरफ अधिक झुकाव है या वे जातीय आत्ममुग्धता से भरे हैं। वे लैटिन अमेरिकी, अफ्रीकी या यूरोपीय साहित्य के प्रति उत्सुक रहते हैं, लेकिन उनमें पड़ोसी भारतीय भाषाओं की अच्छी कृतियाँ पढ़ने की इच्छा नहीं होती। आमतौर पर लोग विश्व चिंता में अधिक डूबे मिलते हैं या लोकल होते हैं। वे जब जैसी सुविधा हो, ग्लोबल या लोकल-समुदायवादी हो जाते हैं। बीच में 'राष्ट्रीय' की एक बड़ी जमीन खाली रह जाती है।

अंग्रेजी अखबार हिंदी क्षेत्र की राजनीतिक या आपराधिक घटनाओं को छोड़ कर शायद ही हिंदी का कोई समाचार सकारात्मक ढंग से छापते हैं। अंग्रेजी में सूटेड-बूटेड, हीरे की अंगूठी पहने बुद्धिजीवियों की बहस एलीट वर्ग तक सीमित है।

हिंदी में बहस ज्यादातर कठमुल्लेपन में फँसी या आरोप-प्रत्यारोप के शोर में डूबी है। हिंदी भाषी लोग सामान्यतः कुंठावश दुष्प्रचारों में ज्यादा रुचि और मजे लेते हैं। विश्वविद्यालयों में हिंदी सहित सभी भारतीय भाषाओं के विभाग ठंडे मुर्दाघर हो चुके हैं। हास्य कवि सम्मेलन हास्यास्पद कवि सम्मेलन के दौर से गुजरते हुए अब 'वीर कवि सम्मेलन' में ढल गए हैं। उनमें भुजाएँ फड़काने वाले गलाफाड़ गीत सुनाए जाते हैं। जगह-जगह यही दृश्य है, गधा ऊंट से कहता है- 'अहो रूपं', अहा क्या सुंदर रूप है तुम्हारा! ऊंट गधे से कहता है- 'अहो ध्वनि', अहा क्या मधुर आवाज है तुम्हारी! हिंदी में 'बेस्ट ऑफ कवि सम्मेलन' इसी शैली में होते हैं। कवियों के सुर पर श्रोता तालियाँ पीटते हैं। टीवी ऐसी लोकप्रियतावादी चीजें ज्यादा दिखाता है। टीवी की बहसों, विश्वविद्यालयों के शिक्षण और वीर कवि सम्मेलन जैसे आयोजनों में भाषा का पतन लक्षित किया जा सकता है। इस तरह एक तरफ अंग्रेजी सतही, सनसनीखेज और नकली चीजों की वाहक भाषा बनी हुई है। दूसरी तरफ, जातीय भाषाओं में खोखलापन बढ़ा है।

भारत एक बहुभाषिक देश है। यह सर्वमान्य है कि इस देश का अस्तित्व बहुलता की रक्षा पर निर्भर है। देखा जाए तो एक तरफ से वैश्वीकरण बहुलता को

एकरूपता में बदलने पर तुला है। दूसरी तरफ, अंध-राष्ट्रवाद बहुलता को खंड-खंड जातीय या सामुदायिक अहंकार में बदल रहा है। इस परिदृश्य में बहुभाषिकता एक खोखली आदर्शवादी कल्पना लगती है। इस संकट को समझने की जरूरत है। अंतरभाषाई संस्कृति के अभाव में बहुभाषिकता या बहुलता वाला हमारा भारत अनगिनत बंद डिब्बों की भागती हुई ऐसी बुलेट ट्रेन बन गया है, जिसमें इस समय आग लगी हुई है।

हिंदी सदा से सभी को जोड़ने वाली भाषा रही है। उसका संबंध भारतीय जीवन की मिश्रणशीलता और बौद्धिक खुलापन से रहा है। एक समय हिंदी में 'संपत्तिशास्त्र' (महावीर प्रसाद द्विवेदी) और 'विश्वप्रपंच' (रामचंद्र शुक्ल द्वारा अनुवाद) जैसे ग्रंथ आए थे। अब हिंदी में ज्ञान के मौलिक ग्रंथ नहीं लिखे जाते।

दूसरी भारतीय भाषाएँ सीखना, अनुवाद पढ़ना और दुनिया के ज्ञान से संवाद सघनतर करना जातीय अहंकार और कट्टरवाद से बाहर निकलना है। यह भाषाई उदारवाद है। चिंता की बात है कि हम विदेशी साहित्य जितना पढ़ते हैं, पड़ोसी भाषाओं के लेखकों को नहीं पढ़ते और खुद अपने दिमाग से ज्यादा नहीं सोचते।

हिंदी सभी भारतीय भाषाओं के लिए हमेशा आंगन की तरह है। आज फ्लैट बन रहे हैं, आंगन गायब हो रहे हैं। लेकिन कला, साहित्य और ज्ञान संसार के आंगन को बचाना जरूरी है, जिस तरह पेड़ों को बचाना जरूरी है।

भाषा की संस्कृति

एक सवाल है, क्या आदमी के पास अपनी भाषा बची रहेगी? कवि पाब्लो नेरूदा की पंक्तियाँ हैं, 'मनुष्य के लिए चुप्पी मौत है/केश तक में भाषा का विस्तार है/कई बार बिना होठ हिले भी मुख बोलता है/आंखें अचानक शब्द बन जाती हैं।' अब भाषा डिजिटल होती जा रही है। हर बोलने में शोर है, लूट या मार है। अब आंखें शब्द नहीं बन पातीं। कई शब्द अब लापता हैं, उनमें एक है 'मनुष्य'!

भाषा में इतना विध्वंस, इतना उजाड़ हजारों साल के इतिहास में पहले कभी नहीं था। अब सुबह चिड़ियों के कलरव की जगह बंदूकें गरज-गरज उठती हैं, बल्कि युवा उद्यमियों को 'यंग गन्स' कहा जाता है! मीडिया में बड़े नेताओं की भाषा का नीचे गिरता स्तर कोई भी देख सकता है। आजकल गिरावट गिरावट नहीं लगती, यह अपरिहार्य महसूस होती है।

मोबाइल के आसमान में जब गिद्धों का ही बसेरा ज्यादा हो तो सोचिए कि यह भाषा में अकाल का कैसा समय है। जिस शब्द पर नजर डालो, उसके सिर्फ

हाड़ दिखते हैं। अकाल का इतिहास बताता है कि हर अकाल के समय कुछ के पास हमेशा सबसे स्वादिष्ट भोजन, सबसे कीमती कपड़े और ऊंची जीवन शैली रही है और बड़े-बड़े फिल्मी और धार्मिक कलाकार उनकी बगल में खड़े रहे हैं।

समाज और संस्कृति से भाषा की हालत का गहरा संबंध है। हम किसी भाषा को किस दृष्टि से देखते हैं और उसका कैसा उपयोग करना चाहते हैं, यह बहुत कुछ इस पर निर्भर करता है कि हमारी सांस्कृतिक सोच क्या है, समाज के बारे में हमारी दृष्टि क्या है और हमारी भूमिका क्या है।

सवाल उठ सकता है कि भाषा की संस्कृति होती है या संस्कृति की भाषा होती है? जिस तरह बांग्ला और तमिल की अपनी संस्कृति है, क्या हिंदी की कोई अपनी संस्कृति है जो अलग से पहचानी जा सके? हिंदी जनमानस पर जातिवाद और धर्म का जितना असर है, हिंदी की संस्कृति का उतना असर नहीं है। आमतौर पर हिंदी जनमानस का हिंदी की सैकड़ों साल की साहित्यिक परंपराओं से रिश्ता नहीं बनाया जा सका। यह सत्ता की हिंसक राजनीति और मनोरंजन उद्योगों की लुभावनी बमबारी का सबसे ज्यादा शिकार हुआ। बहुत से लोगों का हिंदी से संपर्क सिर्फ हिंदी फिल्में देखने और हिंदी म्युजिक सुनने तक है। इसलिए हिंदी में दूसरी भारतीय भाषाओं की तुलना में तहस-नहस और उजाड़ ज्यादा है। ज्ञान का जैसे दुर्भिक्ष है, भले ज्ञान के दंभ में कहीं कमी न हो।

किसी जातीय इलाके की संस्कृति को तोड़ दो और प्रदूषित कर दो, उसकी भाषा का अपने आप कचूमर निकल जाएगा। आम आदमी आज बोल नहीं सकता, भले उसके पास कहने को बहुत कुछ हो। ऐसी भाषा में ज्यादातर वे बोलते दिखेंगे जो झूठ की फैक्टरी हैं या राजनीतिक रोबोट बन चुके हैं। इस समय भाषा में पुलिस की लाठी और सैनिकों के बूट कम मुखर नहीं हैं। इतिहास के वीर कथावाचक भी तोड़-फोड़ में लगे हैं। आज भाषा महाभारत युद्ध के अठारह दिनों के बाद की अंधेरी रणभूमि-जैसी है, जहाँ सिर्फ शवों पर विलाप है, महान राष्ट्रीय स्वप्नों का रक्त है, घृणा की सड़ांध है और विक्षिप्तों के जयोल्लास की खौफनाक ध्वनियाँ हैं। इस भाषा में कदम रखना कठिन होता जा रहा है।

भाषा के दुष्काल का संबंध कितना नई टेक्नोलॉजी और भूमंडलीकरण से है, कितना सांस्कृतिक पारस्परिकता के ह्रास और सौंदर्यबोध के संकुचन से है, कितना उसका संबंध गणतंत्र के प्रहसन बनने से है, इन सब पर सोचने की जरूरत है। इसमें संदेह नहीं कि उपर्युक्त घटनाओं का मनुष्य की संवेदनशीलता पर नकारात्मक असर पड़ रहा है। अक्सर गाया जाता है, 'सारे जहाँ से अच्छा

हिंदोस्ताँ हमारा', पर इस समय हिंदोस्ताँ सारे जहाँ से अच्छा नहीं है और न वह 'जन गण मंगलदायक' है!

आज बाहर से देख कर किसी को समझना मुश्किल है। ऊपर से जीवन शैली भले आधुनिक हो, भीतर सामंती कचरे का ढेर होता है। कोई छापा-तिलक लगा कर भी मूल्यबोध से हीन हो सकता है। कोई अपने स्मार्टनेस में अनगिनत मायावी रूप धारण कर सकता है। संभव है कोई जींस पहन कर भी संवेदनशील और मूल्यबोध से संपन्न हो।

डिजिटल युग में भाषा

भाषा इतनी छली कभी नहीं थी। फिलहाल जो कुछ शक्तिशाली ढंग से दिखता है, वह छलपूर्ण है। प्रचार के बड़े माध्यमों का भाषा पर दबदबा है। भाषा स्मृतियों से जुड़ी होने के कारण ही अर्थपूर्ण होती है, लेकिन आज वह जड़विहीन और तात्कालिक होती जा रही है- बोलो और भूल जाओ! भाषा अब कलात्मकता के साथ बनाई जाती है- मैन्युफैक्चर होती है। इसके आधुनिक तकनीक से युक्त व्यावसायिक और राजनीतिक कारखाने हैं। यदि भाषा की सहज मानवीय पारदर्शिता स्वतंत्रता का चिह्न है तो राजनीतिक या मनोरंजनकारी कृत्रिमता दिमागी गुलामी का।

डिजिटल दुनिया को लें, अब नागरिक डिजिटल बाशिंदे हैं। नई टेक्नोलॉजी सस्ती और सुविधाजनक है। दुनिया में 3 अरब लोगों के पास मोबाइल है। भारत में 34 करोड़ लोगों के पास स्मार्ट फोन है। ये लोग स्वार्थों से भरी, उपभोग की उस तिलिस्मी दुनिया के अंग होते जा रहे हैं जहाँ शिक्षा, स्वास्थ्य, सत्ता की राजनीति, मॉल-मल्टीप्लेक्स कोई जगह हो, दूसरे को छलना ही मुख्य पेशा होता है। डिजिटल दुनिया की भाषा में मैत्री और तर्क के लिए जगह नहीं है। यह अफवाहों, ताने, भय-प्रदर्शन, क्रूर मजाक और दूसरों को आहत करने वाली चीजों से भरी है। फेसबुक का वास्तविक उद्देश्य खुद मार्क जुकरबर्ग के शब्दों में वस्तुतः पूरा नहीं हो सका। फेसबुक ऐसा चस्का है, जो लग जाने पर छूटता नहीं। यह हमारा कुछ भी हरण कर ले, अंततः देता कुछ नहीं है। इस पर वस्तुतः दुःशासनों का राज है।

यह अद्भुत है कि बड़ी संख्या में नागरिकों को अब प्रत्यक्ष तौर पर भी दूसरों के अपमान या उत्पीड़न में सुख मिलता है। यह नई घटना है जिसका संबंध फासीवाद की जमीन बनाने वाली एक खास किस्म की सामुदायिक मनोरुग्णता से है।

स्मार्ट फोन ने सूचना की गति तेज की है, सूचना की सुलभता बढ़ाई है, लेकिन इस पर भाषा की जो दुर्दशा है उस ओर खास तौर से दृष्टि जानी चाहिए। इससे आम उपयोगकर्त्ताओं की अपनी कल्पनाशीलता में ह्रास आया है। सुनियोजित प्रचारों से सोच में संकीर्णता आई है और सोशल मीडिया में आत्म-विज्ञापन बढ़ा है। ऊपर से देखने पर लगता है कि व्यक्ति की स्वतंत्रता बढ़ी है। वस्तुतः उसकी बौद्धिक स्वतंत्रता, सोचने की स्वतंत्रता सीमांत पर चली गई है। यह भी लगता है कि निजता के लिए स्पेस बढ़ा है, जबकि लोगों की सारी निजता अदृश्य हाथों ने अपने कब्जे में ले रखी है। हर व्यक्ति पर निगरानी है। अब हम सभ्य गुलाम हैं।

डिजिटल दुनिया ने गणतंत्र को यथार्थ बनाने से ज्यादा उसे संकट में डाला है। आज की राजनीति भी लोकतंत्र को कई तरह से आघात पहुंचाती है। इसने भाषा के संसार को सीमित कर दिया है। भाषा का गैंग रेप हो रहा है। भाषा की ऐसी दुर्दशा हो और लोकतंत्र बचे, यह संभव नहीं है। दरअसल गणतंत्र को हर राजनीतिक दौर में ही तोड़ा-मरोड़ा गया है जो अब चरम पर है।

शब्द से लहू झर रहे हैं

सत्ता में आने पर हर राजनीतिक दल को ही लोकतंत्र अपने ऊपर एक विपदा की तरह दिखता है। सत्ता में आते ही बड़े-बड़े शब्दों की बहुत सफाई से हत्या का खेल शुरू हो जाता है। सत्ता और लोकतंत्र की तरह ही सत्ता और संस्कृति का संबंध भी छिन्न-भिन्न हो जाता है या दिखावटी रह जाता है। सत्ताओं द्वारा संस्कृति के अर्थ की काट-छांट अंततः एक विकासशील राष्ट्र को उसकी व्यापक जीवंत विरासत से विच्छिन्न करके और सकारात्मक स्मृतियों से वंचित करके 'अतीत की खाइयों' की ओर ले जाती है। ऐसी घड़ी में संस्कृति उपभोग और मौज-मस्ती की चीज बना दी जाती है या वह संकीर्ण राजनीतिक चिह्नों में बदल दी जाती है। दोनों रास्तों से उसका चीरहरण होता है। भाषा का राजनीतिक और मीडियाई शोषण बढ़ जाता है।

लोकतंत्र के चार खंभे बताए जाते हैं। चौथा खंभा मीडिया है। इधर एक पांचवाँ खंभा पैदा हुआ है, वह है प्रबंधन। लोकतंत्र अब मुख्यतः इसी पर निर्भर है। उसका कोई भी खंभा-विधायिका, कार्यपालिका या न्यायपालिका अब प्रबंधन के बाहर नहीं है। पहले जिस तरह सब कुछ ईश्वर का अंश माना जाता था, अब सब कुछ प्रबंधन का अंश है। अभाव, गरीबी और असंतोष भी प्रबंधन के

विषय हैं। इन दशकों में 'वंचित-कारपोरेट संबंध' पर निर्भरता बढ़ी है, राज्य पीछे हटा है। कारपोरेट लोकोपकार का उद्देश्य ही है असंतोष प्रबंधन।

पहले विज्ञान को सामाजिक शक्ति बनने नहीं दिया गया। उसे बहुराष्ट्रीय कंपनियों और उपभोक्तावाद का बंधुआ मजदूर बना दिया गया। फलस्वरूप वैज्ञानिकों का एलियनेशन बढ़ा। ठीक उसी तरह मीडिया, यहाँ तक कि सोशल मीडिया का भी मानव मन के 'डि-रेशनलाइजेशन' के लिए उपयोग होने लगा है और बुद्धि की संपूर्ण परंपरा खतरे में पड़ी है। सोशल मीडिया वस्तुतः इमेज मैनेजमेंट का इलाका बन गया है। सभी जगहों की भाषा में शिकारी और मदारी बैठ गए हैं। फलस्वरूप इस युग में वैज्ञानिकों के साथ आम प्रबुद्ध नागरिकों का भी एलियनेशन बढ़ा है।

कहना न होगा कि संस्कृति और भाषा का गहरा संबंध है। संस्कृति की सभी अभिव्यक्तियों के लिए भाषा की जरूरत होती है। यदि मनुष्य का केश भी एक भाषा है और आंखें भी शब्द हैं तो भाषा का यह संसार उतना ही बड़ा है जितनी दूर-दूर तक पृथ्वी फैली है। यह भी कहा जा सकता है कि हर भाषा पर सैकड़ों साल से उसे बरतने वालों के सांस्कृतिक विश्वासों और गतिविधियों का, उनकी ज्ञान-परंपराओं का असर अभी भी इतना व्यापक है कि उसे डिजिटल डायनासोर कभी खा-मिटा नहीं सकते। भाषा विध्वस्त की जा सकती है, पर उस पर कब्जा असंभव है, क्योंकि मनुष्य में प्राकृतिक रूप से स्वातंत्र्य की भूख होती है।

भर्तृहरि ने भाषा को 'मन की नहर' कहा है। कबीर ने भाषा को 'बहता नीर' कहा है। मानव मन को हमेशा के लिए कभी जकड़ा नहीं जा सकता, उसमें वैचारिक गत्यावरोधों को तोड़ कर नवोन्मेष के तूफान उठते हैं। मानव अस्तित्व के लिए ही नहीं मानव सभ्यता के लिए भी यह जरूरी है। इसलिए यदि भाषा में अकाल छाया है, शब्दों के विध्वंस के दृश्य हैं तो आधुनिकता के शिखर पर बर्बरता का यह भयानक दौर भी कोई शाश्वत चीज या मानव नियति नहीं है। भाषा की तरह सभ्यता भी बहता नीर है। वह तालाब नहीं, बहती नदी है जिसमें एक ही जल कभी नहीं होता।

शब्दों से लहू झर रहे हैं, पर शब्द रक्तबीज होते हैं। शब्द के रक्त की हर बूंद से शब्द पुनः जन्मते हैं और नया अर्थ ग्रहण करते हैं। अपनी ही राख से नए अर्थों के साथ जी उठते हैं, शब्द ऐसे फीनिक्स पक्षी हैं!

जून 2018

साहित्य का विस्थापन

साहित्य जीवन से खिसकता जा रहा है। इसके साथ ज्ञान की एक अनोखी दुनिया भी खोती जा रही है। यह साहित्य का विस्थापन है, जिसका अर्थ है- जीवन से साहित्य का सांस्कृतिक निष्कासन, साहित्य को मनोरंजन उद्योगों द्वारा बेदखल किया जाना, उसका अति-राजनीतिकरण, सरकारी कर्मकांड में सीमाबद्धता, आर्थिक हाशियाकरण और लेखकों का अनगिनत ई-डायस्पोरा में बड़े पैमाने पर स्थानांतरण। इसे ज्ञान का सूर्यग्रहण कहा जा सकता है।

शिक्षित लोगों को साहित्य की जरूरत महसूस न होने की कई वजहें हैं। उनके जीवन और अवकाश के क्षणों को घेरने के लिए सतही मनोरंजनात्मक और राजनीतिक चीजें जैसे-जैसे ज्यादा होती गईं, साहित्य का स्थान सिकुड़ता गया। ऐसी चीजें चमक, आकर्षण और भुलावे से भरी होती हैं। आज शिक्षित लोगों को साहित्य की जरूरत इसलिए भी महसूस नहीं होती कि वे हर चीज को उपयोगितावादी नजरिए से देखने लगे हैं, साहित्य पढ़ कर क्या मिलेगा? कुछ भी करके क्या मिलेगा, यह उपयोगितावाद है जो बुद्धिवाद ही नहीं, मनुष्यता का भी शत्रु है। आज कोई काम करने से पहले आदमी सोचता है कि उसे क्या मिलेगा। यदि न्याय की बात हो, सच बोलना हो तो पहला प्रश्न है, क्या मिलेगा? अगर झूठ एक बड़ा दाता है तो आज लोगों की नजर में सच की तुलना में झूठ की उपयोगिता ज्यादा है। झूठ ही आज का हीरो है। कहना न होगा कि सच हर जगह से हार कर साहित्य में अपनी सांस लेता है।

पिछले दशक से एक ट्रेंड शुरू हुआ लिटरेरी फेस्टिवल का, जिसमें मुख्य रूप से अंग्रेजी के पुरस्कृत लेखक बुलाए जाते हैं। इन दिनों बड़े कहे जाने वाले पुरस्कारों का संबंध श्रेष्ठता से कम और राजनीतिक या व्यावसायिक हित साधन से अधिक रहा है। सोच-समझ कर ऐसे कई पुरस्कार खड़े हुए हैं, जिनका उद्देश्य श्रेष्ठ साहित्य की पहचान से अधिक बिक्री के लिए कुछ पुस्तकों को मीडिया में

उछालना रहा है। यह एक चिंताजनक मामला है कि साहित्य को बचाने के लिए और पुस्तकों की बिक्री के लिए पुरस्कार और साहित्योत्सव माध्यम बनें। दरअसल अब न पुरस्कारों की कसौटी श्रेष्ठता है और न प्रायोजित लिटरेरी फेस्टिवल का महत्व कुछ फिल्मी कलाकारों के चेहरे दिखाने, फाइव स्टार होटलों में विदेशी लेखकों के साथ खाने-पीने की पार्टियों और तामझाम से अधिक है।

साहित्य ज्ञान का एक विशिष्ट रूप है

साहित्य ज्ञान का एक विशिष्ट रूप है। यह मानवीय संवेदना, सौंदर्यबोध और आदर्शों की चेतना को तो बचा कर रखता ही है, सभी ज्ञानानुशासनों का निचोड़ भी होता है। ज्ञान के सैकड़ों शाखाओं-प्रशाखाओं वाले महावृक्ष का फल है साहित्य। हजारी प्रसाद द्विवेदी ने लिखा है, 'यह मनुष्य को 'छीना-झपटी, स्वार्थपरता और हिंसा के दलदल से उबारता है।' यदि देखा जाए तो आज के समय में साहित्य यह काम नहीं कर पा रहा है। साहित्य का समाज पर असर छोड़ दीजिए, खुद लेखक पर उसका कोई असर नहीं पड़ रहा है।

कहा जाता था, 'नॉलेज इज पावर'। अब ज्ञान सत्ता नहीं है, सत्ता ही ज्ञान है। यथार्थ को समझने का जरिया जब ज्ञान की जगह सत्ता हो जाए, अर्थात सत्ता जो बोले वही ज्ञान हो, तो ज्ञान के बड़े-बड़े केंद्रों के बावजूद वह वस्तुत: विस्थापित होता है। सत्ता ही तब ज्ञान होती है, ज्ञान सत्ता के उपकरण में सीमित हो जाता है। वह प्रश्नों की जमीन की जगह आदेश पालन भर होता है। सत्ता संघर्ष में शामिल व्यक्ति बताते हैं कि यह यथार्थ है। वे झूठ को ही ज्ञान बना कर प्रचारित करते हैं। हर तरफ कटूक्तियों और झूठ की आतिशबाजी होती है। झूठ पेट्रोल की आग की तरह फैलता है और सच राख से ढंकी आंच में धुआंता रहता है- आज के सांस्कृतिक जगत का मुख्य दृश्य यही है।

इंटरनेट ज्ञान का भंडार हो भी तो वह जैसे फेसबुक का पर्याय बना हुआ है। स्मार्ट फोन ही अब लोगों का स्मृति कक्ष है। गूगल मैप न हो तो कई व्यक्ति अपने ही शहर में गुम हो जाएँ। घरों में किताबों की अलमारी का भरती की चीज लगना जो संकेत दे रहा है, वह भयावह है।

बौद्धिक बंध्याकरण का एक उदाहरण देखें। एक फिल्म 'पद्मावती' का नाम बदल कर 'पद्मावत' कर दिया गया, जो सूफी कवि जायसी का काव्य ग्रंथ है। किसी ने नहीं पूछा, इस फिल्म में जायसी के 'पद्मावत' का क्या है? कविता (!) की फजीहत मंजूर है, रानी की नहीं जो खुद कविता में वस्तुतः एक काल्पनिक सृष्टि है।

कौटिल्य के अर्थशास्त्र में कहा गया है, 'जब हाथी नशे में धुत हो और उस पर बैठा महावत भी नशे में हो तो सब कुछ का विध्वंस निश्चित है।' (1.14.7)। आज विराट-सा दिखता 'विकास' नशे में धुत उसी हाथी की तरह है और राजनेता महावत की तरह हैं। विध्वंस लीला शिक्षा, राजनीति, इतिहास, संस्कृति और संपूर्ण मानवता के स्तर पर देखी जा सकती है। यह भारत के सांस्कृतिक पतन का समय है, एक अंधकार काल है। इस समय हर जगह धार्मिक दिखने की होड़ है, जिसमें सब होता है सिर्फ धर्म नहीं होता। देश के इतिहास में इतनी संकुचित और हिंस्र संस्कृति पहले कभी नहीं देखी गई। इतिहास कभी इतना शत्रुता-भरा नहीं था और आधुनिकता कभी इतनी पतित नहीं थी।

इतिहास वस्तुतः एक दुधारी तलवार है। उसका मुख्य सबक है- अतीत के मृतकों को न जगाओ! अतीत के जगाए प्रेत बूमरैंग करते हैं, पलट कर आघात करते हैं। इसका अर्थ है धर्म के आधार पर सत्ता संघर्ष होगा तो इसके जवाब में जातिवाद की राजनीति खड़ी होगी, प्रांतीयता सिर उठाएगी और घृणा प्याज की परतों की तरह उभरेगी। इससे जो अराजकता पैदा होगी, उससे भौतिक-आर्थिक विकास ही नहीं सांस्कृतिक विकास भी प्रभावित होगा। हर क्षेत्र में हिंसा और अनैतिकता को सांस्कृतिक वैधता मिलेगी।

इसी का असर है कि इन दिनों हर जगह स्तर गिरा है- मीडिया में, फिल्मों में, शिक्षा में, भाषण में, पद-पुरस्कारों में, शांति-व्यवस्था में और इन सबके साथ मनुष्य की सोच में। इन चीजों के अलावा यदि साहित्य का भी स्तर गिरा हो और इसमें लेखकों के अलग-अलग व्हाट्सएप ग्रुप जैसे दरबे बने हों तो इसमें कुछ भी आश्चर्यजनक नहीं है।

अभिशप्त समय की विडंबना

एक समय धर्म के युग का अंत हुआ था और राजनीति का युग शुरू हुआ था। क्या आज मनोरंजन उद्योगों के प्रसार ने साहित्य का युगांत ला दिया है? यह एक अभिशप्त समय है जब सामान्यतः साहित्य में साहित्य न होकर सिर्फ किताबों का पहाड़ है। राजनीति में राजनीति न होकर सिर्फ अहंकार है। व्यापार में व्यापार न होकर सिर्फ लूट है। लगता है, वीरगाथा काल (हिंसा) और श्रृंगार काल (फैशन, ज्वेलरी, स्पॉ आदि) की एकसाथ वापसी हुई है। ऐसा समय केवल तब आता है, जब देश अपने महान साहित्य और ज्ञान परंपराओं से विच्छिन्न हो जाता है।

साहित्यिक लेखन से जीविका चलाना हमेशा मुश्किल रहा है। अब पश्चिमी देशों में बेस्ट सेलर की भी बिक्री घट गई है, कविता तथा कहानी संग्रह ज्यादा नहीं बिकते। शिक्षित आधुनिक युवा अब साहित्य नहीं पढ़ते, उनका संसार बदल दिया गया है। आमतौर पर एक हिंदी लेखक दूसरे समकालीन हिंदी लेखक की किताब नहीं पढ़ता, बल्कि इसे अपना अपमान समझता है! कई लेखकों का आलस्य ही उनका आभिजात्य और कलह ही शृंगार है। आलस्य और कलह भारत की प्रधान फसलें हैं।

अब के लेखक राहुल सांकृत्यायन, निराला, अज्ञेय, नागार्जुन आदि की तरह जीविकाविहीन नहीं होते। वे प्राय: सुविधा संपन्न होते हैं, फिर भी लेखन को गंभीरता से नहीं लिया जाता। इसके लिए पर्याप्त मेहनत नहीं की जाती और न लेखकों की अब पहले-सी सामाजिक सक्रियता है। प्रश्न उठता है, क्या श्रेष्ठ लेखन असुविधाओं के बीच ही संभव है? क्या संपन्नता और अवसर रचनात्मकता में दीमक हैं? यह भी देखा गया है कि रवींद्रनाथ जैसों ने भौतिक सुख-सुविधाओं के बीच भी महान लेखन किया, क्योंकि ये चीजें उनके अंत:करण को घेर नहीं सकी थीं।

साहित्य पर संकट

साहित्य से लोगों की विच्छिन्नता की एक वजह पाठकों को श्रेष्ठ लेखन नहीं मिलना है। कई लेखकों का फ्यूज दो-चार श्रेष्ठ रचनाएँ देने के बाद उड़ जाता है। कई के भूसे में अन्न के दाने खो जाते हैं। कई संभावनाशील लेखक अच्छी नौकरी और गृहस्थी के बीच सैंडविच बन जाते हैं।

अच्छे लेखन के लिए निरंतरता, अर्थवत्ता और अपने को बार-बार तोड़ कर विकास करना जरूरी है। एक नई रचना में लगना एक नई यात्रा पर निकलना है। लेकिन जब एक फ्रेम निर्धारित हो जाता है, तो लेखन होमोजीनयस होने लगता है। ऐसा लगता है कि बीस-तीस सालों से किसी लेखक की एक ही रचना पढ़ रहे हैं। यदि प्रेमचंद-निराला को देखें, हम ऐसा नहीं पाते कि वे एक ही भाववृत्त या दृष्टिवृत्त से बंधे थे। वे अपने को बार-बार तोड़ रहे थे। आज अमूमन ऐसा नहीं होता। इस तरह एकवृत्तीय लेखन ने भी पाठक भगाए हैं, पढ़ने की संस्कृति पर आघात किया है।

लिखना जो हम नहीं जानते उसे जानना है, फिर दूसरे से शेयर करना है। कुछ नया जानना एक खतरनाक चीज है। उसी तरह पढ़ना लड़ना है, एक भिन्न भूमि पर

जीना है। विलियम निकोलसन ने एक बात कही थी, 'हम यह जानने के लिए पढ़ते हैं कि हम अकेले नहीं हैं।'

साहित्य के विस्थापन के लिए सिर्फ मनोरंजन उद्योग और इंटरनेट को दोष देना ठीक नहीं है। हिंदी में पिछले 60-70 सालों से पनप रहीं उन विध्वंसात्मक प्रवृत्तियों को समझना होगा जिनकी वजह से साहित्य का सीमांत तैयार होने लगा। इनमें प्रमुख है एलिट केंद्रवाद का पनपना, जिसे आजादी के बाद विशेष संरक्षण मिला। लेखकों-बुद्धिजीवियों के लिए काफी हाउस या चाय के अड्डों से भिन्न 'इंडिया इंटरनेशनल सेंटर', 'इंडिया हैबिटेट सेंटर' जैसे केंद्र खुले जो उनके अभिजात अड्डे बने। साहित्य अकादेमी बनी और ऐसी ही दूसरी चीजें। ऐसी नई जगहों और सुख-सुविधाओं ने एलीट केंद्रवाद पनपाया, औसत प्रतिभाओं में भी दो-दो टन का इगो भर गया।

एलीट केंद्रवाद के अवशेष धर्मनिरपेक्ष चरित्र के लेखकों में भी पनपते गए। वे अपने बौद्धिक परिमंडल में कैद होकर लोक से विच्छिन्न होते गए। उनमें कई ऐसे थे जो प्राचीन साहित्यिक परंपराओं और नवजागरण के उदारवाद का वस्तुपरक मूल्यांकन न करके उन्हें हिंदुत्ववादियों की झोली में डाल देते थे। उन्हें महान हिंदी लेखकों के साहित्य में सिर्फ हिंदुत्व मिलता था। वे चावल से सिर्फ कंकड़ चुनते थे। ऐसे लेखकों ने आभिजात्यवादी अहं पनपाया और धर्मनिरपेक्षता को उसकी महान परंपराओं से काट कर एलीटवादी बना दिया। इसके अलावा, सर्वत्र हिंदी शिक्षण ही जब पिछड़ गया हो, साहित्य का व्यापक प्रसार कैसे हो?

साहित्य पर दूसरा बड़ा संकट राजनीति की तरफ से आया। साहित्य का अति-राजनीतिकरण 1950 के दशक, फिर 80-90 के दशकों में हुआ। इन कालों में राजनीतिक रूप से करेक्ट होना श्रेष्ठता की प्रधान शर्त बन गया। साहित्य के राजनीतिक कुएं बन गए। इस दौर में सृजनात्मक्ता से विमुख लफ्फाजी-साहित्य बड़े पैमाने पर लिखा गया, ऐसे राजनीतिक ज्वालामुखियों से भी पाठक भागे।

विचारधारा यदि श्रेष्ठ लेखन के लिए प्रखर दृष्टि देती है तो राजनीतिक कूपमंडूकता उसकी गति छीन लेती है। सभी जानते हैं कि 1950-90 के बीच के वे ही लेखक लोगों के साहित्यिक मानस पर टिके रह सके जो राजनीतिक कुंओं के बाहर थे और बौद्धिक स्वतंत्रता पसंद करते थे। विचारधारा और विचारकूपता दो भिन्न चीजें हैं। इसलिए दुनिया के देशों में बौद्धिक स्वतंत्रता चाहे वह मतांध साम्यवादियों द्वारा छीनी गई हो या अंध-राष्ट्रवादी ताकतों द्वारा, यह हमेशा गलत है। जो भी असहमत है वह श्रेष्ठ नहीं है, यह सोचना

बौद्धिक अहंकार है। सहमतों का झुंड बना कर आत्मगौरवान्वयन बौद्धिक दरिद्रता है। ऐसी घटनाओं ने ही देश में सांस्कृतिक रिक्तता पैदा की और अतीत का हमला हुआ।

बदले परिदृश्य में योग्यता से अब अधिक महत्वपूर्ण हो चुकी है राजनीतिक वफादारी। काम से अधिक जरूरी है चाटुकारिता। इस जमाने में कोई भी उच्च पद और पुरस्कार अराजनीतिक नहीं है। इसका उद्देश्य संगठित ढंग से अन्याय और लूट को वैधानिक स्वीकृति देना है। इतिहास में कोई प्रमाण नहीं है कि लुटेरों ने कभी साहित्य का भला किया हो या देश और पृथ्वी का।

अब बुद्धिजीवियों, अमलों और तकनीकविदों पर राजनीतिक जी-हुजूरी का दबाव बढ़ गया है। बौद्धिक स्वतंत्रता के साथ जीना मुश्किल है। भारत अब एक ऐसा ही देश है। उपर्युक्त घटनाओं का ही नतीजा है कि हर क्षेत्र में नैतिकता और कुशलता में भारी गिरावट आई है और दीवारों के बाहर कुछ भी जानने की इच्छा नहीं है, क्योंकि ज्यादा जानना खतरनाक है और स्वार्थ के विरुद्ध है।

साहित्य के विस्थापन और सभ्यतागत पतन में गहरा संबंध है

भारत की एक छवि विभिन्न नदियों से मिल कर बने महासागर की है। ऐसा नहीं है कि सिर्फ मतांध साम्यवादियों ने साहित्य में राजनीतिक कुओं का निर्माण किया। सबाल्टर्न अध्ययन और उत्तर-औपनिवेशिक विमर्श भी राजनीतिक कुएँ बनाने के काम आए। कुएँ बनाने की प्रतियोगिता शुरू हो गई। जाति और प्रांत के आधार पर विमर्श तैयार हुए जो तथाकथित मुख्यधारा के एलीट केंद्रवाद और साम्यवादियों के जनतांत्रिक केंद्रवाद के समानांतर हाशिये की आवाजें थीं। इसी सिलसिले को चरम रूप दिया हिंदुत्ववाद के विमर्श ने। धर्म के आधार पर भी कुएँ बने हुए थे। अतः असहिष्णुता का एक नया दौर आया।

बहुराष्ट्रीय कंपनियों का नया पूंजीवाद राष्ट्र को अपना राजनीतिक औजार बनाता है। वह राष्ट्र-राज्य के सामुदायिक टुकड़ों का कृत्रिम विभाजन चौड़ा होने देता है। राष्ट्र के टुकड़ों में लोभ और सत्ता की होड़ भर देता है। ये टुकड़े धर्म, जाति, प्रांतीयता, नस्ल आदि के आधार पर परस्पर असहिष्णु और बहिष्कारपरक होते जाते हैं। उनकी भौतिक ताकतें तर्कों को कुचलते हुए सर्वोपरि बन जाती हैं। उनके पास समेकित भविष्य दृष्टि नहीं होती। दरअसल राष्ट्रीय स्वाधीनता आंदोलन की महान आशाओं के साथ राजनीतिक खिलवाड़ का ही नतीजा है कि इतनी राष्ट्रीय विखंडता पैदा हुई- राष्ट्र के अभिन्न टुकड़े अंगारे बन गए। इसका एक

नतीजा यह हुआ कि छोटे उद्यमों, व्यापारियों और आम लोगों के लिए दुर्दशा लाने वाली बहुराष्ट्रीय कंपनियाँ निरंकुश और चुनौतीविहीन होती गईं।

आज भारत एक महासागर नहीं, सैकड़ों कुओं में बँटा देश है, जहाँ अलग-अलग रंग के एक-दूसरे से मुंह मोड़े समुदाय हैं। हर कोई ही कहीं न कहीं 'बाहरी' के रूप में देखा जाता है और अवहेलित होता है। वैश्वीकरण का दौर है, पर फिलहाल आदमी विभाजन, घृणा और अंतर्द्वंद्व में डूबा है। उसके पास विश्व मन नहीं है। यह लोकतंत्र से भय का चिह्न है, इतना अधिक भय पहले कभी नहीं था।

साहित्य के अर्थ को जब भी धर्म, सत्ता की राजनीति, लोकप्रियतावाद या किसी सिद्धांत से बांधने की कोशिश हुई है, ऐसी चौहद्दियों को नकार कर साहित्य के नए रूप सामने आए हैं। एक समय महावीर प्रसाद द्विवेदी ने आलंकारिक रीतिवादी दायरे से बाहर निकाल कर साहित्य की एक नई परिभाषा दी थी, 'ज्ञानराशि के संचित कोश का नाम साहित्य है।' उन्होंने यह भी कह दिया था कि जिस जाति में साहित्य का अभाव हो वह कम सभ्य है या असभ्य है। इसका अर्थ है, साहित्य के बिना सभ्यता संभव नहीं है। यदि साहित्य का विस्थापन घटित हो रहा हो तो इसे सभ्यता से प्रस्थान समझना चाहिए। यह भी कहा जा सकता है कि साहित्य के बिना जीवन नरक है। आज समाज जैसा होता जा रहा है, उसे एक समृद्ध नरक के अलावा क्या कहा जाए जहाँ विकास की रंगीनियों के बावजूद हर जगह रक्त, घायल लोग और यंत्रणाएँ हों। साहित्य के विस्थापन और सभ्यतागत पतन में गहरा संबंध है।

कश्मीर के आचार्य अभिनव गुप्त ने एक हजार साल पहले लिखा था, 'मैं शैव हूँ, बौद्ध नहीं, लेकिन बौद्धों के साथ तर्क किए बिना हमारा शैव-शाक्त शास्त्र तैयार नहीं होता।' 'दूसरे' को समझना, दूसरे से ज्ञान पाने के लिए द्वार खुला रखना और संवाद ही भारत की संस्कृति है।

साहित्य का विस्थापन सांस्कृतिक संवाद ही नहीं मिटाएगा, यह जीवन में सतहीपन ले आएगा। इसका विस्थापन कई आवाजों को शांत कर देगा। साहित्य ऐसी जगह है जहाँ बहसें होती हैं, नए विचार जन्म लेते हैं और मनुष्य थोड़ा और अधिक मनुष्य बनता है। यह सामाजिकता के ह्रास को रोकने, कृत्रिम खाइयों के बीच पुल बनाने का काम करता है। कहना न होगा कि बिना उदात्त मानवबोध के सिर्फ झुंड बनेंगे, सामाजिकता कभी संभव नहीं है और न रूढ़ियों से छुटकारा संभव है।

पिछले 20 सालों में जितने परिवर्तन हुए हैं, उतने 200 सालों में नहीं हुए थे। इन परिवर्तनों ने लोगों को लोकतंत्र और उदात्त संस्कृति की चाह से विलासिता की ओर धकेल दिया। उसके साथ-साथ घृणा फैलती गई, जो सिर्फ सामाजिकता ही नहीं, निर्माणात्मक आलोचना के लिए भी स्पेस नहीं छोड़ती। मानवद्वेषी और पाखंडी लोग हमेशा साहित्य से दूर भागते रहे हैं। वे सांस्कृतिक रूढ़ियों पर आधुनिक रंग-रोगन चाहते रहे हैं। सही है कि आज साहित्य जैसी चीजों के लिए आर्थिक संसाधनों की कमी है, मानविकी विभाग उपेक्षित है। यह भी सही है कि अपनी भाषा, अपने साहित्य और साहित्य शिक्षण के प्रति जिम्मेदारी, इन क्षेत्रों में नवोन्मेषी दृष्टि और कौशल की भयंकर गरीबी है, भले साहित्यिक दुनिया के लोग संपन्न हो चुके हों।

सवाल है, क्या आज के समय में साहित्य के खोते जाने का अहसास लोगों में बचा है? सांस्कृतिक अभिव्यक्ति का सबसे अर्थपूर्ण रचनात्मक रूप है साहित्य। उसका विस्थापन यदि विपदाओं से भरी धरती देता है तो पुनर्निर्माण का हौसला भी जगाता है। हम बचे थे, जब उपनिवेशवाद था तो एकायामी बाजार अर्थव्यवस्था और राष्ट्रवाद की अतिरंजनाओं के दौर में भी रचना का मुंह बंद नहीं किया जा सकता और मनोयोग से साहित्य पढ़ना छूट नहीं सकता। सूखे पत्तों के बीच से किसलय सिर उठाते हैं!

फरवरी 2018

टेक्नोलॉजी का स्वर्णहिरण

मास्को के 'इंस्टीच्यूट ऑफ ओरियंटल स्टडीज' की यूजीनिया वानिया एक दिन अचानक मेरे दफ्तर में थीं। उन्होंने अच्छी हिंदी में पूछा,'मतवाला पत्रिका कहां मिलेगी?' मैंने सूचना दी कि इसकी फाइल हनुमान पुस्तकालय, हावड़ा में है। वह खिल-सी गईं, 'ओह, मैं इतने दिनों से खोज रही थी!' मैंने पूछ लिया, 'इसमें क्या देखना है?' वानिया ने बताया, 'इसमें निराला की एक कविता छपी है 'छत्रपति शिवाजी का पत्र' । मुझे जानना है कि इस पर पाठकों की क्या प्रतिक्रियाएं हैं।' वे काफी दूर से आकर हिंदी के अतीत को ढूंढ रही थीं और इतना शुद्ध हिंदी उच्चारण तो अच्छे पढ़े-लिखों का न होगा।

मैंने यूजीनिया वानिया से आगे पूछा, 'रूस में नई स्थितियों के बीच क्या पुराने मूल्य कुछ बचे हैं?' उन्होंने तपाक से कहा, 'बिल्कुल!' उन्होंने वहां के 'इम्मार्टल रेजिमेंट' का उदाहरण दिया, 'कंप्यूटर खोलिए, मैं दिखाती हूँ कि अब भी 9 मई को मास्को में हर साल हम लाखों लोग अपने उन पूर्वजों की तस्वीर तख्ती पर लिए इकट्ठा होते हैं जो दूसरे विश्व युद्ध में हिटलर की सेना से लड़े थे और मारे गए थे।' मैंने मोबाइल पर देखा, सचमुच अपने पूर्वजों की तस्वीरों के साथ एक अद्भुत जन सैलाब था- बच्चे, बूढ़े, महिलाएं, युवा सभी इसमें शामिल थे। भारत के लोगों को क्या याद है कि उनकी आजादी की लड़ाइयों में कितने अधिक लोग मारे गए, फांसी पर चढ़ा दिए गए और वे अपने प्यारे वतन के बारे में क्या सपने देखते थे? आजादी की अपनी लड़ाइयों की ठोस स्मृतियों के बिना कोई देश अपने उच्च मूल्यों को बचा नहीं सकता। इन मूल्यों पर उपस्थित खतरों के संदर्भ में हर देशवासी को सोचने की जरूरत है।

हर तरफ स्मृति-ध्वंस है

उच्च टेक्नोलॉजी ने भौतिक जीवन में गति ला दी है, सूचनाओं का जाल बिछा

दिया है और सुख-सुविधाएं बढ़ा दी हैं। इन चीजों के साथ उसने समाज पर बुरे असर भी डाले हैं। उसका एक हमला स्मृतियों पर है जो कई तरह से है।

स्मृतियों के लिए मेमोरी चिप आदि के रूप में अब वैकल्पिक जगहें बन गई हैं। दूसरे, मनुष्य के अपने दिमाग से सोचने के अवसरों और क्षमता में कमी आई है। यंत्र-निर्भरता अतिवादी बिंदु पर है। तीसरे, सामाजिकता के ह्रास की वजह से कई मूल्यवान स्मृतियां खो गई हैं। लोग पहले किसी जानकारी के लिए दूसरे के घर जाकर मिलते थे या सभा-सम्मेलनों में मुलाकातें होती थीं जो स्मार्ट फोन से बंध जाने के कारण बंद हो गई हैं। चौथे, अच्छी स्मृतियों की तुलना में बुरी स्मृतियों में ज्यादा राजनीतिक ताकत आ गई है। बुरी स्मृतियां अपेक्षातया तेजी से उमड़ती हैं। पांचवे, विभिन्न वजहों से जिंदगी में बढ़े अवसाद, निराशा, अनिद्रा जैसी वजहों से स्मृति की निरंतरता पर असर पड़ा है। इनके अलावा सूचनाओं की अधिकता, बल्कि इनकी बमबारी स्मृतिहीनता की एक बड़ी वजह है, जैसे टंकी भर जाने पर पानी बाहर गिरता जाता है।

टेक्नोलॉजी ने जीवन के तौर-तरीकों, शिक्षा के ढंग और मनुष्य के भाव-संसार को इतना बदल दिया है कि अपनी निजी जरूरत के बाहर की राष्ट्रीय-सामाजिक स्मृतियां इन दिनों दानवी अंधकार के पेट में जा रही हैं। स्मृति-ध्वंस का व्यापक असर सोच की गुणवत्ता पर पड़ा है।

यही वजह है कि जब साधारण दर्जे की टेक्नोलॉजी थी, आदमी अधिक उदात्त सोच रखता था। उच्च टेक्नोलॉजी और इंटरनेट की अपार सुविधाएं आ जाने के बाद सोच-विचार की उदारता, साझेपन और सृजनात्मकता में गिरावट आई है।

'अति विकसित टेक्नोलॉजी और अति पिछड़ी मानसिकता' का युग्म हमारे समय की एक उल्लेखनीय हकीकत है। टेक्नोलॉजी का संबंध वैज्ञानिक दृष्टि के विकास से नहीं है। यह भी देखा जा सकता है कि स्मार्ट फोन के कैमरे से जब-तब सेल्फी या फोटो खींचने की बढ़ी लत ने हमारी याद रखने की जरूरतों को प्रभावित किया है। अब तस्वीरें साधारणतः प्रिंट नहीं कराई जातीं। वे मोबाइल से भी एक न एक दिन उड़ जाती हैं। इस तरह कई अच्छे क्षण हमेशा के लिए खो जाते हैं और राई-राई खोते हुए वे मानवता की विशाल क्षति बन जाते हैं।

हिंसा की विचारधारा नई टेक्नोलॉजी की जननी है

एक रिपोर्ट के अनुसार, दुनिया की आधी आबादी और भारत में लगभग 35 करोड़ लोग इंटरनेट की सुविधाओं का कम-अधिक उपभोग कर रहे हैं। दुनिया के

लोग आज से अधिक गहरे संपर्क में कभी नहीं थे और आज जितने विभाजित, उत्तेजित और हिंसक भी पहले न थे। भारत के लोग आपस में जितना जुड़े नहीं हैं, उससे कहीं अधिक एक-दूसरे से भयभीत हैं। इस घटना पर लगातार अनुसंधान हो रहे हैं, चिंताएं व्यक्त की जा रही हैं। उच्च टेक्नोलॉजी 35 साल पहले एक नई आशा जगाते हुए आई थी, लेकिन आज इसने कई लोगों को उनके दुःस्वप्न में अकेला छोड़ दिया है।

नई टेक्नोलॉजी ने मानवीय निजता, स्वतंत्रता और गरिमा को ही संकट में नहीं डाला है, अफवाह फैलाने की क्षमता देकर सामाजिक न्याय को 'भीड़ के न्याय' में बदल दिया है। इंटरनेट वस्तुतः झूठनेट, फूटनेट और लूटनेट में बदलता जा रहा है। अब कहीं भी हिंसा मुमकिन है। इसलिए जरूरत बढ़ गई है कि जीवन की मूल्यवान चीजों की सुरक्षा के बारे में गंभीरता से सोचा जाए। सांस्थानिक तरीकों के अलावा वैयक्तिक तरीकों से भी इस संबंध में रास्ते निकाले जाएँ। इंटरनेट के मुक्त इलाके का अर्थ जंगल नहीं हो सकता।

टेक्नोलॉजी को 'अच्छी' या 'बुरी' न कह कर तटस्थ कहा जाता रहा है, जबकि वह कभी तटस्थ नहीं रही है। कलम और मिसाइल दोनों टेक्नोलॉजी की देन हैं। लेकिन इनमें एक निर्माण के लिए है तो दूसरा विध्वंस के लिए। टेक्नोलॉजी का हिंसा के प्रत्यक्ष औजार-युद्धास्त्रों के निर्माण के लिए इस्तेमाल होता है और इलेक्ट्रानिक मीडिया, राजनीतिक दुष्प्रचार, विज्ञापन जैसे हिंसा के अप्रत्यक्ष औजारों के निर्माण के लिए भी। ई-मेल या सूचना के अन्य उपकरणों का अच्छा इस्तेमाल किया जा सकता है और बुरा भी। निःसंदेह बुरा इस्तेमाल ज्यादा हो रहा है और यह स्वाभाविक बन गया है।

देखा गया है कि हर नई टेक्नोलॉजी ही अपने निर्माता के उद्देश्यों को पूरा करने के लिए होती है, वह तटस्थ नहीं होती। यह भी संभव है कि जिस उद्देश्य से उसका निर्माण हुआ हो, उससे भिन्न दूसरे उद्देश्यों से उसका ज्यादा इस्तेमाल होने लगे। आमतौर पर उसका राजनीतिक-व्यावसायिक उद्देश्यों के लिए अधिक इस्तेमाल होने लगता है। हर नए तकनीकी उपकरण पर बिग बॉस का साम्राज्य स्थापित हो जाता है। टेक्नोलॉजी अंततः सर्वेसर्वा हो जाती है। वह नैतिक शिक्षा को तो रौंद ही डालती है। लोग कंप्यूटर या मोबाइल के पुर्जे में बदल जाते हैं और आत्मविहीन होते जाते हैं।

वर्तमान युग की तकनीकी क्रांतियों का एक लक्ष्य है तकनीकी उपकरण और मनुष्य के भेद को मिटा देना। आदमी को थोड़े भी मानवीय गुणों के साथ रहने न

देना, उसका संपूर्णतः वि–मानवीयकरण। इस प्रकार इस धारणा का अंत हो जाता है कि मनुष्य और टेक्नोलॉजी दो भिन्न श्रेणियां हैं या मनुष्य ही सोचता है, काम करता है और टेक्नोलॉजी को चलाता है।

जानवरों के शिकार के युग से शुरू होकर अनगिनत आधुनिक युद्धों से होते हुए मनुष्य की हिंसा आज एक ऐसे दौर में पहुंच गई है जब हिंसा की विचारधारा ही मुख्य रूप से नई टेक्नोलॉजी की जननी है। हरेक के खिलाफ हरेक का युद्ध चल रहा है।

टेक्नोलॉजी ने भाषा का अपहरण कर लिया है

वैश्वीकरण को चौथा विश्वयुद्ध समझना चाहिए, जब घृणा और हिंसा का वैश्वीकरण उसी तरह हुआ है जिस तरह बाजार अर्थव्यवस्था का। चौथे विश्वयुद्ध में टेक्नोलॉजी की एक बड़ी भूमिका है। इसने व्यापार युद्ध को केंद्रीय बना दिया है। राजनीति बाजार का महज एक औजार बन कर रह गई है। अब उसका कोई अपना बड़ा उद्देश्य नहीं है।

टेक्नोलॉजी ने युद्ध के क्षेत्र ही नहीं बदल दिए हैं, युद्ध की प्रकृति भी बदल दी है। टैंक, मार्टर और आणविक मिसाइलों के डरावने रूपों से अब अधिक तबाही लाने वाली है अस्मितावाद की राजनीति। इसके बाहर आज हर राष्ट्रीय, धार्मिक, क्षेत्रीय या जाति–आधारित समुदाय अपनी असुरक्षा और भविष्यहीनता देखता है। वस्तुतः बहुलतावादी संस्कृति को मिटा कर हर समुदाय अपने को स्वतंत्र, विशिष्ट और भिन्न समझने लगता है। टेक्नोलॉजी खुद संस्कृति का स्रोत बन जाती है। वह हम–वे के अनगिनत युद्ध–वृत्त बनाने में सहायक होती है, खास कर चुनाव या अंतरराष्ट्रीय निर्णयों के समय।

सभी तरफ छा चुकी और अपरिहार्य बन चुकी नई टेक्नोलॉजी लोगों के 'कॉमन प्लेस' को, घुलने–मिलने की यथार्थ जगहों को मिटा देती है और आभासी जगहों का निर्माण करती है।

संचार क्रांति ने संप्रेषण को सुगम करने के साथ सामाजिक सुधार, मानवतावाद और राष्ट्रीय अखंडता को बुरी तरह प्रभावित किया है। इनके पहिये रूढ़िवाद के कीचड़ में हैं। टेक्नोलॉजी एक–दूसरे से सीधे संपर्क और बातचीत की जगह लोगों के बीच ऐसे वित्त–पोषित नए साधनों को ला देती है जो हमारी अस्मिता को न सिर्फ विकृत करते हैं, बल्कि बदल कर रख देते हैं। दरअसल हम क्या हैं, हमारी ज्ञान–परंपराएं क्या हैं– जैसे सवालों पर ही नहीं, समूची समझ और अभिव्यक्तियों पर उनका असर है।

हम देख रहे हैं कि टेक्नोलॉजी का उपयोग करते हुए यथार्थ की जगह काल्पनिक छवियां छा गई हैं। शब्दों का अर्थ विकृत कर दिया जाता है। संकीर्ण सोच को प्रधानता मिलती है, बड़ी मछली–छोटी मछली का खेल चलता है। जुमले प्रधान हो जाते हैं। कहा जा सकता है, टेक्नोलॉजी ने भाषा का अपहरण कर लिया है। ताल ठोंक कर कहा जाता है– 'अश्वत्थामा मारा गया।' अब हाथी गायब है!

किसी व्यक्ति की धार्मिक, जाति–आधारित और राष्ट्रीय पहचान के अलावा एक स्वतंत्र वैयक्तिक पहचान हो सकती है। बीसवीं सदी के मध्य में वैयक्तिकता अपने में एक मूल्य थी। इसकी टकराहट पुरानी सामंती रूढ़ियों से थी। नई टेक्नोलॉजी के प्रभाव में लोग अपने वैयक्तिक स्व, अपनी मानवीय गरिमा और आत्मबोध की क्षमता को भूलते जा रहे हैं। व्यक्ति का ग्रुप, समुदाय और संकुचित राष्ट्र में आत्मविसर्जन हो रहा है। हम अपनी पहचान की रचना दीर्घ सामाजिक अनुभवों, वर्तमान जरूरतों और भविष्य के उच्च लक्ष्यों के आधार पर खुद करने की जगह पाते हैं कि बाहर के शोर ने हमें एक खास पहचान के फ्रेम में मढ़ दिया है। हम खुद कुछ खोजना नहीं चाहते और न यह महसूस कर पाते हैं कि हम वस्तुतः विकसित टेक्नोलॉजी द्वारा निर्मित किसी गुब्बारा सुपरमैन की परछाईं में कैद हैं। निश्चय ही हमारे अस्तित्व पर टेक्नोलॉजी का बड़ा असर पड़ रहा है, हम 'टेक्नो–नेशन' में आत्मविस्मृति के शिकार हैं!

इतिहास अपने ही घर में शरणार्थी है

क्या ऐसा हो सकता है कि सूचनाएं जितनी ज्यादा हों, सूचना का प्रवाह जितना तेज हो, हम अपने को उतना कम जानने लगें, 'दूसरों' को और भी कम जानने लगें और अपने देश के इतिहास को भूल जाएं? ऐसा ही हो रहा है। इतिहास को भूलने का अर्थ है भेदभाव, विद्वेष, हिंसा और पराधीनता को निमंत्रण! टेक्नोलॉजी ने अतीत को एकदम भुला कर वर्तमान, विशेषतः 'तत्काल' में लोगों को उलझा दिया है या अतीत के इतिहास की एकरेखीय समझ का प्रचार किया जा रहा है। इतिहास अब क्रीड़ा की वस्तु है। यह 'हुआँ–हुआँ' के शोर में बदल दिया गया है।

इतिहास नदी की तरह है। उसे एक घाट से देख कर समझा नहीं जा सकता। इतिहास जब राजनीति का हथियार बनता है तो वह अतीत की सही जानकारी नहीं देता, महज प्रोपेगंडा होता है। वह जब फिल्मों में आता है, तब वह सिर्फ कला का सत्य होता है। फिल्मों में कई बार कथा ही इतिहास के छद्मवेश में आती

है, जैसे 'बाहुबली' और 'पद्मावती'! बड़ी पूंजी, टेक्नोलॉजी और प्रचार वस्तुतः कथा द्वारा इतिहास को विस्थापित कर देते हैं। इतिहास अपने ही घर में शरणार्थी हो जाता है। भारत का राष्ट्रीय इतिहास आज इसी दशा में है।

इतिहास में निश्चय ही उजाले हैं और पीड़ादायक आघात भी हैं। लेकिन वर्तमान में अतीत के पीड़ादायक आघातों को ढोने की जगह उनसे सबक लेना जरूरी है। आज हम छोटी जगहों, छोटे समुदायों के इतिहास के बारे में कितना जानते हैं? हम दक्षिण भारत के राज्यों, उत्तर-पूर्व के मेघालय, मिजोरम, नगालैंड के इतिहास के बारे में कितना जानते हैं? भारत के जो अशांत इलाके अविच्छेद्य हैं, उनके इतिहास के बारे में कितना जानते हैं? मुख्य सवाल है, यदि कहीं 'फॉल्ट लाइन' है, क्या हम उसकी मरम्मत राष्ट्रीय सूझबूझ से कर रहे हैं? राष्ट्रवादी आवेश कई बार ऐसे छोटे-छोटे इतिहासों को जानने नहीं देता। यह 'सामंजस्य' और 'घुलने-मिलने' की जगह 'आत्मसातीकरण' पर जोर देता है, जिसका अंतिम नतीजा है विखंडता। शरीर के भले कुछ ही अंगों में घाव हो, पूरा शरीर बीमार होता है।

देश में ब्रिटिश उपनिवेशवाद की 'फूट डालो और राज करो' की नीति दुहराई जा रही है। जबकि न अंग्रेजों द्वारा पैदा की गई सामाजिक विकृतियों को अंतिम तथ्य मानना संभव है और न भारत के प्राचीन अलगावों, भेदभावों और रूढ़ियों को अंतिम सत्य कहा जा सकता है।

हम देखते हैं कि उच्च टेक्नोलॉजी का उपयोग इतिहास की सही समझ पैदा करने के लिए नहीं हुआ, बल्कि उसे औपनिवेशिक दृष्टि से राजनीतिक प्रोपेगंडा बना देने या मनोरंजन का औजार बना देने के लिए हुआ। यदि हम सचमुच 'विकास' के युग में हैं तो सोचना चाहिए, क्या कबड्डी के मैदान में क्रिकेट खेलना संभव है?

एक पुरानी काव्य रूढ़ि है- 'भृंगी-कीट न्याय'। भृंगी नाम का एक कीड़ा अपने से छोटे दूसरे कीड़ों के निकट इतना भनभनाता है कि सारे कीड़े अपनी आवाज और बुद्धि खो कर भृंगी के ही संगीत में लीन हो जाते हैं। इस पर कवि बिहारी के दोहे की एक पंक्ति है, 'डरियतु भृंगी-कीट लौं मति बहई ह्वै जाहि।' मति का मतलब बुद्धि, कहीं बुद्धि ही बह न जाए! इंटरनेट के विज्ञापन, पॉप संगीत और राजनीतिक प्रोपेगंडा उसी भृंगी की तरह हैं। ये लोगों की आवाज और बुद्धि को नष्ट कर उन्हें अपने में लीन कर लेते हैं। यह 'डिजिटल आत्मसातीकरण' है जो खतरनाक है।

तकनीक के युग में साहित्य सिकुड़ा है

नई टेक्नोलॉजी के आने से यह भी हुआ कि साहित्यिक विधाओं की विविधता का क्षय होने लगा, साहित्य की गहराई और व्यापक विजन पर भी उसका असर पड़ा। ऑन लाइन पर कहानियां, उपन्यास, नाटक तथा लंबा कथेतर गद्य कम उपलब्ध होने लगे। यात्रा वृत्तांत और संस्मरण लापता हो गए। कागज के पन्नों से स्क्रीन की तरफ मुड़ जाने से अब हल्की-फुल्की, छोटी और तात्कालिक चीजें ही ज्यादा लिखी-पढ़ी जाती हैं। उन पर साहित्यिक फैसला भी तत्काल हो जाता है।

पढ़ने के लिए जब असंख्य चीजें आने लगें, उनकी रोज बाढ़ हो तो चुनने का संकट होता है- क्या पढ़ें क्या न पढ़ें, क्या महत्वपूर्ण है और क्या साधारण है। स्क्रीन पर रचनाओं की आई बाढ़ में अच्छी रचनाएँ पढ़ने की रुचि को लकवा मार जाता है। विरोध भी संकुचित हो जाता है। प्रिंट मीडिया अब भी सार्थक विपक्ष के लिए ज्यादा उर्वर जगह है।

ऑन लाइन पर दो काम जरूर हुए। साहित्यिक चीजों को ट्विटर, ब्लॉग , बुक ट्यूब आदि कई तरह से तत्काल सुलभ कराना आसान हो गया और सीमारेखाएं टूटीं। यह भी हुआ कि सभी पाठक लेखक बन गए। साहित्यिक अभिव्यक्ति की हजारों जगहें बन गईं। नुकसान यह हुआ कि ऑन लाइन ने साहित्यिक रचनाओं को याद रखने, अच्छी कृतियों पर बार-बार चर्चा करने और उनसे प्रेरित होने की संभावनाएं क्षीण कर दीं।

साहित्य को फास्ट फूड जैसी चीज बना दिया गया। पोस्ट आया, खोला, पूरा -आधा पढ़ा, कुछ ज्यादा मजेदार और विवादास्पद है तो कभी टिप्पणी की, अन्यथा आगे बढ़ गए। कई बार अंगूठा दिखाया! यहाँ चीजें 'आईं-गईं' की दशा में होती हैं। यह भी देखा गया है कि इंटरनेट पर अधिकांशतः सीमित जरूरत के अनुसार कुछ 'खोजा' जाता है, बाकी से मतलब नहीं होता।

आलोचना का युग बीत गया। अब चापलूसी या कटूक्तियाँ ज्यादा दिखती हैं। एक लेखक द्वारा दूसरे लेखक का बौद्धिक लिंचिंग ज्यादा होने लगा है। इसका एक उपाय है, वहां न होना जहां ऐसी घटनाएं हैं। आत्मनियंत्रण एक रास्ता है। बुराई की आग वहीं बुझ जाती है जहां पैदा होती है, यदि उसे पेट्रोल न मिले।

सुनने में अच्छा लगता है कि सोशल मीडिया ने लेखक और पाठक का संपर्क आसान कर दिया है। वस्तुतः घालमेल ज्यादा हुआ है। इसलिए ई-भूसे के विराट ढेर में अच्छा साहित्य जल्दी खो जाता है।

नई टेक्नोलॉजी की वजह से आलोचना का इमेज मैनेजमेंट या मूर्ति भंजन के अलावा कोई काम नहीं रह गया है। यहाँ कोई बड़ी जिज्ञासा नहीं बची है। बड़े प्रश्न नहीं हैं। लेखकों का सामाजिक तौर पर मिलना-जुलना भी बंद हो गया है। साहित्यिक गोष्ठियों के आयोजन में मुश्किलें बढ़ गई हैं। सरकार-पोषित संस्थाएं कुछ न करें तो लेखकों का प्रत्यक्ष संवाद न हो। इस तरह नई टेक्नोलॉजी ने साहित्य को हल्का-फुल्का और क्षणभंगुर ही नहीं बना दिया, लेखकों के नए प्रश्नों और सामाजिकता का भी हनन कर लिया। उसका लक्ष्य साहित्य के स्वभाव को बदल डालना है। इसे रोकने के उपाय ढूंढने होंगे।

1923 में रेडियो नया-नया आया था। 1927 में कोलकाता में यह नियमित हो गया था। उस जमाने में रेडियो की तकनीक ने सामाजिक संरक्षणवाद और संकीर्णताओं को मिटाने में बड़ी भूमिका निभाई थी। इसने संकोची स्त्री कलाकारों को पारिवारिक बंधनों से बाहर निकाल कर मंच दिया। इसने नाटक, संगीत आदि के जरिए श्रोताओं को व्यापक स्तर पर प्रबुद्ध बनाने का काम शुरू किया। उस समय समाज सही दिशाओं में आंदोलित था। आज की नई टेक्नोलॉजी समाज को प्रगतिशीलता की ओर ले जाएगी, क्या इसकी कल्पना की जा सकती है?

निराला ने लिखा था, 'अब हमें पूर्व और पश्चिम को एक करना है और इस तरह समस्त भूमंडल को एक करना है।' (कवि और कविता, 1924)। उनके भूमंडलीकरण का स्वप्न सामाजिक सच्चाइयों से निरपेक्ष न था। छायावादी लोग शहरीकरण, बुद्धिवाद और नई तकनीक के विरोधी न थे। यह जरूर है कि उन सभी ने, यहां तक कि चार्ली चैपलिन अभिनीत फिल्म 'माडर्न टाइम्स (1936) ने भी यंत्र-सभ्यता में मनुष्य के वस्तुकरण और नगण्यीकरण की आलोचना की थी। निराला ने नई आधुनिक सभ्यता में बढ़ते जंगलीपन को पहचानते हुए लिखा था, 'मानव जहां बैल-घोड़ा है/... देख रहा है विज्ञ आधुनिक/वन्य भाव का यह कोड़ा है।' आज ऐसी सच्ची आलोचनात्मकता का जबर्दस्त संकट है और आत्मविसर्जन का दृश्य अधिक व्यापक है।

मानव मेधा और कृत्रिम मेधा

क्या अब रोबोट ही बजट बनाएंगे, कक्षा लेंगे और कविताएं लिखेंगे? स्मार्ट फोन (2007) के बाद कृत्रिम मेधा टेक्नोलॉजी के नए चरण (2017) की देन है। लगभग पांच दशक पहले जब कंप्यूटर देश में आ रहा था, विरोधों को देखते हुए उसे टाल दिया गया था। 1840 में आए टेलिग्राफ से लेकर आधुनिक तकनीक के पिछले

लगभग 180 सालों के इतिहास में अब हम ऐसी जगह खड़े हैं, जहां नागरिकों को एक इलाके से दूसरे इलाके में घुसने के लिए रोका जा सकता है–दीवारें उठाई जा सकती हैं, लेकिन टेक्नोलॉजी के नए आविष्कारों को घुसने से रोका नहीं जा सकता। वर्ल्ड इकोनामिक फोरम की एक आशंका के अनुसार कृत्रिम मेधा के रूप में बने रोबोट 2020 तक दुनिया में लगभग 7.5 करोड़ लोगों को बेरोजगार बना देंगे। भारत भी यह आघात झेलेगा। इस देश में भी मुनाफे से ऊपर मनुष्य नहीं है। इसके अलावा, यह 'टाटा' का नहीं 'अंबानी' का जमाना है।

आज का आधुनिक आदमी सबसे अधिक क्या पसंद करेगा–निश्चय ही पढ़ना नहीं। इसकी जगह अच्छा खाना, अच्छी शराब और तेज संगीत और यह सब लेकर अब रोबोट आपके सामने मौजूद हो सकता है। निजी औद्योगिक परिसरों के साथ बैंकों, दुकानों और दफ्तरों में कृत्रिम मेधा का प्रवेश हो चुका है। जब सभ्यता, राष्ट्र–राज्य और मानवता इन तीनों ही मामलों में बौद्धिक परिपक्वता का सर्वव्यापक पतन हुआ है, नई तकनीकी छलांग बेरोजगारी बढ़ा कर सामाजिक शांति को कितने रूपों में भग्न करेगी, यह अनुमान लगाया जा सकता है। हमें दिखेगा निर्माण, लेकिन घटित होगा विध्वंस। कैसे संभलेगा यह विध्वंस? कैसे रोका जाएगा उनको जो पृथ्वी को चुरा लेना चाहते हैं?

सिद्धांततः कहा जाता है कि टेक्नोलॉजी रोज उन्नत होती जाएगी। यह हमारे ऊपर है कि मानव जाति का नुकसान पहुंचाने की जगह उसके फायदे के लिए इसका उपयोग कैसे करें। बड़ा कठिन है यह सुनिश्चित करना कि कृत्रिम मेधा मानव मेधा को पदच्युत करती जाए और मानव जाति का कोई नुकसान न हो।

दरअसल मानव मेधा का कोई विकल्प नहीं है। इसका निर्माण मनुष्य की संवेदना, ज्ञान परंपराएं, कल्पनाशीलता और सृजनात्मकता मिल कर करती हैं। मनुष्य कभी दुविधा में होता है, रोबोट दुविधा में नहीं हो सकता। मनुष्य कई मुद्दों पर दुबारा–तिबारा सोचता है। रोबोट इस तरह नहीं सोच सकता। मनुष्य सहानुभूति रखता है। वह बुद्धि का पुतला भर नहीं होता। उसकी बुद्धि उसके उतार–चढ़ाव से भरे सामाजिक जीवन की गतिविधियों के बीच निर्मित और पुनर्निर्मित होती रही है, जबकि रोबोट या कृत्रिम मेधा को हम इन बिंदुओं पर निर्जीव पाते हैं और हमलावर भी।

बुराइयां अच्छाइयों की तुलना में तेजी से फैलती हैं। यही वजह है कि इंटरनेट पर वास्तविक सूचनाओं की जगह दूषित सूचनाओं ने ज्यादा जगह घेर रखी है। लोग सोचते हैं कि वे गूगल और फेसबुक की सुविधाएं मुफ्त पा रहे हैं। वे नहीं

देखते कि इन सुविधाओं के साथ ऐसे अनचाहे विज्ञापनों का जखीरा भी माथे पर गिर रहा है जो तेजी से जीवन संबंधी सोच और मानव के व्यवहार को बदल रहा है। हम जिसे सामाजिक नेटवर्क कहते हैं, वह सोच-व्यवहार को एक निश्चित दिशा में बदलने वाला ई-जाल है।

सोशल मीडिया आवेग प्रधान है। यह यूजर का सशक्तीकरण नहीं करता, बल्कि उसकी क्षमताओं को व्यर्थ कर देता है। यह परस्पर सहयोगिता की जगह परस्पर शत्रुता बढ़ाता है। लोग बात करते-करते एक-दूसरे के दुश्मन बन जाते हैं।

ऑन लाइन बाजार के ठगों का नया डेरा है। इसमें आदमी कभी न कभी उस अभिमन्यु की तरह फँसता है जो चक्रव्यूह में घुसना जानता है, निकलना नहीं। वे जो ऑनलाइन पर नहीं है, इस पर मिलने वाली आकर्षक छूट से वंचित होते हैं। यह ऑनलाइन खरीद न करने वालों पर एक तरह से 'ऑफलाइन टैक्स' है!

बच्चों के लिए इंटरनेट एक बड़ा शिकारगाह है। हिंसक वीडियो गेम उनकी पढ़ाई खराब कर रहा है। अब पता नहीं चलता कि कोई हिंसात्मक दृश्य वीडियो गेम है या सचमुच की हिंसा है। हिंसा देखते-देखते लोग संवेदनहीन होते जा रहे हैं।

हम सोचते हैं कि इंटरनेट सस्ते या लगभग मुफ्त में पा रहे हैं, लेकिन हम नहीं जानते कि हम वस्तुतः विज्ञापनदाताओं के हाथों बेचे जा चुके हैं। यूजर यूज्ड हो रहा है। दर्शकों को बेचने का व्यापार ही इस समय सबसे बड़ा है। सोशल मीडिया का मुफ्त होना कई बुराइयों की जड़ है। लोग भूल जाते हैं कि दुनिया में कुछ भी मुफ्त नहीं है। सोशल मीडिया के साइटों के मुफ्त होने पर रोक लगनी चाहिए और विज्ञापन थोपने पर प्रतिबंध होना चाहिए।

फेसबुक पर सामाजिक विद्वेष फैलाने का आरोप लगा है। दिसंबर 2018 में दुनिया भर के अखबारों में जुकेरबर्ग का विज्ञापन आया-झूठी खबरों को पहचानें, दूसरे स्रोतों से भी सच्चाई की जांच कर लें और झूठ फैलने से रोकें-शेयर ज्वाय नॉट र्‌यूमर्स! अखबारों में एक बार यह विज्ञापन देकर उसने अपना कर्त्तव्य पूरा कर लिया। सोशल मीडिया शक्ति पाकर धरती पर उतरा भस्मासुर है। वह इतना समझदार हो चुका है कि अपने सिर पर हाथ कभी नहीं रखेगा!

विश्व कैसे बचेगा

सूचना प्रौद्योगिकी के वर्तमान रूप को फ्पीत प्रौद्योगिकी कहा जाना चाहिए, जैसे पहले पीत पत्रकारिता थी। हमें ऐसी 'ग्रीन टेक्नोलॉजी' के बारे में सोचना चाहिए

जो दुनिया को मानवता की तरफ ले जाने वाली हो, अभयारण्य न हो। टेक्नोलॉजी का विकास और उपभोग जरूरी है, लेकिन इसका मानव-विरोधी, जीवन-विरोधी और रचना-विरोधी रूप में बढ़ता इस्तेमाल चिंताजनक है। इसलिए पर्यावरण, मानवाधिकार तथा शिक्षा की तरह टेक्नोलॉजी के संदर्भ में भी जन-जागरूकता अभियान जरूरी है। इसके लिए स्वयंसेवी संगठनों का खड़ा होना जरूरी है। ई-पत्र-पत्रिकाओं का आगे आना जरूरी है, यदि अपनी विश्वसनीयता की रक्षा करनी है। फिलहाल ऐसा कुछ है भी तो आंधी में दीये की तरह है। निश्चय ही कुछ स्वप्न ऐसे होते हैं जिनके परिणाम न भी निकलें तो सिर्फ इससे वे गलत नहीं हो जाते।

सीता ने जंगल में हिरण कम नहीं देखे होंगे। उन्होंने कभी किसी हिरण के लिए जिद नहीं की थी। वे विवेकशील थीं, लेकिन जब स्वर्णहिरण देखा, उनका मन डोल गया। स्वर्णहिरण मायावी था, स्मार्टफोन के अनगिनत ऐप की तरह। स्वर्णहिरण ने राम को किधर नहीं दौड़ाया। वह कभी दिखता, कभी छिपता। उसने बहुत भरमाया। वह जब तीर से बिद्ध हुआ और उसने 'हा-लक्ष्मण-हा-सीता' पुकारा, राम छल के शिकार हो चुके थे। उन पर विपत्तियों का पहाड़ टूट चुका था, सीता का हरण हुआ था।

टेक्नोलॉजी साधारण हिरण की तरह हो- मानव जीवन के हवा-पानी से मेल खाता हुआ तो क्या हर्ज है। लेकिन आज नई टेक्नोलॉजी का निर्माण आम मनुष्य के हाथ से बाहर है। यदि टेक्नोलॉजी स्वर्णहिरण की तरह है तो उसके पीछे दौड़ने से हमारी स्मृतियों, हमारे साहित्य, संस्कृति और इतिहास, हमारी वैयक्तिकता और मानवीय गरिमा और सबसे बढ़ कर हमारी भाषा का अपहरण होगा। यदि ये चीजें तकनीकपतियों के हाथों में जा रही हैं, सोचना होगा कि विश्व कैसे बचेगा, भारत कैसे बचेगा।

अप्रैल 2019

खंड - 3

भूमंडलीकरण और स्वतंत्रता

सीता की पराधीनता की मुख्य वजह देखी जाए तो स्वर्णमृग की लालसा थी। राम दौड़ पड़े थे सोने के हिरण के पीछे। भूमंडलीकरण के युग में स्वतंत्रता एक वैसा ही मायावी स्वर्णमृग है जिसके पीछे मध्य वर्गों के लोग बेतहाशा दौड़ रहे हैं और वे उलझते भी जा रहे हैं।

आज शहर बढ़ रहे हैं। बड़े शहरों में मॉल-मल्टीप्लेक्स बढ़ रहे हैं। ये स्वतंत्रता के नए रूपक रचते हैं। विभिन्न छवियों में युवा लोग नाचते-उछलते दिखते हैं और विज्ञापनों के खिले चेहरे चमत्कृत करते हैं। अब पहले से ज्यादा लोग अभाव के वृत्त से बाहर निकल कर बेहतर जीवन का आनंद ले रहे हैं। कई रूढ़ियाँ टूटी हैं। शहरों में खुल कर प्रेम किया जा रहा है। फूड के विकल्प बढ़े हैं। स्वाद-संस्कृति उभार पर है। हर तरफ चमक-दमक बढ़ी है। यह भी लगता है कि लोगों का अपने रोजमर्रा के जीवन पर पहले से ज्यादा नियंत्रण है। सरकारी अधिकारियों पर निर्भरता कम हुई है, बाजार में सब उपलब्ध है। आय वृद्धि ने लोगों को अधिक शिक्षित, कुशल और अपने हितों के प्रति जागरूक बनाया है। व्यापार बढ़ेगा, रोजगार बढ़ेगा और बेहतर चीजें मिलेंगी तो स्वाधीनता में भी वृद्धि होगी। यह घटना भी है कि स्वाधीनता का संबंध तर्क से टूटा है और धनलोलुपता से बढ़ा है। अधिक स्पर्धाशील वेतन-अधिक स्वतंत्रता!

स्वतंत्रता के बारे में सोचने की स्वतंत्रता

एक दृश्य यह है कि भूमंडलीकरण ने मनुष्य के ज्ञान को सूचनाओं में सीमित कर दिया है और उसकी संवेदना को (एक) संस्कृति उद्योग और (दो) संस्कृति की राजनीति से इस तरह घेर लिया है कि बाजार के बाहर मानव समाज जबर्दस्त विघटन के दौर में है। यही वजह है कि आज की स्वतंत्रता में बड़े पैमाने पर संवेदनहीनता मौजूद है। जरूरी नहीं है कि आज स्वतंत्रता सद्गुणों का स्रोत हो।

इस समय जैसा मायावी परिदृश्य है, भूलभुलैया है उसमें दरअसल मनुष्य के स्वतंत्रताबोध का लगातार क्षय हो रहा है। आमतौर पर वह ग्लोबल स्वतंत्रता से भरा होकर भी, अपने से बाहर निकल कर 'दूसरों' के बारे में सोच नहीं पा रहा है। अमीर हो कर भी आदमी मन से गरीब है, उसे और चाहिए। वह अपनी सुखविभोरता में इतना डूबा है कि गांवों, किसानों और छोटे व्यापारियों के उजड़ने के दृश्य उसे विचलित नहीं करते। मायावी मृग जैसी स्वतंत्रता के पीछे दौड़ते मध्य वर्ग के ऐसे लोग अपने सुखों के बंदी होते हैं।

इधर स्वतंत्रता की धारणाएं किस तरह अदृश्य पराधीनता रच रही हैं, यह देखने की जरूरत है। दुनिया के अरबों लोग आधुनिक ढंग की गुलामी में फँसे हैं। उनके पास इच्छा की स्वतंत्रता नहीं है। वे कर्ज में डूबे हैं, नई-नई उपभोक्ता वस्तुओं की लालसा से भरे हैं। वे किसी न किसी बाबा या धार्मिक गुरु के वश में हैं। कई लोग फिल्म और खेल जगत के किसी सेलेब्रिटी के अंधे फैन हैं, कहीं देखते ही 'स्व' खोकर भीड़ बन जाने वाले। वे धार्मिक या अंध-राष्ट्रवादी उन्माद के अधीन हैं। पहले से ज्यादा लोग सोशल मीडिया के झूठे प्रचार की कैद में हैं। ये सभी लोग अपनी अदृश्य गुलामी में कितने आनंदपूर्वक हैं और कितने ट्रैजडी-भरे, यह तय करना मुश्किल है। इतना स्पष्ट है कि 21वीं सदी की नई गुलामियों से बाहर निकलने के रास्ते किसी भी युग से ज्यादा उलझ चुके हैं।

क्या अब स्वतंत्रता की जगह स्वतंत्रता का भूत है? स्वतंत्रता का अर्थ इतना बदल गया है कि अब उसे व्यक्तिगत स्वतंत्रता, स्वराज्य, राष्ट्र की संप्रभुता, सीमाहीन आत्म, आर्थिक आजादी या अभिव्यक्ति की स्वतंत्रता के पुराने मुहावरों से नहीं समझा जा सकता। वह इतनी पूर्व-निर्धारित होती है कि आमतौर पर इन्सान उच्चतर स्वतंत्रताओं के बारे में सोचने की स्वतंत्रता खो चुका होता है। अब जरूरी नहीं कि उसमें 'दूसरे' की स्वतंत्रता के लिए स्पेस हो। ऐसी स्वतंत्रता जब स्मृतियों से खेलती है, इतिहास की कब्र से प्रेतात्माओं को निकालने में रुचि ज्यादा होती है। आदमी इतिहास से सीखे बिना इतिहास का उपयोग करता है।

दरअसल विवेक ही स्वतंत्रता की गंगोत्री है। लेकिन इधर स्वतंत्रता के नाम पर जो कुछ घटित हुआ, वह आत्मविसर्जन ज्यादा है। आत्मविसर्जन के दो रूप हैं-पश्चिमी संदर्भ में भेद में अभेद और भारतीय संदर्भ में अभेद में भेद। बाजार में अभेद बढ़ा है- एक से फैशन और हाव-भाव हैं। समाज में भेद बढ़ा है-

पारिवारिक-सामाजिक बिखराव है। एक तरफ अत्याधुनिक कृत्रिम मेधा आ चुकी है, तो दूसरी तरफ सामाजिक भेदभाव बढ़ाने वाली सामुदायिक कट्टरवादी मेधा अति-सक्रिय है। जनता का असंतोष एक राजनीतिक खाई से दूसरी राजनीतिक खाई में गिरता है और भटकता रहता है। यह भटकते जन-असंतोष का युग है।

इस समय हमारी बेवकूफियां ही स्वतंत्रता की मुख्य प्रेरक हैं। लेकिन हम यह कैसे समझ सकते हैं जब अपने स्वतंत्रता संग्राम के उद्देश्यों से ही बेखबर और अपनी महान विरासत से विच्छिन्न हों। यह विरासत सुधारवाद, राष्ट्रीय जागरण, वामपंथ, मानवतावाद, लोकतंत्र, विश्वबंधुत्व, सामाजिक न्याय या समाजवाद जिसकी हो।

कभी सुधारवाद ने धार्मिक रूढ़ियों और पाखंडों से लड़ कर स्वतंत्रता का पहला द्वार खोला था। राष्ट्रीय जागरण ने उपनिवेशवाद के खिलाफ स्वत्व की बेचैनी पैदा की थी, आत्मपहचान के संघर्ष के लिए प्रेरित किया था। मानवतावाद ने 'दूसरे' की स्वतंत्रता को भी अपनी स्वतंत्रता की तरह जरूरी समझने का विवेक दिया था। वामपंथ ने विषमता की व्यापक समझ दी। लोकतंत्र ने असहमति को गरिमा दी। स्वतंत्रता को सभी वंचितों तक पहुंचना था। उसे आगे चल कर सामाजिक न्याय और विश्वबंधुत्व का रूप लेना था। अब ये सभी विचारधाराएं बाजार द्वारा हजम की जा चुकी हैं या राजनीतिक दिखावा हैं। राष्ट्रीय भावना और लोकतंत्र के संकुचित होने के चिह्न कई तरह से प्रकट हो रहे हैं। ऐसी स्थिति में, जाहिर है, स्वतंत्रता के भूत ही दिखेंगे, आत्मविसर्जन के दृश्य ही सार्वभौम हो उठेंगे। वस्तुतः आज हम जिन स्वतंत्रताओं के बीच हैं वे पुराने स्वप्नों से काफी भिन्न हैं, बल्कि ये उन स्वप्नों के बहते खून से जन्मी हैं।

आज स्वाधीनता की अवधारणा उन दिनों की अवधारणा से भिन्न है जब ज्ञान और बुद्धि स्वाधीनता की राहें दिखाते थे। अब ज्ञान की जगह टेक्नोलॉजी है। बुद्धि की जगह बाजार की वस्तुएँ हैं। वस्तुएँ ही बुद्धि निर्धारित करती हैं। किसी समय स्वाधीनता की चिंताओं में कुछ खास मूल्य होते थे, जैसे- बौद्धिक स्वतंत्रता, सहिष्णुता, आत्मनिर्भरता, व्यक्ति-व्यक्ति की समानता, न्याय, सदाचार, शांति। एक आधी रात को 'नियति से मुठभेड़' करते हुए स्वाधीनता इस वादे के साथ आई थी कि हजारों आंखों से आंसू पोंछना है। इस वादे को पिछवाड़े फेंक कर लक्ष्य हो गया आंखों में रंगीन धूल झोंकना। जिस देश में कदम-कदम पर भ्रष्टाचार हो, घोटाले हों या विदेशी बैंकों में काला धन जमा हो, वहाँ तब एक ही नतीजा हो सकता है- करोड़ों लोगों की स्वाधीनता छिनना।

स्वाधीनता का अर्थ विस्तार और अर्थ संकोच ऐतिहासिक स्थितियों पर निर्भर करता है। इधर स्वाधीनता का अर्थ सिकुड़ा है। मनुष्य स्वाधीनता के बारे में ठीक से सोच नहीं पा रहा है। इसके मूल में उपभोक्तावादी रुझान हैं, बढ़ा लोभ है। दूसरी तरफ कट्टरवादी रुझान हैं, बढ़ा लाभ है। बड़े राजनीतिक लोगों का छोटा मन एक बड़ी समस्या है। वे इधर बढ़ी विषमता और बेरोजगारी के कारण समाज में पैदा हुए असंतोष का फायदा उठाने की होड़ में हैं। बाजार में एक तरह की होड़ है और राजनीति में एक अन्य तरह की होड़ है। बेरोजगारों से कहा जाता है कि वे राष्ट्रगान से संतोष करें। दूसरे धर्म और दूसरी जाति वालों को मारें-काटें। हम जानते हैं कि अमीर या नौकरीशुदा आदमी सड़कों पर कभी नहीं उतरता हिंसात्मक कामों के लिए। गरीब ही गरीब को मारते हैं जो बाजार-अर्थव्यवस्था की सुरक्षा का सबसे अच्छा तरीका है।

इन दिनों विचारों की जगह मूर्तियों ने ले ली है। महान स्वाधीनता संग्रामी वल्लभ भाई पटेल की मूर्ति फिनिशिंग के लिए चीन भेजी गई, भारत इतना असमर्थ है! सोच की यह दशा है कि जितनी ऊंची मूर्ति उतना महान आदमी! एक अन्य घटना है, दिल्ली की एक ऐतिहासिक विरासत लाल किले की देखभाल डालमिया ग्रुप को सौंप दी गई। कभी हो सकता है, 15 अगस्त को तिरंगा फहराने का ठेका भी निजी कंपनी को दे दिया जाए और किसी मल्टी नेशनल कंपनी का प्रच्छन्न अध्यक्ष इस अवसर पर जनता को संबोधित करे!

आज संदेह विस्थापित है, संदेह करने वाला व्यक्ति निराश्रित है। संदेह किए बिना सोच संभव नहीं है। बाजार और राजनीति दोनों जगहों पर सबसे बड़े अपराधी वे हैं, जो संदेह करते है, सोचते हैं और पिछलग्गू नहीं हैं। मुख्य बात यह है कि हमें सोचने की स्वतंत्रता नहीं है। हम स्वतंत्र होकर सोच नहीं सकते। वैश्वीकरण और अंध- राष्ट्रवाद दोनों की सम्मिलित देन है सोच का बध्याकरण। भोग और योग, बाजार और धर्म दोनों ही सोच को निषिद्ध करते हैं, संदेह करने से रोकते हैं। वे अपनी बाढ़ में बहा ले जाना चाहते हैं। बहती वही चीज है जो निर्जीव हो। बहने की जगह तैरना जीवन है। स्वतंत्र होने के लिए बहने की जगह तैरना सीखना होगा।

इस बुरे समय में भी आशाजनक सिर्फ यह है कि मनुष्य स्वातंत्र्य-प्रिय होता है। वह अधिक समय तक अंधकार में नहीं रह सकता। उसके मन में कभी भी आ सकता है कि नहीं- अब सोचना होगा, संदेह करना होगा। अपने भीतर युद्ध ठानना होगा और लोकतंत्र का बेहतर उपयोग करना होगा।

रवींद्रनाथ ने एक बात कही थी, 'जिस नाव से तुन नदी पार करते हो, उसका तख्ता-तख्ता अलग करके तुम समुद्र पार करना चाहते हो!' क्या विश्व बाजार व्यवस्था में किसी देश की वास्तविक उन्नति संभव है, यदि उस देश की विभिन्न जातियों और धर्मों के लोग आपस में लड़ें? घर फूटे - बाजार लूटे!

क्या भूमंडलीकरण का अंत निकट है

भूमंडलीकरण शुरू होते वक्त बड़े जोश से कहा गया था कि इन्सान को अब राष्ट्र-राज्य की जगह एक अधिक बड़ा मन लेकर चलने की जरूरत है। अब 'एक जनता-एक ग्रह' की स्थिति होगी। साइबर नागरिक सामाजिक खुलापन लाएंगे। वे सहिष्णुता और विविधता के प्रति सम्मान रखेंगे, स्मार्ट सोच अपनाएंगे और धर्म-जाति से ऊपर उठ जाएंगे। आशा से भर कर यह कहा जाने लगा था कि राष्ट्र-राज्य अतीत की वस्तु बन जाने वाला है। वैश्विक अर्थव्यवस्था में राष्ट्र अब अस्वाभाविक ही नहीं असंभव भी है। लोग व्यापार और सूचना तकनीक में नई गति की वजह से महज अपने देश के ही नागरिक नहीं रह जाएंगे, विश्व नागरिक बन जाएंगे।

अंतर्निर्भरता भूमंडलीकरण का सारतत्व है। आज सबसे ज्यादा आघात अंतर्निर्भरता की भावना पर है। अंतर्निर्भरता की जगह अंतर्शत्रुता पनप रही है। यहां तक कि उप-महादेशीय अंतर्निर्भरता भी दांवपेंच से भरी है और सिकुड़ रही है। भारत, चीन, जापान, पाकिस्तान, नेपाल, बांग्लादेश, श्रीलंका आदि देशों के संदर्भ में हम यह देख सकते हैं। एशिया के देशों में हितों की टकराहट देशों के स्तर पर ही नहीं है। एक ही देश में धर्म, जाति (कास्ट), जातीयताओं (नेशनलिटीज) के स्तर पर भी है। अचानक अब कुछ लोग 'बाहरी' या 'विजातीय' घोषित किए जाने लगे हैं।

भूमंडलीकरण का क्या अर्थ है? भूमंडलीकरण दुनिया के देशों की अंतर्निर्भरता है। यह दुनिया के बाजारों की एकता है जहाँ वस्तुओं, टेक्नोलॉजी, रोजगार और सूचनाओं का प्रसार बेरोकटोक हो सके, सरहदें बाधा न बनें। 16वीं सदी में औपनिवेशिक उदारवाद का जो सिलसिला शुरू हुआ था, 20 वीं सदी के आखिरी दशक से शुरू भूमंडलीकरण अदृश्य रूप से उस वृत्त को पूरा करता है। पहले के जमाने में उदारवाद को पश्चिमी देशों में 'वैयक्तिक स्वतंत्रता' और उपनिवेशित देशों में 'सभ्यता का मिशन' कहा जाता था।

वर्तमान दौर का नव-उदारवाद आर्थिक मामले तक सीमित है। इधर जब विश्व भर में सामाजिक स्तर पर अनुदारवाद लगातार बढ़ रहा है, आर्थिक मामलों में भी नए लक्षण दिख रहे हैं। अमेरिका, इंग्लैंड, चीन समेत सभी बड़े देश कई चीजों पर भारी व्यापार शुल्क लगा कर मुक्त व्यापार की धारणा पर चोट करना शुरू कर चुके हैं। वैश्वीकरण में एक भगदड़ मची हुई है। इंग्लैंड का यूरोपीय यूनियन से निकलने का निर्णय इसका एक संकेत है। राष्ट्रवादी पुनरुत्थान से व्यापारिक तनाव पैदा हो रहा है। बंदरगाहों पर माल रुके हुए हैं। जर्मनी से लेकर चीन तक कारखानों में उत्पादन मंद हो चुका है। मूल्य वृद्धि से मालों के आदेश रद्द हो रहे हैं। वैश्वीकरण के मुख्य शिल्पी अमेरिका की सीमा पर हालत यह है कि दूसरे देश की मांओं को अपने बच्चों से मिलने नहीं दिया गया।

बड़े विश्वास से कहा जाता है कि भूमंडलीकरण को खत्म करना उसी तरह असंभव है, जैसे सूर्योदय का न होना। भूमंडलोकरण का भोजन, फल, सब्जी, कॉफी, रोज के कपड़े, मनोरंजन और विचारों तक में प्रवेश है। यह भी कहा जा रहा है कि उसकी वजह से कई बड़े नुकसान हो चुके हैं और कोई नहीं जानता कि इसकी भरपाई कैसे होगी। यह कम बड़ी विडंबना नहीं है कि अब सरकार के हाथों में कोई बड़ी आर्थिक नीति निर्धारित करने की क्षमता नहीं है। राजनीति को साफ करने के लिए बहुत अधिक सर्फ चाहिए।

देखा जा सकता है कि भूमंडलीकरण के प्रति तेजी से एक वैश्विक असंतोष का जन्म हो रहा है। कई देशों में इसके आर्थिक नतीजों से बेचैनी पैदा हुई है। यही वजह है कि राजनीतिक स्तर पर एक तरफ लोकलुभावन झूठ के पटाखे छूट रहे हैं। दूसरी तरफ, स्वेच्छाचारिता बढ़ रही है। नाटकीय ढंग से अंध-राष्ट्रवादी भावनाओं को उकसाया जा रहा है ताकि असंतोष और बेचैनी विभाजित हो जाएं। बिना यह सोचे कि यह सब देश के भविष्य को कितने बड़े संकट में डालेगा। दुनिया में समृद्धि बढ़ी है, लेकिन सुख-समृद्धि के वितरण में टाले न जा सकने वाले दोषों से सिर्फ उनकी छनी है जो मँजे हुए आर्थिक और तकनीकी खिलाड़ी हैं।

19वीं सदी के उदारवादियों की धारणा थी कि व्यापार बढ़ने से समृद्धि और शांति आएगी, लेकिन नतीजे दो विश्वयुद्धों के रूप में सामने आए। भूमंडलीकरण के लगभग 30 साल बाद नतीजे कुछ उसी तरह हैं। आर्थिक विषमता बढ़ने के साथ धर्मों, नस्लों, जातियों और जातीयताओं के स्तर पर एक अभिजात किस्म का गृहयुद्ध छिड़ा हुआ है। राजनीतिक दलों के दफ्तर अब युद्ध कक्ष (वार रूम)

कहे जाते हैं। अंध-राष्ट्रवादी रुझानों के कारण सामाजिक क्षय इतना अधिक है कि किसी का किसी पर विश्वास नहीं है। सारे संबंध तात्कालिक फायदे के आधार पर बन रहे हैं- 'कौन हुआ है किसका, काम निकाला खिसका!'

1947 के आसपास के दशकों में राष्ट्रीय नेता अपने निजी जीवन में धार्मिक विश्वासों से भरे होते थे, लेकिन सार्वजनिक जीवन में एक बड़ा मानव मन रखते थे।

इधर धर्मों, जातीयताओं और जातियों के बीच खाइयाँ बढ़ी हैं, 'दूसरे' के प्रति हिंसा बढ़ी है और व्यक्ति-स्तर पर भी भयानक टकराहट है। सोचना पड़ेगा, लगातार टूट रही शाखाओं वाला बरगद का विशाल पेड़ भले बचा रहे, पर आखिरकार टूटी शाखाओं और बिना पत्तियों का यह पेड़ यात्रियों को कितनी छाया देगा!

मीडिया पर विदेशी पूंजी और राजनीतिक प्रबंधन का व्यापक असर है। जो भी स्वतंत्र सोच वाले पत्रकार हैं, वे सहमे हुए हैं। उन्हें हिंसक हमलों का सामना करना पड़ रहा है। अमेरिका से लेकर भारत तक यह दृश्य है। एक आंकड़े के अनुसार प्रेस की स्वाधीनता के हनन के मामले में भारत 2017 में अधिक खराब हालत में पहुँच गया है। वह 180 देशों में 133 वें स्थान पर आ गया। आंतरिक शांति की स्थिति पहले से खराब हुई है, भारत 123 वें स्थान पर आ गिरा है। इस समय उत्तरी अफ्रीका के देशों, तुर्की, सीरिया आदि में ही नहीं अमेरिका, इंग्लैंड, रूस तक में आंतरिक शांति की दशा बिगड़ी हुई है।

2014 में अंतर्देशीय मार-काट में दुनिया भर में तीन लाख लोगों की जान गई थी। भारत में आतंकवाद के अलावा धार्मिक-राजनीतिक हिंसा, किसी अफवाह पर अचानक किसी समुदाय के कुछ व्यक्तियों का संदेहवध (लिंचिंग) और यौन हिंसा में हर साल बड़ी संख्या में लोग मारे जा रहे हैं। अंबेडकर के संविधान पर भीड़ का संविधान भारी पड़ रहा है, मास हिस्टिरिया के हालात हैं।

इन सबका यह अर्थ है कि भूमंडलीकरण ने दुनिया में सांस्कृतिक अंतर्मिश्रण के लिए जितने अवसर खोले, उससे कहीं बहुत ज्यादा भय और असुरक्षा की भावना पैदा की। वैश्वीकरण के राजनीतिक और व्यापारिक महारथी आमतौर पर सिर्फ अपनी-अपनी सत्ता मजबूत करने में लगे हैं, जबकि विश्व जल रहा है!

इसलिए बहुत संभव है कि स्वतंत्रता को लेकर नए सिरे से चिंतन की जरूरत महसूस हो जो भूमंडलीकरण, राष्ट्रीय विविधता और आंतरिक शांति इन सभी को

संबोधित हो। स्वाधीनता के वैश्विक रंगोत्सव में जब अभिव्यक्ति की स्वतंत्रता भी खतरे में हो- 'पक्ष में लिखो या मरो' की हालत हो, तो विकास के लोकलुभावन बिंबों पर संदेह करना जरूरी लग सकता है।

क्या स्वाधीनता के दुश्मन खुद इसके भीतर बैठे हैं? लोकतंत्र की परिभाषा बदलकर यह होती गई है कि कुछ की स्वाधीनता छीन कर, कुछ की टाल कर जो व्यवस्था कुछ को स्वाधीनता दे, वह लोकतंत्र है। आज दिख सकता है कि इतनी स्वतंत्रता, इतनी खुशहाली पहले कभी नहीं थी। बाजार में चीजें फ्री हैं, एक खरीदो तो एक फ्री! राजनीति का दृश्य है- एक लाश के साथ दूसरी फ्री!!

इस युग की स्वतंत्रताओं में शिक्षा, स्वास्थ्य और यातायात के लिए मनमानी कीमत वसूलने और कानूनी छेद बना कर आर्थिक लूट की स्वतंत्रताएँ शामिल हैं। सत्ता की वस्तुएं बाजार और राजनीति में गहरी समझदारी से बंटी हुई हैं, आम लोगों के हाथ में ताकत नहीं है।

ऐसे हालात में भिन्न विचारों और खाने-पहनने की भिन्न रुचियों के लोगों पर हिंसक हमला एक चिंताजनक मामला है। यह सांस्कृतिक अभिभावकत्व दिखाता है, और व्यक्ति की स्वाधीनता का विरोधी होता है। खुशी की घटना है, 2017 में सुप्रिम कोर्ट के नौ न्यायाधीशों ने एकमत होकर राय दी कि भारतीय संविधान की 21 वीं धारा के अनुसार भारत के हर नागरिक को निजता का अधिकार है और कोई इसका हनन नहीं कर सकता। निजता का अधिकार व्यक्ति स्वाधीनता का एक रूप है। यह जितना आधुनिक है उतना ही प्राचीन। रामायण में है कि रावण की लंका में विभीषण ऐलानिया रावण से अलग मत रखते हुए रहता था। महाभारत के विदुर कौरव दल में रहते हुए असहमति की स्वतंत्रता रखते थे, वे पूरी बौद्धिक स्वाधीनता के साथ रहते थे।

निश्चय ही बौद्धिक स्वतंत्रता के बिना न कोई अच्छा चिंतन संभव है और न मन खोल कर कोई अपनी बात रख सकता है। वैयक्तिक स्वतंत्रता होने पर ही कोई अलग मत रख कर भी आत्मसम्मान के साथ जी सकता है। देखा जा सकता है कि निजता के अधिकार की संवैधानिक स्वीकृति होते हुए भी इस पर राजनीतिक हिंसा और तथ्य चुराने की टेक्नोलॉजी दोनों ही तरफ से खतरे बढ़ते गए हैं, हालांकि विश्व स्तर पर इन खतरों को लेकर चिंता है।

अभिव्यक्ति की स्वतंत्रता पर जितने खतरे प्रत्यक्ष हैं, उससे कहीं बहुत अधिक अप्रत्यक्ष हैं। इसे तीन तरह से प्रभावित किया जा रहा है- भय, लोभ और भेदभाव। इसमें संदेह नहीं कि लोगों की रुचि, सौंदर्यबोध और विचारों पर बाजार

का कब्जा बढ़ गया है। बाजार तय करता है क्या सुनो-क्या न सुनो, क्या देखो-क्या न देखो, क्या पढ़ो- क्या न पढ़ो, क्या खरीदो-क्या न खरीदो। बाजार में मनुष्य के बोलने की जगह नहीं होती। इसी तरह राजनीति में भी अब सिर्फ सुनना होता है, बोलने की जगह नहीं होती।

हर युग में स्वतंत्रता बोलने से मिली है। जो लोग एकटक दर्शक बन कर रह जाते हैं, वे सिर तक नहीं हिला पाते!

अगस्त 2018

उदारता का अकाल

जर्मन लेखकों–अनुवादकों के एक दल ने 'टोलेडो' के एक कार्यक्रम के तहत दुनिया के चार शहरों में एशिया के सांस्कृतिक हृदय कोलकाता को भी चुना था। वे लोग यहाँ नवंबर 2018 में अनुवाद संस्कृति पर चर्चा के लिए आए थे। उनसे बातचीत के एक कार्यक्रम में मैंने पूछा, 'जर्मन लेखक हिंदी में अनूदित होते रहते हैं और आदर से याद किए जाते हैं। जर्मनी के लोगों में हिंदी, बांग्ला, उर्दू या किसी भी एशियाई भाषा का अनुवाद पढ़ने में कितनी रुचि है? एशिया के लेखक जर्मनी में कितना पढ़े जाते हैं?' उनसे मैंने यह भी पूछा, 'क्या यूरोपीय देशों का मल्टीकल्चरल होना जरूरी नहीं है?' उनमें से एक प्रतिनिधि ने जो कहा, उसका सार यह था कि जर्मन में एंग्लो–अमेरिकन लेखक ही मुख्य रूप से अनूदित होते हैं।

यह एक तथ्य है कि पश्चिमी देश के लोगों में एशियाई भाषाओं के साहित्य का अनुवाद पढ़ने में रुचि नहीं है। यह उनकी आत्मविमुग्धता ही नहीं कट्टरता का भी चिह्न हो सकता है।

अनुवाद एक तरह का उदारवाद है। यह अपने राष्ट्रवाद से बाहर निकलने और बहुसांस्कृतिक होने का एक मार्ग है। पाठक अनुवाद संस्कृति का एक महान हिस्सा होता है। किसी भी भाषा की पुस्तक का व्यक्तिगत संपर्क और पैसे के बल पर अनूदित हो जाना एक बात है, उसका व्यापकता से पढ़ा जाना दूसरी बात है। सवाल है, आज दुनिया में साहित्यिक अनुवाद पढ़ने वालों की संख्या बढ़ रही है या घट रही है। यदि घट रही है तो यह उदारता का संकट है।

'गार्जियन' अखबार की एक सूचना के अनुसार, ब्रेक्जिट के बाद अंग्रेजी में अन्य यूरोपीय भाषाओं से अनुवाद की मात्रा काफी घट गई। अपने देश में देखें तो बांग्ला, मराठी, तमिल आदि भाषाओं में हिंदी की साहित्यिक पुस्तकों के अनुवाद सामान्यतः नहीं होते। लोग अपनी–अपनी भाषा में डूबे रहते हैं या विदेशी

साहित्य में रुचि लेते हैं। वे अपने पड़ोसी राज्य के लोगों के अनुभव, विचारों और पीड़ाओं को जानना नहीं चाहते। इस तरह, वे प्रवृत्ति से घोंघे होते हैं या जिराफ! जबकि हम कह सकते हैं, दुनिया की उठ रही दीवारों में साहित्य आज भी एक सुंदर खिड़की है।

उदारवाद नवोन्मेषों का वाहक रहा है

उदारवाद की कोई एक परिभाषा नहीं है। इसे 18वीं-19वीं सदी में मुक्त व्यापार, व्यक्तिगत स्वतंत्रता- न्यूनतम सरकार, धर्मसत्ता की राजनीतिक विदाई आदि के अर्थ में लिया गया है। जॉन स्टुअर्ट मिल, हेनरी डेविड थोरो जैसे पश्चिमी चिंतक इसके मुख्य प्रवक्ता रहे हैं। उदारवाद को साम्यवाद के विरोध के रूप में भी देखा गया और साम्यवादी व्यवस्था में आए परवर्ती खुलेपन के रूप में भी। इसे एलजीबीटी के अधिकारों के संदर्भ में भी पहचाना गया है। उदारवाद की आलोचना यह कह कर की जाती है कि यह वंचित को अधिक वंचित करने की विचारधारा है। यह एक मुखौटा है जिसके पीछे चेहराहीनता होती है!

आज का नव-उदारीकरण आर्थिक मामलों में उदारवाद को विस्तार देता है लेकिन सामाजिक और राजनीतिक मामलों में कैसे नतीजे लाता है, इस पर विचार किया जाना चाहिए।

इतिहास से जाना जा सकता है कि उदारवाद और लोकतंत्र के बीच संबंध रहा है। लोकतंत्र में उदारवाद कई चरणों और विविध रूपों में विकसित हुआ। उदारवाद में दूसरी राष्ट्रीयताओं के प्रति संवेदना होती है। उदारवादी होने का एक अर्थ कठमुल्लेपन से मुक्त होना है। यह जड़ता को तोड़ने वाला और नवोन्मेषों का वाहक माना गया है। इसने आम लोगों में कला-साहित्य के प्रति व्यापक प्रेम पैदा किया। उदारवादी माहौल में बुद्धिजीवी एक समय बिना भय के बहस करते थे।

उदारवाद संरक्षणशील हो सकता है, अर्थात- परंपराओं से जुड़ा हुआ और विद्रोही भी, अर्थात- परंपराओं का उग्रता से खंडन करने वाला। आज की स्थितियों में उदारवाद राष्ट्रीय विविधता, अभिव्यक्ति की स्वतंत्रता और लैंगिक-सामाजिक न्याय की स्वीकृति है।

21वीं सदी के दूसरे दशक में अंध-राष्ट्रवाद के उभार ने उदारवाद का महत्व बढ़ा दिया। अंध-राष्ट्रवाद का एक रूप अमेरिका में 'टी पार्टी मूवमेंट' के इतिहास में है। इस आंदोलन में बड़े पूंजीपति रहे हैं जो अपने को संरक्षणवादी देशभक्त कहते थे। वे नस्लीय दृष्टिकोण से विशुद्ध अमरीकी हितों को प्रधानता

देते थे। मीडिया और उदारवादी नागरिकों के प्रति उनका रुख कठोर था। इस आंदोलन के वर्तमान नेता दक्षिणपंथी संरक्षणवादी माने जाते हैं। वे अमरीकी राष्ट्रपति डोनाल्ड ट्रंप के समर्थक हैं। अमरीका के 'टी पार्टी मूवमेंट' की 'चाय' बहुत अर्थवान है!

आर्थिक उदारीकरण–सामाजिक अनुदारता का युग्म

आज के विश्व परिदृश्य की एक बड़ी विडंबना यह है कि उदारवाद पर कट्टरवाद के लोकप्रिय नारे भारी हैं। सरकारें अपनी ही जनता के खिलाफ हिंस्र हो उठी हैं। राज्य अब बाजार–राज्य में बदल गया है। बड़ी संख्या में नागरिक उच्च जीवन शैली के लिए अपने बुनियादी मानवीय मूल्यों और अधिकारों का अंधाधुंध सौदा करते जा रहे हैं। कहना न होगा कि आर्थिक उदारीकरण के बावजूद दुनिया के समाजों में उदारवाद का व्यापक क्षय हुआ है। इसी अनुपात में लोकतंत्र का भी क्षय हुआ है। वर्तमान समय में 'आर्थिक उदारीकरण–सामाजिक अनुदारता' का युग्म चल रहा है।

इसे विडंबना कहा जाना चाहिए कि लोकतंत्र का अर्थ 'बहुमत के शासन' से बदल कर 'सामुदायिक बहुसंख्यकता का शासन' होता जा रहा है। इसमें 'दूसरे' के लिए स्पेस नहीं होता। समाज हिंसक और डरे हुए लोगों में बंट जाता है। कट्टरवादी ही स्थानापन्न क्रांतिकारी हो जाते हैं!

नेपोलियन बोनापार्ट के शासन को लोकतांत्रिक निरंकुशतावादी कहा जाता था। इस स्थिति में दिखता लोकतंत्र है, पर होती निरंकुशता है। अब दुनिया भर के राजनीतिज्ञ कोई बड़ा उद्देश्य सामने रख कर या जन आंदोलन करके सत्ता में नहीं आते। वे लोकप्रियतावादी संकीर्ण नारों के बल पर और झूठे सपने दिखा कर सत्ता हासिल करते हैं, अपना जनाधार बनाते हैं और अपना औचित्य स्थापित करते हैं। उन पर मूल्यों, विचारों और मानवता का दबाव नहीं होता। मुख्य बात यह है कि राजनीतिज्ञों का यह वर्ग सामान्य शिक्षित वर्गों को भी अपने झूठ, क्रूरता और राजनीतिक उन्माद में शामिल कर लेता है। वह लोगों की तर्कशक्ति हड़प लेता है।

कभी उदारवादी होना अमरीकन होना था! अब अमरीका में लोकतंत्र दिखाई देते हुए भी निरंकुशता है। यही हाल रूस का है। ब्रिटेन उदारवाद में नुकसान देख कर यूरोपीय यूनियन से बाहर निकल रहा है। हंगरी, इटली, पोलैंड, अस्ट्रिया में भी अंध–राष्ट्रवाद बढ़ा है। अपवाद हैं फ्रांस में राष्ट्रपति मैक्रों जो बहुलतावाद और यूरोपीय यूनियन के पक्षधर हैं, पर वे जनविक्षोभों का सामना कर रहे हैं। तुर्की

एक उदार देश था, यहाँ इस्लामी कट्टरवाद फिर उभर गया। विपर्यय की दशा फिलीपींस की है, ब्राजील की है। उपर्युक्त सभी देशों में सरकारें उदारवादी सिद्धांतों को तोड़ रही हैं। फलतः इन देशों में कब, कौन 'बाहरी' या 'दूसरा' घोषित हो जाएगा, ठीक नहीं। इस कतार में भारत भी अभूतपूर्व रूप से खड़ा है, जबकि यह सदा से एक उदारवादी देश है।

तुलसीदास ने 'रामचरितमानस' में लिखा था, 'मैं अरु मोर-तोर तैं माया'। अब लोग यह सब भूलते जा रहे हैं। जयशंकर प्रसाद ने 'लहर' में लिखा थाः

तुम हो कौन और मैं क्या हूँ?
इसमें क्या है धरा, सुनो,
मानस जलधि रहे चिर चुंबित
मेरे क्षितिज उदार बनो!

विश्व के प्रायः सभी देशों में पुरातन अतीत के प्रति नॉस्टेलजिया बढ़ा है। सभी लोगों को अपना सैकड़ों साल पहले जैसा देश चाहिए। उनमें जैसे अपनी खोई महानता पा लेने की भूख जगी हुई है। नॉस्टेलजिया एक तरह का मानसिक रोग है जो इधर काफी फैला है।

बर्लिन की दीवार गिरने (1989) से लेकर अमरीका पर 9/11 के आतंकवादी हमले (2001) तक विश्व में एक खास तरह के उदारवाद का उभार था। इसके बाद नई अर्थव्यवस्था को ही नहीं, सामाजिक-सांस्कृतिक उदारता को भी तेज झटका देते हुए धर्म, नस्ल, जातीयता, जातिवाद, स्थानीयता आदि के स्तर पर अस्मितावाद शक्तिशाली हो उठा। 'हम' में से नए-नए 'वे' निकलने लगे। सांस्कृतिक इंद्रधनुष के रंग बदरंग होने लगे। धर्म, जाति और प्रांतीयता पर आधारित संकीर्ण लोकप्रियतावाद ने हर तरह की राजनीति को कम-अधिक निगल लिया और 'एप्रोप्रिएट' कर लिया। सरकारों के लिए घृणा ही संजीवनी बूटी हो गई।

आज दुनिया की सरकारें आर्थिक उदारीकरण पर निर्भर हैं, लेकिन वे इसके बुरे नतीजों और जनता के असंतोष की वजह से असुरक्षाबोध से घिरी रहती हैं। एक मुश्किल यह भी है कि सरकारों की लोक-लुभावनता की हवा बार-बार निकल जा रही है। जाहिर है, वे 'विजातीय' या 'बाहरी' का भय दिखाने, अस्मितावाद, प्रांतीयतावाद और अंध-राष्ट्रवाद के अलावा बचने का दूसरा रास्ता नहीं देख पातीं। इधर पूरे देश के बारे में सोचने के लिए सामाजिक स्पेस घटा है। फलतः उदारवाद एक असुरक्षित जगह हो चुका है, अकेला कर देने वाला!

कुमद हमजिंस बा हमजिंस परवाज
कबूतर बा कबूतर बाज बा बाज।

हमजिंस अपने हमजिंस के साथ उड़ा करता है, जैसे कबूतर कबूतर के साथ और बाज बाज के साथ। अपने ही धर्म, अपनी ही जाति या अपनी ही स्थानीय राष्ट्रीयता के साथ रहना पशु-पक्षियों जैसी झुंड मानसिकता है। आज लोकतंत्र का इस्तेमाल नागरिकों को संवेदनहीन, निर्बुद्धिपरक और हिंसक झुंड मानसिकता वाला आदमी बनाने के लिए हो रहा है। उन्हें उनकी प्राचीन और आधुनिक उदारवादी परंपराओं से विच्छिन्न करने और ज्ञानहीन करने के लिए हो रहा है। इस तरह के लोकतंत्र को तत्काल सुधारने की जरूरत है।

राजनीतिक भावों का अधःपतन

इसमें संदेह नहीं कि वैश्वीकरण ने दुनिया के देशों को पहले से अधिक जोड़ा है, लेकिन हर देश ही इस समय अनोखी नाटकीय घटनाओं का साक्षी है। समाज में असहिष्णुता बढ़ी है। बल्कि जो सहिष्णुता की मांग करते रहते हैं, वे भी किसी बिंदु पर असहिष्णु होते हैं। यह अनोखी बात है कि शिक्षित लोगों में निर्बुद्धिपरकता अधिक बढ़ी है। निर्बुद्धिपरकता जितनी बढ़ेगी, उदारता उतनी घटेगी।

भले किसी स्कूल में अनुदारता की शिक्षा नहीं दी जाती, लेकिन विद्यार्थी जैसे ही अपनी एक भूमिका लेकर समाज में उतरते हैं वे अपने को अनुदारता, अस्मितावाद और कई दूसरे सामाजिक अंतर्विरोधों से घिरा पाते हैं- गुड़ की नमक की खान में आने पर जो दशा होती है। निराशा जितनी बढ़ती है, उतना ही भय बढ़ता है। लंबे समय से साथ रहते पड़ोसी तक से डर लगने लगता है!

वस्तुतः लोग आधुनिक नहीं हो पाए, इसलिए उत्तर-आधुनिकता आई। उत्तर-आधुनिकता का एक प्रमुख लक्षण कट्टरवाद है। उदारवाद के दौर में तर्कपूर्ण बहसें होती थीं। बीसवीं सदी के उत्तरार्ध में क्रांतिकारी लफ्फाजी का दौर आया। उस समय बड़ी-बड़ी क्रांतिकारी बातें होती थीं। तीसरे दौर में, आज कटूक्तियों और गाली-गलौज का जमाना है। शक्तिशाली सोचता है, दूसरे को एकदम ध्वस्त कर दो! लोग रुचि, भाषा और संबंधों के मामलों में आज जितने सतही हैं, पहले कभी नहीं थे।

उपभोक्ता संस्कृति ने भी व्यक्ति को उदार और तर्कशील बनने से रोका, बल्कि उसे अधिकाधिक स्वकेंद्रिक और सुखवादी बना दिया। इधर की राजनीतिक लड़ाइयाँ मुख्यतः अपने-अपने समुदाय के एलीट लोगों को सबल उपभोक्ता

बनाने के लिए हैं- हमें भी सत्ता, भ्रष्टाचार और सुख में हिस्सा दो! यही वजह है कि आम शिक्षित लोग तकनीकी मामलों में जितने कुशल होते गए हों, वे बौद्धिक रूप से सतही होते गए। सतही दिमाग में उदारता या विश्वमानवता की भावना दूर की बात है, अपने परिवार के लोगों तक से सच्चा प्रेम पैदा नहीं हो सकता।

नतीजा है, हर तरफ राजनीति स्वार्थपूर्ण, हिंसात्मक और शोरगुल-भरी होती गई। प्रेमचंद की कहानी 'शतरंज के खिलाड़ी' की याद आती है। बहुराष्ट्रीय कंपनियों के जरिए एक नए किस्म का साम्राज्यवाद छाता जा रहा है, पर आज के लोगों ने उपर्युक्त कहानी के मिर्जा और मीर की तरह आपस में ही तलवारें खींच ली हैं। इसे प्रेमचंद ने राजनीतिक भावों का अधःपतन कहा था। इस अधःपतन के बाद जीवन का कोई बड़ा उद्देश्य नहीं रह जाता। गृह कलह वैश्विक पूंजीवाद की शैतानियों का सुरक्षा गार्ड बन जाता है।

अस्मितावाद से परे

आज की एक बड़ी जरूरत मनुष्य की अस्मिता को अस्मितावाद से छुटकारा दिलाने की है। अस्मिता तब तक अच्छी चीज है, जब तक वह एक खोज है और उसमें सीढ़ियां हैं। अस्मिता में खोज और सीढ़ियों का न होना और एक कठोर फ्रेम में बंध जाना अस्मितावाद है। दरअसल एक ही व्यक्ति शिक्षक, हिंदू, दलित, कृष्ण भक्त, स्त्री, बहन, मां, प्रौढ़, कांग्रेसी, मराठी, भारतीय, मनुष्य सब एक साथ हो सकता है। उसमें एक ही अस्मिता नहीं होती। दरअसल बहुसंकेती मानवीय अस्मिता जब इकहरे अस्मितावाद का रूप ले लेती है, संकीर्णतावादी राजनीति द्वारा किसी आदमी को हड़पना आसान हो जाता है।

अस्मिता की राजनीति पितृसत्तात्मक और वर्ण व्यवस्था-प्रधान सामंती व्यवस्था से संघर्ष के लिए जरूरी है, लेकिन सामाजिक विभाजन और घृणा का हथियार बनाने के लिए इसका उपयोग अंततः सामंतवाद को मजबूत करता है। यह अस्मितावाद होता है।

अस्मिता की राजनीति का बुद्धिवाद से संबंध जरूरी है, अन्यथा वह घृणा, बहिष्कारपरकता और भ्रष्टाचार में हिस्सेदारी के अलावा दूसरा कोई उद्देश्य पूरा नहीं कर सकती। दुनिया के अलग-अलग देशों में अस्मिता की राजनीति अलग-अलग तरह से काम कर रही है। अमरीका में नस्ल पर आधारित अस्मितावाद है। यूरोपीय देशों में भी तेजी से अंध-राष्ट्रवाद पनप रहा है। कहीं भी अब पहले-सी उदारता नहीं है। भारत में अंध-राष्ट्रवाद फैला है। कहीं धर्म-आधारित तो कहीं

जाति-आधारित अस्मितावाद है। कहीं प्रांतीयता पर आधारित अस्मितावाद है। महाराष्ट्र और असम में 'बाहरी' के प्रति विद्वेष बढ़ा है। अस्मितावाद ही शक्ति संचयन और शक्ति प्रदर्शन का एकमात्र स्रोत बनता जा रहा है। अस्मितावाद ने अस्मिता की राजनीति को सीमित कर दिया है। इसकी वजह से लोकतंत्र का दम घुट रहा है।

आम गरीब लोग अस्मितावाद के झूले में डोलते रह जाते हैं। पनपते हैं सिर्फ एलीट वर्ग के लोग। आर्थिक उदारीकरण के समुद्र में 'बड़ी मछली-छोटी मछली' का खेल अबाध चलता रहता है।

आर्थिक उदारीकरण और संरक्षणशील अस्मितावाद के तालमेल से 'मजबूत सरकार-कमजोर देश' का निर्माण होता है। अंध राष्ट्रवाद व्यापार पर बुरा असर डालता है। इसके अलावा, अस्मितावाद आर्थिक अपराधों को सांस्कृतिक वैधता देने का काम करता है और एक समानांतर लूट चक्र स्थापित करता है।

नई टेक्नोलॉजी के व्यापक प्रयोग की वजह से छोटी जगहों पर भ्रष्टाचार कुछ सीमित हुआ है। हथियार, सैनिक साजोसामान आदि संवेदनशील क्षेत्रों में भ्रष्टाचार और बड़ी कमाई की गुंजाइश बढ़ी है। राजनीतिज्ञों के बीच इस मामले में जैसे आमराय है!

क्या भूमंडलीकरण अपने अंत के कगार पर है?

फ्रांसिस फूकोयामा की 2018 में एक नई किताब आई है-'आइडेंटिटी'। उन्होंने इसमें कहा है कि 1989 में जिस उदारवाद की विजय की घोषणा की गई थी, वह अब कट्टर लोकलुभावन राजनीति का शिकार हो गया है। फूकोयामा की नजर में दुनिया भर में आकर्षक अंध-राष्ट्रवादी महानायकों का उभार वस्तुतः भूमंडलीकरण और बढ़ रही विषमता के अंतर्विरोध का नतीजा है। उदारवाद नागरिक की स्वतंत्रता और गरिमा को महत्व देता है, लेकिन आर्थिक पीड़ा के हालात में लोग अस्मिता के सवाल को प्रधान बना लेते हैं। उनका विषमता के प्रति गुस्सा अस्मिता की राजनीति के माध्यम से फूटता है।

फूकोयामा को उदारवादी जनतंत्र पर पहले फासीवाद और साम्यवाद की तरफ से खतरा नजर आता था। अब अस्मिता की राजनीति की तरफ से नजर आता है। दरअसल वे अस्मिता की राजनीति की सरलीकृत धारणा देते हैं, इसे पूरी तरह खलनायक बना देते हैं। इसके अलावा, वे भूमंडलीकरण की विफलता से जरा भी सीख नहीं लेते।

फूकोयामा की उदारवाद की धारणा पहले से ही जड़ रही है। वे जिस आर्थिक उदारीकरण के समर्थक थे, उसने अंततः चमक-दमक से भरे कुछ एलीटीस्तान बनाए और बेरोजगारी बढ़ाई। विश्व एक गांव नहीं बन पाया। उदारीकरण का मुख्य लक्ष्य बड़ी मुनाफाखोरी हो गया। उदारवाद के सिर्फ आर्थिक उदारीकरण तक सीमित रह जाने की वजह से किसी भी स्तर पर साझी सोच और साझी संस्कृति मुश्किल हो गई। यही वजह है कि 'पॉपुलिज्म' और अंध-राष्ट्रवाद के दबाव में भूमंडलीकरण अब वस्तुतः अपने अंत के कगार पर है, भले जी-20 की बैठकें होती रहती हैं। समस्या है, भूमंडलीकरण अपने अंत के कगार पर है, लेकिन वैकल्पिक अर्थव्यवस्था की कोई तैयारी नहीं है।

क्या समाज में उदारवाद की वापसी संभव है?

उदारवाद की विजय का अर्थ सिर्फ व्यक्तिगत स्वतंत्रता और मुक्त बाजार का विस्तार समझ लिया गया, जबकि उदारवाद से तात्पर्य है अस्मितावादी पूर्वग्रहों, सामाजिक भेदभावों और आर्थिक वंचनाओं से मुक्ति, प्रांत-धर्म-जाति के आधार पर बहिष्कारपरकता का विरोध। उदारवाद का अर्थ है मानवीय सहृदयता, बौद्धिक स्वतंत्रता और समावेशिकता। उदारवाद का मतलब भ्रष्टाचार नहीं है। अंबानी की 700 करोड़ की शादी पार्टी में जाकर खा आना भी नहीं है। उसका मतलब व्यक्तिवादी एलीट मानसिकता या ढुलमुलपन की छूट नहीं है। यह एक दीर्घस्थायी सौहार्दपूर्ण और न्यायपूर्ण समाज बनाने की दृष्टि है। यह 'साझा जीवन-साझी संस्कृति' की रचना करना है।

उदारवाद अंध-राष्ट्रवाद की जगह 'साझी राष्ट्रीयता' का बोध है। यह राजनीतिक रूढ़ियों से बाहर निकल कर बुद्धिवाद की राह पर बढ़ना और वंचित समुदायों के बीच राष्ट्रीय पुल बनाना है। चिंता का एक मुख्य विषय यह है कि उदारवाद और हाशिए की आवाजों के बीच संबंध कैसे बने।

उदारवाद छलिया होगा और अस्मिता की राजनीति सिर्फ सत्ता, भ्रष्टाचार और सुख में हिस्सेदारी के लिए होगी, तो निःसंदेह दोनों असफल होंगे।

क्या वैश्वीकरण की वर्तमान नकारात्मक परिणतियों के बीच समाज में उदारवाद की संभावना है? हर जगह हिंदू-मुसलमान मिल कर रहें, जाति-विद्वेष खत्म हो जाए, एक प्रांत में दूसरे राज्य के लोगों को 'बाहरी' न समझा जाए- क्या यह फिर से संभव है?

अंध-राष्ट्रवादी डायनासोरों का भीषण उत्पात मचा हुआ है। जाहिर है, आम नागरिकों की जनतांत्रिक क्षमता में विश्वास रख कर, उनकी उच्च राष्ट्रीय प्रेरणाओं, बौद्धिक शक्ति और नैतिक गुणों को जगा कर ही इस चुनौती का मुकाबला करना संभव है। निर्बुद्धिपरकता का मुकाबला भावशून्य बुद्धिवाद से करना कभी काफी नहीं है। सबसे पहले अपने लालच को कम करना होगा। इसका अर्थ है मूल्यप्रवण बुद्धिवाद, राष्ट्रीय और जनतांत्रिक भावना से जुड़ा बुद्धिवाद! यह निजी सफलता के लिए दौड़ के जमाने में कठिन लग सकता है, पर असंभव नहीं है। निःसंदेह यह एक बड़ा सवाल है कि मध्य वर्गों के अपने पतन से उबरे बिना क्या सचमुच उदारता की वापसी संभव है?

यह हृदयहीन अर्थशास्त्र है

दुनिया में पर्यावरण आंदोलनों, स्त्री आंदोलनों, दलित आंदोलनों, जगह-जगह युवाओं और वैज्ञानिकों के आंदोलनों ने समाज में उदारता बढ़ाने में महत्वपूर्ण भूमिका निभाई है। इधर किसानों के आंदोलन में उभार आया है- धर्म, प्रांतीयता और जाति की सीमाएँ टूटी हैं। संविधान की रक्षा को लेकर भी जागरूकता बढ़ी है, क्योंकि इस पर ही भारत के स्वभाव और अस्तित्व की रक्षा निर्भर करती है। यह एक यथार्थ है कि हिंसक असहिष्णुताओं के बीच भी एक बड़ा शांतिप्रिय सहिष्णु समाज हमेशा मौजूद रहता है। वह विविधता को स्वीकार करता है और धार्मिक-जातीय मुठभेड़ों से बचना चाहता है। कहना न होगा कि आम जनता न्यायप्रिय और शांतिप्रिय होती है।

इसमें संदेह नहीं कि आज भी समाज में अच्छाइयों की जड़ें बुराइयों की तुलना में ज्यादा मजबूत हैं। सादगी के साथ जीने वाले एक अर्थशास्त्री ज्यां ड्रेज ने गौर करने लायक एक बात कही है, 'आज मुख्य धारा के अर्थशास्त्र ने बुद्धिपरकता और स्वार्थपरता में घालमेल पैदा कर दिया है, जबकि मुश्किल से इनके बीच संबंध है। बहुत से लोग हैं जो स्वार्थपरता से नहीं दूसरी भावनाओं से प्रेरित होते हैं। ऐसी भावनाओं को विकसित किया जाना चाहिए। हालांकि आज की शिक्षा व्यवस्था, अर्थव्यवस्था और सामाजिक रीतियां ऐसी हैं जो उत्प्रेरणा के रूप में स्व-हित को प्रधानता देती हैं। यही समस्या है। यदि हम चाहते हैं कि मानव जाति बचे, हमें स्वार्थ से ऊपर उठ कर सोचना होगा और अलग ढंग के मूल्यों और रीतियों को बढ़ावा देना होगा।' ड्रेज बेल्जियम से आकर भारतीय नागरिक बने हैं।

साहित्यिक पत्रिका 'सरस्वती' के संपादक महावीर प्रसाद द्विवेदी अर्थशास्त्र के भी विद्वान थे। उन्होंने 'संपत्तिशास्त्र' (1908) लिखा था। एक समय अर्थशास्त्र और साहित्य के बीच संबंध था। व्यापारी भी साहित्य की किताबें पढ़ते थे। आज के युग में अर्थशास्त्र और साहित्य का संबंध टूट गया है, क्योंकि साहित्य मानवीय बनाता है। आज के अर्थशास्त्र के लिए साहित्य और हर मानवीय तत्व अछूत है। अर्थशास्त्र ने ज़रा भी साहित्य या किसी मानवीय तत्व को छुआ तो राजकोषीय घाटा बढ़ जाएगा! यह हृदयहीन अर्थशास्त्र है। अजीब बात है कि दोनों बढ़ रहे हैं- राजकोषीय घाटा भी और अमीरी भी। एक बार जांचना चाहिए कि कुछ जगहों पर अत्यधिक अमीरी बढ़ने का कितना संबंध राजकोषीय घाटा बढ़ने से है!

भय भी खतरनाक होता है

उदारता का अकाल सभी अकालों से बढ़ कर है। दुनिया में न जाने कितने लोग मारे जा रहे हैं, विस्थापित हो रहे हैं और भय में जी रहे हैं। अभिव्यक्ति की स्वतंत्रता पर लोभ और हिंसा, दोनों रास्तों से खतरा बना हुआ है।

दरअसल शासक वर्ग हमेशा अभिव्यक्ति की स्वतंत्रता से अपने को असुरक्षित महसूस करता है। इसलिए आज विश्व भर में मीडिया के मुखर लोगों पर हमले हो रहे हैं। एक तरह से सिर्फ दमन का भूमंडलीकरण ही सफलतापूर्वक हुआ है। यह इसका सबूत है कि दुनिया की सरकारें डरी हुई और असुरक्षित हैं।

वह जो सबसे ज्यादा असहिष्णु होगा, वह सबसे ज्यादा असुरक्षित भी होगा। भूलना नहीं चाहिए कि बहिष्कार करने वाला खुद भी कहीं बहिष्कृत हो रहा होता है! वस्तुतः सहिष्णुता और संवाद पर आधारित उदारता ही मनुष्य को निर्भय बना सकती है। यह 'दूसरे' को समझाने और उसके गुणों की सराहना करने की शिक्षा दे सकती है। आर्थिक उदारीकरण के दौर में ही दुनिया के महादेशों में दूसरे' से सबसे ज़्यादा घृणा है, एक-दूसरे से सबसे ज्यादा अ-संबंध है।

यह भी ध्यान में रहना चाहिए, आम नागरिकों का भय सरकारों के भय से ज्यादा खतरनाक होता है!

जनवरी 2019

विमर्शों के बाद

साहित्य ही नहीं, सभी क्षेत्रों में आज अधिक कल्पनाशील होने की जरूरत है। कल्पना करना कछुआधर्मिता से मुक्त होना है, स्वतंत्र होना है। अतीत का ज्यादा बोझ लेकर कल्पना कर पाना संभव नहीं है। हमारे समय में सबसे ज्यादा शत्रुता तर्क, अनुभव और कल्पना से है, यहाँ तक कि अतीत की सकारात्मक स्मृतियों से भी है। दरअसल एक-दूसरे से टकराते हित, टकराते यथार्थ उसी समाज में ज्यादा होते हैं जिसमें स्मृति, तर्क और कल्पना का पतन हो जाता है और अनुभवों से सबक नहीं लिया जाता।

कल्पना पर नाकेबंदी

कल्पना करने से रोकने के कई तरीके हैं। एक तरीका है राष्ट्रीय महापुरुषों के प्रति बार-बार आदर व्यक्त करते रहना, पर उनके संघर्षों और स्वप्नों से लोगों को दूर रखते हुए। आजकल महापुरुषों को कारतूस की तरह चुना जाता है और लक्ष्य के अनुसार फायर कर दिया जाता है। इस तरह हर महापुरुष अंततः कारतूस के खोल-सा रिक्त हो जाता है। विचार जब मरने लगते हैं, मूर्तियाँ बनने और सजने लगती हैं। नई कल्पना की राह में ये मूर्तियाँ अवरोधक हैं और वर्तमान की रिक्तता के चिह्न हैं।

गंगा सौंदर्याध्यात्म से जुड़ी नदी है। इसके सौंदर्य का वर्णन कालिदास से लेकर विद्यापति, भारतेंदु हरिश्चंद्र, जगन्नाथ दास रत्नाकर और जयशंकर प्रसाद तक कई कवियों ने किया है। इसकी सुंदर छवियाँ प्राणों को तृप्त करती हैं। कालिदास ने 'मेघदूत' में हिमालय के बीच बहती अलकनंदा की सुंदरता का वर्णन करते हुए लिखा है, 'यह जैसे किसी कामिनी की देह से सरकी धवल साड़ी है।' गंगा विभिन्न मंजिलों पर हमारी सभ्यता की ऐतिहासिक साक्षी है। यह निराश लोगों की आशा रही है। गंगा को पाप धोने की मशीन बना कर इसकी सौंदर्यात्मक

कल्पना का हनन होने लगा। इस तरह सौंदर्यबोध पर धार्मिक नाकेबंदी भी कल्पना को रोकना है, यह एक सभ्यता को फांसी पर चढ़ाना है।

कल्पना पर सोशल मीडिया भिन्न तरीके से प्रतिबंध लगाता है। यह सिर्फ कहने के लिए है कि सोशल मीडिया बेरोक-टोक सभी लोगों को लोकतांत्रिक स्पेस देता है। ज्यादातर लोग इस पर व्यावसायिक और राजनैतिक कारखानों में बने सूचना-माल को कहार या कूरियर की तरह ढोने का काम करते हैं। उपयोगकर्त्ता ही उपयोग में आ जाते हैं। लोग खबरों को जांचने-परखने या खुद कल्पना करने की शक्ति खो देते हैं। चिंता का एक विषय यह है विज्ञापनों का बढ़ते जाना, यह लोकतंत्र को हटाते जाना है। विज्ञापन ही अब हमारी रुचियाँ और विचार तय करते हैं। कोई जगह विज्ञापन से बची नहीं है। ईश्वर कहीं न भी हो, विज्ञापन हर कहीं है। लोगों पर हर तरफ से सूचनाओं का कबाड़ थोपा जाता है। उन्हें सिर्फ शिकार होना है, मजा लेते हुए!

सोशल मीडिया आभासी समाज का मीडिया है, जो व्यक्ति को वस्तुतः असामाजिक बनाता है या किसी अदृश्य झुंड का हिस्सा है। वह व्यक्ति को खुद सोचने और कल्पना करने नहीं देता। व्यक्ति का 'स्व' उसके पास न होकर एक बड़े व्यावसायिक और राजनीतिक जाल में फँसा होता है। व्यक्ति की निजता भग्न करते हुए हजारों आंखों वाले यंत्रदानव की निगरानी ऊपर से। और जो विचार पोस्ट होते हैं, वे बुदबुदे से ज्यादा नहीं होते। सोशल मीडिया को वर्तमान समय में दिमागी प्रदूषण का सबसे बड़ा औजार बनाया जा रहा है। यह कई बार व्यक्ति को सामूहिक आक्रमण का लक्ष्य बनाकर अवसादग्रस्त कर देने की जगह होता है। यह मार तक डालता है और दाग जरा-सा नहीं दिखता। फेसबुक फेसलुक है!

आर्थिक सुधार महज सांप-सीढ़ी का खेल साबित हुआ - हठात कोई गिरा, उछला, फिर गिरा। आर्थिक सुधार सामाजिक सुधार की ओर नहीं ले जाता। यह लोगों को बौद्धिक रूप से विकसित करने के लिए नहीं होता। उसका नियम है, कहीं पर खुद लुटते हुए अपने मौकों पर दूसरों को लूटते रहो! ले-देकर साहित्य ही एक जगह है जहाँ हम स्वतंत्र होकर कल्पना कर सकते हैं, अपने को खोज और पा सकते हैं और विचारों को सींच सकते हैं; अन्यथा अब बाजार में केक टेस्टी नहीं होता 'ब्यूटीफुल' होता है और स्त्री ब्यूटीफुल नहीं होती 'टेस्टी' होती है। यह एक घनीभूत होती विडंबना है। साहित्य ही वह जगह है जहाँ कोई झूठ के साथ प्रवेश नहीं कर सकता। हम सरकारी दफ्तरों में,

अदालत में, बाजार में, संसद में, मनोरंजन की सतही दुनिया में झूठ के साथ जा सकते हैं और झूठ के साथ लौट सकते हैं। साहित्य रचते या पढ़ते समय मनुष्य हमेशा सच के साथ होता है। वह सच को ही साथ लेकर जाता है और सच के साथ ही लौटता है। भले वह सच एक टुकड़ा हो या जीवन के छोटे-छोटे सच हों, क्योंकि कोई युग सिर्फ एक महान सच का नहीं होता। निश्चय ही सच्चाइयाँ अभी भी सबसे ज्यादा साहित्य में सुरक्षित हैं, भले खुद साहित्य असुरक्षित हो।

विमर्श और प्रति-विमर्श

साहित्य राजनीति का दर्पण नहीं है, बल्कि इसके आगे 'मशाल दिखाती हुई चलने वाली सच्चाई' है। कहना न होगा, लंबे समय से वही साहित्य कुछ दे और टिक पा रहा है जो इस धारणा के आसपास है।

आधुनिकतावाद और यथार्थवाद ने एक समय मूल्यवान साहित्य दिया था। पिछले लगभग तीस सालों के विमर्शों के युग में दलित और स्त्री साहित्य असरदार ढंग से सामने आया। वे मुखर हुए, जो चुप और वंचित थे। विमर्श क्या है? आमतौर पर विमर्श में पहले यह न देख कर कि क्या कहा जा रहा है, यह देखा जाता है कि कौन कह रहा है। इसमें समाज की जगह समुदाय की प्रधानता होती है। विमर्श ऐतिहासिक जरूरत के तहत आए। इन्होंने क्रूर सामंती मानसिकता पर चोट की। विमर्शों से भिन्न प्रति-विमर्श का स्रोत धार्मिक कट्टरतावाद है, जो विमर्शों को अलग-अलग एकाकी सामुदायिक हालत में पाकर इधर दबोचता गया है। विमर्शों का युग भी आधुनिकतावाद और यथार्थवाद के कोने में जाने की तरह अब अवसान पर है। यह हाशिये की आवाजों का शांत होना नहीं है। यह बदली स्थितियों में एक नए दृष्टिकोण की मांग है जो आज का समय कर रहा है।

लोकतंत्र और तर्क के बीच गहरा संबंध है। लोकतंत्र उच्चतर तर्क का मौका देता है और तर्क हमेशा उच्चतर लोकतंत्र की ओर ले जाता है। तर्क में 'दूसरे' की लोकतांत्रिक महत्ता सन्निहित है। विमर्श और प्रति-विमर्श दोनों का तरीका है तर्क से दूर रहना, 'दूसरे' को न सुनना और उग्र ढंग से एकतरफा बोलना। विमर्श और प्रति-विमर्श दोनों ही समावेशी नहीं होते। दोनों ही अस्मिता की राजनीति से बौद्धिक खुराक पाते हैं। किसी का आधार जाति है, किसी का जेंडर, किसी का स्थानीय जातीयता, तो किसी का धर्म है।

दलित और स्त्री-चेतनाएँ विमर्श हैं। हिंदू कट्टरतावाद और इस्लामी कट्टरतावाद प्रति-विमर्श हैं- तर्क से भाग कर एकतरफा बोलने वाले। विमर्श और प्रति-विमर्श में फर्क भी कई हैं। विमर्शों ने अतीत के वर्चस्ववादी सामंती भेदभावों और अत्याचारों से मुक्ति के अर्थपूर्ण साहित्यिक आख्यान दिए और वंचित लोगों में जागरण पैदा किया। दलित और स्त्री विमर्श हाशिये की आवाजें हैं। इनके विपरीत प्रति-विमर्श अतीत की सामंती व्यवस्था का पुनरुत्थान है। इसका आधार धार्मिक, नस्लीय और राष्ट्रीय अहंकार है। भेदभाव उसका मुख्य औजार है। दिखावटी तौर पर प्रति-विमर्श लोकतांत्रिक दबाव में कुछ छूट, सुधार या अंतर्मिश्रण के लिए राजी हो जाता है। इसके बावजूद, विविधताओं की उपेक्षा करते हुए वह मुख्यत: राष्ट्रीय केंद्रवाद की आवाज होता है। उसके भीतर धार्मिक केंद्रवाद की लालसाएँ छिपी होती हैं।

विमर्शों और प्रति-विमर्शों में दो समानताएँ और देखी जा सकती हैं। दोनों ही रूढ़ियों और पाखंडों के खिलाफ मुखर नहीं होते। दोनों के लिए उपनिवेशवाद या नव-उपनिवेशवाद कभी समस्या नहीं रहा है।

हाशिये के सामुदायिक विमर्श राष्ट्रवाद, आधुनिकता और वामपंथ के आंतरिक संकट की देन हैं। ये तभी आकार पाते हैं जब आधुनिकीकरण और लोकतंत्र उच्चतर तर्क लेकर चल नहीं पाते। उनमें केंद्रवाद आ जाता है और स्वार्थ की दीमक लग जाती है। नतीजतन मूक अधिक मूक और वंचित अधिक वंचित होते जाते हैं।

मूक और वंचितों की विमर्शपरक आवाजें पिछले 30 सालों से ज्यादा उभरीं। इनमें स्त्रियों, दलितों और आदिवासियों के विमर्श प्रमुख हैं। इनका साहित्यिक रचना और सामाजिक आंदोलन दोनों क्षेत्रों में सार्थक योगदान है। नई घटना यह है कि ये विमर्श राष्ट्रवादी महाविमर्श द्वारा काफी हद तक निगल लिए गए, क्योंकि ये नीचे आपस में एक-दूसरे से जुड़ कर खुद ऐतिहासिक रूप से एक सार्थक राष्ट्रीय आवाज में रूपांतरित नहीं हो सके। ये अलग-अलग एकाकी सामुदायिक आवाज बने रह गए और स्थानीय टुकड़ों में खंडित होते गए।

वैश्वीकरण के युग में देश बाजार के स्तर पर एकीकृत हुआ है, लेकिन समाज के स्तर पर अधिकाधिक विभक्त होता गया है। बहिष्कारपरक विकास ने बहिष्कारपरक राष्ट्रवाद की जमीन तैयार की है। यह अविश्वसनीय है, लेकिन सच है कि अमेरिका जैसे आधुनिक देश में भी बहिष्कारपरक राष्ट्रवाद चारलोटेसविले

की घटना को देखें तो अपने उग्र रूप में है, हालांकि साझी मानवता की विरासत भी दुनिया में हर जगह मुखर है।

मुख्य बात है कि भारत जैसे देश में राष्ट्रवादी प्रति-विमर्श लोकतंत्र के दुरुपयोग और विमर्शों की एक-दूसरे से विच्छिन्नता की वजह से इतना बलशाली हुआ।

दूसरे के सच को समझने की हार्दिकता

यह तथ्य चिंतित कर सकता है कि विमर्शों में इधर ठहराव आया है। वे होमोजीनियस हुए हैं। विमर्शवादी लेखन की नई जमीन नहीं दिख रही है, जबकि स्थितियाँ वैश्विक और राष्ट्रीय स्तर पर तेजी से बदली हैं। आज मनुष्य को कई वर्चस्वों का एक साथ सामना करना पड़ रहा है। मानवीय पीड़ा सिर्फ वर्ण व्यवस्था और पितृसत्ता की पीड़ा तक सीमित नहीं है, हालांकि इनके अत्याचार भी पहले से बढ़े हैं। लेकिन इधर कई अन्य 'हम' और 'वे' बने हैं। इन्सान कई स्तरों पर पिस रहा है। अतीत जितने जोरशोर से उपस्थित है, पश्चिमवाद भी उतने ही जोरशोर से हाजिर है। इसलिए 'विमर्श' में 'विचार' का शामिल होना, अर्थात 'विचार विमर्श' जरूरी लग सकता है। 'प्रहार' के साथ 'नीचे से राष्ट्रीय संवाद' और राष्ट्रीय पुनर्जागरण की आवश्यकता का अनुभव किया जा सकता है। 'पुनर्गठन' के साथ 'आत्मनिरीक्षण और आत्मसुधार' भी जरूरी लग सकता है। आज कोई समुदाय सिर्फ एकांतिक सामुदायिक स्वाधीनता और अवसरों की चिंता करके अपना लक्ष्य हासिल नहीं कर सकता, यदि वह एक बड़ी लड़ाई के भीतर नहीं है। इसके लिए 'दूसरे का सच' समझने की हार्दिकता और पुरानी जड़ताओं से बाहर निकलना जरूरी है।

कई बार विमर्शों को अपना वर्ग बदलने की सीढ़ी के तौर पर लिया जाता है जो सही नहीं है, क्योंकि ऐसे विमर्श सिर्फ संकीर्णता फैलाते हैं और वह भी एक बड़ा मैदान हारते हुए महज छोटे-छोटे लाभों के लिए। इसमें संदेह नहीं कि विमर्श स्थिर होकर एक काल के बाद निष्प्राण हो जाता है। इसलिए विमर्श और बुद्धिपरकता के रिश्ते को सघन करना जरूरी लग सकता है। जिस तरह राष्ट्रवाद की विविधता को समझे बिना राष्ट्रीय अखंडता और विकास की कल्पना मुश्किल है, उसी तरह विमर्शों की महान परंपराओं को नवोन्मेषों की ओर उन्मुख किए बिना उनमें जीवंतता लाना असंभव है।

शर्म है या गर्व : इनके अलावा

हिंदी देशभक्ति की भाषा बने, इससे पहले जरूरी है कि यह हिंदी क्षेत्र की समूची जनता से जातीय प्रेम की भाषा बने। महाराष्ट्र में मराठी, तमिलनाडु में तमिल या पश्चिम बंगाल में बांग्ला उन प्रांतों की जातीय भाषा है और वहाँ अपनी जाति पर अभिमान करने की भाषा है। हिंदी क्षेत्र की विडंबना है कि कोई हमेशा शर्म में डूबा रहता है और कोई हमेशा गर्व में। शर्म करने वालों को अपने देश की किसी बात पर गर्व नहीं होता और गर्व करने वालों को किसी बात पर शर्म नहीं आती। हिंदी से जातीय प्रेम तब तक संभव नहीं है जब तक कोई धार्मिक, प्रांतीयतावादी या जातिवादी विद्वेष में डूबा है। दुख की कथा यह है कि हिंदी से ही अर्थोपार्जन करने वाले लोग अपने इलाके में सांस्कृतिक कामों से दूर रह कर अपने को सिर्फ घर-परिवार और नौकरी तक सीमित कर लेते हैं। नगरों के शिक्षित लोग हिंदी भाषा और इसके विकास से उदासीन होते हैं।

यह मान कर चलना कि वस्तुत: काम आने वाली भाषा अंग्रेजी ही है, औपनिवेशिक हैंगओवर है। इसी तरह हिंदी का हमेशा दयनीय रूप ही दिखना सांस्कृतिक आत्महीनता है। यह जरूर कहा जा सकता है कि हिंदी बुद्धिजीवियों ने महावीर प्रसाद द्विवेदी और रामचंद्र शुक्ल की पद्धति अपना कर अपनी भाषा को ज्ञान-विज्ञान से भरने का काम नहीं किया, सिर्फ अनुकरण से काम चलाया। हिंदी क्षेत्र की बौद्धिक विपन्नता या रूढ़िवादी आत्मसम्मोहन के लिए दूसरे नहीं, हम खुद जिम्मेदार हैं जो शर्म या गर्व में डूबे रहते हैं और कलह को जीवन का चरम मंत्र बना लेते हैं। वर्तमान समय में हिंदी पर अंग्रेजी वर्चस्व और रूढ़िवादी आत्मसम्मोहन- दोनों का समान रूप से दबाव है। ये दोनों तत्व हिंदी से जातीय प्रेम में बाधक हैं और समान रूप से चुनौतियाँ हैं।

हिंदी क्षेत्र की 48 भाषाएँ और बोलियाँ हिंदी की माँएँ हैं। कोई एक दिन होना ही चाहिए जब राजस्थानी, ब्रज, भोजपुरी, छत्तीसगढ़ी, मैथिली, बुंदेली, अवधी, उर्दू आदि की लाडली बेटी हिंदी पर कुछ विचार हो - सिर्फ इसलिए 14 सितंबर की स्मृति!

हमारा देश बहुत बड़ा है, बहुत अधिक आबादी वाला और विविधतापूर्ण। सवाल उठ सकते हैं कि आजादी के बाद पिछले 70 सालों में इस देश में लोकतांत्रिक उत्थान आया है या गिरावट आई है। राष्ट्रवाद में विक्षिप्तता आई है या वह अधिक बुद्धिपरक हुआ है, आधुनिकता मूल्यभक्षी बनी है या मूल्योन्मुख

करने वाली है, निरंकुशता बढ़ रही है या घट रही है, खाइयाँ बढ़ रही हैं या घट रही हैं, घृणा बढ़ रही है या घट रही है? हम देख सकते हैं कि इतिहास के हाथ खून से रंगे हैं, पर उसकी आंखें करुणा से भींगी हैं। कवि, लेखक, दार्शनिक और सच्चे कलाकार ही इतिहास की आंखें हैं।

दशहरा को राम की विजय के रूप में याद किया जाता है। आज भी क़हा जा सकता है कि यदि र.म को रावण पर जीत हासिल करनी है, तो पुल बनाने होंगे। निश्चय ही करोड़ों आंखों के आंसुओं से धरती पर हर तरफ फैले लहू को धोना होगा!

सितंबर 2017

महाख्यान का अनंत

दो सौ साल पहले की कथा है, सच और झूठ अचानक एक दिन मिले। झूठ ने सच से कहा, 'अहा, कितना अच्छा है आज का दिन।' सच ने आसमान की तरफ देखा और कहा, 'हाँ, सचमुच आज का दिन अच्छा है। वे टहलते हुए एक सुंदर कुएँ के पास पहुंचे। झूठ ने सच से कहा, 'कुएं का पानी कितना अच्छा है। चलो, इसमें नहाते हैं।' सच के मन में संदेह था। उसने पानी को चखा, 'हाँ, पानी बहुत अच्छा है।' दोनों ने अपने-अपने कपड़े खोले और नहाना शुरू कर दिया।

अचानक झूठ कूद कर बाहर निकला। उसने झटपट सच के कपड़े पहने और भाग कर नजदीक के गाँव से होते हुए निकल गया। सच आगबबूला होते हुए बाहर आया और अपने कपड़े ढूँढने लगा। कपड़ा ढूँढते-ढूँढते वह पास के गाँव तक गया। लोग उसे नंगा देखकर घबरा गए और बुरा-भला कहने लगे। असहाय सच कुएँ में लौट आया। वह शर्म से कुएँ में छिपा रहा। झूठ तब से सच के कपड़े पहन कर पूरी दुनिया में घूम रहा है। लोग आमतौर पर 'नेकेड ट्रुथ' का सामना नहीं कर पाते। सच के कपड़े पहने झूठ पर ही ज्यादा विश्वास करते हैं और इसे ही सुरक्षित जगह समझते हैं।

उपर्युक्त पुरानी कथा को आज एक मोड़ की जरूरत है। नंगा सच कुएँ में पड़ा-पड़ा जब बेचैन हो उठा, वह कुएँ से बाहर निकला। उसने बाहर पड़े झूठ के कपड़े पहन लिए और निकल पड़ा। ये जो दुनिया भर में लिखे गए महाकाव्य हैं, कथाएँ हैं, नाटक हैं, कविताएँ हैं और कला-साहित्य के अन्य रूप हैं, उनमें झूठ के कपड़े पहने सच बार-बार बोलता है। कोई सुनता है, कोई नहीं सुनता। जब से राजनीतिक प्रतीकों में, व्हाट्सएप, इंस्टाग्राम, ट्यूटर और मीडिया के सबल रूपों में और बाजार के विज्ञापनों में झूठ सच के कपड़े पहन कर ज्यादा सक्रिय हुआ है, सच की उदासी बढ़ी है।

किसी भी युग में साहित्य से कोई बदलाव नहीं आया है। फिर भी वाल्मीकि और वेदव्यास से लेकर आज तक लेखक लिखते रहे हैं, क्योंकि वे अपनी वर्तमान दुनिया से संतुष्ट नहीं होते। वे वर्तमान की प्रतिध्वनि नहीं होते। वे संदेह और प्रश्न करते हैं, कल्पना करते हैं और अपने ढंग से जीवन का अर्थ बताते हैं। मानव संबंधों के आदर्श रूप साहित्य में ही होते हैं। मनुष्य की गहरी इच्छाएँ साहित्य में होती हैं। साहित्य में सच को लेकर बेचैनी तथा कई बार उसको खोने के पश्चाताप होते हैं। वेदव्यास ने महाभारत में कहा है, 'मैं दोनों बाहें उठाकर कहता हूँ, पर मेरी कोई नहीं सुनता।' कोई नहीं सुनता, तब भी लेखक बोलता है। इस तरह सच सदा यात्रा में रहता है।

वैश्वीकरण का संकट

खलील जिब्रान का एक कथन है, 'यदि यथार्थ जानना हो तो वह न देखो जो तुम्हारे सामने प्रकाशित है, वह देखो जो प्रकाशित नहीं हो पा रहा है। यदि तुम यथार्थ को समझना चाहते हो तो वह न सुनो जो वह कह रहा है, वह सुनो जो वह कह नहीं सकता है।' कोई खुल कर नहीं कह पा रहा है कि वैश्वीकरण एक गहरे संकट में है। इसके प्रमाण वस्तुत: आर्थिक सुधार से पीछे लौटने, मुक्त बाजार पर नियंत्रण बढ़ने और संरक्षणवाद के तहत दुनिया की सरहदों के कठोरता से बंद होने के दृश्यों में हैं।

यदि अमेरिकी राष्ट्रपति डोनाल्ड ट्रंप के हाल के फैसलों और बयानों को देखा जाए तो स्पष्ट नजर आएगा कि अमेरिका वैश्वीकरण के समझौतों और संकल्पों से काफी पीछे हट चुका है और इस समय दुनिया का सबसे बड़ा अंध-राष्ट्रवादी है। ट्रंप ने भारत से आयात की जाने वाली कई वस्तुओं पर मनमाने तरीके से आयात शुल्क बढ़ा दिया है। वीसा के नियम कठोर कर दिए हैं। जून की अपनी ब्रिटेन यात्रा के दौरान ट्रंप ने बयान दिया कि ब्रिटेन को किसी की परवाह किए बिना अपनी शर्त्तों पर यूरोपीय यूनियन से तुरंत बाहर निकल जाना चाहिए। यदि चीन को भी सामने लाकर देखें तो इस समय दुनिया में भयंकर व्यापार युद्ध छिड़ा हुआ है।

अमेरिका और ब्रिटेन लंबे समय से जुड़वां की तरह रहे हैं, हर अच्छे-बुरे काम में साझेदार। दुनिया के देशों पर आधिपत्य स्थापित करने में वे अपने-अपने समय में एक जैसे रहे हैं। उन्होंने जब चाहा उदारीकरण की छतरी के नीचे सबको ला दिया और जब चाहा छतरी बंद करने में लग गए। पश्चिमी देशों में इन विषयों पर जन-आक्रोश कम नहीं है। लंदन के मेयर ने ट्रंप के जिम्मेदारी से भागने वाले

बयानों पर कहा है कि वे नए विश्व संकट के सबसे बड़े उदाहरण हैं। यूरोप में बढ़े अंध-राष्ट्रवादी रुझानों की वजह से उदारवादी और लोकतांत्रिक मूल्य ही गहरे संकट में नहीं हैं। वैश्वीकरण के मुख्य तत्व- मुक्त व्यापार और अंतरदेशीय गतिशीलता पर भी संकट है। इंग्लैंड ही नहीं, हंगरी, इटली, फ्रांस, जर्मनी, आस्ट्रिया, डेनमार्क आदि देशों में भी विभाजनकारी राष्ट्रवादी ताकतें मजबूत हो रही हैं। इन प्रवृत्तियों के चलते यूरोप ही नहीं, दुनिया भर में हिंसा और अराजकता बढ़ी है। इस तरह वैश्वीकरण के समानांतर संरक्षणवाद चल पड़ा है।

वैश्वीकरण भारत जैसे दुनिया के विकासशील देशों के लिए अंतत: लूडो के सीढ़ी-सांप का खेल साबित हुआ। शुरू में आर्थिक सुधारों की सीढ़ी पर चढ़ा कर बाद में संरक्षणवाद के सांपों के बीच छोड़ दिया गया। वैश्वीकरण को न निगलना संभव हो रहा है और न उगलना। इसका नतीजा है, हाल में प्रकाशित आंकड़ों के अनुसार भारत में विकास दर अपने सर्वनिम्न स्तर पर और बेरोजगारी सर्वोच्च स्तर पर है। ये स्थितियाँ बाध्य करती हैं कि सच्चाइयों को ज्यादा से ज्यादा छिपाया जाए और झूठ को ज्यादा से ज्यादा प्रचारित किया जाए। आज फेक की पैठ सिर्फ खबरों और आंकड़ों तक न होकर भावनाओं, विचारों, प्रेम, आश्वासन, पश्चाताप, हर तरफ है। इसकी वजह यह है कि अब वैश्वीकरण एक अभूतपूर्व संकट में फँस चुका है और नई परिस्थितियों का सामना करने की इच्छाशक्ति का चरम अभाव है।

हर उस देश में परिदृश्य बदला है, जो वैश्वीकरण और संरक्षणवाद के बीच सैंडविच बन गए हैं। वैश्वीकरण मुनाफा-लूट को बढ़ावा देता है। संरक्षणवाद भेदभाव, संगठित हिंसा और अराजकता फैलाता है। इस तरह लूट-मार इस सभ्यता की नियति होती जा रही है। लूट और हिंसा राजमार्ग से लेकर गाँव की पगडंडियों तक है। कुल मिला कर यह परिदृश्य है- घर फूटे- बाजार लूटे!

लोग मुक्त बाजार नहीं चाहेंगे, ऐसी बात नहीं है। लेकिन वे ऐसा मुक्त बाजार चाहेंगे जो पारदर्शी हो। उसमें वस्तुएँ अधिक उपयोगिता के साथ कम कीमत पर मिलें। रोजगार सुलभ हों, श्रमिकों के साथ मनमाना सलूक न हो और कृषक अपने पैरों पर खड़े हो सकें। वे ऐसा बाजार नहीं चाहेंगे जिसमें समाज खो जाए। ऐसा बाजार चाहेंगे जिसके हर तरफ समाज बना रहे-बाजार अंगूठी के बीच जड़े रत्न जैसा हो! यह मानव संबंधों, राजनीति और शिक्षा को बाजार के दुष्प्रभाव से बाहर निकाल कर ही संभव है। क्या अब भी एक वैकल्पिक सभ्यता संभव है? यदि वर्तमान संकट से मुक्त होना है, तो बौद्धिक कूपमंडूकता को तोड़ कर कुछ नया सोचना होगा।

मानवीय आशा का एक उदाहरण है, अशांत कश्मीर में एक टूरिस्ट गाइड रऊफ अहमद डार ने 1 जून को पहलगाम के निकट नदी में डूबने से पांच पर्यटकों को बचाने में अपनी जान दे दी। उसने नहीं देखा कि ये दो विदेशी और तीन हिंदू हैं। निराशा का भी एक उदाहरण देखें, धार्मिक कट्टरता के साथ बढ़ी जाति घृणा से तंग आकर मुंबई की एक आदिवासी डाक्टर पायल तड़वी ने 22 मई को आत्महत्या कर ली। रोहित बेमुला के समय- जैसा कोई राष्ट्रीय प्रतिवाद नहीं हुआ। यह एक स्थानीय मामला बन कर रह गया। सोशल मीडिया में भी गर्मी नहीं आई, क्योंकि कोई फायदा नहीं था- चुनाव बीत चुका था!

फिर एक महाख्यान

समय ऐसा बदला है कि भारत में अब हजारों लोग खुल कर मानते हैं कि गोडसे देशभक्त था और गांधी की हत्या पुण्य का काम था। समाज में यह कलुषित धारणा थोड़े लोगों से अब बहुत अधिक लोगों के मानस में घोंसला बना चुकी है और ये सभी लोग शिक्षित हैं। समाज के एक बड़े हिस्से में समावेशी राष्ट्रीयता और उदारवाद के उच्च मूल्यों के लिए जगह घटती गई है और 'सर्व धर्म-सम भाव' की धारणा हाशिए पर होती गई है। एक बहुभाषिक-बहुसांस्कृतिक देश में लोकतंत्र को साध्य नहीं बनाया जा सका, उसे महज साधन बना दिया गया ताकि सांस्कृतिक विरासत की तरह ही लोकतंत्र से भी जो संभव है लूट लिया जाए। यह सब क्यों घटित हुआ, मिलजुल कर रहना शुरू कर चुके लोगों के समाज में इतना विद्वेष क्यों फैला, यह आत्ममंथन का विषय है। कहना मुश्किल है कि इन विषयों पर कहीं गंभीरता से सोचा जा रहा है।

दरअसल स्वाधीनता आंदोलन और बाद के जन आंदोलनों ने जिन लोगों को सत्ता तक पहुंचाया, वे अपने जीवन में इन आंदोलनों के आदर्शों की रक्षा नहीं कर सके। एक सभ्य समाज में मतभेद के बावजूद मित्रता नहीं टूटती, जबकि एक बर्बर समाज में मतभेद अपभाषा, शत्रुता और हिंसा की ओर ले जाता है। हम अपने समाज को कहाँ से कहाँ लेकर आ गए! कई रंगों के जहरीले प्रचार हैं, जहर हैं। अब सिर्फ कई रंगों में से चुनना है कि किस रंग का जहर फैलाएं कि हमारा फायदा हो!

भारत में राष्ट्रीय उदारवाद और वर्ग-राजनीति के समानांतर अस्मिता की राजनीति लंबे समय से चल रही थी। नई घटना यह है कि वह जाति, स्थानीयता और लिंग के वृत्त को तोड़ कर धार्मिक राष्ट्रवाद के एक अपेक्षाकृत बड़े क्षेत्र में

प्रवेश कर गई है। यह एक बड़ा पैटर्नगत परिवर्तन है। यह विमर्शों को छिन्न-भिन्न करते हुए एक महाविमर्श का अवतरण है।

आधुनिक महाख्यानों का अंत घोषित करके एक समय जिन सामुदायिक विमर्शों की शुरुआत हुई थी, उन्हें प्रायः आत्मसात करते हुए महाविमर्श का अवतरण साधारण घटना नहीं है। विमर्श की खूबी है कि इसमें सुना नहीं जाता, एकतरफा बोला जाता है। विमर्श में संवाद संभव नहीं होता। इसका अंतिम नतीजा यह है कि धार्मिक अस्मिता का महाविमर्श अंततः अन्य सभी विमर्शों पर भारी पड़ा। उत्पीड़ित समुदायों के दुख उठा कर भी दलित, स्त्री और आदिवासी विमर्श और क्षेत्रीयतावाद प्रायः बेअसर रहे।

इसे विडंबनापूर्ण ही कहा जाना चाहिए कि सामंती उत्पीड़न का विरोध करते हुए भी विभिन्न सामुदायिक विमर्शों में राष्ट्रीयता, किसान, बाजार अर्थव्यवस्था और विश्व स्थितियों के संबंध में वस्तुतः कोई चिंतन नहीं रहा है। उनमें पूरे देश को लेकर चिंता नहीं रही है। जब तक खुद उनके समुदाय के व्यक्तियों पर अत्याचार न हो, सामान्यतः उनका मुँह बंद रहा है। दूसरे समुदायों पर अत्याचार हो रहे हों या दमनकारी अंतराष्ट्रीय घटनाएँ हों तो विमर्शवादियों और क्षेत्रीयतावादियों को उनसे कोई मतलब नहीं होता। पीड़ा का यह स्पेशलाइजेशन आत्मघातक सिद्ध हुआ। ऐसे आत्मसंकुचित विमर्श के नकारात्मक नतीजे ज्यादा सामने आए, अत्याचार भी कहीं कम नहीं हुआ।

भारत की आत्मा में दरारें किसी भी युग से ज्यादा बढ़ी हैं, जो एक नए महाख्यान की रचना से ही मिटेंगी। इसके लिए निजी स्वार्थों और क्षेत्रीय-सामुदायिक विमर्शों से ऊपर उठ कर पूरे देश के बारे में सोचना जरूरी लग सकता है। यह कठिन है, क्योंकि छोटे-छोटे स्वार्थों की लंबी लाइन है। इतना स्पष्ट है कि पूरे देश को लेकर सोच, कल्पना और बौद्धिक आवेग निर्मित किए बिना नए युग का महाख्यान खड़ा नहीं हो सकता।

भारत एक विविधता से भरा देश है, जहाँ प्रभुत्व और अन्याय के भी विविध रूप हैं। यह देश एक लंबे स्वाधीनता संघर्ष से गुजर कर उपनिवेश से एक राष्ट्र बना, यह एक हकीकत है। मुश्किल यह हुई कि सामुदायिक विमर्शों का संपूर्ण राष्ट्र से संबंध टूट गया, एक-दूसरे से भी संवाद न हो सका। ये अपनी पीड़ाओं के बीच पुल नहीं बना सके। आपस में अधिकाधिक विभाजित होते गए। नीचे से राष्ट्रीय महाआख्यान तैयार नहीं हो सका। महाविमर्श के बरक्स अब तो कोई महाआख्यान ही खड़ा हो सकता है।

आज के संदर्भ में रचा जाने वाला महाख्यान दबाई गई मनुष्यता की रैशनल आवाज है। यह तात्कालिक समीकरण न होकर, वस्तुतः खंड-खंड चेतना से एक वास्तविक सामाजिक अखंडता की ओर बढ़ना है। आज के महाख्यान का अर्थ है हाशिया और राष्ट्र के बीच संवाद, सामुदायिक विमर्श के इकहरे व्याकरण को त्याग कर आम असहमति का निर्माण, और स्थानीयता तथा बहुलता को सुनते हुए एक तेजोमय भारतीय समाधान!

रामायण और महाभारत महाकाव्य बन नहीं पाते, यदि राम और पांडव वनों में बहिष्कृत नहीं किए जाते। दोनों ही बहिष्कृतों की कथाएँ हैं। कथाएँ हमेशा बहिष्कृतों की होती हैं। महाख्यान भी हमेशा बहिष्कृत ही बनाते हैं। ऐसा तब होता है जब वे कुछ कष्ट सहें, मूल्यों को महत्व दें, मन की गांठों से मुक्त होकर दूसरों से संवाद करें और शक्ति की मौलिक कल्पना की जाए।

कट्टरतावाद एक संक्रामक बीमारी है

दुनिया भर के देशों में समावेशिकता की परंपरा को किनारे करके बहिष्कारपरक संरक्षणवाद के लिए जगह बनाने में आतंकवाद की एक बड़ी भूमिका है। आतंकवाद का संबंध किसी एक जाति या एक धर्म से नहीं है। लेकिन कट्टर इस्लाम-पंथियों का आतंकवाद मात्रा में ज्यादा होने की वजह से ही आतंकवाद का पर्याय बन गया। इसने सदियों की महान विरासत-उदारवाद, बुद्धिवाद और समावेशी राष्ट्रीयता का ही नुकसान नहीं किया, सामाजिक सुधारों से मुसलमानों को काट कर उन्हें कठमुल्लेपन का कैदी बना दिया और उन्हें असुरक्षा का स्थायी भाव दे दिया।

आतंकवादी हिंसा की बलि बड़े पैमाने पर मुसलमान भी हुए हैं। इसके बावजूद, उनके बीच से आतंकवाद का सबल विरोध न हो सका। पढ़े-लिखे लिबरल मुसलमान मुखर नहीं हुए, विभिन्न कारणों से मौन साधे रहे। कूपमंडूकता के विरुद्ध आवाज नहीं उठ पाई। गरीबी ने आतंकवाद के उर्वरक का काम किया और आतंकवाद ने कूपमंडूकता को अटल रखने का। कहा जाना चाहिए कि इन सबसे जनता के धार्मिक विभाजन की संकीर्ण राजनीति को बल मिला और हिंदू तथा इस्लाम दोनों धार्मों के कठमुल्ले अधिक प्रभावशाली हो गए- बुद्धिपरकता पर ओले गिरे।

दरअसल कट्टरतावाद एक संक्रामक बीमारी है। एक कट्टरता दूसरी कट्टरता को, एक संकीर्णता दूसरी संकीर्णता को और एक तरह का भेदभाव दूसरे तरह के भेदभाव को बढ़ावा देता है। अंत में बड़ा भेदभाव छोटे भेदभावों को निगल लेता

है। समस्या यह है कि इससे पैदा हुई अशांति विकास को प्रभावित करती है, परिवारों को प्रभावित करती है और संस्कृति पर बुरे असर डालती है।

उदारवादी और समावेशी राष्ट्रीयता की महान विरासत को क्षतिग्रस्त करने के लिए एक अन्य घटना जिम्मेदार है- टेक्नोलॉजी का बल लेकर छाया हुआ वैश्वीकरण। वह विकास के समानांतर विषमता, बेरोजगारी और सांस्कृतिक विच्छिन्नता बढ़ता है। इसकी राजनीतिक अभिव्यक्ति जाति, धर्म, प्रांतीयता आदि के आधार पर सामुदायिक कट्टरतावाद में होती है। ऊंचे लोग ग्लोबल होते जाते हैं और गरीब लोग लोकल होते जाते हैं। देश के बारे में कोई नहीं सोच पाता। वैश्वीकरण विश्व मन नहीं बनाता। वह 'विकास और हिंसा का जुड़वां' खड़ा करता है। यदि आतंकवाद का दिमागी बुद्धिपरकता से संबंध नहीं है तो वैश्वीकरण का भी दिमागी बुद्धिपरकता से कोई संबंध नहीं है। इसका रिश्ता सिर्फ तकनीकी बुद्धिवाद से है, मोबाइल पर दौड़ते रहिए!

धर्मनिरपेक्षता एक मूल्य-सापेक्ष अवधारणा है

गांधी और प्रेमचंद के जमाने में सेकुलर राष्ट्रीयता का संबंध त्याग, ईमानदारी, सहिष्णुता जैसे उच्च नैतिक मूल्यों से था। लोकतंत्र का सदुपयोग ही ऐसी राष्ट्रीयता को विकसित कर सकता है। देखा गया कि आगे चल कर सेकुलर नेताओं का जीवन त्याग की तुलना में भोग और जमीन-जायदाद बढ़ाने की तरफ ज्यादा आकर्षित हुआ। उनका दिखावा बढ़ता गया, स्वेच्छाचारिता भी बढ़ी। कइयों का भ्रष्टाचार से गहरा नाता हो गया। इस तरह उदारवाद और सेकुलर राष्ट्रीयता की राजनीति में घुन लगता गया।

धर्मनिरपेक्षता एक मूल्य-सापेक्ष अवधारणा है। इसकी जगह वह एक मूल्य-निरपेक्ष और नकारात्मक धारणा बना दी गई। वह अपने गुण, अंत:शक्ति और प्रभाव क्षमता खोकर आम लोगों से विच्छिन्न होती गई। दूसरे, एक धार्मिक देश में धर्मनिरपेक्षता उच्छेदवादी होकर टिक नहीं सकती। वास्तविकता यह है कि धर्मनिरपेक्षता की अवधारणा एलीट मानसिकता द्वारा गढ़ी जाने लगी। भारतीय परंपराओं के एक बड़े उदारवादी संसार को नकारात्मक ढंग से देखा जाने लगा। इसके अलावा, धर्मनिरपेक्षता का शिव भक्ति, जनेऊ, कंप्यूटर बाबा, मिर्ची बाबा से लेकर अनगिनत धार्मिक पाखंडों से संबंध बना; जबकि उसका संबंध त्याग, ईमानदारी और व्यापक राष्ट्रीय संवाद से होना चाहिए। फलस्वरूप जिस तरह धर्म से धर्म उजड़ता गया है, धर्मनिरपेक्षता से धर्मनिरपेक्षता मिटती गई है।

यह इतनी एलीटवादी, नकारात्मक, अंतर्विरोध से भरी और हास्यास्पद किसी युग में नहीं थी।

राष्ट्रवाद और महर्षि अरविंद

महर्षि अरविंद (1822-1950) बंगाल में जन्मे थे। उन्होंने इंग्लैंड में शिक्षा पाई थी। शुरू में वे उग्र प्रवृत्ति के राष्ट्रवादी थे, निश्चय ही अंध-राष्ट्रवादी नहीं थे। उन्होंने 1906 के बंग-भंग विरोधी आंदोलन में भाग लिया था। उन्हें धर्म और अध्यात्म की भारतीय परंपरा का ज्ञान था। उन्होंने समय-समय पर राष्ट्रवाद के संबंध में जो विचार व्यक्त किए थे, वे जापान या यूरोपीय देशों को देख कर नहीं, बल्कि भारतीय परिप्रेक्ष्य में बने थे। उनका कहना है, 'भारत आध्यात्मिक अनुभव और ज्ञान की सत्ता को पहचानता है, लेकिन अब भी उसे आध्यात्मिक अनुभवों और ज्ञान की विविधता को पहचानना शेष है।' जाहिर है, ज्ञान की विविधता को स्वीकृति लोकतंत्र का चिह्न है।

अरविंद ने यह भी लिखा, 'ज्ञात इतिहास की प्रथम भोर जो अशोक और चंद्रगुप्त-चाणक्य आदि गुप्त शासकों की अद्‌भुत छवियों के साथ अवतरित हुई, वह मध्य काल से आधुनिक काल तक अनेक प्रसिद्ध हिंदू और मुस्लिम शख्सियतों के साथ उन्नत सांध्य बेला में पहुंची। जब भारत के अतीत में झाँकते हैं, तो यहां की विस्मयजनक विविधता के बाद जो बात हमारे जेहन में दस्तक देती है, वह है भारत की अपरिमित जीवनशक्ति, आनंद भावना और अकल्पनीय रचनात्मक उर्वरता।' अरविंद धार्मिक-आध्यात्मिक परंपरा से आकर भारत के संबंध में एक उदार, समावेशी और जीवंत सोच रखते हैं।

दूसरे विश्व युद्ध के समय हिटलर के विरुद्ध मित्र शक्तियों के युद्ध को अरविंद ने 'मानवता के भविष्य की रक्षा' और 'सभ्यता के बचाव की कोशिश' कहा था। उनका राष्ट्रवाद हिटलर के पक्ष में नहीं जाता, क्योंकि वह संकीर्ण सोच से नहीं जन्मा था। अरविंद यह भी कहते हैं, 'मैं जानता हूँ कि मित्र राष्ट्र भी अपनी जीत का दुरुपयोग कर सकते हैं या शांति भंग कर सकते हैं या अपनी जीत द्वारा खोले गए मानव प्रगति की संभावनाओं के द्वार बंद कर सकते हैं, फिर भी मैं उन्हें अपनी ऊर्जा प्रेषित करूँगा। किसी भी कीमत में परिस्थितियाँ उससे सौ गुना भी बुरी नहीं हो सकतीं, जितनी हिटलर के जीतने पर हो जाएंगी।'

अरविंद के भीतर से सिर्फ एक महर्षि नहीं, महर्षियों की वह परंपरा बोल रही थी जो धर्म को मानवता के उच्च मूल्यों से जोड़ कर देखती है। इसलिए राष्ट्रवादी

होकर भी उनकी सोच हिटलर की सोच से भिन्न थी। रवींद्रनाथ और अरविंद दो भिन्न राहों से आकर एकाधिपत्य की प्रवृत्ति के समान रूप से विरोधी थे- एक अंतरराष्ट्रीयतावाद की राह से आ कर और दूसरा राष्ट्रवाद की राह से आ कर। दोनों के चिंतन में मानवता घुली-मिली थी। वह सब आज भी अर्थपूर्ण है। रवींद्रनाथ ने अरविंद के बारे में कहा था, 'भारत आपका स्वर बन कर विश्व से संवाद करेगा, कहेगा- मुझे ध्यान से सुनना...!' उन महान व्यक्तियों ने कभी नहीं सोचा था कि भारत का विश्व से संवाद सिर्फ हथियारों की खरीद, लेन-देन और बाजार के आयात-निर्यात तक सीमित रह जाएगा।

हिंदी और दक्षिण भारत

हिंदीतर राज्यों की स्कूली शिक्षा में तृतीय भाषा के रूप में हिंदी अनिवार्य करने का मुद्दा बीच-बीच में उठता है। उसी समय तमिलनाडु में इसका विरोध भी शुरू हो जाता है। इससे हिंदीभाषी लोगों के सोए मन में कुछ क्षणों के लिए हिंदी गरमाहट पैदा हो जाती है। उधर तमिलनाडु में भी द्रविड़ आंदोलन के बचे आखिरी चिह्न 'हिंदी विरोध' की बुझी मशाल सुलगा ली जाती है। फिर तुरंत एक बयान आता है, 'हिंदी थोपी नहीं जाएगी!' इस कर्मकांड से हिंदी वाला सोचता है- 'चलो, कोशिश की'। तमिल जनता सोचती है, 'हमने द्रविड़ आंदोलन को जिंदा रखा है।' होता कुछ नहीं, दोनों जगह राजनीतिक स्वार्थ सधते हैं।

हिंदी वालों को आत्मचिंतन करना चाहिए कि क्या उनमें हिंदी से जरा भी वैसा प्रेम है, जैसा तमिल लोगों को तमिल से है। अगर है तो इसके लिए सामाजिक तौर पर निःस्वार्थ भाव से वे करते क्या हैं। हिंदी स्कूलों की हालत खराब है, वहाँ 'उच्च वेतन-निम्न शिक्षण' है। यहां नेताओं और अफसरों के बच्चे अब नहीं पढ़ते। हर साल विद्यार्थी इन खंडहर होते स्कूलों में कम होते जा रहे हैं। अब बारह-पंद्रह हजार मासिक कमाने वाला आदमी भी अपने बच्चे को अंग्रेजी माध्यम से पढ़ाना चाहता है। हकीकत यह है कि हिंदी मुख्यत: वहीं बच पा रही है, जहाँ गरीबी और पिछड़ापन है। कई दूसरी भारतीय भाषाएँ भी इसी हालत में हैं। इन भाषाओं में पढ़े-लिखे लोगों का अंग्रेजी-दाँ नौजवानों के व्यूह को वेध कर ऊँचे पद तक पहुँचना लगभग नामुमकिन है। इससे भारतीय भाषाओं के भविष्य और अंग्रेजी के रुतबे के संकेत मिल जाते हैं।

यह सवाल भी है कि जब दक्षिण भारत के राज्यों में आर्य भाषा हिंदी अनिर्वाय करने का मुद्दा उठाया जाता है तो उत्तर भारत के लोगों को यह छूट क्यों

दी जाती है कि वे तृतीय भाषा के रूप में कोई भी हिंदीतर भाषा चुन सकते हैं, जैसे- गुजराती, पंजाबी, बांग्ला या संस्कृत। ज्यादातर विद्यार्थी नंबर उठाने के लिए संस्कृत पढ़ते हैं। वे कितना सीख पाते हैं, यह सभी को पता है। क्यों नहीं कहा जाता कि हिंदी क्षेत्र के स्कूलों में कोई एक द्रविड़ भाषा तृतीय भाषा के रूप में पढ़ाई जाएगी? उत्तर भारत के स्कूलों में तमिल, कन्नड़ आदि पांच साल पढ़ाने के बाद ही किसी को यह कहने का हक बन सकता है कि दक्षिण भारत में हिंदी पढ़ाई जाए!

राहुल सांकृत्यायन ने अपने एक निबंध 'दक्षिण की उपेक्षा क्यों' (1959) में हिंदी मानस की एक खास विडंबना की ओर संकेत किया था, 'हम भारत को भौगोलिक इकाई से बढ़कर कुछ भी नहीं बना सकेंगे, जब तक कि भारत की एक-एक अंगुल भूमि से हमारा हार्दिक प्रेम न होगा। उसकी धूलि अपने सिर पर लगाने के लिए हम तैयार न होंगे। जिस तरह बिहार और मध्य प्रदेश के लोगों को हिमालय की नदियों और उपत्यकाएँ प्रिय लगती हैं, वैसे ही उन्हें कोडुगू की पहाड़ियाँ, वहाँ की कावेरी का स्रोत और चंदनों के जंगल भी प्रिय होने चाहिए। जैसे हमें अपने यहाँ के लोकगीत और लोककथाएँ प्यारी लगती हैं, वैसे ही कर्नाटक या केरल की भी लगनी चाहिए। कृत्रिम रूप से नहीं, दिखावे के तौर पर नहीं, न दबाव से, बल्कि अपनी भारत मही की विविधता, उसके सौंदर्य के खयाल से। इसके लिए अभ्यास और तपस्या करनी होगी। देश की वास्तविक एकता के लिए हमें तैयार होना चाहिए।' भारतीय परिप्रेक्ष्य में राष्ट्रवाद इतने बड़े दिल और सोच की मांग करता है। क्या है?

देशप्रेम के आयाम

यह एक असाधारण समय है। देश अजीबोगरीब अंतरराष्ट्रीय और घरेलू चुनौतियों से गुजर रहा है। इस दौर में बहुत सी जड़ धारणाओं को कचरापेटी में फेंकने की जरूरत महसूस हो सकती है। इसी तरह अपनी राष्ट्रीय परंपराओं, बुद्धिपरकता, आधुनिकता तथा मानवता की उपेक्षित की गईं जीवंत धारणाओं के कल्पनाशील नवोत्थान की भी जरूरत महसूस हो सकती है। इस राह में सबसे बड़ी बाधा है आपस में लड़ते पुराने जमाने के राजाओं के जैसे छोटे-छोटे स्वार्थ और अहं। नए विचारों के लिए हमेशा ही नई मिट्टी की जरूरत होती है।

देश के बारे में सोचने का अर्थ है देश के लोगों के बारे में सोचना। देशप्रेम का अर्थ है छोटे-छोटे दायरे से ऊपर उठ कर देश के लोगों से प्रेम। देशप्रेम सिर्फ

आधुनिक युग की परिघटना नहीं है। कालिदास द्वारा 'मेघदूत' में दक्षिण भारत से उत्तर के हिमालय तक के यात्रा पथ का काव्यात्मक वर्णन देशप्रेम का ही चिह्न है। यह 'आर्यवर्त्त' की प्राचीन शास्त्रीय धारणा का साहित्यिक खंडन है। सूर, कबीर और तुलसी को देश से प्रेम था। भारतेंदु, प्रेमचंद, रामचंद्र शुक्ल, प्रसाद, निराला आदि के अंदर देशप्रेम भरा था। उन मनीषियों के देशप्रेम के तत्वों को देखना चाहिए कि कैसे उनके देशप्रेम में सुरम्य हिमाच्छादित कैलाश ही नहीं था। नारियल के पेड़, भटकटैया के नीले फूल और कृषक भी थे। प्रकृति के साथ संपूर्ण जनजीवन से प्रेम उनके देशप्रेम का अनिवार्य हिस्सा है।

उस जमाने के देशप्रेमी शांतिप्रिय थे। वे खाइयाँ नहीं, पुल बनाने वाले देशप्रेमी थे। वे आधुनिक युग में अंग्रेजी की जगह अपनी भाषा से प्रेम करते थे। उनके देशप्रेम में दलितों, स्त्रियों और अल्पसंख्यकों पर अत्याचार के लिए कोई जगह नहीं थी। उनके देशप्रेम में साम्राज्यवाद का विरोध था, ऐयाशी से दूरी थी। उनके देशप्रेम में आलोचनात्मक आत्मनिरीक्षण था, सामाज सुधार था और आधुनिक विकास था। उनके देशप्रेम में 'विजातीय' या 'बाहरी' की धारणा नहीं थी। उनका देशप्रेम बहुलता के प्रति आदर भाव और विश्वप्रेम जगाता था। उनके देशप्रेम में प्रेम में डूबी 'जूही की कली' थी, अभाव में धँसे 'होरी' के आंसू थे। उन सबकी नजर में अंध-राष्ट्रवाद देशप्रेम में कोढ़ की तरह था। उनका देशप्रेम एकतरफा विमर्श नहीं, अपने ढंग का एक संवादप्रिय महाख्यान था!

जुलाई 2019

यह सांस्कृतिक निरक्षरता है

क्या यह सांस्कृतिक निरक्षरता का जमाना है? महान छवि वाले राजनेताओं से लेकर पढ़े-लिखे लोगों तक की बातों को देखने से लग सकता है कि कुतर्क का तूफान आया हुआ है। धर्म, राजनीति और टेक्नोलॉजी के इलाकों में आज जितनी सांस्कृतिक निरक्षरता है, पहले कभी नहीं थी।

सांस्कृतिक निरक्षरता का अर्थ है-धर्म को राजनीतिक उपयोग के साधन में सीमित कर देना, राजनीति को बौद्धिक-सामाजिक प्रगति के औजार की जगह महज सत्ता संघर्ष का हथियार बना लेना और टेक्नोलॉजी को नई उपकारी खोजों की ओर बढ़ने की जगह सोचने की शक्ति और चयन की स्वतंत्रता छीनने का साधन बना देना।

सांस्कृतिक निरक्षरता की हालत में संस्कृति भोग-विलास की चीज होती है, मानसिक विकास की नहीं। आदमी के पास ऐसा कुछ नहीं होता जो उसके मन को इकहरेपन से मुक्त करके बड़ा बना सके। यह अहसास दे सके कि वह पैसे कमाने की मशीन और भोगपशु से कुछ ज्यादा है। इसे बौद्धिक दरिद्रता कह सकते हैं जो भौतिक संपन्नता के वर्तमान युग में चरम पर है।

सांस्कृतिक रूप से निरक्षर आदमी सोचता है कि सिर्फ उसकी धारणाएं सही हैं, दूसरे गलत हैं। वह 'दूसरे' को घृणा से देखता और हुंकारता रहता है। उसकी जड़ धारणाएं झूठ से भी खतरनाक होती हैं, क्योंकि ये उसे कुछ सीखने नहीं देतीं। इसके विपरीत, सांस्कृतिक साक्षरता का लक्षण है एक बड़ा मन रखना- अपने सामाजिक विचारों, धार्मिक विश्वासों और राजनीति में खुलापन लाना। इस तरह सोचना कि जीवन के किसी भी प्रश्न का एक ही उत्तर नहीं होता। किसी समस्या या परिस्थिति को देखने के कई रास्ते हो सकते हैं। और कोई सिर्फ इसलिए गलत या कम श्रेष्ठ नहीं हो जाता कि वह 'भिन्न' है।

सांस्कृतिक साक्षरता दिमागी खुलापन और उद्देश्य में व्यापकता लाती है। इसके बिना न नए विचारों का उन्मेष संभव है, न नई जानकारियों की रोशनी में अपनी समझ का विकास करना और न वैश्विक विकास के पक्ष में राष्ट्रवादी अहं से मुक्त होना। कहना न होगा कि धर्म और राजनीति की तुलना में संस्कृति हमेशा एक ज्यादा खुली, समावेशी और नवोन्मेषपरक जगह रही है।

सांस्कृतिक साक्षरता के अभाव में धर्म और राजनीति आज आत्मसंकुचन की जगहें हैं तथा टेक्नोलॉजी आत्मविसर्जन की जगह है। यही वजह है कि आज टेक्नोलॉजी जितनी उन्नत है, दिमाग उतना ही पिछड़ा है- यह बुद्धिपरक नहीं है। खास कर हिंदी समाज 21वीं सदी की आधुनिक सुविधाओं और 18वीं सदी की पिछड़ी मानसिकता के बीच जीता है। इस दशा में टेक्नोलॉजी जीवन में गति जरूर लाती है, पर गहराई नहीं देती।

सांस्कृतिक साक्षर और निरक्षर का फर्क

सांस्कृतिक दृष्टि से साक्षर और निरक्षर के बीच एक बड़ा फर्क यह है कि पहले के पास उत्तरों की तुलना में प्रश्न ज्यादा होते हैं, जबकि दूसरे के पास प्रश्नों की तुलना में उत्तर ज्यादा होते हैं। आइंस्टीन से जब किसी ने पूछा कि मूर्ख और बुद्धिमान में क्या फर्क है, उन्होंने बताया , 'मूर्ख से कोई 100 प्रश्न करे तो वह 101 प्रश्नों के उत्तर देगा, लेकिन बुद्धिमान से इतने ही प्रश्न किए जाएं तो वह एक प्रश्न का उत्तर देगा। और आगे जोड़ देगा कि यह उत्तर मेरे पास अब तक की जानकारियों के अनुसार है। यदि कोई नई सूचना मिली तो उत्तर कुछ और भी हो सकता है।'

ऋग्वेद तक में प्रश्न भरे हैं, 'आत्मा कैसे जन्मी? तुम किसलिए हो?' श्वेताश्वतर उपनिषद में प्रश्न हैं, 'सबसे बड़ा कारण क्या है? हम किस व्यवस्था में बंधे हुए दुख-सुखों में व्यवहार करते हैं?' (1.1)। कठोपनिषद में युवा नचिकेता प्रश्नों और जिज्ञासा से भरा हुआ है। राधा ऊधो के मिलने पर प्रश्नों की झड़ी लगा देती है!

वाल्मीकि रामायण में लक्ष्मण रावण के वध के बाद उसके पास ज्ञान के लिए जाते हैं। महाभारत में युधिष्ठिर शरशय्या पर पड़े भीष्म के पास सीखने जाते हैं। वे अपने को सर्वज्ञ नहीं समझते, बल्कि विरोधी से भी सीखना चाहते हैं। आज अंतिम तौर पर सब कुछ जान चुके ऐसे सर्वज्ञों का महमहा है, जो 'दूसरों' को सुनने के लिए तैयार नहीं हैं।

सांस्कृतिक निरक्षरता की एक खूबी है बड़ी-बड़ी बातें हांकना, लेकिन करना कुछ नहीं या कुछ भी सिर्फ स्वार्थ से प्रेरित होकर करना। अमेरिका से लेकर चीन और भारत तक देखा जा सकता है कि खुदगर्जी बढ़ रही है और वैश्वीकरण अब अंध-राष्ट्रवादियों का अंतरराष्ट्रीय मेला है। आज का आधुनिक आदमी जो पहनता-खाता है उससे वह नकली किस्म का ग्लोबल बना हुआ है और जो सोचता है उससे निकृष्ट किस्म का लोकल है। इसके अलावा, हर जगह ही बाहुबल बुद्धिबल पर भारी है। भौतिक शक्ति प्रदर्शन ने तर्क और मूल्यों को दबा दिया है।

इतिहास से सद्प्रेरणा या अतीत का प्रेत जागरण?

सांस्कृतिक साक्षरता आत्ममुग्धता और अतीतमुग्धता से मुक्त करती है। लेकिन आज जिधर देखो राजनेता, धर्म-धुरंधर और उग्र बुद्धिजीवी अपनी बौद्धिक खिड़कियां बंद किए बैठे हैं। वे अतीत से सिर्फ युद्धास्त्र ले रहे हैं। वे इतिहास से सद्प्रेरणा नहीं लेते, अतीत के प्रेतों को जगाते हैं। वे फ्रेम में इतने बंधे हैं कि मोबाइल पर 'ऐप' जितने नए-नए डाल लें, उनके पास जीवन के प्रश्नों पर नया सोचने के लिए कुछ नहीं है। इन दिनों मूर्तियां ऊंची होती जा रही हैं, आदमी बौना होता जा रहा है। हर मूर्ति ही विचार की कब्र होती है। वह सोचने नहीं देती, इतनी भव्य होती है। इतना जिज्ञासाहीन समय कभी नहीं था।

धर्म के क्षेत्र में अतीत के प्रेतों को ज्यादा जगाया जा रहा है। इस घटना ने समाज में कूपमंडूकता और हिंसा बढ़ाई है। यह एक दुखदायी घटना है कि स्वतंत्र भारत में उन्नीसवीं सदी के धार्मिक सुधार आंदोलनों की डोर टूट गई। वह अधूरा रह गया। महापुरुष दिखावटी पोस्टर बन गए। आधुनिकीकरण ने बड़े बांध बनाए, बड़े उद्योग स्थापित किए। शहरीकरण में तीव्रता आई। यहाँ तक कि देश हरित क्रांति के दौर में पहुँच गया। विकसित टेक्नोलॉजी आई। लेकिन दिमागी अंधकार मिट नहीं पाया। सामाजिक भेदभाव दूर नहीं हो पाए। धार्मिक सुधार खटाई में पड़ गया। करोड़ों लोग सांस्कृतिक रूप से शिक्षित होने की जगह नए अंधविश्वासों से घिरते गए, बल्कि धर्म अपराधों को नैतिक वैधता देने का मंच बन गया। धर्म, जाति और क्षेत्रीयता के स्तर पर बने रह गए भेदभाव जब आगे चल कर राजनीतिक सत्ता-संघर्ष के हथियार बने, सामाजिक सुधार का पहिया पूरी तरह कीचड़ में धँस गया। समाज में रूढ़ियों का महिमामंडन होने लगा, स्त्रियों के संबंध में फिर दकियानूसी बातें कही जाने लगीं और समाज में उदारवाद की जगह सिकुड़ने लगी।

इधर देश में धर्म की जगह धार्मिक पाखंड बढ़ा है। कूपमंडूकता की नई सजधज के साथ वापसी हुई है। इसका दलितों और स्त्रियों की गरिमा और उनके अधिकारों पर बुरा असर पड़ा है। राष्ट्रीय अखंडता पर आघात हुआ ही है, प्रशासनिक पारदर्शिता में भी गिरावट आई है। चिंता का मुख्य विषय है, राजनीतिक रूप से धार्मिक कट्टरवाद परास्त होता भी जाए, सांस्कृतिक रूप से वह देश को जिस बड़े पैमाने पर खाइयों और बौद्धिक रेगिस्तान में फेंक चुका है और लोगों का मन दूध की तरह फटता गया है, इन सबका वास्तविक समाधान कैसे होगा।

भूलना नहीं चाहिए कि इतिहास के प्रेत बहुधारी आरे की तरह होते हैं। एक तरफ से विद्वेष जगाए जाते हैं, तो कई अन्य तरफ से भी विद्वेष सुलगने लगते हैं। पेंडोरा बॉक्स खुल जाता है और विपत्ति की आंधियां छा जाती हैं। हर तरफ से सामाजिक तोड़फोड़ होने लगती है। बौद्धिक गत्यावरोध राजनीतिक विडंबनाएं ही पैदा नहीं करता, यह आर्थिक विकास और टेक्नोलॉजी पर भी बुरे असर डालता है। खाइयां बनती हैं तो पुल टूटने लगते हैं। इसलिए इतिहास में जाना अच्छा है, पर उससे बंधना खतरनाक है।

कुछ चीजें ध्यान में रखने की जरूरत है। हिंदू कट्टरवाद यदि पेट्रोल की आग की तरह फैला, इसकी मुख्य वजह धर्मनिरपेक्षता का मूल्य-विमुख होना था। उसका स्वेच्छाचारिता और भ्रष्टाचार से रिश्ता बन जाना था। आतंकवाद ने कुछ हवा दी। वैश्वीकरण के हमलावर व्यावसायिक रूपों ने आत्मरक्षा के लिए लोगों को संकीर्ण धार्मिक-जातीय गुफाओं में भेज दिया। इन्हीं सबका नतीजा है कि 19वीं-20वीं सदी के धार्मिक सुधारों को ठेंगा दिखाते हुए धार्मिक कट्टरवाद फैला और विभिन्न स्तरों पर उदारवाद को पंचर करते हुए अंध-राष्ट्रवाद छा गया।

भारत में अंध-राष्ट्रवाद चल नही सकता। वह भारतीय स्वभाव के विरुद्ध है। इतनी ही आसानी से नहीं कहा जा सकता कि धर्म के 'विषैले दांत' हमेशा के लिए तोड़े जा सकते हैं। कुछ दशकों से सांप्रदायिकता ने एक विराट स्पेस बनाया है। उसे राजनीतिक तौर पर ही नहीं, सामाजिक तौर पर भी हटाना जरूरी है। यह तब तक संभव नहीं है, जब तक धर्मनिरपेक्षता की शक्तियों द्वारा राष्ट्रीय, लोकतांत्रिक और प्रगतिशील मूल्यों की पुनर्स्थापना नहीं होती। धर्मनिरपेक्ष रहना और केंद्रवाद, प्रांतीयता, भ्रष्टाचार, जातिवाद, राजनीतिक पक्षपात और निर्बुद्धिपरकताओं को प्रश्रय देते रहना धर्म की ही तरह धर्मनिरपेक्षता को भी महज मुखौटा बना देना है।

धार्मिक दिखने की होड़ है, होने की नहीं!

हिंदू धर्म की विरासत इकहरी नहीं है और न 19वीं सदी के सुधार आंदोलनों में कभी सांस्कृतिक एकरूपता पर जोर दिया गया। हिंदू धर्म में विचार स्वातंत्र्य प्राचीन काल से रहा है। इसका उपयोग करते हुए 19वीं सदी के सुधारवादियों ने धार्मिक जड़ता पर तरह-तरह से प्रहार किया था। कहा जा सकता है कि हिंदू धर्म में विचार स्वातंत्र्य और सुधारों पर रोक तथा साहित्यिक दिवालियापन का नाम ही हिंदुत्ववाद है। यह हिंदू धर्म पर खतरा है।

इस समय धर्म जिस तरह सांस्कृतिक निरक्षरता फैला रहा है, देश की जनता का अपनी सभी महान राष्ट्रीय परंपराओं से रचनात्मक संबंध छिन्न-भिन्न हो गया है।

उल्लेखनीय है कि पिछले दशकों में धार्मिक कट्टरवाद के उदय के साथ देश भर में धर्मगुरुओं और बाबाओं की तरफ आकर्षण बढ़ा है। ये आम लोगों को भगवान की तरह शक्तिशाली नजर आते हैं। इनके प्रभाव की वजह से पश्चिमी ढंग के नाच-गानों के आकर्षण और फैशन कम हो गए हैं या लोग धार्मिक हो गए हैं या सुधर गए हैं, ऐसा नहीं है। बल्कि लोग अंधविश्वास, खुदगर्जी और अपराधों में ज्यादा लिप्त हुए हैं। उनके कर्तव्य-अकर्त्तव्य के बोध में किसी भी युग से ज्यादा ह्रास आया है। उनको यह चीज नजर नहीं आती कि आज के धर्मगुरु, बाबा या स्वघोषित भगवान भौतिक वैभव और माया में आकंठ डूबे रहते हैं और अध्यात्म किस तरह एक उद्योग बन गया है।

धर्मगुरुओं और राजनेताओं का संबंध इधर ज्यादा बढ़ा है। बाबा, स्वामी और अपने को भगवान बताने वाले धर्मगुरु इधर ज्यादा महत्वपूर्ण हो गए हैं। धर्म के आलोक वलय में कई जगहों पर यौन उत्पीड़न चलता है और व्यापार भी। यह सब अब छिपा नहीं है। मुश्किल यह है कि आम लोग ही नहीं, उच्च शिक्षित लोग भी ऐसे धर्मगुरुओं के जाल में बड़े पैमाने पर फँसे हुए हैं। उन्हें इनके दर्शन, दया और प्रेरणा की जरूरत होती है। वे अपने जीवन में चमत्कार की प्रतीक्षा करते रहते हैं। आधुनिक स्कूलों और विश्वविद्यालयों में लंबी शिक्षा का उन पर कोई असर नहीं है और न उन पर राजा राममोहन राय से लेकर फुले, दयानंद सरस्वती, विवेकानंद, गांधी, अंबेडकर और आधुनिक चिंतकों या वामपंथी आंदोलनों का कोई प्रभाव बचा है।

यह भी देखने की जरूरत है कि धर्म के ऐसे चकाचौंध वाले क्षेत्रों की सांस्कृतिक निरक्षरता किस हद तक स्वतंत्र भारत के सामाजिक-राजनीतिक

आंदोलनों की विफलता है। इधर छोटे-छोटे ई-क्लबों में कुछ बुद्धिजीवी अपनी नास्तिकता का प्रचार करके या धर्मगुरुओं के खिलाफ बोल कर खलास हो जाते हैं। दूसरी तरफ, धर्मनिरपेक्ष राजनेता जनता का मन जीतने के लिए बढ़-चढ़ कर धार्मिक नाटक करते हैं। जिधर देखो, धार्मिक दिखने की होड़ है, होने की नहीं!

आजादी के बाद पिछले लगभग पचास सालों में हिंदू धर्म के निम्न-मध्यवर्गीय लोकवृत्त में सैकड़ों धार्मिक संगठनों, ईश्वर के दूतों और गुरुओं-बाबाओं का जाल जिस तरह फैला है, यह बुद्धिजीवियों के आम जनता से कट जाने का भी चिह्न है। दूसरी तरफ, उच्छेदवादी बुद्धिवाद ने कुछ शहादतों के बावजूद आम लोगों को प्रभावित नहीं किया, बल्कि उनसे संवादहीनता पैदा की। वह लोकमन को छू न सका, एकालाप बन कर रह गया। इसका यह अर्थ नहीं है कि नग्न तथ्य न कहे जाएं। लेकिन उन्नीसवीं सदी के सुधारवादियों को देखें तो हम पाएंगे कि वे उच्छेदवादी न थे। उनका तरीका दूसरा था। उन्होंने जनता से संवाद बना कर रखा था। वे बड़े लोकवृत्त में बहस करते थे। आज कहीं बहस नहीं है। इससे जो वैचारिक रिक्तता पैदा हुई, उसके फलस्वरूप धर्म की राहों से सांस्कृतिक निरक्षरता तेजी से फैली।

आज राजनीति झूठ की आतिशबाजी है

दुनिया में वैश्वीकरण के साथ बड़े राजनीतिक और आर्थिक परिवर्तन घटित हुए। राजनीति का अर्थ बदला, क्योंकि जन आंदोलन और सामाजिक परिवर्तन की जगह अब राजनीति का एकमात्र लक्ष्य बहुराष्ट्रीय व्यापारिक हितों की सुरक्षा करते हुए सत्ता संघर्ष में अपनी गद्दी किसी भी प्रकार सुरक्षित रखना हो गया। दावा विकास और आर्थिक नवजागरण का किया गया, लेकिन छाना शुरू हुआ झूठ, भय और हम-वे का बोध। वास्तविकता यह है कि वैश्वीकरण आर्थिक मंदी से मुक्त नहीं कर सका। उल्टे मझोले और छोटे व्यापारी तबाह होते गए। आम लोगों की बेरोजगारी और उनके विलगाव में वृद्धि हुई। उनका असंतोष अस्मिता की राजनीति में फूटा। इससे राष्ट्र, धर्म, लोकतंत्र, मानवता आदि के अर्थ में तेजी से ह्रास आने लगा। लोगों की पहचानें सिकुड़ने लगीं। इन सबके अलावा, 'सादा जीवन-उच्च विचार' जैसी धारणाएँ पृष्ठभूमि में चली गईं। जीवन के उच्च मूल्यों में आस्था खोने लगी। अमीरों के साथ-साथ अब साधारण वर्गों में भी पश्चिमी शैली के विलासितापूर्ण जीवन का लोभ बढ़ा।

यह चिंताजनक मामला है कि जिस तरह मुक्त बाजार की उपभोक्ता वस्तुओं ने बौद्धिक सतहीपन लाना शुरू कर दिया, उसी तरह अस्मिता, धर्म और राष्ट्र की धारणाएं भी सतही होने लगीं। अब जातिवाद, पुराजातीय चिह्न, क्षेत्रीयतावाद, सांप्रदायिकता और अन्य किस्म के संकीर्णतावाद के बिना राजनीति में दो कदम चलना मुश्किल हो गया।

देश की सीमाओं को धधकाए रखना भी एक मुख्य राजनीतिक आइटम है। बिना आणविक पनडुब्बियां उतारे या हथियारों की बड़ी खरीद के देशभक्ति नहीं पैदा होती। इस बार देशभक्ति नव-उपनिवेशवाद से लड़ने के लिए नहीं, बल्कि देश के सामाजिक विभाजन के काम में लगा दी गई। हजारों की संख्या में लोग दकियानूसी विचारों के पक्ष में उग्र ढंग से खड़े होने लगे। हिंसा की प्रवृत्ति जन-मन में प्रवेश कर गई। बुद्धिपरक बातों की जगह बाहुबल ज्यादा प्रधान हो गया। मूल्यों और नीतियों पर लौट कर गठबंधन करने की जगह संकुचित स्वार्थ-प्रेरित रणनीतिक गठबंधनों का युग आया। यह भयानक यथार्थ ही आदर्श बन गया।

उल्लेखनीय है कि आम लोगों को ऊंचे कद की कुछ मूर्तियाँ, कुछ शहरों के नए नाम और कुछ प्रतीक थमा देना काफी हो गया, ताकि भले ही दिमाग खाली और पेट सिकुड़े हों, सीने चौड़े होते जाएं। भुजाएं हमेशा फड़कती रहें। इस तरह राजनीति भी सांस्कृतिक निरक्षरता का औजार बनी। नए परिदृश्य में अपने भारत को पहचानना मुश्किल है!

राजनीति आज सीमित होकर चाटुकारिता और निंदा का मंच है। ये एक ही सिक्के के दो पहलू हैं। अब ये चीजें ही आदमी को तरोताजा रखती हैं। कहना न होगा कि चाटुकार लोग राजनीतिज्ञों की आखों में मोतियाबिंद की तरह होते हैं!

इस युग में एक-दूसरे पर दोषारोपण और एक-दूसरे की निंदा मुख्य काम है। दूसरों की सिर्फ निंदा करते रहना अपनी बुराइयों पर पर्दा डालना है। देश में फिलवक्त कोई नई बहस नहीं है। सिर्फ चोर-चोर का शोर है और हर चोर मजे में है!

एक अच्छे लोकतंत्र का लक्षण है, विभिन्न मुद्दों पर वैचारिक बहस, अपने ठोस कार्यक्रम को सामने लाना और काम में पारदर्शिता। सांस्कृतिक निरक्षरता के कारण अब बहस नहीं है, पारदर्शिता भी नहीं है। 'ज्ञान प्रसार' में ह्रास के साथ 'भाव प्रसार' में गिरावट आई है। इस समय सच्चाइयों का सामना करने का साहस नहीं है। इसलिए राजनीति झूठ की आतिशबाजी है।

हम 'बाहरी' नहीं हैं!

हर मनुष्य का अपना हित सोचना स्वाभाविक है। उसे जो अच्छा लगता है वही खाता है, वही पहनाता है। उसे कोई चीज बहुत अच्छी नहीं मिलती तो वह अपने अभाव से सामंजस्य भी पैदा करता है। लेकिन जिस दौर में सत्ता के लिए हिंसक राजनीतिक होड़ हो, आम आदमी की बुद्धिपरकता मारी जाने लगती है। वह सामंजस्य का रास्ता छोड़ कर स्वार्थपूर्ति के अहं से भर जाता है। उसका अहं व्यक्तिगत स्तर से फैल कर जाति, क्षेत्रीयता और धार्मिक समुदाय किसी भी स्तर पर बम की तरह फूटने लगता है। उसे दूसरे धर्म, दूसरी जाति और अपने ही देश के दूसरे राज्य के लोग दुश्मन, उसका हक छीनने वाले लगते हैं। ये गुजरात से भगाए जाने लगते हैं। महाराष्ट्र में पराए समझे जाते हैं। असम में इन पर हिंसक मार पड़ती हैं। दिल्ली में ये सुरक्षित नहीं होते, 'बाहरी' दिखते हैं। लोग अच्छी शिक्षा और चिकित्सा, स्वच्छ प्रशासन या रोजगार के लिए क्या लड़ेंगे, वे 'बाहरी' को, 'दूसरों' को भगाने में लगे रहते हैं। दशकों से जो भारतीयता की भावना के साथ दूसरे राज्यों में बसे हुए हैं, उनकी आर्त्त पुकार होती है– 'हमें मार से बचाओ!' या 'अब हम कहाँ जाएँ?'

राजनीति का संस्कृतीकरण

सामुदायिक सक्रियता और सांस्कृतिक सक्रियता में फर्क है। सत्ता की एक सीमा है– वह धर्म, जाति और क्षेत्रीयता का उपयोग कर सकती है। वह संस्कृति का उपयोग नहीं कर सकती। वह संस्कृति से डरती है, क्योंकि इसमें विचार होते हैं। संस्कृति सदा से कला, साहित्य, दर्शन, लोक संस्कृति, सुधार आंदोलनों तथा कई तरीकों से सत्ता को चुनौती देती आई है। कोई विद्वेष या हिंसा 'संस्कृति की खाल' ओढ़ कर आ सकती है। वह संस्कृति नहीं होती, उसकी खाल होती है। इसलिए संकीर्ण सामुदायिक सक्रियता हमेशा संस्कृतिविहीन होती है। हम समुदाय से समाज में कब लौटेंगे?

संस्कृति जब भी होगी, उसमें एक रोमांटिसिज्म होगा। उसमें संकीर्णताओं को मिटा कर उच्चता, उदात्तता और बड़े मन की तरफ बढ़ने का जज्बा होगा। वह घुलने-मिलने वाली होगी, अन्यथा वह संस्कृति नहीं होगी। यदि कुछ भी संस्कृति है, तो वह राष्ट्रवाद तक सीमित कैसे रहेगी। यदि संस्कृति का अर्थ सिकुड़ता है, वह किसी सामुदायिक विश्वास, जाति, प्रवचन-कीर्तन, किसी खास खानपान,

पहनावा या रीति-रिवाज में कांट-छांट करते हुए सीमित की जाती है तो यह भी सांस्कृतिक निरक्षरता है।

संस्कृति में राजनीति जब भी घुसती है, राजनीति से संस्कृति बाहर निकल जाती है। वहां छोटे-बड़े स्वार्थों का कचरा जमा होने लगता है। जरूरत है, धर्म में सांस्कृतिक सुधार की और राजनीति के संस्कृतीकरण की, मानवीयकरण की!

जब टेक्नोलॉजी सबसे बड़ा जादूगर हो

यदि आम लोग आज सुपरमैन खोज रहे हैं, किसी राजपुरुष में अवतार देख रहे हैं या किसी अवतार की प्रतीक्षा में हैं तो समझ में आ सकता है कि वे कितनी गहरी निराशा और पीड़ा में हैं। वे अपने ही लोकतंत्र में हाशिये के भी बाहर कर दिए गए हैं। यह स्थिति तब है, जब सभ्यता अत्याधुनिक है और टेक्नोलॉजी सबसे बड़ा जादूगर है।

क्या टेक्नोलॉजी का सदुपयोग संभव है यदि दृष्टि बुद्धिपरक, मानवीय और लोकहितकारी न हो? आज सबसे शक्तिशाली वे हैं जिनका सूचनाओं और डाटा पर सबसे अधिक कब्जा है और जो इनके सबसे बड़े निर्माता हैं। आज मोहक झूठ, छल और अवैज्ञानिक प्रचारों के निर्माता ही ज्यादा हैं।

डिजिटल दुनिया में घुसते ही लगता है कि हम जादू के युग में लौट गए हैं। कब अचानक चूहा से बिल्ली और बिल्ली से चूहा बना दिए गए हैं, नहीं जान पाते। लूडो में सीढ़ी-सांप का एक खेल है। कब सीढ़ी मिल जाएगी, अचानक कोई ऊपर उठ जाएगा और कब सांप मिलने पर अचानक लुढ़क कर नीचे आ जाएगा, पता नहीं। इस विकास का सबसे मजेदार खेल है अनिश्चितता। किसके पास रोजगार कब तक है, वह नहीं जानता। कौन कब तक सत्ता में है, वह नहीं जानता। इस अनिश्चितता ने नया मंत्र दिया है- तुरंत लूटो, नहीं तो लूट लिए जाओगे। तुरंत मारो, नहीं तो मार डाले जाओगे!

डिजिटल दुनिया में दो ही वर्ग हैं- तानाशाह और गुलाम। यदि आप डिजिटल तानाशाह नहीं हैं तो निश्चय ही डिजिटल गुलाम हैं। डिजिटल दुनिया से तटस्थ रहना मुश्किल है। यह एक चक्रव्यूह की तरह है जिसमें अभिमन्यु की तरह घुसा जा सकता है, बाहर निकलना संभव नहीं है। हर नागरिक चक्रव्यूह के किसी न किसी द्वार पर बहुराष्ट्रीय कंपनियों के महारथियों से घिरेगा, क्योंकि सूचनाओं और डाटा का उपयोग करने की समझदारी कहीं न कहीं चुक जाएगी। अभिमन्यु की नियति से उसकी सिर्फ यह भिन्नता होगी कि वह मारा नहीं जाएगा। महारथी

बस उसे फुटबॉल बना लेंगे और अपने पैरों के पास रखने के लिए आपस में खेलेंगे। यह खेल सिर्फ दो दलों का नहीं है। एक बहुदलीय मैच चल रहा है। कोई नागरिक नहीं जानता कि उसे किधर गोल किया जाना है या वह कहाँ पड़ा है। क्या फुटबॉल खुद कभी जानता है कि उसे किस गोलपोस्ट की तरफ जाना है? यह डिजिटल निर्धारणवाद है, जिसकी इस समय मानवता शिकार है।

हम यदि फुटबॉल की नियति नहीं चाहते

धर्म और राजनीति की ही तरह टेक्नोलॉजी सांस्कृतिक निरक्षरता का एक बड़ा उपकरण है, क्योंकि लोक के हाथ में सूचनाएं निर्मित करने की क्षमता नहीं है। उसे सिर्फ ढोना है, फारवर्ड करना है, इधर लाइक या उधर लाइक करना है। उसे हर हालत में भीड़ में होना है या घर बैठे खेल की वस्तु बन जाना है।

आज के नागरिक की बढ़ती 'अ-सामाजिकता' सांस्कृतिक निरक्षरता का सबसे बड़ा सबूत है। ज्यादातर लोगों को सामाजिकता उपयोगी नहीं लगती। वे सोशल साइट पर सारे कर्मकांड संपन्न कर लेते हैं। आम नागरिक संसार को उदारवाद एक नुकसानदेह रास्ता नजर आता है। आज उदारता सिर्फ अकेलापन देती है। ईमानदारी सिर्फ अकेलापन देती है। आमतौर पर लोग अपने समुदाय में सुरक्षा देखते हैं। उन्हें सामुदायिक कट्टरवाद ही हरा-भरा फलदायी पेड़ नजर आता है। इस सभ्यता में यही समझ में आता है कि बस एक 'स्वार्थपरता' का अर्थ बचा है, बाकी विचार अनुपयोगी हो चुके हैं। ऐसे समय को सांस्कृतिक निरक्षरता का चरम समय कहा जाना चाहिए।

ऐसे समय यह जानना बड़ा कठिन है कि यह सब जो चल रहा है उससे बाहर कैसे निकला जाए। निश्चय ही संरक्षणशील देशभक्तों, प्रांतीय राष्ट्रवादियों और दलितों-पिछड़ों के बीच ऐसे संवेदनशील लोग भी काफी हैं जिन्हें आज की बहुतरफा हिंसा और मोल-तौल के माहौल से कुछ व्यक्तियों का स्वार्थ भले पूरा होता दिखता हो, उन्हें आम जनता के पक्ष में कोई सकारात्मक चिह्न नजर नहीं आता। फिर भी एक कठिन लड़ाई जरूरी है- पहले की तरह मन का प्रश्नों से भर उठना होगा, क्योंकि सांस्कृतिक रूप से साक्षर होना ही मनुष्यता में वापसी है।

हम यदि मनुष्य हैं तो आंधी में तिनके की तरह उड़ने की जगह कहीं पैर टिका कर प्रश्न करने होंगे। हमें अपने आप से भी प्रश्न करने होंगे, यदि फुटबॉल की नियति नहीं चाहते!

दिसंबर 2018

संस्कृतियों का संवाद

दुनिया में भाषाओं का जन्म दूसरे से संवाद के लिए हुआ है। लेकिन आज संचार के साधन जितने बढ़े हैं, संवादहीनता भी उतनी ही बढ़ी है। इंटरनेट के जरिए कोई दुनिया भर से जुड़ा हो, पड़ोसी से उसकी बात नहीं होती। परिवार के लोगों की आपस में बात नहीं होती, हर व्यक्ति अपने-अपने मोबाइल पर होता है। ऐसे सभी व्यक्ति भेजे गए रेडीमेड पोस्ट में सोचते हैं जो आमतौर पर 'निर्मित अज्ञानता' के प्रचार का मामला है। संवाद अब यंत्र निर्भर है, इसकी मौखिकता घटी है। इससे लोगों में हृदयहीनता आती जा रही है, स्मृति-ध्वंस बढ़ रहा है और आदमी का मन व्यापक होने की जगह स्वकेंद्रिक और हिंस्र होता जा रहा है।

संस्कृति के उत्थान या पतन की मुख्य कसौटी यह है कि किसी संस्कृति में 'दूसरे' से संवाद का कितना विस्तार है, अर्थात- उसमें दूसरी जातीयताओं, नस्लों, धर्मों और जातियों, दूसरी भाषा बोलने वालों, भिन्न मत रखने वालों और स्त्रियों के प्रति क्या दृष्टि है। संस्कृति का एक अर्थ है दूसरों के दुख-सुख को समझने की तमीज।

प्रचार के नए रूप

धर्म और संस्कृति में फर्क है। धर्म एक पृथक पहचान देता है, पृथकता का अहसास कराता है जबकि संस्कृति अपृथकता का अहसास कराती है। वह राष्ट्रीय और सार्वभौम मानवबोध और पर्यावरण सचेतनता की ओर ले जाती है। यही वजह है कि कलाओं, साहित्य, दर्शन और विचारों के संसार में स्वीकृत मूल्य भी प्रश्नों के घेरे में आ जाते हैं। साहित्य तो जो प्रचलित और प्रचारित है, उसके विरोध से ही जन्म लेता है। आज 'प्रचलित' से ज्यादा 'प्रचारित' की तरफ से चुनौती है। प्रचार में बड़ी ताकत आ गई है। मनुष्य का दिमाग चारों तरफ से किए जा रहे शक्तिशाली प्रचारों की गिरफ्त में है। ऐसे

प्रचारों का लक्ष्य है आदमी और आदमी के बीच दीवार खड़ी करना और उनमें 'निर्मित अज्ञानता' की पैठ बढ़ाना।

झूठ का शक्तिशाली प्रचार ही इस समय सत्ता का लक्ष्य है। कौन कितने बड़े पैमाने पर झूठ फैला सकता है, इस पर राजनीति की सफलता निर्भर करती है। अभी भी काफी बुजुर्ग लोग लैंडफोन से चिपके हैं, वे दुनिया की नए ढंग की हलचलों से बेखबर हैं। अन्यथा स्मार्टफोन पर रोज ऐसी सैकड़ों खबरें आवाजाही कर रही हैं- 'जनगनमन अधिनायक जय हे' दुनिया का सर्वश्रेष्ठ राष्ट्रगीत घोषित हो गया, दस सालों में मुसलमान भारत में बहुसंख्यक हो जाएंगे, अंग्रेजी का 'नियर' शब्द भोजपुरी के 'नियरे' से बना है! सोशल मीडिया पर किसी न किसी ब्रांड को लेकर व्यावसायिक युद्ध चलता ही रहता है।

अफवाहें पहले भी फैलती थीं। 1857 के विद्रोहों में अफवाहों की बड़ी भूमिका थी। आपातकाल में नसबंदी का जोर-शोर से प्रचार हुआ था। गणेश दूध पीने लगे थे। इलेक्ट्रॉनिक मीडिया की वजह से फर्क यह आया है कि फेक न्यूज अब तेजी से फैलता है। सवाल है, कोई फेक न्यूज पर विश्वास क्यों करता है? झूठ बार-बार दुहराया जाए और कई तरफ से प्रचारित हो तो वह सच लगने लगता है। यह किसी दब चुके विवाद या भय को फिर से जगा देता है। ऐसी झूठी खबरों के प्रचार के तीन लक्ष्य हैं। एक लक्ष्य है, आधुनिक मन को फिर से पुरानी रूढ़ियों, अंधविश्वासों और संकीर्णताओं का वैचारिक कबाड़खाना बनाना। दूसरा लक्ष्य है, किसी खास समुदाय को शत्रु की तरह पेश करना- उसके प्रति भय जगाना। तीसरा लक्ष्य है, किसी खास नायक या ब्रांड के प्रति अबाध भरोसा बनाना। यह समय ही है अधिनायकों के मूर्ति निर्माण का!

सांस्कृतिक संवाद की परंपरा का क्या हुआ

भारत में सांस्कृतिक संवाद की एक दीर्घ परंपरा है। इसके ज्ञान को ओझल नहीं किया जाना चाहिए। अगस्त्य महर्षि ऋग्वेद के प्रमुख मंत्र द्रष्टाओं में माने गए हैं। वे आर्यों के कर्णधार थे। उन्होंने इंद्र और मरुतों के बीच विवाद दूर किया। बताया गया है कि वे दक्षिण जाकर बस गए और उन्होंने पहला तमिल व्याकरण लिखा। वे तमिल भाषा के पिता कहे गए। आर्य और द्रविड़ के बीच वे प्राचीन सेतु की तरह दिखते हैं। वे प्राचीन सांस्कृतिक संवाद के चिह्न हैं।

वाल्मीकि रामायण में राम अगस्त्य महर्षि से उनके आश्रम में जाकर मिलते हैं। अगस्त्य उनसे कहते हैं, 'राम, राक्षस और मनुष्य में फर्क यह है कि राक्षस प्रेम

नहीं करते, मनुष्य करते हैं।' अगस्त्य समुद्र पी गए थे। ऐसी बातें तथ्य नहीं कथा ही हैं, लेकिन ऐसे चरित्रों से उस युग की चिंताओं का पता चलता है।

रामायण में कवि वाल्मीकि राम द्वारा सीता के परित्याग को अच्छा नहीं मानते। राम के बेटे लव-कुश राम की सेना से युद्ध करते हैं और अश्वमेध के घोड़े को रोक देते हैं, यह जैसे युवा पीढ़ी के स्वतंत्र चिंतन का चिह्न है! महाभारत में भृगु भारद्वाज से कहते हैं, 'जाति विभाजन का संबंध शरीर के रंग से है।' भारद्वाज उनके मत का खंडन करते हुए कहते हैं, 'हम सभी ही दुख, क्रोध, भय, भूख, वासनाओं और श्रम से समान रूप से प्रभावित होते हैं। फिर जातिभेद कैसे मान सकते हैं।' धार्मिक कहे गए ग्रंथों में भी तर्क थे, वैचारिक संघर्ष था। आज तर्कमुक्त समाज बनाया जा रहा है तो इसका उद्देश्य परंपरागत सामाजिक विभाजनों को कायम रखने के अलावा क्या हो सकता है।

सिकंदर एक जैन दार्शनिक के करीब पहुँच कर उसे उदासीन पाता है। पूछता है, 'महान विश्व विजेता को देख कर भी तुमने मुंह फेर रखा है!' जैन दार्शनिक कहता है, 'एक आदमी के पास अपनी उतनी ही जमीन होती है जितनी पर वह खड़ा है। तुमने दुनिया को हिंसा के बल पर जीत लिया, लेकिन मरने पर उतनी ही जगह पाओगे जितनी तुम्हें गाड़ने के लिए जरूरी है।' उसका यह कथन भारत की साम्राज्यवाद-विरोधी परंपरा की ओर इशारा है। भारत ने विश्वविजेता बनने और दूसरों को गुलाम बनाने का स्वप्न कभी नहीं देखा!

'महाभारत' के भारत का एक अर्थ है युद्ध। महाभारत एक बड़े गृहयुद्ध की कथा है। क्या यह गृहयुद्ध पुनः सभ्य तरीके से दुहराया जाएगा? केंद्रीकरण से जन्मे सामाजिक तनाव और अंतर्द्वंद्व यही बताते हैं। प्रश्न उठता है कि सांस्कृतिक संवाद की हमारी परंपराओं का क्या हुआ। इन परंपराओं को सही परिप्रेक्ष्य में समझने से लोग समावेशी, सहिष्णु, मूल्यप्रवण और संवेदनशील बनेंगे, अन्यथा कट्टरता सभी को मूक गृहयुद्ध की ओर ले जाएगी।

कालिदास 'मेघदूत' में केरल के नारिकेल के पेड़ से अपना वर्णन शुरू करते हैं। मेघ यक्ष का संदेश लेकर देश के विभिन्न राज्यों से गुजरता है और वहां के रीतिरिवाज और प्राकृतिक सौंदर्य का वर्णन करते हुए हिमालय की अलकापुरी पहुंचता है। यह राष्ट्रीय अखंडता का ही जैसे दृष्टांत है। दक्षिण के शंकराचार्य ने उत्तर भारत के द्वारका और बद्रिकाश्रम में भी पीठ बनाए। ज्ञान के एक खास स्वरूप को महत्व देने के कारण वे प्रच्छन्न बौद्ध माने गए। एक 'हिंदू' के भीतर

प्रच्छन्न बौद्ध! ऐसे सांस्कृतिक अंतरमिश्रण तब संभव थे। ज्ञान की दुनिया में शुद्धतावाद का तिलिस्म टूट चुका था।

अमीर खुसरो ने हिंदी खड़ी बोली का पहला रूप दिखाया था। उनकी कुछ रचनाओं में एक अर्धाली ब्रजभाषा और दूसरी फारसी में है, 'ज़िहाले मिस्कीं मकुन तगाफुल, दुराये नैना बनाये बतियां'! उनकी पहेलियों से पता चलता है कि साधारण जनता किस भाषा में बोलती थी और किस तरह भाषा का संबंध कभी धर्म से नहीं रहा है। यह भी देखा जा सकता है कि आर्यों का ऋग्वेद उत्तर भारत में रचा जा कर भी किस तरह 15वीं सदी में पहली बार द्रविड़ों के क्षेत्र दक्षिण भारत में लिपिबद्ध हुआ!

अनुवाद उदारता का चिह्न है

भारतीय संस्कृति को इकहरी चीज नहीं समझा जाना चाहिए। कई बार रूढ़ियां ही भारतीय संस्कृति बना कर पेश की जाती हैं। उसे विदेशी प्रभावों से अलग रखा जाता है, जबकि इस देश की संस्कृति की रचना एक व्यापक संघर्षण, अंतर्मिश्रण और रूपांतरण की प्रक्रिया में हुई है और विविधता में हुई है। दुनिया की संस्कृतियों के बारे में कोई एक धारणा बनानी हो तो सबसे पहले यह देखना चाहिए कि यदि विकृति को ही संस्कृति न समझ लिया जा रहा है तो दुनिया की संस्कृतियां एक-दूसरे की विपरीत न होकर किस तरह पूरक हैं।

भारतीय संस्कृति साझे जीवन के विकासशील यथार्थों की रोशनी में बनी है। 'दूसरे' में जो सारवान है उसका ग्रहण और 'अपने' में जो अनावश्यक है उसका त्याग इसके अस्तित्व का अर्थ है। आज जरूरी है कि अपनी संस्कृति का कैदी होकर दूसरी संस्कृतियों के बारे में और अपनी अस्मिता का कैदी होकर दूसरी अस्मिताओं के बारे में गलत धारणा न बनाई जाए। राष्ट्रीय स्वाभिमान और अहंकार दो भिन्न चीजें हैं।

संस्कृत ग्रंथों के फारसी में अनुवाद की परंपरा उदारवाद का एक बड़ा चिह्न है। अकबर ने महाभारत का अनुवाद 'रज्मनामा' शीर्षक से अब्दुल कादिर आदि द्वारा कराया। कल्हण की 'राजतरंगिणी' का अनुवाद शाह मुहम्मद शाहबादी ने किया। हितोपदेश, पंचतंत्र की कथाओं का फारसी में अनुवाद हारून रशीद ने किया। कश्मीर के शासक जैनुल आबदीन ने संस्कृत विद्वानों की एक परिषद बनाई थी। अकबर के समय में पहले के कई अनुवाद सुधारे गए। हिंदू कथाओं पर मुस्लिम चित्रकारों ने पेंटिंग्स बनाए। एक में संजीवनी पर्वत उठाए हनुमान आसमान

के रास्ते से गुजरते दिखते हैं। अकबर का ईसाई, पारसी, हिंदू सभी धर्म के लोगों से संवाद था। सर्वविदित है कि अपने धार्मिक उदारवाद के कारण उसे मौलवियों की आलोचना झेलनी पड़ी थी। 'जहाँगीरनामा' में उल्लेख है कि जहाँगीर नाव में बैठकर एक वेदांती जदरूप से वेदांत का ज्ञान लेने के लिए गया था।

हर संवाद एक आंतरिक साझेदारी है, यह एक व्यापक समाधान निकालना है। सतरहवीं सदी के संत तुकाराम और समर्थ रामदास के संबंध में एक किंवदंती है। एक बार दोनों दो तरफ से यात्रा करते हुए एक ही समय किसी गांव से गुजरने वाले थे। आसपास के गांव के लोगों में उत्सुकता हुई कि दोनों के बीच जम कर शास्त्रार्थ होगा। खूब घमासान होगा, चलो आनंद लो। भीड़ जमा हो गई, हर तरफ शोर था। तुकाराम और रामदास दो तरफ से आए, मिले और माहौल पर नजर दौड़ाई। दोनों ने एक-दूसरे की आंखों में कुछ टटोला। एक ने करताल बजाई, दूसरे ने शंख बजाया। बात हो गई थी। बड़े प्रेम से वे मौन अपनी-अपनी राह चल दिए। भीड़ सोचती रह गई!

भारतेंदु हरिश्चंद्र वैष्णव थे, राधा-कृष्ण के उपासक। उन्होंने पांच पैगंबरों की जीवनी लिखी, कुरान का अनुवाद शुरू किया और हंटर कमीशन के बयान में अपने बारे में कहा, 'मैं संस्कृत, हिंदी और उर्दू कवि हूँ।' गांधी 19वीं सदी और 20वीं सदी के उत्तरार्ध के संपूर्ण वैचारिक द्वंद्वों की 'सिंथीसिस' थे। वे घूम-घूम कर हर धर्म, हर जाति, हर जातीयता के लोगों से संवाद कर रहे थे। उनमें राष्ट्रीयता और मानवता का अद्भुत मेल था, जिससे भारत का एक नया बिंब बन रहा था।

ऐसी सारी चीजें महज हमारी स्मृतियां नहीं हैं। ये वे तत्व हैं जिनसे हम बने हैं, हमारा भारत बना है। यह बार-बार देखने की जरूरत है कि हम इतनी सुंदरता से कैसे बने हैं।

बाजार की एकता – सांस्कृतिक भिन्नता

हम भारत के लोग एक-दूसरे से अंतर्संबंधित हैं। कभी अनुभव हो सकता है कि हम 'ग्लोबल' हैं- एक साथ कई संस्कृतियों के बीच जी रहे हैं और कभी तमिल, मराठी, बंगाली या हिंदी के रूप में अपनी जातीय पहचान का अनुभव भी करते हैं। हम सिर्फ हिंदू के रूप में देखे जा सकते हैं। कभी सिर्फ मुसलमान या पिछड़े-दलित या स्त्री के रूप में। हमें हाशिए पर होने का अनुभव हो सकता है और कई बार अकेला होने का भी। आज जीवन सरल नहीं है। इसलिए कृत्रिमताओं,

पाखंडों और राजनीतिक तौर पर निर्धारित की जा रही अस्मिताओं के पार जाने की बेचैनी हमारे मन में हो सकती है।

एक तानाशाह संवाद की परवाह नहीं करता। वह अपने वाद या अपनी विचारधारा के प्रति अंधा होता है। यह कहना सच नहीं है कि विचारधारा का अंत हो गया। विचारधारा का उदय या अंत उसकी सामाजिक शक्ति के उदय और अंत से जुड़ा है। किसी विचारधारा का अंत तब भी होता है जब उस विचारधारा और उसके मानने वालों के सामाजिक व्यवहार में दूरी काफी बढ़ जाए। यह स्थिति किसी तानाशाह के उदय की सूचना भी हो सकती है। तानाशाह विचारधारा के संकट की देन होते हैं। उनके उदय का अर्थ है उदारवादी और लोकतांत्रिक परंपराओं की उपेक्षा होगी, साहित्य हाशिए पर होगा, अहंकार से भर कर महान व्यक्तियों की मूर्तियां तोड़ी जाएंगी और 'हम–वे' का विभाजन हिंस्र रूप ले लेगा। तानाशाह कभी सुनता नहीं है, कभी पढ़ता नहीं है, सिर्फ बोलता है।

वैश्वीकरण की खूबी यह है कि यह अर्थव्यवस्थाओं में एकता और जीवन शैली में एकरूपता लाता है, पर सांस्कृतिक भिन्नता का संरक्षण करता है। वह सामाजिक भिन्नताओं का समाधान नहीं देता। सुखवाद पर आधारित उसकी व्यावसायिक नीतियाँ बहुमुखी होती हैं। यदि किसी व्यावसायिक ब्रांड को अपना माल गुजरात या मुंबई में बेचना हो तो वह कहेगा– 'माडर्न और लैटेस्ट' है। इसी माल को जब राजस्थान और उत्तर प्रदेश में बेचना हो तो कहेगा– 'परंपरा का ही नया रूप'!

राजनीति सांस्कृतिक भिन्नताओं को सत्ता के औजार में बदलती रही है। अब वह बाजार से तत्काल निजी या सामुदायिक फायदा उठाने का औजार बना दी गई है। उसका पहले की तरह कोई ऊंचा मकसद नहीं हो पाता। जनता के लिए वह पूरे न होने वाले सपनों की सौदागर है। उसमें आज त्याग से ज्यादा महत्व छीना–झपटी और भोग का है। आज की राजनीति विलासिता के शिल्प में है। इसलिए सामाजिक परिवर्तन की जगह भौतिक सांस्कृतिक चिह्नों का प्रदर्शन जरूरी होता है।

यदि वैश्वीकरण सार्वभौम जनहित में होता, उसका एक बड़ा लक्ष्य विश्व मन बनाना होता। सांस्कृतिक दूरियों और भिन्नताओं को समझ कर ऐसे ज्ञान का प्रचार करना होता जो लोगों को मिल–जुल कर रहने की प्रेरणा दे, सांस्कृतिक अंतरसंबंध की परंपराओं का ज्ञान कराए और धार्मिक तनाव, भावनात्मक असंतुलन और सामुदायिक अंतर्द्वंद्वों को मिटा कर शांति लाए। यह चिंताजनक है कि उदारवादी

बाजार-अर्थव्यवस्था के भारतीय कुबेर देश में धार्मिक-जातीय घृणा की राजनीति पर बिल्कुल चुप रहे हैं। देश के करीब 100 सबसे अमीर अरबपति चुप रहे हैं। टाटा-अंबानी और फिल्मी सितारे चुप रहे हैं, जबकि वैश्वीकरण की सफलता या विकास के लिए स्वतंत्रता और शांति के लिए मुखरताएं जरूरी हैं।

अफवाहों की तुलना में साहित्य की ताकत कम है लेकिन मतांधता, कट्टर शास्त्रों और सांस्कृतिक साम्राज्यवाद की काट हमेशा साहित्य ने दी है। दार्शनिकों ने सत्ता और उसकी सुविधा के लिए रचे ग्रंथों को कभी स्वीकार नहीं किया। आज जब भिन्न भाषाई या सांस्कृतिक पृष्ठभूमि के समुदायों के बीच दूरियां बढ़ाई जा रही हैं और खास कर छोटे या वंचित समुदायों और हाशिये की आवाजों के बीच विभाजन के बीज बोए जा रहे हैं, तब 'दूसरे' से संवाद का महत्व बढ़ गया है। 'क्रॉस-कल्चरल स्टडी' का महत्व बढ़ गया है। 'अंतर-सांस्कृतिकता के समाजशास्त्र' की जरूरत बढ़ गई है। अंतर-सांस्कृतिकता के प्रशिक्षण केंद्र जरूरी हो गए हैं, ताकि दूरियों के बावजूद विभिन्न धर्म और जातियों के लोग साथ मिल कर रहना सीख सकें। यह काम कठिन है, क्योंकि इसके लिए सामुदायिक एकालाप से बाहर निकलना जरूरी होता है और समावेशी मन बनाना पड़ता है। अहंवादी मन समावेशी नहीं होता, वह अपने राजनीतिक रीतिवाद से बाहर नहीं आ सकता।

भारत मानव जातियों का एक विराट संग्रहालय है

संस्कृतियों के संवाद में स्वार्थपरता बाधक होती है, आलोचनात्मक आत्मनिरीक्षण का अभाव भी आड़े आता है। दरअसल यह सत्ता के लिए तात्कालिक इंद्रधनुषी राजनीति तक सीमित विषय न होकर भारत के सांस्कृतिक अस्तित्व का मामला है, एक बड़ा मानव मन बनाने का सवाल है।

भारत में आज ही नहीं, कई बार बहुत कुछ एकतरफा ढंग से कहा गया है, अपने-अपने धर्म, जाति और प्रांत में खड़ा होकर। आज भी देखा जाता है कि भोजन में इटालियन पिज्जा, अमेरिकन बर्गर और चाइनीज फूड सब मंजूर है, पर विचार में सिर्फ अपने समुदाय में रहेंगे। पूरा भारत किसी का नहीं है! लोग अपने-अपने सामुदायिक तहखानों में हैं। गांव में किसान हैं जो निराश्रित होकर उद्विग्न हैं। शहर में युवा हैं जो निराश्रित होकर बेरोजगारी या अर्ध-रोजगार से उद्विग्न हैं। किसान और युवा बड़े कैटेगरी हैं- ये हर धर्म, लिंग, जाति और प्रांत में हैं। ये बिखरे हैं। इन्हें बाजार और राजनीति छोटी राहतों और बड़े सपनों के अलावा कुछ नहीं दे पा रहे हैं।

किसानों के पास उच्च मौखिक परंपराएं रही हैं तो युवाओं ने पिछले दो सौ सालों के सुधारों और परिवर्तनों में कई बार ऐतिहासिक भूमिका निभाई है। वे अपेक्षाकृत अधिक पूर्वाग्रह-मुक्त रहे हैं। दुनिया भर में 60 के दशक का युवा आक्रोश स्मरणीय है। युवाओं पर कुछ समय से मनोरंजन और सूचना उद्योगों का सांस्कृतिक आक्रमण बढ़ा है। इन्हें आवाजहीन करने का प्रयत्न बड़े पैमाने पर है। इन्हें चमक-दमक से घेरा गया है। इनकी रुचियां बाजार के नियंत्रण में लाई गई हैं। इन सबके बावजूद युवाओं की छवि का संबंध आशाओं, संभावनाओं और 'सीमारेखाओं को तोड़ते हुए आगे बढ़ कर सोचने' से है। युवा को इसी मुख्य अर्थ में देखा जाना चाहिए। आज युवा की अवधारणा का संबंध उत्पीड़ितों और वंचितों के बीच पुल बनने से है। उसका रिश्ता कुछ 'साझा' खोजने से है, क्योंकि अब भग्न वृत्तांतों के साथ और अधिक जीना संभव नहीं है। सामाजिक विभाजन और ध्रुवीकरण का यह जैसा हिंसक दौर है, युवाओं को एकाकी विमर्शों से ऊपर उठकर अपनी संवेदना को- अपने प्रेम, गुस्से और संपूर्ण दृष्टि को एक बड़ा मानवीय आकार देने की जरूरत महसूस हो सकती है।

भारत मानव जातियों का एक विराट संग्रहालय है। ऐसे देश में संस्कृतियों का संवाद ही शांति और न्याय का रास्ता है। ऐसा कोई संवाद अतीत के जेलखाने से बाहर निकल कर ही संभव है। यह रूढ़ियों से मुक्त होकर सोचने से ही संभव है। यदि कोई समुदाय अपनी पहचान रखता है तो यह गलत नहीं है, लेकिन कट्टर समुदायवाद आत्मघातक है। दरअसल एकरूपता नहीं बहुलता को लेकर ही अखंडता और न्याय तक पहुंचना संभव है। यह भी देखा जाता है कि संवाद में तर्क का इस्तेमाल होता है, पर अंधे तर्कवाद से संवाद नहीं, सिर्फ विवाद होता है। तर्कशील बुद्ध और तर्कवादी चार्वाक में यही फर्क है। इस देश में न मनु का शुद्धतावाद गौरव पा सका और न चार्वाक का उच्छेदवाद। वेदव्यास ने दोनों हाथ उठा कर कहा था, 'मेरी बात कोई नहीं सुनता।' फिर भी नक्कारखाने में तूती की आवाज हमेशा गूंजी है!

अप्रैल 2018

बहुसांस्कृतिक राष्ट्रवाद

बहुसांस्कृतिकता और राष्ट्रवाद एक-दूसरे से टकराते दिखते हैं, लेकिन भारत के संदर्भ में बहुसांस्कृतिक राष्ट्रीयता एक बड़ी सच्चाई है। भारत में संस्कृति तब भी थी, जब यह देश एक राष्ट्र-राज्य न था। राष्ट्रीय भावना के विकास में एक समय संस्कृति की कितनी बड़ी भूमिका थी, यह भक्ति आंदोलनों से समझा जा सकता है। धर्म की तुलना में संस्कृति हमेशा एक ज्यादा खुली जगह है। यही वजह है कि भक्त कवि दक्षिण के रहे हों, महाराष्ट्र के या हिंदी क्षेत्र के रहे हों या किसी भी विश्वास के रहे हों, वे सामाजिक दूरियाँ मिटा कर भारतीय राष्ट्रीयता की भावभूमि तैयार कर रहे थे। उस दौर में लोग छोटे धार्मिक कुएँ से निकल कर खुले आकाश के नीचे सांस लेना शुरू कर चुके थे। मजे की बात है कि राजनीतिक संसार में आज बसव, तुकाराम, कबीर, मीरा, सूर, तुलसी आदि के गुण कोई नहीं गाता, धर्म और संस्कृति की जितनी चर्चा करता हो।

जिस तरह राष्ट्रीय भावना के विकास में संस्कृतियों की भूमिका होती है, संस्कृतियों के विकास में भी राष्ट्रीयता की बड़ी भूमिका है। धार्मिक रूढ़ियों, जातिवाद, लैंगिक विषमता और क्षेत्रीयता के अंधेपन से ही नहीं, उपनिवेशवाद से भी व्यापक टकराहट शुरू नहीं होती, यदि राष्ट्रीयता का उदय नहीं होता। प्रश्न उठता है, आज जिस राष्ट्रवाद का शोर है, क्या वह उपर्युक्त में से एक भी बिंदु पर मुक्तिकामी बौद्धिक भूमिका निभा रहा है।

आज दुनिया में जहाँ-जहाँ राष्ट्रवाद का पुनरुत्थान हो रहा है, वह उदार बाजार-व्यवस्था के बावजूद उदारता से विमुख है। वह एक तरफ अंध-भौतिकतावाद की ओर झुका है, तो दूसरी तरफ पागल होकर शुद्धतावादी सफाया अभियानों में लगा है। यदि देश में कई संस्कृतियाँ हैं तो वे राष्ट्र-राज्य बनते ही अपने को किसी एक रंग के अधीन नहीं कर लेतीं। उनमें जबर्दस्ती एकरूपता लाना राष्ट्रहित में नहीं होता। कोई भी राष्ट्र-राज्य सांस्कृतिक की जगह राजनीतिक

उद्देश्यों से अधिक चलता है। उन उद्देश्यों में एक है बहुसांस्कृतिकता की रक्षा करना। भारत में बहुसांस्कृतिकता और राष्ट्रीय चेतना में अंतर्विरोध नहीं है। समरसता जरूर हो और इसकी चर्चा कवि जयशंकर प्रसाद ने की है, पर समरसता का अर्थ एकरसता नहीं है।

भारत की राष्ट्रीय एकता चींटी द्वारा इकट्ठे किए गए खाद्य कणों की तरह नहीं है जो अलग-अलग होते हैं। वह मधुमक्खी द्वारा तैयार मधु जैसी भी नहीं हो सकती जिसमें फूलों की पहचान खो जाती है। वह 'खिचड़ी' जैसी चीज है जिसमें सभी पदार्थ घुले-मिले होते हैं, साथ ही अपनी विशिष्ट पहचान भी रखते हैं। राष्ट्रीय अखंडता और विशिष्टता में अंतर्विरोध नहीं है। इस देश को तो इसी तरह समझा जा सकता है। यह भी कहा जा सकता है कि भारत की राष्ट्रीय आधारशिला अनेकात्म मानवतावाद है।

भारत की बहुसांस्कृतिकता के कुछ उदाहरण काफी होंगे। महाभारत के रचनाकार वेदव्यास का जन्म तीक्ष्ण बुद्धि के पराशर और एक मछुआरिन सत्यवती से बताया गया है जिसके शरीर से मछली की गंध आती थी और जो अछूत थी। दूसरा उदाहरण है, मथुरा में राधा के बिना कृष्ण की कल्पना नहीं की जा सकती, जबकि ओडिशा के कृष्ण और इनके भाई बलराम के बीच दुखी सुभद्रा है। पुरी के जगन्नाथ मंदिर में कृष्ण के साथ राधा नहीं है। मथुरा और पुरी की सांस्कृतिक बहुलता को मिटाने की जगह समझने की जरूरत है। उत्तर के कृष्ण सांवले हैं, दक्षिण में वे स्थानीय लोगों के रंग के अनुरूप काले हैं। दक्षिण ने काले में सुंदरता देखी। महाराष्ट्र में 'गणपति बप्पा मोर्या' है, तो बंगाल में 'दुर्गोत्सव' है। बंगाली या तमिल लोग राम से उस तरह धार्मिक प्रेरणा ग्रहण नहीं कर पाते, जिस तरह उत्तर भारत के। इसके लिए क्या करेंगे, क्या पश्चिम बंगाल और तमिलनाडु को हिंद महासागर में फेंक देंगे? निःसंदेह इस देश में भाषा, खान-पान, आस्था, रस्मोरिवाज में भारतीय बहुलता को स्वीकृति देने की राष्ट्रीय मानसिकता अभी भी विकसित नहीं हो पाई है, जबकि बहुसांस्कृतिक राष्ट्रीयता एक बड़ी सच्चाई है और शुद्धतावाद का आग्रह आत्मघात है।

ज्ञान और शुद्धता एकसाथ संभव नहीं है

अल बिरूनी (मृत्यु 1048) आक्रमणकारी गजनवी के साथ भारत आया था, लेकिन गजनवी के लौटने के बाद वह लंबे समय के लिए भारत में रुक गया। उसने ब्राह्मण गुरुओं से उनके घर के दरवाजे के बाहर टाट पर बैठ कर संस्कृत सीखी

थी। वह खगोलवेत्ता था और ज्योतिष का ज्ञान पाना चाहता था। उसने अपने यात्रा-वृत्तांत में एक जगह लिखा है कि भारतीय विद्वान अद्भुत हैं- ये ज्ञान और शुद्धता दोनों एकसाथ चाहते हैं! ज्ञान के तत्व दुनिया की सभी सभ्यताओं और सभी जातियों के साहित्य में हैं। लंबे समय से उनके बीच मिश्रण और आदान-प्रदान चलते आए हैं। हर देश में ज्ञान अ-विशुद्ध है। जहाँ शुद्धतावाद है, वहाँ ज्ञान नहीं है।

शुद्धतावादी व्यक्ति ज्ञान के शत्रु होते हैं। उनके शुद्धतावाद का संबंध जब राष्ट्रवाद से स्थापित होता है, वे लोकतंत्र के शत्रु बन जाते हैं। उन्हें तब सब कुछ 'प्योर' चाहिए- शुद्ध राज्य, शुद्ध धर्म, शुद्ध जाति, शुद्ध देश, शुद्ध नस्ल, शुद्ध परिवार जबकि सामाजिक गतिशीलता के कारण आज हम एकसाथ कई संस्कृतियों के बीच जीते हैं और एक स्पष्ट बहुजातीय वातावरण में काम करते हैं। गंगा जल अपनी अ-शुद्धता में कैसे पवित्र है? इसलिए बहुसांस्कृतिक राष्ट्रीयता और अनेकात्म मानवतावाद के बारे में सोचने की जरूरत है। इस देश में किसी किस्म का शुद्धतावाद या कट्टरतावाद चल नहीं सकेगा, थोड़ी देर का बवंडर बन कर भले आ जाए।

रामानुजाचार्य गंगा से नहा कर बाहर आते थे तो रोज एक शूद्र को छू लेते थे। एक व्यक्ति ने पूछा- आप गंगा से शुद्ध होकर निकलते हैं, शूद्र को छू कर अपने को फिर अशुद्ध क्यों कर लेते हैं? रामानुजाचार्य ने जवाब दिया- गंगा के जल में नहा कर मैं अपने शरीर को शुद्ध करता हूँ और शूद्र को छू कर अपनी आत्मा को! हाल में एक दलित को अपने ग्राम-प्रधान के घर के भीतर चले जाने के कारण जमीन पर थूक कर चाटना पड़ा। आज भी दलितों, वंचितों और कमजोरों पर अत्याचार के सैकड़ों रूप हैं। उत्तर भारत में भक्ति आंदोलन ले कर आए रामानंद कहते थे, 'जाति पांति पूछे नहिं कोई, हरि को भजै सो हरि का होई।'

1992 में रोमन चर्च के पोप पॉल द्वितीय ने गैलेलियो को चर्च द्वारा दंडित किए जाने के 350 साल बाद माफी मांगी और गैलेलियो की इस वैज्ञानिक बात को सही ठहराया कि पृथ्वी गोल है और सूर्य के चारों तरफ घूमती है। क्या भारत में शंकराचार्य, हिंदू धर्म के मंडलाचार्य और हिंदुत्ववादी इसके लिए माफी मांगेंगे कि जाति प्रथा से हिंदू धर्म की क्षति हुई है और एक बड़े समुदाय को सैकड़ों साल से अत्याचारों का सामना करना पड़ रहा है? कुछ नहीं तो धर्मनिरपेक्ष हिंदू खुद जगह-जगह 'क्षमायाचना सभा' करें और भेदभाव के अन्य मुद्दों पर 'चित्त स्वच्छता अभियान' चलाएँ। मानव-चित्त की स्वच्छता के बिना भारत-स्वच्छता एक अधूरी परियोजना है।

जिस भारत में पवित्रता और शुद्धता की इतनी दुहाई है और अथर्ववेद के 'पृथ्वीसूक्त' में कहा गया है, 'माता भूमिः पुत्रो अहं पृथ्वीव्याः'- संपूर्ण पृथ्वी मेरी माता है- उस देश में वायु और जल प्रदूषण से 2015 में 25 लाख लोग मरे ('लैंसेट' हेल्थ जरनल)। ऐसे लोग निम्न आय वर्ग के हैं। ऐसी मौतें आर्थिक विकास का अनिवार्य नतीजा नहीं हैं।

एलीट अंतरराष्ट्रीयता

भारत ही ऐसा देश है, जहाँ विकास और प्रदूषण से मौत का इतना सघन रिश्ता है। भूख के मामले में भारत का 119 देशों के बीच 100वाँ स्थान है, बांग्लादेश इससे बेहतर स्थिति में है। भूख का मामला बच्चों के अपुष्टिकर भोजन, स्त्रियों को कम कैलोरी मिलने और कृषकों की इधर गिरी आय की वजह से ज्यादा गंभीर है। आदमी का पेट पौष्टिक तत्वों के साथ ठीक से न भरना भी भूख है। काफी लोग अपनी भूख को लोक-लज्जा के कारण छिपाते हैं। अतः उपर्युक्त आंकड़ा कुछ और चिंताजनक हो सकता है। शहरों की चमक-दमक, उत्सवों की भव्य श्रृंखला और विकास की बड़ी घोषणाओं के बीच प्रदूषण और भूख से हुई धीमी मौतें दब जाती हैं। हम पास की चीखें सुन नहीं पाते।

पृथ्वी अब कुछ बड़े शहरों में सीमित हो गई है। अथर्ववेद का महान पृथ्वीसूक्त इस उधेड़बुन में खो जाता है कि किस जगह का नामकरण किस राजनेता के नाम पर किया जाए। वैश्वीकरण के युग में ऐसी कोई जगह नहीं दिखती जहाँ हमें लगे कि हम अपने धर्म, अपने वर्ग, अपनी जाति, अपनी राजनीति के लोगों से ऊपर उठ कर पृथ्वी से बात कर रहे हैं।

भारत के लोगों में अंतरराष्ट्रीयता नहीं है, ऐसी बात नहीं है। लेकिन यह एलीट स्तर पर विदेशों में जाकर व्यापार-नौकरी करने और विदेशी नागरिकता लेने तक सीमित है। साधारण लोगों के स्तर पर यह अमरीका, इंग्लैंड, जापान, चीन, कोरिया आदि की उपभोक्ता वस्तुओं का दीवाना होने तक सीमित है। बौद्धिक स्तर पर यह शेक्सपियर-मार्क्स- देरिदा के नाम जपने तक सीमित है- एक अनुभूतिहीन बौद्धिक यांत्रिकता तक। इस दृष्टि से देखा जाए तो हिंदी क्षेत्र के लोग विश्व चेतना से सबसे ज्यादा कटे हुए हैं, वे हिंदी जातीय चेतना से तो विमुख हैं ही। शायद यह भी एक वजह हो इस क्षेत्र के लोगों के बीच अति-राजनीति की, जो कैंसर है।

उदारतावाद और राष्ट्रवाद का संगम

उदारतावाद अब पश्चिम और भारत दोनों जगहों पर निशाने पर है। आर्थिक उदारीकरण के नए जमाने में सामाजिक उदारीकरण का कोई लक्षण नहीं है। उदारतावाद और राष्ट्रवाद को कई बार परस्पर विरोधी के रूप में देखा गया है, क्योंकि राष्ट्रवाद पहले विश्वयुद्ध का कारण था और दूसरे विश्वयुद्ध में हिटलर के फासिज्म का उदय इसी से हुआ था। भारतीय स्थितियों में राष्ट्रीय भावना का अंध-राष्ट्रवाद में ढलने की संभावना आमतौर पर नहीं रही है। औपनिवेशिक या अर्ध-औपनिवेशिक दशाओं में उदार समावेशी राष्ट्रवाद एक अनिवार्य वैचारिक तत्व है। यह भी उल्लेखनीय है कि भारत में पश्चिम की तरह उदारतावाद का अर्थ व्यक्ति स्वाधीनता और मुक्त बाजार तक सीमित नहीं है। ऐसे भी, स्वाधीनता जब स्वार्थाधीनता में बदल जाती है, न उदारतावाद के लिए अवकाश रह जाता है और न राष्ट्रीयता के लिए। दरअसल पश्चिमी अवधारणाओं में फँसने की वजह से उदारतावाद और राष्ट्रीयता को परस्पर विरोधी के रूप में देखा गया। माना गया कि जो उदारवादी होगा वह कभी राष्ट्रवादी नहीं होगा और जो राष्ट्रवादी है, उसे उदारवादी नहीं होना है। उदारवादी और कट्टरवादी दोनों किस्म के बुद्धिजीवियों ने पश्चिम का अंधानुकरण करते हुए ये धारणाएँ विकसित कीं।

भारत में राष्ट्रीय भावना को नवजागरण के उच्च वैश्विक मूल्यों से अलग करना हमेशा मुश्किल रहा है। यह जरूर कहा जा सकता है कि दादाभाई नौरोजी, गोपालकृष्ण गोखले जैसे समाज-चिंतकों के उदारवाद में राष्ट्रीयता आर्थिक राष्ट्रवाद तक सीमित थी और विकासशील अवस्था में थी, जिस तरह संक्रमण के उस दौर में बालगंगाधर तिलक, लाजपत राय आदि की राष्ट्रीय भावना में उदारवाद अभी विकासशील अवस्था में था। इनका नरम-गरम में चरम विभाजन एक भ्रामक दृष्टिकोण है। गांधी को दोनों का सर्वोत्तम अंतर्मिश्रण मानना चाहिए। उन्होंने उदारवाद और राष्ट्रवाद के बीच बची दूरियाँ काफी मिटा दीं और राष्ट्रीय भावना के विकास के लिए सहिष्णुता को जरूरी माना।

दरअसल राष्ट्रीयता के बिना बुद्धिवाद और उदारतावाद जड़विहीन हैं, तो बुद्धिवाद और उदारतावाद के बिना राष्ट्रीयता एक संकुचित मामला है। राष्ट्रीयता का बुद्धिवाद और उदारतावाद से लगातार अंतर्क्रिया और घनिष्ठता खास कर एशियाई देशों में शांति और विकास की पहली शर्त है और निश्चय ही लोकतंत्र की भी। यह घटना प्रेमचंद और निराला के युग में देखी जा सकती है, जब कई विडंबनाओं के बावजूद भारतीय जनमानस पर राष्ट्रीयता, बुद्धिवाद और उदारतावाद

तीनों का असर मौजूद था। बाद में राष्ट्रीयता पश्चिमीकरण में खोने लगी या धार्मिक राष्ट्रवाद में सीमित होती गई। बुद्धिवाद तकनीकी बुद्धिवाद में सीमित होने लगा। फलतः कुरीतियों और अंधविश्वास ने नए वस्त्र पहन लिए। लोग आधुनिक यंत्रों के व्यवहार और व्यापारिक युक्तियों में प्रवीण हुए, लेकिन सामाजिक मामलों में उनका पोंगापंथ नहीं छूटा। वे बाहर से आधुनिक और भीतर से रूढ़िवादी होते गए। कई मुनि और धर्मगुरु आज भी कहते हैं कि पुत्र-रत्न की प्राप्ति पुण्यों का फल है!

भारत की धरती ऐसी होती जा रही है, जहाँ उदारतावाद को मिटा कर जाति, धर्म और प्रांतीयता के बंकर चौड़े होते जा रहे हैं। अनोखे हथियार तने हुए हैं और हर सांस पर पहरा है।

कभी इस सपने – कभी उस सपने में भटकते रहो

निराला ने अपने युग में कहा था, 'आज सभ्यता के वैज्ञानिक जड़ विकास पर/गर्वित विश्व नष्ट होने की ओर अग्रसर/स्पष्ट देख रहा, सुख के लिए खिलौने जैसे/बने हुए वैज्ञानिक साधन, केवल पैसे/आज लक्ष्य में है मानव के।' पूंजीवाद ने मानव समाज को एक करुण मोड़ पर ला खड़ा किया है, जहाँ पैसा 'कुछ नहीं' से 'बहुत कुछ' और अब 'सब कुछ' बन गया है। हर तरफ एक 'वन्य भाव' पैदा होने लगा है- सभ्यता के वेश में एक तरह का जंगलीपन। इन स्थितियों में उदारतावाद कितना बचा रहता, जब राष्ट्रीयता और बुद्धिवाद संकटग्रस्त हो चुके हैं। इधर राजनीतिक विचारों के तरह-तरह से बाजारीकरण ने भी उदारतावाद को कमजोर करने और सामाजिक विद्वेष, विशिष्टताबोध और अहं बढ़ाने में एक बड़ी भूमिका निभाई है।

उपर्युक्त तीनों की ऐतिहासिक भूमिका अधूरी रह जाने और उनके संकट में पड़ने का ही अनिवार्य नतीजा है हाशिए के विमर्शों का उदय- दलित, स्त्री, आदिवासी तथा वंचित-कमजोर वर्गों की स्वतंत्र रूप से मुखरताएँ। ये मुखरताएँ अंधेरे के चिराग हैं।

पिछली सदी के साठोत्तरी आधुनिकतावादी यदि वैयक्तिक स्तर पर विद्रोही थे, तो हाशिए की आवाजों को सामुदायिक विद्रोह कहा जाना चाहिए। हमारा राष्ट्र इस समय ऐसे अनगिनत विद्रोहों के बीच है। यह स्थिति इस बिंदु पर उद्विग्न कर सकती है कि उपर्युक्त विद्रोह बिखरे हुए हैं और अपने सामुदायिक हित से ऊपर उठ कर 'राष्ट्र' से संवाद नहीं कर पा रहे हैं। सवाल उठता है कि क्या

अस्मिता की राजनीति पर आधारित हाशिए की आवाजों का राष्ट्रीयता और बुद्धिवाद से शाश्वत किस्म का विरोध है? यदि ऐसा है तो इसका फायदा वे उठाएंगे जो सत्तासंपन्न हैं। वे स्वदेशी तरीके की 'फूट डालो और राज करो' की रणनीति अपना भी चुके हैं।

बुद्धिवाद और उदारीकरण के राष्ट्रीय पुनर्गठन के बगैर सिर्फ प्रतीकात्मक 'चिह्नों' के सहारे चलने पर सामुदायिक विद्रोहों की दशा वही हो जाना संभव है, जो राष्ट्रीयता और आधुनिकता की हुई। इससे जनजीवन की पीड़ा बढ़ती जाएगी और विकास एक भूल-भूलैया सदृश होगा। बस, कभी इस सपने- कभी उस सपने में भटकते रहो!

अब कृत्रिम मेधा भी अबाध गति से आ रही है। रोबोटमनु नागरिकता पाने लगे हैं। ये नई आर्थिक व्यवस्था में बलात पदावनति और बेकारी ही नहीं बढ़ाएंगे, लोगों को सोचने और विचारों से भी मुक्त कर देंगे। बेरोजगारी जितनी बढ़ेगी, विकास के भूल-भूलैये उतने ज्यादा होंगे। इसी जगह, उत्पादन के कुछ परंपरागत साधनों को बचाने की जरूरत महसूस होती है। थोड़ा पिछड़े रह जाना ठीक है, यदि मानव-विरोध का मामलो हो!

इन दिनों भारतीय उदारवाद पर धर्म, जातिवाद और क्षेत्रीयतावाद- इन सभी कोणों से हमला किया जा रहा है। विलासोन्माद की तरह क्रोधोन्माद बढ़ा है। ये एक ही सिक्के के दो पहलू हैं। विरोध नृशंसता में बदल गया है। संकीर्णता से संकीर्णता लड़ रही है। संकीर्ण राह चुने बगैर सत्ता पाना और सत्ता से लड़ना दोनों कठिन होता जा रहा है। ऐसा जब भी होगा, बड़ी संकीर्णता अंततः छोटी संकीर्णताओं को निगल लेगी। संकीर्णता की विभिन्न राजनीतिक लीलाओं ने ही देश में लंबे समय से विकसित हो रही उदार राष्ट्रीय भावना को बहिष्कारपरक और कठोर राष्ट्रवाद में रूपांतरित किया है और आम लोगों की मुश्किलें बढ़ा दी हैं।

वैश्वीकरण का लक्ष्य है परस्पर निर्भरशीलता, जो बाजार-अर्थव्यवस्था में दिखती है। अब दुनिया के बड़े म्युजिक कंसर्ट या आईपीएल के क्रिकेट खेल में दुनिया के कई देशों के कलाकार-खिलाड़ी एक टीम में इकट्ठे हो जाते हैं। किसी बड़े उपभोक्ता माल का एक पुर्जा एक देश में बनता है, तो दूसरा हिस्सा किसी अन्य देश में, और एसंबल कहीं और होता है। यहाँ न धर्म आड़े आता है और न जातीयता और जाति आड़े आती है। बाजार-अर्थव्यवस्था में परस्पर निर्भरशीलता है। इसने देशों के बीच तनावों के बावजूद युद्धों को प्रायः अतीत की वस्तु बना

दिया है, क्योंकि हर देश में हर देश की पूंजी लगी हुई है। इसके ठीक उलट, समाजों और संस्कृतियों में परस्पर निर्भरशीलता की जगह अंतर्शत्रुता है, हिंसा है। इससे सामाजिक खुलापन प्रभावित हुआ है, कूपमंडूकता और पुरानी रूढ़ियों का महिमामंडन बढ़ गया है और मनुष्य-मनुष्य के बीच खाइयां पैदा होने लगी हैं- मॉल, फ्लाई ओवर और मोबाइल के नए-नए अवतार जितने बन रहे हों!

आखिरकार वह विकास किस काम का जो अंतर्शत्रुताओं के रक्त से नहाया हो? स्पष्ट है, राष्ट्रवाद यदि विदेशी शासन से लड़ कर उपनिवेशित देश को राष्ट्र का रूप दे सकता है, तो यह सांस्कृतिक बहुलता की उपेक्षा करके देश की हत्या भी कर सकता है।

दिसंबर 2017

घायल शब्द

कोई भी साहित्यिक सृजन राजनीति, इतिहास, मीडिया या बाजार में खप जाने की जगह उनका बौद्धिक अतिक्रमण करता है, तभी अपनी विशिष्टता की रक्षा कर पाता है। सैकड़ों साल से साहित्य का लक्ष्य रहा है शब्द की गरिमा की प्रतिष्ठा, क्योंकि वह मनुष्य के अस्तित्व से जुड़ा है। वर्तमान समय में सबसे घायल दशा में शब्द हैं और इसका असर हमारे जीवन पर पड़ रहा है। राजनीति में ही शब्दों के साथ खिलवाड़ नहीं हो रहा है, ज्ञान के विभिन्न अनुशासन, मीडिया और पॉप संगीत भी शब्दों को लहूलुहान करते आ रहे हैं। आज लफ्फाजी, जुमलों, फतवों, अपमानजनक बोल और शोर से भाषा की सत्ता खतरे में पड़ गई है। मोबाइल, टीवी स्क्रीन, अखबार के पन्नों और रेडियो एफएम पर शब्द सड़े टमाटर जैसे होते जा रहे हैं। कहना न होगा कि शब्द सिर्फ तब सड़ते हैं जब जिम्मेदारी से नहीं कहे जाते, जब वे महज मनोरंजन या हिंसा के उपकरण बन जाते हैं या सत्ता-संघर्ष का हिस्सा।

इस हालत में साहित्य-कर्म को पुनर्परिभाषित करके ही शब्द की गरिमा की वापसी संभव है। इसका अर्थ है महज लिखने, छपने और चर्चा कराने या सोशल मीडिया में 'लाइक' बटोरने से आगे बढ़ कर विभिन्न उपायों से साहित्य की हस्तक्षेप-क्षमता को विकसित करना जरूरी है। इस लक्ष्य को पूरा करने के लिए एक बार फिर साहित्यिक सक्रियतावाद को अपनाने की जरूरत है जिसके उदाहरण भारतेंदु, माखनलाल चतुर्वेदी, महादेवी वर्मा, नागार्जुन, रेणु जैसे साहित्यकार रहे हैं।

साहित्य को पाठकों-सहृदयों तक पहुँचाने का काम टीवी चैनेल नहीं करेंगे, न कोई व्यापारी आएगा और न सरकारी संस्थानों में कोई सच्ची दिलचस्पी है। इसलिए तमाम शिक्षक, लेखक और बुद्धिजीवी जब तक पटरी पर चल रही अपनी जिंदगी में मोड़ लाकर नई समवेदना, नए विचारों, नए शिल्प

और नई चिंताओं के साथ संस्कृति कर्म में सक्रिय रूप से शामिल नहीं होते, साहित्य का भविष्य असुरक्षित रहेगा। इस मामले में हिंदी क्षेत्र के लोगों की उदासीनता चिंता में डालती है। ज्यादातर हिंदी बुद्धिजीवियों के लिए उनका आलस्य एक आभिजात्य है और कलह जीवनधन है। यह सब भांपते हुए साहित्य में पुराने रंग-ढंग अब तोड़ डालने जरूरी समझे जाएंगे, जैसा कि पूरी दुनिया में घटित हो रहा है।

मनुष्य की गरिमा की रक्षा

साहित्य को जब तक नई तकनीक से शब्द, दृश्य और नाद के त्रिआयामी संसार में प्रवेश नहीं मिलेगा, पत्रिकाएं अपने रूप और अंतर्वस्तु में निरंतर समृद्ध नहीं होंगी, असहमतियां वैचारिक कर्मकांड से बाहर नहीं निकलेंगी, जब तक पत्रिकाएं-पुस्तकें खरीद कर नहीं पढ़ी जाएंगी और पढ़ने की संस्कृति विकसित नहीं होगी, साहित्य जगह-जगह अकेले पड़े हुए लेखकों का वाग्विलास भर होगा। आज समाज में विभिन्न किस्म के कट्टरवादी तत्व इतने सक्रिय इसलिए हैं कि उदारवादी बुद्धिजीवी स्वार्थपरता और अहमन्यता में डूबने-उतराने लगे। तकनीकी उत्कृष्टता के जमाने में लेखकों को शायद यह भी जरूरी लगे कि उनके लिए जगह बहुत थोड़ी है और एक-एक शब्द जीवन की अंतिम सांसों की तरह बहुमूल्य है।

यह मुख्यतः साहित्य नहीं, भाषा की रक्षा का प्रश्न है जो मानवता के उन गुणों की रक्षा से जुड़ा है जो हमारे सांस्कृतिक पूर्वजों ने हमें दिए हैं। शब्द की गरिमा का सवाल मनुष्य की गरिमा से जुड़ा है। इसे राजनीति और बहुराष्ट्रीय कंपनियां टेक्नोलॉजी की ताकत से लगातार गिरा रही हैं। समाज उनके द्वारा निर्मित चिह्नों के संसार में 'निर्वाचित कैदियों के झुंड' में बदलता जा रहा है। 1999 में माइक्रोसाफ्ट के सीईओ स्कॉट म्याकेनेली ने घोषणा की थी, 'निजता की मृत्यु हो गई है।' साहित्य में निजता का संबंध वैयक्तिक सृजनात्मकता से है, अपने विचारों के साथ जीने के अधिकार से है। देखा जा रहा है कि मनुष्य खुद सोचने, अपनी बुद्धि से अच्छे-बुरे का फैसला करने और 'दूसरे' की पीड़ा को संवेदनापूर्वक समझने में लगातार अक्षम होता जा रहा है। ऐसा इसलिए भी है उसके पास अब न्यूनतम भाषा है, सिर्फ काम चलाऊ शब्द हैं। दरअसल साहित्य वह जगह है जहाँ खुद सोचने, मूल्य निर्णय लेने और 'दूसरों' की, अपरिचितों की भी पीड़ा को समझने के लिए स्पेस मिलता है। यही वह जगह है जहाँ वह

प्रतिस्पर्धी झुंडों से भिन्न एक मानवीय समाज में होता है। साहित्य में विविधतापूर्ण संसार के हजारों दिलों का मिलन होता है। शब्द की गरिमा और इसके साथ मनुष्य की गरिमा की सबसे ज्यादा रक्षा साहित्य में होती है और सबसे ज्यादा हनन बाजार में होता है।

सभी तरह के कट्टरतावादी चाहे वे धार्मिक हों या राजनीतिक, समाज की विविधता और जटिलता को सरलीकरणों में बदल देते हैं। वे कुछ खास पाठों को अंतिम घोषित कर देते हैं। यह साहित्य की बुनियादी प्रकृति के खिलाफ है, सर्वतोमुखी विकास का भी विरोधी है। प्राचीन साहित्य हो या आधुनिक साहित्य, वह सदा से एक और अंतिम व्याख्या से विमुख रहा है। इसलिए विचार के लिए जहां स्पेस हो, वही चीज साहित्य है।

बाजारीकरण के युग में फायदे-नुकसान की गणितीय सोच की महत्ता ज्यादा है और उच्च टेक्नोलॉजी ने व्यक्तियों को तकनीकी बुद्धिवाद दिया है। दोनों ने ही मिल कर मनुष्य को धीरे-धीरे संवेदनशून्य बनाया। दोनों ने समाज में बुराइयां बढ़ाईं और उदारतावाद की फसलों में आग लगा दी। अब हर जगह कट्टरता की कठोर जमीन है। लेखक को इसी जमीन पर अपना हल चलाना है, अपना ट्रैक्टर निकालना है। इसका अर्थ है, अब नई पद्धति से सोचना होगा कि कैसे कोई पाठ पढ़ा जाए, कैसे पढ़ाया जाए, कैसे नया पाठ रचा जाए और साहित्य कैसे प्रसारित हो। कट्टरतावाद रचनात्मकता का शत्रु है तो रचनात्मकता के सामने भी मुख्य चुनौती हमेशा कट्टरता ही है।

बाहुबल के युग में

दुनिया भर में तर्क का युग अपने पांच सौ सालों के लंबे इतिहास में सबसे ज्यादा संकट के दौर में है। बाहुबल का युग लौटा-सा दिखता है। किसी जमाने में अमेरिका और रूस दो ध्रुव थे, आज वे काफी निकट हैं। फिलहाल कुल करीब 14,900 खतरनाक परमाणु हथियारों में 93 प्रतिशत अमेरिका और रूस के पास ही हैं। दोनों देशों की निकटता बाहुबल को ही इस युग का प्रधान तर्क बनाने के लिए है। दुनिया के कई देशों में 'बाहुबली-2' जैसी फिल्मों की लोकप्रियता भी एक संदेश है कि आज के लोग किस चीज पर ज्यादा मुग्ध होते हैं और किस चीज से धीरे-धीरे किनारा कसने लगे हैं। उच्च तकनीक गोबर को भी स्वर्ण में बदल सकती है।

देखा जा सकता है कि किसी अंग्रेजी या हिंदी फिल्म ने नहीं, उपर्युक्त तेलुगु

फिल्म ने एक हजार करोड़ का व्यवसाय किया। हिंसा के सौंदर्य का इतना समृद्ध महिमामंडन पहले नहीं हुआ था। यह एक अलग-थलग घटना न होकर आतंकवाद और हिंसा की नई श्रृंखला का ही व्यावसायिक दोहन है और यह गहरी चिंता का विषय है। इससे यह तर्क बनता है कि हिंसा की राजनीति हो सकती है तो हिंसा का व्यवसाय क्यों नहीं हो सकता। यह संकेत भी मिलता है कि आम लोगों की रुचि किस दिशा में विकृत की जा रही है। और उन्हें हिंसात्मक होने की प्रेरणा दी जा रही है।

अब लोगों को सुपरमैन ज्यादा पसंद आ रहा है। निराशा में यह बोध जन्म लेता है कि अपनी सुरक्षा के लिए आक्रामक बनो, हिंसा को चुनो। इस तरह सोचा जाने लगा है कि बड़ा भौतिक संगठन और अधिक बाहुबल होने के कारण सिर्फ वही श्रेष्ठ है, बाकी तुच्छ हैं। वह बड़ी मछली है, उसे छोटी मछलियों को खा जाने का अधिकार है। बाहुबल द्वारा बुद्धिबल को चुनौती आज वैश्विक स्तर पर है। पिछले लगभग 500 सालों से दुनिया में जिस तर्क, बुद्धि और विवेक बल की प्रतिष्ठा होती रही है, निश्चय ही उसके ये आखिरी दिन नहीं हैं, पर ये संकट के दिन जरूर हैं।

अमेरिका, फ्रांस और हाल में इंग्लैंड में इस संकट से जबर्दस्त मुठभेड़ें सामने आई हैं। इन देशों के संकीर्ण राष्ट्रवादी सत्ता-केंद्र ताकतवर होते हुए भी बेहाल हैं। पश्चिम इतना अधिक आलोड़ित दूसरे विश्वयुद्ध के बाद पहली बार हुआ है। वह राष्ट्रवाद की अपनी ही बनाई धारणा से बुरी तरह बेचैन है। पश्चिमी देश बंद राष्ट्र में घुटन का अनुभव करने लगे हैं। वे इससे बाहर निकल कर उदारवाद की तरफ पुनः लौटना चाहते हैं, क्योंकि उदारवाद का ध्वंस करके राष्ट्रवाद आर्थिक विकास की उच्च मंजिलें हासिल नहीं कर सकता।

कविता है सांस्कृतिक विश्वदूत

एक अमेरिकी कवयित्री जेने हिर्शफील्ड पहले अंतर्मुखी प्रकृति की थीं। वह बागवानी करती थीं और मुख्यतः प्रकृति पर कविताएं लिखती थीं। अमेरिका में बढ़ी नस्लीय हिंसा, अंध-राष्ट्रवाद और जलवायु परिवर्तन के संदर्भ में पेरिस समझौते से अमेरिका के पीछे हट जाने से दुखी होकर वह विरोध करने के लिए सड़क पर आ गईं। जेने ने कई अमेरिकी कवियों ने वैज्ञानिकों के साथ सड़कों पर मार्च किया। उन्होंने एक तहलका मचा देने वाली कविता पढ़ी- 'पांचवें दिन'। इसकी कुछ पंक्तियां हैं :

पांचवें दिन
जिन वैज्ञानिकों ने नदियों का अध्ययन किया था
उन्हें मना कर दिया गया कि
वे नदियों पर न बोलें और न आगे अध्ययन करें
जिन वैज्ञानिकों ने हवा का अध्ययन किया था
उन्हें मना कर दिया गया कि वे हवा पर न बोलें
जिन्होंने किसानों के लिए काम किया था
उन्हें बिल्कुल चुप कर दिया गया
और उन्हें भी जिन्होंने मधुमक्खियों पर शोध किया था
तथ्य दबाए जाने लगे
और तब
नदियां नदियों के बारे में बात करने लगी थीं
अब सिर्फ हवाएं थीं
जो मधुमक्खियों के बारे में कुछ बताती थीं
मौन तब मुखर होकर मौन के बारे में बोल रहा था!

वैश्विक हित और राष्ट्रीय हित के बीच स्पर्धा का बढ़ना वर्तमान समय का एक बड़ा बदलाव है जिसने दुनिया को एक खतरनाक मोड़ पर खड़ा कर दिया है। दरअसल राष्ट्र या राष्ट्रवाद एक अस्पष्ट अवधारणा है जिसका दुनिया भर के राजनेताओं द्वारा अपने ढंग से इस्तेमाल कर लेना हमेशा ही आसान रहा है। अपने सर्वोत्तम रूप में यह देश की बहुलता में कुछ सामान्य मूल्यों के आधार पर एकता की खोज है। यह भी कहा जा सकता है कि 'नागरिक राष्ट्रवाद' (सिविक नेशनलिज्म) अग्रसोची होता है, जबकि धार्मिक, पुराजातीय या प्रांतीय राष्ट्रवाद प्रतिगामी। राष्ट्रवाद यदि हो भी तो हिंसा के लिए न हो और वह मानवतावाद को साथ लेकर चले। इसके अलावा, कामना की जा सकती है कि वह बंधुत्व, स्वाधीनता और समानता के वैश्विक मूल्यों पर आधारित हो। आज दुनिया में जिस राष्ट्रवाद का उदय हो रहा है, वह मानवता के कितने पक्ष में है और कितने विरोध में है इस पर बहस होनी चाहिए।

हम जानते हैं कि अमेरिका, फ्रांस और इंग्लैंड में ही नहीं दुनिया के सभी देशों में उदारतावाद की महान परंपराएं हैं। लेखकों और ज्ञानियों-गुणियों की उदात्त सामाजिक सक्रियता की परंपराएं हैं। यह समय पुनः एक बड़े साहित्यिक प्रस्थान का माना जा सकता है, जो हर किस्म की मतांधता को चुनौती देता है और

राष्ट्रीय पुनर्जागरण के साथ एक ऐसे वैश्विक भाईचारे का आह्वान करता है जहाँ कोई सुपरमैन नहीं होगा।

कश्मीर का मन जटिल रहा है। यह कई रूपों में 'वागर्थ' के इस बार के फोकस में झांकता दिख सकता है। कविताएं अलार्म का काम करती हैं। वे सांस्कृतिक विश्वदूत होती हैं। इस दृष्टि से इस अंक की कविताएं वे छवियां हमारे सामने रखती हैं जो कश्मीर की जटिलता को समझने में हमारी मदद कर सकती हैं। कश्मीर में सभी लोग जेहादी, आतंकवादी और पृथकतावादी नहीं हैं। वहाँ ऐसे व्यवसायी, कृषक, कारीगर, साधारण कामगार और विद्यार्थी और नौजवान भी बसते हैं जो शांति और आत्मसम्मान के साथ जीना चाहते हैं। वहाँ सिर्फ पहाड़ों का सौंदर्य और सुंदर स्त्रियां नहीं हैं। वहाँ गरीबी, निराशा और भय से जूझते कश्मीरी भी हैं, जो अपने को भारतीय समझते हैं। ऐसे ही कश्मीरी ज्यादा हैं जिस तरह हर भारतीय राज्य में ईमानदार, शांतिप्रिय और भले लोग ही ज्यादा हैं।

जुलाई 2017

बौद्धिक दैन्य का उत्सव

यदि आप किसी संस्कृति को नष्ट करना चाहते हैं तो उसकी किताबों को नष्ट कर दें। उन्हें जला दें। नया तरीका है, उन्हें न पढ़ें!

क्या ज्ञान का संबंध मृत्यु का साक्षात्कार करने से है? अस्तित्ववादियों ने कहा था, मृत्यु के सम्मुख ही अस्तित्व का अर्थ समझ में आता है। महाभारत में युद्धभूमि पर विनाश और मृत्यु के निकट ही अर्जुन कृष्ण से ज्ञान पाते हैं। इससे काफी पहले रची गई कठोपनिषद में नचिकेता को मृत्यु के दरवाजे पर यम से ज्ञान मिला था। देखा जा सकता है कि दो जगहों पर दो तरह के ज्ञान हैं और इनमें फर्क है।

नचिकेता और अर्जुन का अंतर

महाभारत का बुनियादी संदेश है, 'अहिंसा परमो धर्मः' (आदि पर्व), लेकिन गीता में कृष्ण कहते हैं, 'देखो, मैं साक्षात मृत्यु हूँ, साक्षात विनाश! तू निमित्त मात्र है अर्जुन, शत्रुओं को मार और राजसुख का भोग कर!' (11.32-33)। क्या आज ऐसा ही परिदृश्य है? कुरुक्षेत्र के 'सारथी कृष्ण' वृंदावन के सर्वजनप्रिय 'बांसुरीवादक कृष्ण' से भिन्न हैं। अर्जुन के कृष्ण राधा के कृष्ण से भिन्न हैं। वे अपने विश्वरूप में अंतरिक्ष के सूर्य-चंद्रमा, ग्रहों-सितारों तक अपना विस्तार दिखाते हैं और कहते हैं, 'जब-जब धर्म का क्षय और अधर्म की वृद्धि होती है, वे अच्छे लोगों को कष्ट से मुक्त करने, दुष्टों के विनाश और धर्म-स्थापना के लिए अवतार लेते हैं।' क्या महाभारत युद्ध के बाद सचमुच कष्ट से कोई मुक्त हुआ?

युद्ध के कुछ ही समय बाद, व्याघ्र द्वारा कृष्ण के मारे जाने की घटना है। कुछ साल शासन के बाद स्वर्गारोहण के मार्ग में युधिष्ठिर को छोड़ कर द्रौपदी समेत बाकी पांडव बर्फ में गल जाते हैं। द्वारका के मूसल युद्ध में आपस में लड़ कर कृष्ण के यादव कुल का पूर्ण विनाश हो जाता है।

गौर करने की बात है कि गीता के ज्ञान में शत्रु की अवधारणा शामिल है, जबकि इससे काफी पहले की कठोपनिषद की कथा एक भिन्न संदेश देती है। यह गीता जैसी लोकप्रिय नहीं है, हालांकि इससे पुरानी है। कथा है, राजा बाजश्रवा में स्वर्गसुख की लालसा पैदा होती है। वे यज्ञ करते हैं, लेकिन कंजूसी से यज्ञ में ब्राह्मणों को ऐसी गाएं दान करते हैं जो दुर्बल हैं और गाभिन होने के काबिल नहीं हैं। उनका कम उम्र का बेटा नचिकेता यह दृश्य देख कर पूछता है, 'पिता, आप मुझे दान में किसे देंगे?' दुबारा-तिबारा पूछने पर बाजश्रवा क्रोध में कहते हैं, 'तुम्हें मृत्यु को देता हूँ।' उनमें लोभ के अलावा क्रोध भी कम न था।

पिता के आदेश पर नचिकेता यमलोक जाता है, जहाँ यम की अनुपस्थिति में उसे निराहार रह कर तीन दिन प्रतीक्षा करनी पड़ती है। यमराज लौटते हैं और नचिकेता की दृढ़ता देख कर प्रसन्न होते हैं। वे उससे तीन वर मांगने के लिए कहते हैं। नचिकेता को पिता का प्रेम फिर से पाने और अग्नि का रहस्य जानने के वर आसानी से मिल जाते हैं। तीसरे वर पर यमराज अटक जाते हैं। नचिकेता की जिज्ञासा है-मृत्यु क्या है? आत्मा क्या है? ईश्वर क्या है? यम इन प्रश्नों का जवाब देने में झिझकते हैं, क्योंकि देवताओं को भी इन चीजों का ज्ञान नहीं था।

नचिकेता : आत्मा क्या है? बताइए, मृत्यु के बाद कुछ है या कुछ भी नहीं है?

यम : हाथी-घोड़े लो। स्वर्ण लो। सौ साल का जीवन लो। सुंदरियाँ लो, पृथ्वी पर जहाँ तक चाहो राज करो और सुख भोगो, पर प्रश्न न करो।

नचिकेता : सुख की ऐसी चीजें जीवन की शक्ति को खत्म कर देती हैं। मुझे प्रश्नों के उत्तर चाहिए।

जिंदगी के ज्यादा सुख मनुष्य को प्रश्नविहीन कर देते हैं, सुखवाद ज्ञान का शत्रु है। यमराज कोई उपाय न देख कर जो ज्ञान देते हैं, उसका सार यह है-आत्मा नित्य है। वह ईश्वर का ही अंश है। ईश्वर हर मनुष्य में है, वह सृष्टि में हर कहीं बसता है। अहंकार और भिन्नता के बोध से मुक्त होने पर ही ईश्वर मिलता है।

नचिकेता के ज्ञान में भिन्नता और शत्रु की अवधारणा नहीं है। इसके अलावा, उसमें अर्जुन की तरह राज्य-भोग का लोभ नहीं है। वह अर्जुन की तरह चुप नहीं रह जाता, प्रश्न करता है। ज्ञान वहीं है, जहाँ अंधविश्वास की जगह प्रश्न हैं। जहाँ प्रश्न नहीं हैं, वहाँ ज्ञान नहीं है।

दुनिया इस समय निराशा के ऐसे मोड़ पर खड़ी है, जहाँ अवतारों की प्रतीक्षा है। कुछ देश अवतार पा भी गए हैं। लेकिन आम लोगों का कष्ट दूर करना और अधर्म रोकना संभव नहीं हो पा रहा है। हिंसा रुके, भ्रष्टाचार मिटे, शिक्षा का

स्वरूप बदले, लोगों को रोजगार मिले और न्याय की प्रतिष्ठा हो, यह आम आशा कहीं पूरी होती नहीं दिखती। हर तरफ लूट-मार है, विघटन है। अब सरहदों पर युद्ध पहले की तुलना में काफी कम हो गए हैं, क्योंकि आदमी-आदमी के बीच सरहद है और युद्ध है।

सूरज-चांद, ग्रहों-उपग्रहों तक फैला बाजार अपने विश्वरूप में कहता है, 'तू निमित्त मात्र है राजनेता, शत्रुओं को मार और सुख का भोग कर!'

यह बौद्धिक दैन्य ही है कि इस देश में लोकतंत्र के प्रति आदर बना नहीं रह सका। सरकारी और राजनीतिक लोगों ने उसे लूटतंत्र और दमनतंत्र में बदल दिया। पुराने विचारों में मोरचा लग गया, वे बेअसर होते गए। इसलिए अब कोई महास्वप्न नहीं है। इसमें संदेह नहीं कि उपभोक्ता संस्कृति के प्रसार ने भी बौद्धिक दैन्य बढ़ाया है और इसने लोगों में असीम लालच भर दिया है।

लोकतंत्र के लिए नचिकेता की तरह प्रश्न करने वाले आत्ममर्यादा-संपन्न नागरिक होने चाहिए। लोकतंत्र का आत्महीन भीड़तंत्र या अवतार-पूजक व्यवस्था में बदलना आत्मघात है।

भीड़ से फिर समाज में लौटना

राष्ट्रीयता के लक्ष्य हैं - सभी नागरिकों के बीच समानता की प्रतिष्ठा करना, सभी के मानवाधिकार सुनिश्चित करना और दल-मत से ऊपर उठ कर सभी जगहों पर न्याय की स्थापना करना। समाज में यदि भीड़-बल, शौर्य-भाव और भौतिक दबंगई निर्णायक भूमिका निभाने लगी है तो यह लोकतंत्र के लंबे समय तक हुए दुरुपयोग, भ्रष्टाचार और व्यक्तिवाद का ही अंतिम नतीजा है। पिछले कई दशकों में बाजश्रवा की तरह दूसरों को दुर्बल गाएं थमा कर निजी स्वर्ग रचे जाते रहे हैं। निजी जीवन में सुखों के पीछे दौड़ते हुए विचार के स्तर पर बड़ी-बड़ी बातें कही जाती रही हैं। फल यह है कि आज कई बेहाल हैं। इसके अलावा, दुनिया में कट्टरवाद जितना संगठित हुआ है उदारवाद उतना ही बिखर गया है। तर्क और मानवीय संवेदना के साथ सोचने वाले गोली भी खाते हैं तो पेड़ नहीं, अब सिर्फ कुछ पत्ते हिलते हैं।

भीड़ बहरी होती है, निश्चय ही उसमें अंधता भी कम नहीं होती। बहुराष्ट्रीय कंपनियों द्वारा सफाई से जेब काट ली जाती है और उपभोक्ता को दिखता नहीं है। वह व्यापारिक ऐप और छूट के लालच में फँस जाता है। जहाँ भी छूट है, वहाँ लूट है। इसलिए कहा जाना चाहिए छूट से बचो-लूट से बचो!

इस बिंदु पर सब कुछ चुपचाप स्वीकार कर लेने की जगह प्रश्न करने होंगे। भीड़ से पुनः समाज बनाने के लिए लोगों में प्रश्न करने की प्रवृत्ति का होना जरूरी है। जीवन को शक्ति मिलती है, यदि प्रश्न हों। निश्चय ही अपने आप से भी प्रश्न करना होगा - वर्तमान संकट में मेरा योगदान क्या है!

सुख का अनंत

बाजार ने स्वर्ग के सभी सुख धरती पर उतार दिए हैं। आज बाजार वही सब कह रहा है जो यम ने नचिकेता से कहा था- विदेशी चाकलेट लो। लक्जरी कारें लो। जितने चाहो, शेयर लो-फ्लैट लो। एक से एक पहनावे, खाना-पीना...। सात सितारा होटलों में ठहरो। जिधर देखोगे-सुंदरियां होंगी। ऊंचे पद लो। पुरस्कार लो। अमेजन के नए आफर हैं। मोबाइल का नया मॉडल है। धर्म में धूम-धड़ाका लो। राजनीति में फिल्मी कलाकारों, पहलवानों और खिलाड़ियों के जलवे देखो। करनी और कथनी का फर्क लो। ट्वीट लो। पसंद के मैसेज लो। लाइक या जयकारा वाले फालोअर बिलकुल फ्री! ऐसे सुख मिलें तो बौद्धिक दैन्य बुरी चीज नहीं है।

बौद्धिक दैन्य के कुछ रूप बड़े रोचक हैं। ग्रीनलैंड भारत के क्षेत्रफल से लगभग आधा है। वह एक स्वायत्त डैनिश देश है जिसकी आबादी मात्र 60 हजार है। अमरीकी राष्ट्रपति और रियल इस्टेट के एक बड़े व्यवसायी डोनल्ड ट्रंप ने डेनमार्क के सामने इस बर्फीले देश को खरीदने की पेशकश की, ताकि इसे पर्यटन केंद्र बना कर कमाई की जा सके। जलवायु परिवर्तन से इस भूखंड का तापमान बढ़ा है और अमीरों की समृद्धि का एक नया रास्ता खुला है। जिस जलवायु परिवर्तन से उत्तरी ध्रुव गल रहा है और दुनिया में जो नई विपदाएँ आ रही हैं, उन पर चिंता न कर ग्रीनलैंड की प्राकृतिक संपदा को विश्व बाजार में ला खड़ा करने के लिए कुछ अमीर व्यक्ति जिस तरह उतावले हो उठे हैं, यह उनके बौद्धिक दैन्य का नमूना है।

आज जिस व्यक्ति में लालच नहीं है, वह नई आर्थिक व्यवस्था से छिटक कर सत्ता-च्युत हो जाएगा या बेरोजगारी के रास्ते पर भटकेगा। ऐसा नहीं है कि धन-दौलत, सत्ता और दूसरों पर नियंत्रण का लोभ इतिहास में कोई नई बात है। लेकिन इधर सरकारें खुद जिस तरह से लोभी हुई हैं, वैभव-विलासिता की तरफ झुकी हैं और स्वजन पोषण के लिए जरूरतें बढ़ी हैं, गरीब लोगों का जीवन इससे प्रभावित हुआ है। कृषकों की क्रय क्षमता घटी है। इस समय शहरी लोगों को

विभिन्न जगहों पर जो कर देना पड़ता है, वह बढ़ा है। वे ज्यादा खरीद नहीं पा रहे हैं, हर चीज महँगी हुई है। कर्ज का बोझ बढ़ा है। शिक्षा और चिकित्सा के खर्च अलग से तबाह करते हैं। लोग बड़े पैमाने पर अर्ध-रोजगार हो चुके हैं। बौद्धिक कुहासे में ये समस्याएँ नहीं दिख रही हैं, सिर्फ 'भिन्नता' दिख रही है!

अर्थव्यवस्था, पर्यावरण और नैतिकता पर आज जो संकट है, उसे उपर्युक्त परिप्रेक्ष्य में देखा जा सकता है। यह सोच पर उपस्थित एक बड़ा संकट है। इसमें दो राय नहीं हो सकती कि मानवता पर आधारित ज्ञान की कुर्बानी देकर, बुद्धिपरकता को तलाक देकर, विज्ञान को कथाओं द्वारा घेर कर तथा सिर्फ हुनर और चालाकी पर जोर देने से जो सभ्यता पनपेगी, वह वस्तुतः हिंसा की सभ्यता होगी। इन स्थितियों में टेक्नोलॉजी जितनी विकसित होती जाएगी, अज्ञानता-निर्माण के लिए उसका इस्तेमाल उतना बढ़ता जाएगा।

नए भारत में कैसे नागरिक बन रहे हैं

आर्थिक मंदी का असर उपभोग पर पड़ा है, उपभोक्ता संस्कृति पर नहीं। उपभोक्तावाद ने ऐसा माहौल बनाया है कि जिसके पास गैस चूल्हा है वह इलेक्ट्रिक ओवन के लोभ में मरा जा रहा है। मॉल-मल्टीप्लेक्स ने धरती पर स्वर्ग की सीढ़ियाँ लगा दी हैं, जितना ऊँचा चढ़ सको!

शिक्षित लोग समुदायबद्ध होने के साथ-साथ स्वकेंद्रित हुए हैं। उनकी शिक्षा जितनी बढ़ी है, उतनी ही संकीर्णता भी बढ़ी है। सामान्यतः वे बाहर से आधुनिक और भीतर से कूपमंडूक हैं। उनमें तथ्य जानने की दिलचस्पी नहीं है। उनका तर्कों और प्रश्नों से सरोकार नहीं है। उन्हें पुस्तकों की परवाह नहीं है, साहित्य से लेना-देना नहीं है और अपनी मातृभाषा में दिलचस्पी नहीं है। यदि किसी ब्रांड का नाम अंग्रेजी में न होकर हिंदी में हो तो कोई नहीं खरीदेगा। ऐसी स्थितियों में बड़े पैमाने पर जो प्रचारित किया जाता है, उसे ही ज्ञान मान लिया जाता है। इस युग में प्रचार ही विचार है!

नए भारत में कैसे नागरिक बन रहे हैं? लोगों को सिर्फ अधिक पैसा, अधिक उपभोक्ता वस्तुएं और अधिक सत्ता चाहिए। उन्हें आंखों को चकाचौंध करने वाले जश्न चाहिए। उन्हें वही पढ़ना-जानना है जिससे अधिक कमाई हो। उन्हें जो पाना है, उसके लिए किसी भी हद तक जाना है। कई हैं, जिन्हें जल्दी से भारत के उन 1 प्रतिशत लोगों में शामिल होना है जिनके पास 2016 के सर्वेक्षण के अनुसार देश की 58.4 प्रतिशत संपत्ति है।

पिछले तीन दशकों में सचेतन समझे जाने वाले शिक्षित वर्गों की मनोरचना में गुणात्मक फर्क आया है। उनमें अपने लोभ-लाभ के दायरे से बाहर निकल कर सोचने की शक्ति नहीं बची है। इसमें भी लाभ देखा जाता है कि दूसरे को व्यापार के ज्यादा अवसर, कोई ऊँचा पद या सम्मान न मिले। यह 'हिंसक लाभ' का युग है। हर लाभ एक हिंसा है और हर हिंसा अब मनोरंजन है- हिंसारंजन!

वैश्वीकरण के 30 साल पूरे होने को हैं। जांचना चाहिए कि चौड़ी सड़कों, अधिक रोशनी, अधिक तड़क-भड़क और बढ़ी-चढ़ी निजी शानोशौकत के साथ-साथ समाज के लोगों की कितनी बौद्धिक-नैतिक उन्नति हुई है।

अंग्रेजों ने फूट कैसे डाली

अंग्रेजों ने भारतीयों के बीच फूट कैसे डाली, विभेदों का राजनीतिक निर्माण कैसे किया और झूठ कैसे फैलाए, इस पर कोई बड़ा अनुसंधान नहीं हुआ है। इस तरह के अनुसंधान आज के समय को समझने के लिए जरूरी हैं। अंग्रेज 'सभ्यता के मिशन' की नकाब में वस्तुतः बेईमान और क्रूर थे। वे 'ज्ञान' का उपयोग सिर्फ अपनी औपनिवेशिक सत्ता के लिए कर रहे थे। दरअसल हर युग की चालाकी एक नकाब लेकर आती है, महापुरुषों की वाणी उच्चारते हुए!

ब्रिटिश राज में निर्मित औपनिवेशिक ज्ञान 'फूट डालो और राज करो' पर आधारित था। मैकाले की 'अंग्रेजी शिक्षा' से भारतीय जनमानस का उपनिवेशीकरण जब असंभव लगा और 1857 के कुछ समय बाद राष्ट्रीय जागरण के अधिक गंभीर लक्षण दिखे, अंग्रेजों ने भारतीय विविधता को 'भिन्नता' में बदलने के लिए जन-सर्वेक्षणों का सहारा लिया।

अंग्रेजी राज में पहला जन-सर्वेक्षण 1871 में हुआ था। इसके बाद 1881 और 1891 में हुए। इनके जरिए वस्तुतः जाति व्यवस्था, सांप्रदायिकता और इनके प्रादेशिक रूपभेदों का औपनिवेशिक आधुनिकीकरण किया गया था। अब सभी लोगों को अपनी जाति आदि बताना जरूरी था। इस तरह अंग्रेजों द्वारा लोगों के मन को बांटना शुरू हुआ, जिसका असर न सिर्फ सदियों से चले आ रहे सामाजिक सौहार्द और अंतर्मिश्रण पर पड़ा, बल्कि ऊंच-नीच, श्रेष्ठता-दंभ और 'हम-वे' की अनगिनत सीढ़ियां बन गईं। पहले जातिसूचक नाम नहीं लिखे जाते थे, अंग्रेजी राज के दबाव से अब यह अनिवार्य हो गया था। सूर, तुलसी, मीरा, बिहारी के जातिसूचक नाम क्या हैं? क्या वे पांडेय, द्विवेदी, सिंह-शर्मा थे?

आजादी के बाद देशी नेताओं का 'लोकतंत्र का मिशन' जैसे-जैसे विफल होता गया, वे औपनिवेशिक ज्ञान के औजारों को मिटाने की जगह उन्हीं पर निर्भर होते गए। नतीजतन जन-सर्वेक्षणों का इस्तेमाल 'विभेदों' के आधार पर सत्ता निर्मित करने के लिए किया जाने लगा। ऐसा हर इस्तेमाल ज्ञान को तहस-नहस कर डालता है और बौद्धिक दैन्य बढ़ाता है। भारत ही नहीं, दुनिया के कई बड़े देशों में 'विभेदों' को उकसाए बिना अब सत्ता तक पहुंचना मुश्किल हो गया है।

अब हर जगह कुछ लोग 'भिन्न' दिखने लगे हैं। वे 'शत्रु' के रूप में चिह्नित किए जा रहे हैं। वे लोग जो सदियों से हैं या दशकों से हैं, उनका अपने देश-प्रदेश में होना अब अचानक जैसे अपराध है। उनके खिलाफ विद्वेष और हिंसा का प्रचार अब सभ्यता के साथ किया जा सकता है।

वैश्वीकरण ने 'विश्व मन' नहीं दिया। 'भारतीय मन' भी नहीं बन सका। हमारा देश सड़क-छाप राष्ट्रीयता और एलीट बौद्धिकता के बीच सैंडविच बन गया है, जबकि बौद्धिक राष्ट्रीयता के विचार विस्थापित हैं। यह भी देखा जा सकता है कि हर आर्थिक वृद्धि के बाद 1 प्रतिशत व्यक्तियों के पास पहले से अधिक संपदा चली जाती है तो हर चुनाव के बाद कुछ नए 'शत्रु' घोषित हो जाते हैं।

इस उत्सव में विचारों का प्रवेश निषिद्ध है

बौद्धिक दैन्य के उत्सव में विज्ञान की बलि होती है। आम लोगों के पूर्वग्रह और अपरिष्कृत विश्वास ही ज्ञान का रूप धारण कर लेते हैं। इतिहास में सिंह दहाड़ने लगते हैं। अपने सगे-संबंधियों की हत्या करके राजा बने अजातशत्रु का युग रहा हो या औरंगजेब का, अक्सर भारत में राजसत्ता हिंसा के लाल गलीचे पर चल कर हासिल होती थी। क्या लोकतंत्र में अपने लोभ-लाभ के लिए वही खेल चलेगा? क्या समाज में विद्वेष और हिंसा एक विचारधारा के रूप में प्रतिष्ठित हो जाएगी?

हर अत्याचार अपना एक कानूनी आश्रय बना लेता है, जिस तरह विद्वेष अपना सांस्कृतिक आधार खोज लेता है। अपना भला करना है तो 'दूसरे' का सर्वनाश करो, यह भावना फैलाई जाने लगती है। हिंसा के इस उत्सव में पुस्तकों और विचारों का प्रवेश निषिद्ध है। जिन्हें विचारों से प्रेम है, पुस्तकों से लगाव है और जो उच्च भारतीय परंपराओं से नाता रखते हैं, वे अपने को अब भीषण रूप से अकेला, प्रभावहीन और निस्सहाय महसूस करते हैं।

दूसरी ओर, बड़े पैमाने पर ऐसे हिंदी बुद्धिजीवी हैं जो हिंदी किताबें खरीदना और पढ़ना कब का छोड़ चुके हैं। वे फेसबुक, ब्लॉग, ट्विटर, व्हाट्सऐप आदि पर

अपना गम गलत करते हैं। वे आमतौर पर पढ़ने से ज्यादा पढ़ाने में लगे रहते हैं! कैसा सुअवसर है, प्रतिवाद भी हो जाता है, घर से बाहर निकलना भी नहीं पड़ता।

इधर मानवता और इसके एक तत्व सामाजिकता का सार्वभौम पतन हुआ है जो 'राष्ट्र' को कई स्तरों पर खोखला कर रहा है। क्या यह उत्तर-मानवता का युग है? आज खंडित स्वार्थ में ही जैसे पूरे भारत का चित्र है। समस्याओं का खंडित सामना करके ही जैसे राजनीतिक कर्मकांड संपन्न हो जाता है। इतनी चुनौतीपूर्ण घड़ी में इतनी अगंभीरता पुराने नेताओं और बुद्धिजीवियों की व्यर्थता का सबूत है।

पुराने व्यर्थ हो चुके हैं और नए आ चुके हैं। इसके ही एक झीने अहसास का नाम है ग्रैता तुन्बैर। स्वीडेन की यह लड़की अभी 18 वर्ष की भी नहीं है। उसने यूरोपीय देशों और अमेरिका के शहरों में लाखों श्रोताओं के बीच विश्व नेताओं से यह कहने का जोखिम उठाया, 'कैसे साहस हुआ तुम्हें? तुम सबने खोखली बातें कह कर हमारे सपने तोड़े हैं, हमारा बचपन छीना है! विज्ञान को सुनो।' यह विश्व के लोगों की सार्वभौम आवाज है। विचारों को कभी मिटाया नहीं जा सकता, दबाया भले जाए। ताजा युवा ही अब भरोसा हैं इस खौफनाक होते जा रहे विश्व में!

सूचना युग में कैसे ज्ञान की जरूरत है

भारतीय परंपरा में ज्ञान वस्तुतः देह, संकुचित मन और संकीर्ण कर्मकांडों का अतिक्रमण है। आज ऐसे व्यक्ति ज्यादा मिलते हैं, जो ज्यादा छलकती 'अधजल गगरी' हैं। वे चावल छोड़ कर कंकड़ प्रदर्शित करते ज्यादा दिखते हैं।

क्या अब दुनिया के लोगों को ज्ञान की कोई जरूरत नहीं है या एक नया ज्ञानोदय दस्तक दे रहा है? यह समझना कठिन नहीं है कि हिंसा और विकास दोनों एकसाथ असंभव हैं। ज्ञान का किसी युग में विद्वेष से संबंध नहीं रहा है। दरअसल संकट के दौर में ही इससे मुठभेड़ का 'विजन' पैदा होता है। हमेशा काले बादलों में ही बिजली चमकती है, नीले आसमान में नहीं। इसलिए समाज में बौद्धिक दैन्य बढ़ा है तो इसको लेकर चिंताएँ भी मौजूद हैं।

यदि कुछ भी ज्ञान है, वह आदमी और आदमी के बीच दीवार नहीं हो सकता। 'अभेद में भेद' की सूचनाओं के मुकाबले 'भेद में अभेद' का ज्ञान ही भारतीय परंपरा है। यह किसी ऐसे संकुचित 'सामुदायिक हम' में सीमित नहीं हो सकता जो हमेशा 'वे' या 'दूसरे' की शत्रुतापूर्ण कल्पना करता है। ज्ञान का संबंध

'संकुचित सामुदायिक हम' की जगह 'बृहद हम' से है, जहां से 'विश्व एक घोंसला-जैसा दिखता है'। (यजुर्वेद)।

आज मनुष्य अधिकाधिक वर्तमान-केंद्रिक है। वर्तमान को केंद्र में रख कर सोचने का जो चलन है, वह अतीत और भविष्य दोनों को वर्तमान की बलिवेदी पर चढ़ा देता है और तात्कालिक स्वार्थ को प्रधान बना देता है। ज्ञान का संबंध जिस तरह 'बृहद हम' से है, 'बृहद वर्तमान' से भी है, जहां अतीत अपनी सकारात्मक जीवंतताओं तथा भविष्य अपनी कल्याणकारी कल्पनाओं के साथ उपस्थित रहता है। मनुष्य के अच्छे जीवन के लिए एक 'बृहद हम' ही नहीं, एक 'बृहद वर्तमान' की भी जरूरत होती है।

आज यह धारणा बनी है - 'हम बाजार से जो खरीदते हैं, वही हमारी पहचान है'। जो जितने ऊंचे दाम का और जितना अधिक खरीद पाता है, वह उतना अधिक श्रेष्ठ है। उपभोक्ता वस्तुएँ ही जब मनुष्य के अस्तित्व और व्यक्तित्व की परिभाषा बन जाएं, तब मानना चाहिए कि यह सभ्यता की निम्नतम दशा है। ज्ञान 'बृहद हम' और 'बृहद वर्तमान' के बोध के साथ 'मानवीय गुणवत्ता-संपन्न एक उच्च जीवन बोध' है। निश्चय ही व्यक्ति की श्रेष्ठता की कसौटी कभी सिर्फ उपभोक्ता वस्तुएं नहीं हो सकतीं।

क्या अंधा और लंगड़ा मिल कर आग बुझाएंगे

ज्ञान यदि कर्म का मार्गदर्शक नहीं है तो वह दिमाग पर बोझ है। वर्तमान समय की विडंबना है कि ज्ञान और कर्म के बीच संबंध विच्छेद है। हमारे कर्म पर उच्च विचारों का असर नहीं है। आजकल हुनर या स्किल और चालाकी को ही ज्ञान समझा जाता है।

प्राकृत भाषा का एक कथन है, 'जंगल में आग लगने पर चुपचाप देखता हुआ लंगड़ा और भागदौड़ करता हुआ अंधा दोनों जल कर मर जाते हैं।' आज बुद्धिजीवी लंगड़े हैं और नेता अंधे हैं। और आग लगी हुई है। अंधे अलग हांक रहे हैं, लंगड़े अलग हांक रहे हैं। अब मुख्य खोज सत्य की नहीं है, बल्कि सुविधाओं की है। इस पर मिल कर सोचने की जरूरत है कि जिसमें दम घुट रहा है, वह धुआँ कहाँ-कहाँ से निकल रहा है।

नवंबर 2019

पुनर्निर्माण का जोखिम

महाभारत युद्ध के बाद एक तरफ विनाश था, दूसरी तरफ पांडव पक्ष के जोश में होश नहीं था। उनके बीच विजय का श्रेय लेने की होड़ थी। किसी ने सुझाया- चलो, बर्बरीक से पूछते हैं कि किसकी वीरता से यह विजय हासिल हुई है। बर्बरीक ने दूर पहाड़ की चोटी से अपने कटे सिर से पूरा युद्ध देखा था। उसने कहा, पूरे महाभारत में एक ही व्यक्ति को बार-बार मरते देखा है और मारते भी और वे कृष्ण थे। इस कथन में महत्वपूर्ण यह है कि बार-बार कृष्ण ही मरे, अच्छाइयां ही मिटीं। धर्मक्षेत्र मूल्यों का श्मशान बन गया।

लोकतंत्र जब खंड-खंड पाखंड पर्व में बदल जाता है, जीत के बाद विनाश कुछ इसी तरह सार्वभौम हो उठता है। निर्बुद्धिपरकता, मूर्खतापूर्ण विचार और झूठ ही शिक्षित जनों के गुण के रूप में देखे जाने लगते हैं। इधर राजनीति में भाषा के पतन के साथ जो बौद्धिक गत्यावरोध आया है और नैतिक-सांस्कृतिक विध्वंस घटित हुआ है, क्या इसके मलबे पर कोई पुनर्निर्माण संभव है? यह अब एक बड़ा प्रश्न है।

प्रेमचंद के उपन्यास 'रंगभूमि' में सूरदास का झोपड़ा उसका ही एक पड़ोसी जला डालता है। सूरदास का सबकुछ जल जाता है। वह निराशा, ग्लानि और चिंता में पागल होने लगता है। तभी एक बच्चे की आवाज सुनाई पड़ती है, 'खेल में रोते हो?' सूरदास संभल जाता है। उसकी नैतिक अंतःशक्ति जाग जाती है। प्रेमचंद कहना चाहते थे कि इन्सान को विध्वस्त कर दिया जाए, तब भी उसमें पुनर्निर्माण की ताकत कहीं बची होती है। आगे का प्रसंग हैः

मिठुआ ने पूछा- दादा, अब हम रहेंगे कहां?

सूरदास- दूसरा घर बनाएंगे।

मिठुआ- और जो कोई फिर आग लगा दे?

सूरदास - तो फिर बनाएंगे।

मिठुआ- और फिर आग लगा दे?

सूरदास- तो हम फिर बनाएंगे।

मिठुआ - और जो कोई हजार बार आग लगा दे?

सूरदास - तो हम हजार बार बनाएंगे।

भारत न जाने कितनी बार आग से झुलसा है और उससे बाहर निकला है। 21वीं सदी के इस मोड़ पर कैसे निकलेगा?

विभाजित अतीत से साझा भविष्य की ओर

आज की स्थितियों में पुनर्निर्माण का क्या अर्थ है? वर्तमान समय में अनिश्चितता और भय इतना अधिक है कि कल क्या होगा, आज कहना मुश्किल है। ऊंचे राष्ट्रीय आदर्शों को रौंदते हुए विद्वेषमूलक विभाजन और ध्रुवीकरण इतनी हिंसा से भरा है कि किसी भी ऊँचे आदर्श का पुनर्निर्माण और आपसी विश्वास की पुनःप्रतिष्ठा अतीत के भेदभाव से बाहर निकलने पर ही संभव है। इसके लिए पहला कदम सहिष्णुता और सामंजस्य के एक ठोस स्तर तक पहुंचना है, क्योंकि शांतिपूर्ण सह-अस्तित्व तभी संभव है। जाहिर है, यह एक ऐसी राष्ट्रीय पहचान की ओर बढ़ना है जो व्यक्तिवाद और संकीर्ण सामुदायिक-सांप्रदायिक भेदभाव का अतिक्रमण करती हो। इसके लिए राजनीतिक आत्मप्रलाप की जगह संवाद चाहिए। इस दृष्टि से देखें तो पुनर्निर्माण का अर्थ है विभाजित अतीत से निकल कर साझा भविष्य को पाना।

कोई भी समाज एक-दूसरे पर लगातार संदेह करके आर्थिक विकास नहीं कर सकता। 'दूसरे' पर विश्वास को मजबूत करने के लिए जरूरी है कि तथ्यों की रोशनी में तर्क, न्यायबोध और नैतिकता का पुनर्जन्म हो। यह सत्ता के शिखरों से शुरू होकर ही सामाजिक प्रभाव डाल सकता है और मनोमालिन्य मिटा सकता है।

इस समय देश में अपने अहं, बिखराव और छोटे स्वार्थों से ऊपर उठ कर सहचरता का रास्ता चुनना होगा, ताकि धार्मिक, जातिवादी और जातीय किस्म के भेदभावों के कारण जो लोग लंबे समय से मानसिक आघात झेलते आए हैं और हिंसात्मक घटनाओं के चलते भय तथा अवसाद में रहे हैं उन्हें सांस लेने के लिए साफ हवा मिले।

आज जिस तरह सामाजिक विभाजन के दिल दहला देने वाले रूप हैं, उसी तरह कटु वैचारिक विभाजन भी हैं। हमारा बौद्धिक संसार दूरियों, अंतर्शत्रुता और एक-दूसरे पर निर्मम आक्रमणों से भरा हुआ है। समुदायवादी विमर्शों ने एक-दूसरे

से विच्छिन्न वृत्त बना लिए हैं। इन्होंने अपना अलग-अलग नायक चुन रखा है और विचारों को मूर्तियों में सीमित कर दिया है। मुक्तिबोध ने कुछ ऐसी ही स्थिति का आभास पाकर लिखा था, 'अब तो रस्ते ही रस्ते हैं/मुक्ति के राजदूत सस्ते हैं।'

हर वैचारिक रणनीति या अवधारणा ही एक खास समय तक दृष्टि प्रदान करने के बाद बंद दरवाजा हो जाती है और तब पवित्र ताले को तोड़ डालना पड़ता है। इस दृष्टि से विभिन्न विमर्शों के बीच पुल की जरूरत महसूस हो सकती है। यह दूरियों की समझ के साथ निकटताओं की समझ विकसित करना है। निश्चय ही बौद्धिक पुनर्निर्माण की पहली शर्त है मतांधता का विखंडन, उससे बाहर निकलना।

एक और समस्या है- वैचारिक खोखलापन। वैचारिक खोखलापन विचारों का न होना भर नहीं है, बल्कि विचारों और कर्मों के बीच दूरी भी वैचारिक खोखलापन है।

माना जाता रहा है कि भारत के लोग आर्थिक उन्नति के साथ अपने धार्मिक, भाषाई, जातिवादी और क्षेत्रीय भेदों से स्वतः ऊपर उठेंगे। वे अपने सामाजिक मन की सदियों पुरानी सामंती संकीर्णताओं से बाहर निकलेंगे, संविधान के बुनियादी सिद्धांतों में विश्वास रखेंगे और अपने को भारतीय मान कर सारी समस्याओं का समाधान निकालेंगे। इन संभावनाओं को बढ़ाने के लिए राजनीतिक उत्तरदायित्वों का जैसा निर्वाह जरूरी है वह देखने में नहीं आया, बल्कि व्यक्तिगत स्वार्थों की ज्यादा प्रधानता दी गई। गंदगी को गंदगी से मिटाने की कोशिश हुई। यह राजनीतिक इच्छाशक्ति में भारी गिरावट का चिह्न है। गिरावट राजनीतिक ज्ञान के स्तर पर भी बढ़ी है।

यही वजह है कि लोग इस भय में जी रहे हैं कि हमारे आगामी दिन पता नहीं कैसे होंगे, जब हर जगह अन्याय, घृणा और भ्रष्ट आचरण को स्वाभाविक मान लेने की प्रवृत्ति बढ़ती जा रही है। देखा जा सकता है कि समाज में सांप्रदायिक हिंसा और भ्रष्टाचार दोनों की स्वीकार्यता बढ़ी है। शांतिप्रिय और ईमानदार आदमी बहुत अकेला हुआ है। यह सबसे उर्वर समय है राजनैतिक सुपरमैनों के उदय का!

दरअसल लोग स्वतंत्रता, बंधुत्व, समानता, न्याय और व्यक्ति की सुरक्षा जैसे उदारवादी मूल्यों के प्रति अपने को प्रतिबद्ध घोषित करते रहते हैं, मगर आचरण में सामान्यतः ये मूल्य दिखाई नहीं पड़ते। 'सत्य के प्रयोग' का दौर बीत गया लगता है। यह झूठ के प्रयोग का दौर है, जब सत्ता और विरोधी पक्षों में लड़ने

के हथियारों का फर्क मिट जाता है। धर्म और जातिवाद के बल पर अपराधों को वैधता मिल जाती है।

भारत ने अपनी आत्मा के चित्रकारों को खो दिया है। ऐसे मौके पर निराला की 'राम की शक्तिपूजा' की पंक्तियां मन में गूंजती हैं- 'शक्ति की करो मौलिक कल्पना.../आराधन का दृढ़ आराधन से दो उत्तर।' देखा जा सकता है कि फिलहाल 'अन्याय जिधर, है उधर शक्ति'! इस परिदृश्य में बौद्धिक संसार के पुनर्निर्माण का अर्थ है एकायामी एलीट सोच, सामुदायिक अतिवाद और आत्मविमुग्धता का पथ छोड़ देना। जाहिर है, आत्मनिरीक्षण, वैचारिक सुधार और विकास की वैकल्पिक राहों को चुने बगैर न जिंदगी की अच्छाइयों की वापसी संभव है और न भिन्नताओं से भरे समाज में साझे भविष्य की ओर बढ़ना।

हर अभिजन के मन में एक लघु फासीवाद छिपा है

भारत के आम लोग डरते बहुत हैं। झूठी आशाओं में जीने की उनकी प्राचीन आदत है। इधर उन्हें 'दूसरे' से डराने का अभियान चला है, ताकि उन्हें भेड़ों की तरह हाँक कर धर्म, जाति, अंध-जातीयता और क्षेत्रीयता के दरबों में रखा जा सके। इसके लिए सामाजिक विपत्तियों की तरह-तरह से मिथ्या कोटियां बना ली गई हैं। कोई मुसलमानों से डरा रहा है। कोई हिंदुओं से डरा रहा है। कोई ब्राह्मणों तो कोई पिछड़ी जातियों से डरा रहा है। कोई पुरुषों से, तो कोई अपने राज्य के 'बाहरी लोगों' से डरा रहा है। विश्व के दूसरे देशों में 'विजातीय' से भय का राजनीतिक व्यवसाय बड़े पैमाने पर है। एक तरफ डर बढ़ा है, दूसरी तरफ लोभ छाया है। लगता है कि जीवन में अब डर और लोभ के अलावा कुछ नहीं बचा है। हमारे मन में सवाल उठना चाहिए कि दुनिया में जब बाजार मुक्त होकर एक होने लगे हों, समाज इतना विभाजित और लोग इतने कूपमंडूक क्यों होते गए।

इधर समाज में 'दूसरे' को लेकर धारणाएं हिंस्र हुई हैं। साधारणतः भारत के शिक्षित अभिजनों के मन के अंधकार में एक लघु फासीवाद छिपा होता है, जो विविध तरह से व्यक्त होता है! दरअसल पुराना सामंतवाद इधर नए फैशन में बढ़ा है। शिक्षा लोकतांत्रिक मानस तैयार करने की जगह आधिपत्य की ही इच्छा पैदा करती है। 'आधिपत्य' की प्रवृत्ति सार्वभौम हो उठती है। छोटे-छोटे फासीवाद के लक्षण गांवों, कस्बों और शहरों की सड़कों-गलियों में देखे जा सकते हैं। फलतः हमारा भौतिक विकास मानसिक विकास नहीं ला पा रहा है।

इस दौर में निश्चय ही सबसे अधिक खतरे में संविधान है, क्योंकि भारत की रक्षा के लिए यह सबसे बड़ा राष्ट्रीय दुर्ग साबित हुआ है। इस पर हमले हो रहे हैं। दरअसल ध्वंस जितना नजर आता है, उससे बढ़ कर है। लोगों का मन दूध की तरह फट गया-सा लगता है। ऐसे समय में 'साझा जीवन साझा विचार' ही पुनर्निर्माण का रास्ता है।

आशा की खिड़कियां

काफ्का ने निराशा में कहा था, 'मसीहा केवल तब आएगा जब उसकी कोई जरूरत नहीं होगी। वह आखिरी फैसले के जरूरी क्षणों में नहीं, एक दिन बाद पहुंचेगा।' आज व्यापक राष्ट्रीय प्रेरणा देने वाला आदर्श नायक दूर-दूर तक नहीं है। अब नायक वे बन रहे हैं जो कंट्रोवर्सिल बातें और झूठ अधिक जोर से बोल पा रहे हैं। कहा गया है, बौने की छाया जब लंबी हो जाए, समझना चाहिए कि यह सूर्यास्त का समय है।

इधर राष्ट्रीय-लोकतांत्रिक शक्तियों और हाशिये की आवाजों के बीच बिखराव बढ़ा है। 'एको अहं द्वितीय नास्ति' के बाजार में भारत की आत्मा खो गई है। समझने की जरूरत है कि राष्ट्र और हाशिया हमेशा अंतर्विरोध और टकराव की दशा में नहीं रहते। हाशिया और हाशिया अधिक समय तक संवादहीन नहीं रह सकते। एक वक्त आता है जब इनके बीच संवाद और सामंजस्य जरूरी हो जाता है। राष्ट्र सिर्फ बहुसंख्यक लोगों का मामला नहीं है। यदि व्यापक अर्थ में देखें, राष्ट्र सबसे पहले गरीबों का, हाशिए के लोगों का है!

निश्चय ही आशंकाओं के बीच आशा बार-बार अपनी खिड़कियां खोलती है। आशा उन्हीं के पास होती है जिनके पास जीवंत स्मृतियां हों। जिंदा कौमें मरी हुई स्मृतियां नहीं ढोतीं। एक बार फिर लग सकता है कि हमारे वातावरण में अभी आशाजनक बहुत कुछ बचा है। जागरूक भारत सड़े-गले भारत से लड़ रहा है। राजनीतिक जोड़तोड़ के बावजूद एक जाति के सारे लोग एक तरफ और दूसरी जाति के दूसरी तरफ, यह स्थिति बिल्कुल नहीं है। किसी धर्म के सभी लोग एक ही विचारधारा की तरफ हों, ऐसा भी नहीं है। निःसंदेह हमें इस समय कई तरह के ढोंग, स्वार्थ और निर्बुद्धिपरकताओं के बीच से गुजरते हुए आशा की जगहों की तलाश करनी पड़ेगी।

एक ग्रीक कथा है-पेंडोरा बॉक्स। पैंडोरा को उपहार में एक बहुमूल्य बॉक्स मिला। उसने उत्सुकता से उसे अभी थोड़ा ही खोला था कि उससे बुराइयों और

विपत्तियों के तूफान बाहर निकल पड़े। पेंडोरा ने दूसरी बार बक्से को थोड़ा और खोला- यह आशा थी!

यदि चींटी कोलंबस हो सकती है

मनुष्य का स्वभाव है कि वह बंधनों और संकीर्णताओं के बीच ज्यादा समय तक नहीं रह सकता। वह खुला 'स्पेस' चाहता है, जहाँ भौतिक तृप्तियों के अलावा उसके मन का विस्तार हो और उसकी भावनात्मक जरूरतें पूरी हों। वह जीवन का अर्थ समझ सके और उसे आनंद से जी सके। चिड़िया तक, यदि किसी तूफान में पेड़ के गिरने से घोंसला टूट-बिखर जाता है तो पुराने नए तिनकों से दुबारा बनाती है। मधु के छत्ते में आग लगा दी जाती है। सारा मधु बाजार चला जाता है, पर मधुमक्खी फूलों पर बैठना नहीं छोड़ती।

मनुष्य भी अपने पुनराविष्कार के लिए बार-बार स्पेस चाहता है, ताकि प्रदत्त अस्मिता की कैद से बाहर आकर अपनी अस्मिता खुद अर्जित करे। 'प्रदत्त अस्मिता' के समानांतर 'अर्जित अस्मिता' होती है। हिंदू-मुसलमान होना, ब्राह्मण-दलित होना, तमिल-मराठी-हिंदी होना प्रदत्त अस्मिता है। यह व्यक्ति का चयन नहीं है। लेकिन डाक्टर-कंप्यूटर ऑपरेटर होना, पति-पिता होना, मार्क्सवादी - गांधीवादी होना, कलाकार या राजनेता होना व्यक्ति का अपना चयन है।

आज की एक बड़ी चुनौती ऐसे 'स्पेस' का पुनर्निर्माण करना है जहां मनुष्य अपनी स्वतंत्र अस्मिता अर्जित कर सके और नैतिक-संवैधानिक मूल्यों को मर्यादा मिले।

संयुक्त राष्ट्र के पूर्व-महासचिव कोफी अन्नान ने एक बार कहा था, ' चरम गरीबी मानवीय सुरक्षा के लिए एक बहुत बड़ी चुनौती है।' इन दिनों यह समझ जरूरी है कि बढ़ती विषमता और बेरोजगारी ही अपनी राजनीतिक अभिव्यक्ति में धार्मिक-जातीय भेदभाव बढ़ाती है। उनकी वजह से ही निर्बुद्धिपरकता, घृणा और हिंसा के राजनैतिक फार्म हाउस बनते हैं। निश्चय ही रोज नई टेक्नोलॉजी आ रही है जिससे व्यापारिक उन्नति होती है। लेकिन इसका अर्थ देश की उन्नति नहीं है। इसका अर्थ रोजगार बढ़ना नहीं है। बड़ी मुश्किल यह है कि न्याय वस्तुतः व्यापार, राजनीति और कूटनीति के बुरी तरह अधीन है। इसलिए लक्ष्य यह होना चाहिए कि न्यायपूर्ण समाज के लिए 'स्पेस' कैसे बढ़े।

किसी भी जगह थोड़ी चीनी रख दीजिए, थोड़े समय बाद चींटियां आ जाएंगी। बिना सूचना क्रांति के औजार के चींटियों की एक बड़ी कतार खड़ी हो

जाती है। यदि चींटी कोलंबस हो सकती है, मनुष्य संकीर्णताओं से बाहर निकल कर अपने जीवन का उच्चतर अर्थ कैसे तलाश नहीं सकता?

परंपरा, तर्क और कल्पनाशीलता

किसी भी राष्ट्र की संस्कृति सिर्फ परंपरा से नहीं बनती। परंपरा के साथ तर्क और कल्पनाशीलता भी जरूरी है। वह संस्कृति मरणासन्न होती है जिसमें तर्क और कल्पनाशीलता के लिए स्थान नहीं होता। दुनिया के हर देश में तर्क और कल्पनाशीलता को कुचलने या उन पर धार्मिक-राजनीतिक नियंत्रण के प्रयास हुए, ताकि परंपराएं संकुचित हो जाएं। परंपराएं दीवारों का काम करें। भौतिक उत्कर्ष जितना भी हो, बौद्धिक नवोन्मेष न हो। क्योंकि तब लोग प्रश्न करेंगे। फिर भी हर देश में हमेशा जागरूक लोग मुखर हुए हैं। उन्होंने परंपरा, तर्क और कल्पनाशीलता के अंतर्संबंध को बिखरने से बार-बार बचाया है। उन्होंने अपनी परंपराओं का पुनर्निर्माण किया, जो रूढ़िवाद के पुनरुत्थान से भिन्न मामला है।

वर्तमान युग में परंपराओं पर ही नहीं, तर्क और कल्पनाशीलता पर भी 'बाजार राज्य' का अघोषित नियंत्रण है। एक समय का 'राष्ट्र राज्य' अब 'बाजार राज्य' है। बाजार राज्य समाज द्वारा नहीं बना होता। यह बाजार और राजनीति की मिलीभगत से बनता है। बाजार अर्थव्यवस्था और राजनीति की मिलीभगत लोगों पर अपने तर्क थोपती रहती है। इसके अलावा, बाजार राज्य कृत्रिम-आभासी वस्तुओं से घेर कर लोगों को कल्पनाविहीन कर देता है। मनुष्य खुद सोचे, इस स्थिति में उसे रखा नहीं जाता। इसलिए सवाल सिर्फ परंपराओं को धार्मिक-राजनीतिक नियंत्रण से मुक्त करने का नहीं है, तर्क और कल्पना की आजादी का भी है। इसके बिना नहीं कहा जा सकता कि हम एक सभ्य, सुसंस्कृत और आजाद देश में हैं।

हमारे सामने कई सवाल हैं- पुनर्निर्माण की पहल कौन करे? इसके लिए विचारों और मूल्यों की वापसी कैसे हो? पुनर्निर्माण में राजनीति की एक बड़ी भूमिका है। फिलहाल राजनीति में बहस का जो स्तर है, विचारों के लिए उसमें कोई जगह नहीं है। इसलिए अब पहली जरूरत यह है कि राजनीति में राजनीति की वापसी कैसे हो, मनुष्यता कैसे लौटे। इस पर सोचने की जरूरत है कि राजनीति की अनावश्यक रूप से बढ़ी भूमिका कैसे सीमित हो।

किसी समाज का पूरी तरह राजनीतिक समाज में रूपांतरण अच्छा लक्षण नहीं है। मीडिया, शिक्षा, इतिहास, सार्वजनिक वितरण, सांस्कृतिक संस्थान,

प्रशासन, न्यायपालिका आदि स्वायत्त जगहों पर राजनीति ने जरूरत से ज्यादा घुसपैठ कर रखी है। अब वहां से वह लौटे। वह लोकतांत्रिक पद्धति को बढ़ावा दे। क्या ऐसा होगा? समझ लेना चाहिए कि विचार मरा नहीं करते, यदि मनुष्य जिंदा है।

खैरात बनाम न्याय

आप क्या हैं- उपभोक्ता या नागरिक? मशीन या मनुष्य? इस सवाल पर भी बहुत कुछ निर्भर करता है कि हम हिंदू-मुसलमान, ब्राह्मण-यादव-दलित, पंजाबी-बंगाली-हिंदी होने के अलावा और क्या हैं। क्या हम शिक्षक हैं, क्या हम युवा हैं, क्या हम व्यवसायी हैं, क्या नौकरीपेशा हैं, क्या किसान हैं, क्या हम बेरोजगार हैं? अगर हम इनमें से कुछ हैं तो हमारा धार्मिक, जातीय या जाति-पहचानों के बाहर भी एक व्यापक जन परिसर है। स्पष्ट है कि धर्म, जाति, जातीयता और पुराजातीयता की श्रेणियां, जितनी राजनीतिक कोशिश हो, अब लंबे समय तक अपनी कठोरता बना कर नहीं रख सकतीं। नए सामाजिक, आर्थिक और तकनीकी दबाव इतने तीव्र हैं कि उपर्युक्त श्रेणियां हितकारी नहीं रह गई हैं। इसलिए हम अतीत को कितना 'जानते ' हैं, आज इससे ज्यादा महत्वपूर्ण है कि हम अतीत से कितना 'सीखते' हैं।

राष्ट्रीय विखंडता का मूल्यों के ध्वंस से गहरा संबंध है। मूल्यों के ध्वंस तथा अनैतिक और अन्यायपूर्ण व्यवस्था से कुछ सत्तावान लोगों का असीमित फायदा होता है, जबकि बाकी मरते हैं। बाकी लोगों को अभाव, उत्पीड़न और मृत्यु से बचाने का एक शार्टकट यह खोजा गया गया है कि अरबपतियों से ज्यादा आय कर लेकर जनता में कुछ खैरात बांट दो। इससे व्यवस्था की एक लोकप्रिय छवि बनती है। रोजगार सृजन का दायित्व भी कम हो जाता है। कहना होगा, जनता को भिखमंगा या घूसखोर बना कर आज तक कोई देश महान नहीं हो सका।

क्या भारत का मजबूत बनना या उन्नति करना न्यायपूर्ण और नैतिक होने से भिन्न मामला है? निराशा में अतिवाद तक पहुंच कर कहा जाता है कि राजनीति और मुक्त अर्थव्यवस्था में तर्क, न्यायबोध और नैतिकता अब कभी नहीं लौट सकते। आजकल तर्क और प्रश्न करने को अच्छा नहीं माना जाता, क्योंकि इससे वफादारी खो जाती है। दरअसल तर्क, न्यायबोध और नैतिकता के हाशिए पर फेंक दिए जाने का कुफल आम लोगों को भोगना पड़ता है। इसलिए उन्हें ही उठ कर कहना होगा कि हमें खैरात नहीं चाहिए। हमें तर्क, न्याय और

नैतिकता की सार्वभौम पुनर्प्रतिष्ठा चाहिए। हमें ऐसे राजनेता नहीं चाहिए जिनके लिए यह कठिन है।

हाल में भीषण चक्रवात के दिन एक नौकरानी के परिवार ने प्रभावित इलाके के किसी संपन्न व्यक्ति के मकान की छत पर आश्रय ले रखा था। उससे फोन पर किसी शुभचिंतक ने पूछा, 'छत पर आंधी- पानी से कैसे बचोगी?' नौकरानी ने खुशी से कहा, 'एक तिरपाल मिल गया है!' कितने कम से कितने ज्यादा खुश रहने वाले लोग हैं इस देश में। और इफरात पाकर नाखुश लोग भी हैं इस देश में!

मीडिया का स्वधर्म है सत्ता से प्रश्न करना

डार्विन का सिद्धांत था 'सरवाइवल ऑफ द फिटेस्ट'। यह पश्चिमी सभ्यता के संपर्क में आकर दुनिया की देशज संस्कृतियों और जातियों के अंततः विलुप्त हो जाने का सिद्धांत था। आज की बाजार अर्थव्यवस्था में मानो वही सिद्धांत लागू है। वही टिकेगा जो सबसे ज्यादा फिट है। अमेरिका फिटेस्ट है! नई बाजार अर्थव्यवस्था में तर्क, लोकतंत्र और मीडिया की स्वतंत्रता जैसी चीजों को क्या अतीत का मामला हो जाना है?

1780 में एक आयरिश व्यक्ति जेम्स ऑगस्त हिकी ने पहला भारतीय समाचार पत्र अंग्रेजी में 'बंगाल गजट' के नाम से निकाला था। इसका आदर्श वाक्य था, 'सभी के लिए खुला, फिर भी किसी से प्रभावित नहीं'। आज इस आदर्श की कल्पना नहीं की जा सकती। हिकी गजट अमेरिका के स्वाधीन होने (1776) के चार साल बाद और फ्रांस की क्रांति (1789) से नौ साल पहले निकला था।

हिकी अपने समाचार पत्र में भारत की औपनिवशिक दुर्दशा का चित्र खींच रहा था और ईस्ट इंडिया कंपनी के भ्रष्टाचार की खुल कर आलोचना कर रहा था। उसने वारेन हेस्टिंग्स जैसी शक्ति को चुनौती दी थी। उसका मनोबल तोड़ने के लिए जब डाक की सुविधाएं छीन ली गईं, उसने अपने पत्र के वितरण के लिए 20 हरकारा नियुक्त किया। विदेशी होकर भी उसने भारतवासियों के पक्ष में लिखा। उस पर कंपनी ने मुकदमा ठोंका। इसमें हिकी की जीत हुई और हेस्टिंग्स की हार। हिकी ने अपने पत्र में लिखा था, 'अपने मन और आत्मा की स्वतंत्रता के लिए यदि मैं गिरफ्तार भी हो जाऊं तो मुझे खुशी होगी।' यह एक सुखद बात है कि भारतीय मीडिया का जन्म ही सत्ता से टकरा कर सच कहने का जोखिम उठाने से हुआ था।

मीडिया का स्वधर्म है सत्ता से प्रश्न करना, सत्ता का लाउड स्पीकर बनना नहीं। प्रश्न है, अपने गौरव की पुनर्स्थापना करते हुए क्या मीडिया अंततः अपनी स्वायत्तता हासिल कर पाएगा? वह कारपोरेट घरानों और राजनेताओं की सांठगांठ से बाहर निकल कर फिर से 'चौथा खंभा' बनेगा?

पहले जिनके पास जमीनें ज्यादा होती थीं, वे शक्तिशाली थे। इसलिए जमीनों पर कब्जे की होड़ थी। उस पुराने दौर में साम्राज्य स्थापित होते थे। करीब 200 साल पहले से जिनके पास उद्योग ज्यादा होने लगे, वे पूंजीपति लोग राजाओं-जमींदारों की तुलना में ज्यादा शक्तिसंपन्न होते गए। 21वीं सदी में उनके पास शक्ति है जिनका सूचनाओं पर, डेटा पर कब्जा है। बिल गेट्स सब पर भारी हो गया, फोर्ड कंपनी काफी पीछे छूट गई। कहा जाने लगा, 'सूचना ही शक्ति है।' देखा जा सकता है कि टेक्नोलॉजी की तरक्की, उसके नए-नए रूपों का फायदा शक्तिशाली लोग ज्यादा उठाते हैं और वे कारपोरेट जगत से जुड़े होते हैं। इसलिए आज की वास्तविकता है- शक्ति ही सूचना है!

मीडिया आज समाचार पत्र और टीवी तक सीमित नहीं है। स्मार्ट फोनों ने एक बहुरंगा दृश्य उपस्थित कर दिया है। समग्रतः मीडिया में इस तरफ रुझान नहीं है कि पब्लिक को कौन से तथ्यों की जानकारी होनी चाहिए। ट्रेंड यह है कि पब्लिक की रुचि क्या है और कैसे यह रुचि सतही से ज्यादा सतही बनाई जा सकती है। इसके लिए अदृश्य रूप से अरबों खर्च किया जा रहा है। इसका नतीजा है कि मीडिया में 'मसाला खबरें' और 'विचारहीन मनोरंजनात्मक चीजें' छाई हुई हैं। लोगों का सादे की जगह चटपटा और चटक-मटक की तरफ आकर्षण ज्यादा है। मीडिया के जरिए ही बाजार का मनुष्य की भूख और सेक्स की रुचियों पर कब्जा है।

सोशल मीडिया को देख कर लगता है कि यह मुख्यतः भ्रांतिविलास की जगह है जहाँ तेज गति है, पर कोई गहराई नहीं है। पंद्रह-पंद्रह, पचास-पचास, सौ-सौ व्यक्तियों के हजारों व्हाट्सएप ग्रुप में कहीं युद्ध का नगाड़ा बजता रहता है, कहीं नीरो की बांसुरी सुनाई देती है। सोशल मीडिया की ऐसी चीजें क्षणभंगुर हैं। कई बार लगता है कि सोशल मीडिया में विचारों की बहुलता है, बहुत से विकल्प हैं, पर ये सभी बड़े पैमाने पर नियंत्रित हैं। उसे आमने-सामने बैठ कर बात करने, सुनने-सुनाने सभागृह के आयोजनों और सड़क की रैलियों का विकल्प समझ लेना एक सांस्कृतिक क्षय है।

आमतौर पर अब 'नाटकीय', 'कंट्रोवर्सियल' और 'सनसनीखेज' ही मीडिया की बैसाखी है। इसके अलावा, शब्द से ज्यादा महत्वपूर्ण हो गई है छवि!

सोशल मीडिया के जरिए लोगों तक तर्क कम पहुंचता है, न्यायबोध कम वितरित होता है। वही फारवर्ड करने के लिए ज्यादा कहा जाता है जो राजनीतिक-व्यापारिक कारखानों की 'निर्मितियां' हैं। इनके जरिए मानव सोच पर अदृश्य नियंत्रण बढ़ता जाता है। हमसे कहा जाता है कि अखबार या न्यूज चैनेल वाले इस घटना का प्रचार नहीं करेंगे, इसलिए आप इसे अधिक से अधिक फारवर्ड करें!

आम असहमति का निर्माण

जाहिर है, राष्ट्र, मानवता और लोकतंत्र के पक्ष में खड़े राजनीतिज्ञों को ही पहले आगे बढ़ कर अपना सुधार करना होगा। इससे बहुत सी चीजें अपने आप सुधर जाएंगी। यह युग निश्चय ही वृहत्तर सुधार मांगता है, सिर्फ आर्थिक सुधार नहीं।

भारत में किसी भी पुनर्निर्माण के लिए आत्मनिरीक्षण सबसे पहले जरूरी है और यह जोखिम में पैर रखना है। हर तरफ ध्वंस जब एक उत्सव हो, पुनर्निर्माण कठिन हो जाता है।

हम यह भी जानते हैं कि भारत के अंदर आत्मविवेक है, जिज्ञासा है और पुनर्निर्माण की क्षमता है। यह देश एक अद्‌भुत मोड़ पर खड़ा है। इस समय सैकड़ों विचारों की टकराहट के मध्य आम असहमति बनाने की प्रक्रिया शुरू होनी चाहिए, जो 30 साल पहले की आम सहमति से भिन्न हो। आम असहमति का निर्माण हमारे समय का सबसे चुनौतीपूर्ण काम है। अब कोई दूसरा रास्ता नहीं है।

जून 2019

मनुष्य और उत्तर-मानवतावाद

वैष्णव कवि चंडीदास ने कहा था, 'मनुष्य से बड़ा कोई सत्य नहीं है'। छायावादी कवि सुमित्रानंदन पंत ने लिखा, 'सुंदर हैं विहग सुमन सुंदर/मानव! तुम सबसे सुंदरतम' और निराला ने कहा, 'मानव मानव से नहीं भिन्न'। आमतौर पर सभ्यता के इतिहास को मनुष्य की जययात्रा के इतिहास के रूप में देखा जाता है। सवाल है, क्या आज कहीं मनुष्य दिखता है?

हर आदमी में एक मनुष्य है, लेकिन वि-मानवीयकरण के दृश्यों के बीच आज वह अचानक कभी नजर आता है, फिर खो जाता है। 'मनुष्य' की अवधारणा को धर्म, जाति, राष्ट्र के हथियारों से पिछले कुछ दशकों से इस तरह ध्वस्त करने की कोशिश हुई है कि लोगों के बीच अब पहले की तरह मानवीय संबंध नजर नहीं आते। वे हिंदू-मुसलमान, ब्राह्मण-दलित-आदिवासी, जातीय-विजातीय, बंगाली-मराठी-हिंदी, मंत्री-कार्यकर्ता, अफसर-क्लर्क के रूप में ज्यादा देखे जाते हैं। आदमी मनुष्य के रूप में नहीं देखा जाता। इससे सबसे बड़ा खतरा मानवाधिकारों पर उपस्थित है, जब मानव ही नहीं तो मानवाधिकार कैसा!

किसी व्यक्ति के मनुष्य होने के नाते जो अधिकार हैं, इसकी चिंता सभ्यता का मुख्य लक्षण है। सम्राट अशोक ने 'समवाय' को धर्म की आत्मा माना था। उसके एक अभिलेख में स्पष्ट रूप से उत्कीर्ण है- 'दूसरे समुदाय को नहीं सताना'। इससे बोध हो सकता है कि मनुष्य का सबसे महत्वपूर्ण अधिकार शांति से जीने का है जो छीना नहीं जा सकता। यजुर्वेद में 'अंतरिक्ष शांति, पृथ्वी शांति, जल और वनस्पति शांति, वन-प्रांतर शांति' की जो प्रार्थना है, वह शांति का मानवाधिकार है, महज एक श्लोक का पाठ नहीं। कौटिल्य ने अपने ढंग से अर्थशास्त्र में उस 'मत्स्य न्याय' की निंदा की, जिसमें बड़ी मछली छोटी मछली को खा जाती है। बुद्ध ने अहिंसा को एक मानवाधिकार के रूप में स्थापित किया, जिसे उन्होंने धर्म कहा। हिंसा चाहे जिस तरफ से हो, उसका मुख्य हमला मानवाधिकार पर होता है।

असल समस्या यह है कि मुक्त बाजार-अर्थव्यवस्था और लोकतंत्र के बीच असंतुलन बढ़ता जा रहा है। आर्थिक दवाइयाँ काम नहीं आ रही हैं क्योंकि मर्ज कुछ और है। नतीजा है जनाक्रोश, एक नए ढंग की हिंसा। यह भीड़ की हिंसा है जो नव-विकास से बदहजमी का फल है। ऐसी हिंसा मानव भाव को तिलांजलि देकर अपने ही देश के इतिहास से युद्ध है। यह निश्चय ही एक उत्तर-मानवीय परिदृश्य है। उत्तर-मानववाद यदि मनुष्य पर टेक्नोलॉजी का वर्चस्व है तो उत्तर-मानवतावाद मानवीय गुणों और मूल्यों का ध्वंस है। चिंताजनक यह है कि उत्तर-मानवीय परिदृश्य में हिंसा अपने तर्क गढ़ती है और विभिन्न सामाजिक अंतर्विरोधों के बीच फैल जाती है।

दरअसल कोई सत्ता आम लोगों के गुस्से पर नियंत्रण दो तरह से करती है- एक समायोजन, और दूसरा विभाजन के द्वारा। समायोजन है लोभ, सुविधाएं तथा अवसर प्रदान कर क्रुद्ध व्यक्तियों को अपनी सामान्य व्यवस्था का अंग बना लेना। विभाजन है आक्रोश को सामुदायिक रूप देना, विजातीय के विरुद्ध घृणा का प्रचार करना और हिंसा के लिए समुदायों को तरह-तरह से उकसाना। ऐसी हिंसा की एक विश्वव्यापी शृंखला बनी है जो मानव-भाव को ही क्षति नहीं पहुंचाती, बुद्धिपरकता का भी ध्वंस करती है। इससे किसी समस्या का समाधान नहीं होता, उल्टे दुर्दशा बढ़ जाती है।

भारतीय परंपरा घृणा और हिंसा की न होकर ऋग्वेद के इस संदेश की है-'सं गच्छध्वं सं वदध्वं, सं वो मनांसि जानताम्', अर्थात- हम साथ मिल कर चलें, साथ बोलें और हमारे हृदयों में एकता हो। वैश्वीकरण ने बाजार की एकता स्थापित कर ली है। वह हृदय की एकता स्थापित नहीं कर पाया, क्योंकि लोकतंत्र को विकृत करके आया।

ऋग्वेद में एक और महत्वपूर्ण प्रार्थना है, 'ज्ञान और बल प्रदान करने वाले हे ऐश्वर्य के देवता! सभी इष्ट पदार्थ देकर हमारे अंतःकरण से हमारी सुमति नष्ट न करना।' मानव सभ्यता की शुरुआत से 'सुमति' के मूल्य को पहचाना गया है, जबकि भौतिक विकास के चरम बिंदु पर सुमति का संकट उपस्थित है।

छायावाद : मानवता की गाथा

छायावाद दो विश्व युद्धों के बीच (1918-36) का एक महत्वपूर्ण साहित्यिक आंदोलन है। शीत युद्ध की छाया के कारण इसके कवियों के बीच भेदभाव किया गया, जबकि उन सभी की आम चिंता मानवता की स्थापना थी। छायावाद ने

राष्ट्रीय जागरण का पक्ष लेते हुए मानव-मानव की अभिन्नता का संदेश दिया। यह विरोधाभास नहीं है, औपनिवेशिक स्थितियों में बना एक खास अ-विरोधी युग्म है।

देखा जा सकता है कि वैश्वीकरण के युग में कोई देश युद्ध नहीं चाहता, क्योंकि मुक्त बाजार-व्यवस्था की वजह से हर देश में हर देश का बाजार है। उसकी जगह हिंसा देश के भीतर पनप रही है, समुदाय-समुदाय और व्यक्ति-व्यक्ति के बीच। ऐसे में प्रसाद की 'कामायनी' (1936) मानो आज भी एक चेतावनी है।

'कामायनी' के केंद्रीय चरित्र मनु की स्वेच्छाचारिता स्पष्ट हो जाती है, जब वह नगर के आधुनिक विकास में लगता है। काम तब भविष्यवाणी करता है, जो आज यथार्थ है। वह कहता है, 'भयभीत सभी को भय देता भय की उपासना में विलीन/प्राणी कटुता को बांट रहा जगती को करता अधिक दीन।' आज हर तरफ भय है, कटुता है। दुनिया डरे हुए और डराने वालों में विभक्त है। प्रसाद की भविष्य कल्पना जारी रहती है, 'लिख दिया आज उसने भविष्य, यातना चलेगी अंतहीन!' यह आधुनिक विडंबना है।

काम नगर सभ्यता के संदर्भ में आगे और कहता है, 'कोलाहल कलह अनंत चले, एकता नष्ट हो बढ़े भेद/अभिलषित वस्तु तो दूर रहे, हाँ मिले अनिच्छित दुखद खेद/... सब कुछ भी यदि हो पास भरा, पर दूर रहेगी सदा तुष्टि/ दुख देगी यह संकुचित दृष्टि।' आज ये दृश्य आम हैं। हर तरफ भय, कलह, भेदभाव, अतृप्ति, उदासी है। इन सबकी वजह है संकुचित दृष्टि।

प्रसाद ने कह दिया था, 'तुम समझ न सको, बुराई से शुभ-इच्छा की है बड़ी शक्ति'! छायावाद ने जाति-वर्ण व्यवस्था, धर्मांधता, भोगवाद तथा हर संकुचित दृष्टि से साहित्यिक संघर्ष ठाना था। वह अंध-राष्ट्रवाद से दूर विश्वमानवतावाद से जुड़ा एक उदात्त राष्ट्रीय जागरण था। छायावाद आदमी में मनुष्य की प्रतिष्ठा के लिए था। यदि कोई कट्टरतावादी है या उपभोक्तावादी, पहली बात यही है कि उसमें रोमांटिसिज्म बिलकुल नहीं होगा, मानवता भी नहीं होगी। वह उत्तर-मानव होगा।

संस्कृति भीड़ में नहीं समाज में होती है

धर्म में बंधन होते हैं, चौहद्दियाँ होती हैं। राजनीति में वैचारिक पटरियाँ होती हैं, प्रलोभन होते हैं। संस्कृति एक खुली जगह है। हर युग में जीवन के लक्ष्य, सौंदर्य

और संघर्ष को विविध साहित्यिक कोणों से देखना इसलिए संभव हुआ कि बौद्धिक और सांस्कृतिक स्वाधीनता थी। एक व्यापक संस्कृति के अंग के रूप में मनुष्य अपने धर्म, जाति, जातीयता, विचारधारा और भाषा से जुड़े रहते हुए भी इनका अतिक्रमण करके एक उदात्त लक्ष्य रखता रहा है। वह शुद्धतावाद से बंधने से बचा है। प्रकृति में शुद्धता हो सकती है, संस्कृति में सब कुछ मिश्रणशील होता है, अ-विशुद्ध!

आजकल लोकप्रिय संस्कृति को ही संस्कृति माना जा रहा है। लोकप्रिय संस्कृति बाजार की देन है और कृत्रिम रूप से निर्मित संस्कृति है। यह पैसे और टेक्नोलॉजी के बल पर लोगों की विविधतापूर्ण रुचि पर थोप दी जाती है। सांस्कृतिक विविधता का समतलीकरण हो जाता है, जिससे भीड़ का उत्पादन होता है।

संस्कृति भीड़ में नहीं, समाज में होती है। भीड़ और समाज में फर्क है। भीड़ में निजी सोच नहीं होती, सांस्कृतिक स्वाधीनता नहीं होती। भीड़ पॉपुलर कल्चर की चपेट में होती है-प्रेम, राष्ट्रवाद, धर्म, कला, भाषा सब पॉपुलर कल्चर में बदल जाते हैं। इस तरह बिना युद्धपोत और सैनिक भेजे लोकप्रिय संस्कृति के बल पर लोगों को गुलाम बना लिया जा सकता है, बौद्धिक दास! इसलिए हमारा फौरी कर्तव्य है भीड़ से समाज में वापसी।

कहना न होगा कि स्वेच्छाचारी सत्ताएं बौद्धिक और सांस्कृतिक स्वतंत्रता से डरती हैं, क्योंकि वे जड़ विश्वासों, रूढ़ियों और छद्मवेशों के सहारे खड़ी होती हैं। उन्हें भीड़ पसंद है, समाज नहीं। उन्हें बोलना पसंद है, सुनना नहीं। वे पिछलग्गू चाहते हैं, प्रश्न करने वाले नहीं!

दुनिया में वही संस्कृति जीवित है जिसने जीने और बोलने दिया, बल्कि 'दूसरे' को आत्मसम्मान से जीने और बोलने देना ही संस्कृति का चिह्न है। यही वजह है कि सैकड़ों साल की उथल-पुथल, लूट-मार के बावजूद भारतीय संस्कृति में निरंतरता है। उसमें बहुलता, समावेशिकता और नवोन्मेषशीलता है, इसलिए निरंतरता है।

सेलेब रोग के लक्षण

सांस्कृतिक पतन तीव्र हो जाता है, जब समाज के लोगों में असहमत होने की क्षमता क्षीण होने लगती है। वे ग्लैमर से भरे प्रचार से एकात्म हो जाते हैं। यह वस्तुतः सांस्कृतिक आत्मविसर्जन है। लोग तब दूसरे आयामों, दूसरे दृष्टिकोणों

के बारे में सोच नहीं पाते। वे शक्तिशाली की सोच को अंतिम मान लेते हैं, क्योंकि ताकत की भाषा का आकर्षण बढ़ा है।

आजकल खास कर नौजवान लोग ग्लैमर वाले फिल्मी कलाकार, सफल खिलाड़ियों या क्षमतावान मंत्रियों को देखते ही उनके करीब जाने के लिए पागल हो जाते हैं। सेलेब्रिटी को एक नजर देख लेने के लिए धक्का-मुक्की होने लगती है। ये यदि छूने को मिल जाएं तो जन्म सफल लगता है। लोगों का सेलेब के प्रति अति अनुराग सनक तथा उन्माद तक पहुंच जाता है। आदमी का विवेक काम करना बंद कर देता है। यह सेलेब रोग है। लोकतंत्र तर्क करने की शक्ति से समृद्ध होता है, निश्चय ही सनक, उन्माद और अंध-समर्थन से नहीं।

नागरिकों के दिलों पर राज करने वाले सेलेब्रिटी की नजर में उनके फैन उनकी प्रजा होते हैं। नागरिकों को उनकी हर बात देवकथन लगती है। इसलिए इधर लोकप्रिय फिल्मी कलाकार बड़े पैमाने पर राजनीतिक इस्तेमाल में आ रहे हैं। वे प्रचारक के अलावा धड़ल्ले से जन-प्रतिनिधि बन रहे हैं। राजनीतिक सिद्धांतों की क्षतिपूर्ति उनसे की जाने लगी है। खासकर बौद्धिक रूप से पिछड़े समाज में यह आसान है। विकसित यूरोपीय देशों में फिल्मी कलाकार या खिलाड़ी राजनीतिक नेतृत्व में नहीं लाए जा सकते। भारत में यह आसान है।

फिल्मी राजनेताओं का जन आंदोलनों से कोई रिश्ता नहीं होता, विचारों से भी नहीं होता। वे आते उसी पाले में हैं, जिधर सत्ता सुख है। समाज को भीड़ में बदलने, उसे आत्महीन करने में फिल्मी सेलेबों और पॉप संगीतकारों की बड़ी भूमिका है। लोग भीड़ बन गए तो उन्हें हांकना आसान हो जाता है।

सेलेब आम जनता को विचारशून्य और अंधानुकरणकर्ता बना देते हैं। संपूर्ण मनोरंजन उद्योग ने इस देश की महान परंपराओं, विचारों और आदर्शों को उजाड़ने का काम किया है। उन्होंने कला और संस्कृति को सतही बना दिया है।

देखा जा सकता है कि यदि सड़क पर साहित्य और अर्थशास्त्र का कोई बड़ा व्यक्तित्व खड़ा हो तो मुश्किल से दस लोग इकट्ठे होंगे। लेकिन कोई फिल्मी अभिनेता या क्रिकेट सेलेब प्रगट हो जाए तो मिनटों में सैकड़ों लोग इकट्ठे हो जाएंगे। इसके अलावा, यदि कोई व्यक्ति निम्न स्तर की विवादास्पद या अतिरंजनापूर्ण बात कह दे, वह तुरंत लोकप्रिय हो जाता है। उसे देश भर के लोग पहचानने लगते हैं। मीडिया उसे उछालता है। इन घटनाओं से आम लोगों के गिरा दिए गए बौद्धिक स्तर को समझा जा सकता है।

आत्ममेव जयते

सेल्फी ने 'सत्यमेव जयते' को हटा कर जिस तेजी से 'आत्ममेव जयते' को स्थापित किया है, वह अभूतपूर्व है। जिधर नजर डालो, लोग विभिन्न तरीकों से आत्ममेव जयते में लगे हैं। सेल्फी का संकेत है – अपने से नाता रखो। किसी समय आत्मबोध, आत्मान्वेषण, आत्मसजगता जैसी चीजें थीं। आज उनकी जगह आत्मलिप्तता या स्वार्थपरता है। मोबाइल ने व्यक्ति को परिवार के सदस्यों तक से विच्छिन्न कर दिया है। व्यक्ति पेड़–पौधे, चिड़िया और चांद से विमुख हो गया है।

आज की शिक्षा खुदगर्ज होना सिखाती है–सिर्फ अपने निजी विकास पर ध्यान दो! उसने सफलता का मानदंड बदल दिया है। स्थिति है– 'खूब कमाओ–खूब खरीदो, खाओ–पीओ भूल जाओ'! ऐसे कारागार में बंद राष्ट्र उन चीजों के बारे में सोच नहीं पा रहा है जो उसके लिए मूल्यवान हैं। वह तेजी से उत्तर–मानवतावाद के युग में जा रहा है।

नए समय में 'सत्यमेव जयते' नहीं होता, जो जीत जाता है, वही सत्य बन जाता है। पराजित के पास भी सच हो सकता है, यह सोचना तब मुश्किल हो जाता है।

असहमति की भारतीय परंपरा

लोकतंत्र में असहमति एक पवित्र मूल्य है। इसकी परंपरा प्राचीन काल से नहीं होती तो प्रह्लाद जैसे पौराणिक चरित्रों का सृजन नहीं होता। वाल्मीकि ने क्रौंच वध का प्रतिवाद किया तो रामायण महाकाव्य रचा गया। रावण जब सीता हरण करके ले जा रहा था, जटायु ने अकेले प्रतिरोध किया था। शिव हिंसा के रक्त–नर्तन में डूबी देवी काली के आगे लेट कर सत्याग्रह करते हैं, तब काली होश आने पर जीभ निकालती हैं।

लोकायत की भौतिकवादी परंपरा के साथ दीर्घ आदर्शवादी परंपरा में भी असहमति के अनगिनत रूप हैं। धार्मिक मान्यताओं (वेदांत), वैज्ञानिक अनुमानों (वराहमिहिर), राजनीतिक धारणाओं (कौटिल्य का अर्थशास्त्र) और सामाजिक रीतिरिवाजों (भक्त कवि) के मामलों में असहमति के बड़े रूप रहे हैं। गार्गी याज्ञवल्क्य से असहमत थी। संस्कृत में एक कहावत है, 'वादे वादे जायते तत्वबोधः', अर्थात–सिद्धांतों की टकराहट से ही तत्व का बोध होता है।

धर्म आस्था का मामला है, पर दर्शन प्राचीन काल से तर्क का मामला रहा है। ज्ञान चर्चा में प्राचीन काल से पूर्व पक्ष–उत्तर पक्ष, अर्थात स्थापना, खंडन और सैद्धांतिक नवनिर्माण की परंपरा थी। श्रीहर्ष के 'खंडनखंड खाद्य' ग्रंथ में वैचारिक खंडन करने की कला है। शंकराचार्य से लेकर दयानंद सरस्वती तक शास्त्रार्थ की परंपरा है। प्रेमचंद जैसे कई लोगों ने अंग्रेजी राज की नौकरियाँ छोड़ दीं।

हर सभ्य देश में प्रतिवाद को सुना जाता है, उसका सम्मान किया जाता है। असहमति और प्रतिवाद के साथ ही नए विचारों का जन्म होता है। प्रतिवाद जब संगठित संघर्ष का रूप लेता है, वह प्रतिरोध बनता है। इस तरह असहमति, प्रतिवाद और प्रतिरोध वस्तुतः विरोध के विभिन्न चरण हैं। इनकी परंपरा जिस तरह यूनान के सुकरात में है, उसी तरह भारतीय चिंतकों में भी है।

आधुनिक लोकतंत्र में विरोध (1) आवाजहीन की आवाज बनने, (2) अन्याय, भ्रष्टाचार और अभाव का प्रतिवाद करने, (3) समाज में मौजूद अवमानना, उत्पीड़न और कुरीतियों को मिटाने तथा (4) सत्ताधारी दल का विकल्प बनने के लिए होता है। लोकतंत्र में असहमति और विरोधों की उपस्थिति वंचित जनता में विश्वास पैदा करती है कि उसकी चिंताओं और हितों पर ध्यान दिया जा रहा है। यह विचारों की हलचल बना कर रखती है जिससे कोई राष्ट्र अपनी भावी राह बनाता है

इस पर सोचने की जरूरत है कि समाज में विरोध इतना संकुचित, इकहरा और प्रभावहीन क्यों होता गया। वह बहुत कुछ व्यवस्था में आत्मसात भी होता गया। स्वाधीनता संग्राम के दिनों की बात जाने दें, तीस–चालीस साल पहले तक विरोध की एक गरिमा थी। हर विरोध एक मूल्य–प्रदर्शन था। वह महज राजनीतिक कर्मकांड नहीं था। विरोध आम लोगों की आशाओं और स्वप्नों को जीवित रखता था। उसके पीछे संकल्प और त्याग होता था।

यदि कोई विरोध पसंद नहीं करता है तो यह लोकतांत्रिक बोध के क्षय का लक्षण है। यह दरबारी और सामंती मिजाज का चिह्न है। दरअसल असहमति, प्रतिवाद और प्रतिरोध की स्वतंत्रता ही लोकतंत्र को एक ऐसी जगह बनाती है जहाँ मनुष्य न सिर्फ खुल कर सांस लेता है, बल्कि वह राष्ट्रीय निर्माण में आलोचनात्मक साझेदारी भी करता है। इन दिनों विरोध फूटी आंखों नहीं सुहाता। साधारणतः असहमति और आलोचना नहीं, चाटुकारिता पसंद की जाती है। जो पिछलग्गू नहीं है, वह शत्रु समझा जाता है और वंचित होता है। कला–साहित्य, शिक्षा और संस्कृति के संस्थानों का इतना राजनीतिकरण हो गया है कि वफादारी

प्रदर्शन न करने के कारण देश की एक विशाल प्रतिभा-संपदा कूड़े पर फेंक दी जाती है या प्रतिभावान व्यक्ति अपमान झेलते हैं।

प्रतिवाद के लिए स्पेस

वैश्वीकरण और धर्मांधता के युग में व्यापक प्रतिवाद के लिए कितना स्पेस है? यह प्रतिवाद ही है जो स्वप्नों को जमीन पर लाता है। कहना न होगा कि अन्याय और अमानवीयता का विरोध ही अब तक इतिहास बदलता रहा है। प्रतिरोध नहीं करना और किसी प्रभुत्व को लंबे समय तक झेलते रहना व्यक्ति को उस प्रभुत्व का हिस्सा बना देता है। महाभारत में भीष्मपितामह, द्रोणाचार्य और कर्ण ऐसे ही व्यक्ति थे जो विवेकवान होते हुए भी अन्याय के आगे मौन थे। वे प्रभुत्व का हिस्सा बन गए थे।

आज असहमति का कहीं प्रत्यक्ष दमन होता है और कहीं दमन छिपे रूपों में है। छिपे रूपों में एक है असंतोष प्रबंधन। देश में जहाँ भी कष्ट, पीड़ा और आंदोलन के चिह्न दिखते हैं, असंतोष प्रबंधन का तंत्र सक्रिय हो उठता है। यह मैनेजमेंट का एक मुख्य क्षेत्र बन गया है। इसके लिए कारपोरेट घराने ही आगे नहीं रहते, अर्थशास्त्री, फिल्मी कलाकार, मशहूर खिलाड़ी और बड़े पैमाने पर बुद्धिजीवी भी इसके अंग होते हैं। जब गणेश देवता के सिर को प्राचीन प्लास्टिक सर्जरी और पुष्पक विमान को प्राचीन एयरक्राफ्ट बताया जा रहा था, तब अमिताभ बच्चन और शाहरुख खान घर में चुप थे, पर जब चंद्रयान-2 चंद्रमा पर गिर कर टूट गया, वे वैज्ञानिकों पर गर्व का प्रचार करते हुए अचानक विज्ञान-प्रेमी बन गए!

क्या राष्ट्र अब संपन्न भोगवादी समाज तथा दुखी और असंतुष्ट लोगों के राजनीतिक समाज के बीच महज एक दयनीय मध्यस्थ है? उसका जोर सुख की सीढ़ियां बनाने पर है, ताकि लोग जिस पायदान पर अभी हैं, हमेशा उससे ऊपर ताकते रहें। उनके पास प्रतिवाद का अवसर न हो।

इस युग में असंख्य सामुदायिक, स्थानीय और व्यक्तिगत दीवारों की वजह से इतिहास और भविष्य-दृष्टि भग्नावस्था में है। फलतः प्रतिवाद भी भग्नावस्था में है और प्रायः बेअसर है।

सामान्यतः किसानों, श्रमजीवियों और युवाओं के सतत आंदोलन अतीत के किस्सों में ढल गए हैं या अब वे छोटे हितों और 'चिह्नों' में कैद हैं। नतीजा यह है कि प्रतिरोधों के बीच खाइयाँ हैं, जबकि दुनिया की अर्थव्यवस्थाएं संकट से गुजरती हुई भी संवाद में हैं और एकीकृत हैं। आजकल एक प्रांत में विरोध होता

है तो दूसरे प्रांत में लोग दर्शक होते हैं। एक जगह चुप बोलता है तो दूसरी जगह बोलने वाले चुप हो जाते हैं।

तीसरी समस्या है, आज का प्रतिरोध सिर्फ राजनीतिक कर्म में सीमित है। स्वाधीनता संग्राम के दौर में उससे समाज सुधार, सांस्कृतिक पुनर्निर्माण, समाज सेवा और शिक्षा के काम जुड़े हुए थे। अब सामाजिक और सांस्कृतिक कर्म के मैदान खाली छोड़ दिए गए हैं। राजनीतिज्ञ एकायामी हैं, त्याग के लिए तैयार नहीं हैं, गांवों में जा कर काम करना नहीं चाहते और सिर्फ मीडियाई बयानों पर निर्भर हैं।

चौथी बड़ी समस्या है, बौद्धिक अहंकार से भरी उच्छेदवादी दृष्टि और वैचारिक कठमुल्लेपन पर आधारित क्रांतिकारिता। एक उक्ति है, छुरी में ज्यादा शान चढ़ाते जाने से छुरी सूक्ष्म होते-होते अंततः खत्म हो जाती है, हाथ में सिर्फ लकड़ी की मूठ रह जाती है!

विश्व नए दौर में है। इस समय आम असहमति का निर्माण कठिन लग सकता है। न्याय की मांग खाद्य सुरक्षा, मिड डे मील, किसानों की कर्ज माफी, उपभोक्ताओं के अधिकार आदि में सीमित होती जा रही है। आमतौर पर विरोध निजी आरोप-प्रत्यारोप में उलझा है या घिसे-पिटे 'जार्गन' में फंसा है। ज्यादातर विरोधी ऐसे हैं जो सत्ता का सुख भोगे हुए हैं। ऐसे व्यक्ति समाज में कोई गुणात्मक भिन्नता ला पाने में अपनी अक्षमता का व्यापक प्रदर्शन कर चुके हैं। कई हैं जो भ्रष्टाचार में लिप्त रहे हैं। इसलिए कई विरोधी अब दगे हुए कारतूस नजर आएं- अविश्वसनीय लगें तो आश्चर्यजनक नहीं है।

इन चिंताजनक स्थितियों में एक ही रास्ता है- आत्मनिरीक्षण करते हुए मनुष्यता का पुनर्निर्माण, जहाँ नए समर्पित लोग हों और तर्कपूर्ण बहसें हों ताकि वंचितों का साझा सच और आम असहमति बन सके। आम असहमति के लिए भय ही नहीं, स्वार्थ से भी मुक्त होना जरूरी है।

प्रतिरोध के द्वीप

पृथ्वी पर स्वतंत्रता के इतिहास का संबंध प्रतिरोध के इतिहास से है। सिकंदर का सामना करने से लेकर 1857 के संघर्ष तक प्रतिरोध की एक परंपरा है। इसके बाद गांधी के नेतृत्व में 'पैसिव रेजिस्टेंस' या अहिंसक सत्याग्रह, वामपंथी श्रमिक आंदोलन, आधुनिक युवाओं के विद्रोह और हाल के दलित, स्त्री, कृषक और आदिवासी आंदोलनों तक प्रतिरोधों का एक नया सिलसिला है। भारत में प्रतिरोध

की परंपरा नहीं होती तो वेदांत, गौतम बुद्ध, भक्ति आंदोलन, सुधार आंदोलन, राष्ट्रीय जागरण और समकालीन विमर्श अस्तित्व में नहीं आते।

वैश्वीकरण-युग की अनोखी बात यह है कि इसमें 'प्रतिरोध निरोधक दस्ते' बन गए हैं। ये आर्थिक, मनोवैज्ञानिक और राजनीतिक रूप से सक्रिय हैं। प्रतिरोध को एकायामी बनाने या उसे आत्मसात करने वाली व्यवस्था का विस्तार बहुत ज्यादा है। मुख्यतः लोभ, भय और सामाजिक विभाजन आड़े आते हैं। यह भी होता है कि आम लोग विरोध करते हैं, पर फायदा चतुर लोग उठाते हैं। फिर भी समाज में असहमति, प्रतिवाद और प्रतिरोध के विविध रूप हैं। मूल सवाल है, प्रतिरोध क्यों? क्या इसके पीछे कोई बड़ा लक्ष्य है, कोई महास्वप्न है?

प्रतिरोध के रूप पहले से काफी बदले हैं। हमारे सामने इतिहास के काफी सबक हैं, इसलिए भविष्य में प्रतिरोध के रूप आगे भी बदल सकते हैं। आज भी लाखों लोग हैं जो परिवर्तन देखना चाहते हैं, लेकिन निश्चय ही ऐसा परिवर्तन नहीं जिसके कारण आदमी में मनुष्य मर जाए। चिंताजनक यह है कि अब कहीं भी बड़ी आशाओं के प्रहरी नहीं दिख रहे हैं। इससे प्रतिरोध का इतिहास मिट नहीं जाता। समाज में अच्छे लोग ज्यादा हैं। निश्चय ही वे सोचते हैं, दुखी हैं और बिखरे हुए हैं। नोआम चॉम्स्की ने लिखा है, 'प्रतिरोध वे भी कर सकते हैं जो अपनी प्रकृति से नायक नहीं हैं।' (अमेरिकन पॉवर एंड न्यू मैंडरिंस)।

प्रतिवाद दो तरह के हो सकते हैं - स्वतःस्फूर्त और ढांचाबद्ध। अन्याय का प्रतिवाद मनुष्य होने का लक्षण है। समस्या यह है कि इस युग में स्वतःस्फूर्त होने की जगह प्रतिवाद तुरंत एक पूर्वनिर्मित ढांचे में बंध जाता है। उसमें जीवंतता नहीं आ पाती। एक जीवंत और सच्चा प्रतिवाद कभी पूर्वनिर्मित ढांचे या पूर्वग्रह से बंधा नहीं होता।

बाजार-अर्थव्यवस्था जिस तरह हमारे 'जीने' को फ्रेम करती है, मीडिया हमारे 'जानने' को फ्रेम करता है, उसी तरह अस्मिता की राजनीति या किसी भी तरह की संकीर्ण राजनीति हमारे 'प्रतिवाद' को फ्रेम करती है। वह आदमी को धर्म, जाति, प्रांतीयता या दलीय संकीर्णता में फँसा देती है, उस मानव भाव को उभरने नहीं देती जो प्रतिरोध का सच्चा उर्वरक है।

एक बड़ी समस्या यह है कि इस युग में 'असंतोष' से ज्यादा 'अतृप्ति' है। इसलिए आमतौर पर चेतना की उच्च भूमि से प्रतिरोध नहीं होता। कई बार किसी मूर्ति की पूजा या किसी मूर्ति के अपमान के बिना प्रतिरोध खड़ा ही नहीं होता। कई बार यह 'वह बनाम मैं' होता है। इसके अलावा, हर तरफ सपनों के सौदागर

छाए हैं। उनका लक्ष्य है स्वार्थ के जाल बिछा कर प्रतिरोध का आत्मसातीकरण। क्या यह विकलांग प्रतिरोध का दौर है? जिस समय विश्व में, देश में, समाज में प्रतिरोध की किसी भी युग से ज्यादा जरूरत है, उस समय ही सबसे ज्यादा बिखराव और मतांधता है। इसलिए प्रतिरोध के छोटे-छोटे द्वीप बने हुए हैं!

सबसे बड़ी आशा यह है कि भारत सोचता है

भारत के समाज पर जो इतिहास एक असहनीय बोझ की तरह दिखता है, उसके भीतर मुक्तिद्वार भी हैं। इस समय आर्थिक विषमता और मंदी ने कहर ढाह रखा है। अशांत इलाके हैं, वर्चस्व हैं, टकराव हैं और कॉमन प्लेस की भारी कमी है। वी एस नायपाल ने लिखा है, 'कोई दूसरा देश नहीं है जो इतनी आसानी से जीता गया हो, लूटा गया हो और फिर भी जिसने अपनी घोर विपत्तियों से बहुत कम सीखा हो।' (भारत : एक घायल सभ्यता)। इस देश के सैकड़ों बिखरे विद्रोहों को इस देश का इतिहास ही जोड़ेगा। वह जोड़ सकेगा, पर यह काम हमें करना होगा। भारत का स्वभाव भेदभाव और हिंसा नहीं है, लोभ और भय भी नहीं है। सबसे बड़ी आशा यह है कि भारत सोचता है!

देश में प्रतिरोध की परंपराओं की सीधी-सी सीख है- आत्मनिरीक्षण, संवाद और पुनर्निर्माण। अंतर्कलह और भेदभाव से बाहर निकल कर असरदार संघर्ष तभी संभव है। इसके लिए जरूरी है टकराव और सामंजस्य के बिंदुओं की बुद्धिपरक समझ, जिसने अतीत में कई बार प्रतिरोध की व्यापक जमीन तैयार की है और ध्वंसों के बीच पुनर्निर्माण का रास्ता दिखाया है। जो काम अतीत में हुआ, भविष्य में भी हो सकता है।

हमने देखा है कि मानव-भाव को समय-समय पर घायल किया गया है तो आदमी के भीतर से मनुष्य बार-बार चीख कर बोला भी है। उसने बार-बार दीवारें तोड़ी हैं- रूढ़ियों को दरकिनार करते हुए, भय को झाड़ते हुए तथा प्रलोभनों को ठुकराते हुए और जो छोटी-छोटी आवाजें हैं उनके बीच पुल बनाते हुए। यह भारत का स्वभाव है जो बदल नहीं सकता। हिंसा नहीं प्रेम भारत की आत्मा की आवाज है, जो दबाई नहीं जा सकती। बाहुबल, ग्लैमर और धनबल नहीं, तर्कबल भारत की शक्ति है, जो अनंत है।

दिसंबर 2019